노인돌봄서비스의 실제
-기본 서비스-

보건복지부

목 차

제 1 부 독거노인의 삶과 복지욕구 ···································· 1

제 1 장 노화의 과정과 결과 ·· 3
Ⅰ. 노화의 개념과 특성 ··· 3
Ⅱ. 생물학적 노화 ·· 4
  1. 생물학적 노화의 개념과 특성 ····································· 4
  2. 생물학적 노화의 양상 ··· 5
  3. 생물학적 노화와 관련된 편견 ····································· 7
Ⅲ. 심리적 노화 ·· 8
  1. 심리적 노화의 개념과 특성 ······································· 8
  2. 심리적 노화의 양상 ··· 8
  3. 심리적 노화와 관련된 편견 ····································· 11
Ⅳ. 사회적 노화 ·· 13
  1. 사회적 노화의 개념과 특성 ····································· 13
  2. 사회적 노화의 양상 ··· 13
  3. 사회적 노화와 관련된 편견 ····································· 17
Ⅴ. 성공적 노화 ·· 19
  1. 성공적 노화의 개념과 구성요인 ····························· 19
  2. 성공적 노화의 촉진방안 ··· 20

제 2 장 독거노인의 생활실태와 복지욕구 ························ 25
Ⅰ. 노인인구의 증가와 부양 ··· 25
  1. 평균수명의 연장 ··· 25
  2. 노인인구의 증가 ··· 26
  3. 노인인구의 부양 ··· 27
Ⅱ. 독거노인의 증가와 부양 ··· 29
Ⅲ. 독거노인의 삶의 실태와 복지욕구 ···························· 31

목 차

1. 경제생활 실태와 복지욕구 ·· 31
2. 건강생활 실태와 복지욕구 ·· 34
3. 주거생활 실태와 복지욕구 ·· 38
4. 여가활동 및 사회참여 실태와 복지욕구 ······················ 39
5. 사회적 관계와 서비스 이용 실태 및 복지욕구 ············ 43

제 2 부 독거노인 지원서비스 ·· 49

제 3 장 노년기의 건강관리와 영양 ································ 51
Ⅰ. 노인성 질환의 특성 ·· 51
  1. 건강과 질병의 개념 ·· 51
  2. 노인성 질환의 특성 ·· 52
Ⅱ. 노인성 신체질환의 이해와 수발 ································ 53
  1. 악성신생물(암) ·· 53
  2. 관절염 ·· 55
  3. 신경통, 좌골통, 요통 ·· 56
  4. 디스크 ·· 57
  5. 골다공증 ·· 58
  6. 고혈압·저혈압 ·· 59
  7. 고지혈증 ·· 60
  8. 빈혈 ·· 61
  9. 간질환 ·· 61
  10. 백내장, 녹내장 및 기타 안질환 ···························· 62
  11. 당뇨병 ·· 63
  12. 갑상선질환 ·· 64
  13. 중풍 및 뇌혈관질환 ·· 64
  14. 심장질환 ·· 65
  15. 기관지염, 천식 ·· 66
  16. 귀질환(노인성 난청) ·· 67
  17. 피부질환 ·· 67
Ⅲ. 노년기 정신질환의 이해와 수발 ································ 68

1. 불면증 ··· 68
　　2. 치매 ·· 68
　　3. 우울증 ··· 72
　Ⅳ. 노년기의 영양관리 ·· 74
　　1. 노년기의 영양문제 ··· 74
　　2. 노인 영양섭취기준 ··· 74
　　3. 노년기의 올바른 식습관과 식사지침 ································· 75
　　4. 노인성 질환을 위한 식사요법 ·· 76

제 4 장 일상생활 동작능력과 수발기술 ···································· 83
　Ⅰ. 일상생활 동작능력의 개념 ··· 83
　Ⅱ. 일상생활 동작능력의 측정과 서비스 계획 수립 ······················· 84
　　1. 신체적 일상생활 동작능력의 측정 ·································· 84
　　2. 도구적 일상생활 동작능력의 측정 ·································· 91
　　3. 일상생활 동작능력의 평가와 서비스 계획수립 ················· 95
　Ⅲ. 일상생활 지원을 위한 수발기술 ·· 96
　　1. 식사수발 ··· 96
　　2. 주방위생 및 설거지 ·· 96
　　3. 의복관리 ··· 97
　　4. 침구관리 및 침상정리 ··· 97
　　5. 화장실 이용 ··· 98
　　6. 목욕과 샤워 ··· 99
　　7. 머리 감기기 ··· 100
　　8. 구강관리 ··· 100
　　9. 손발톱 위생관리 ··· 101
　　10. 피부 관리와 욕창예방 ··· 102
　　11. 보행 보조 ·· 102
　　12. 휠체어로의 이동 ··· 103
　　13. 버스 승하차 ··· 103
　　14. 실내 청소 ·· 104
　　15. 수납 ·· 105

16. 난방설비 점검 ·· 105
17. 심부름하기 ··· 106
18. 병원 동행 ··· 106
19. 약복용 지도 ··· 106
20. 마사지와 온찜질 ·· 107
21. 응급처치 ·· 108

제 5 장 노인과의 의사소통과 상담 ··· 115
Ⅰ. 의사소통에 대한 이해 ··· 115
1. 의사소통의 개념과 과정 ·· 115
2. 의사소통의 유형 ·· 117
Ⅱ. 효과적 의사소통의 기술 ··· 119
1. 듣는 기술 ·· 119
2. 말하기 기술 ·· 122
Ⅲ. 노인과의 효과적 의사소통 기술 ·· 124
1. 일반적인 노인과의 의사소통 원칙 ·· 124
2. 장애나 질병이 있는 노인과의 의사소통 ······························· 126
Ⅳ. 노인상담의 방법과 기술 ··· 129
1. 노인상담의 필요성과 현상 ·· 129
2. 노인상담의 개념과 특성 ·· 130
3. 노인상담의 영역과 목적 ·· 130
4. 노인상담의 원조관계와 상담자의 태도 ································ 133
5. 노인상담의 과정 ·· 135
6. 노인상담의 기술 ·· 139

제 6 장 독거노인의 주거생활과 안전관리 ······························· 151
Ⅰ. 노년기 주거환경과 주택설계·개조 지침 ······························· 151
1. 노년기 주거환경의 의미와 주거문제 ···································· 151
2. 노인을 위한 주거환경 계획의 원칙 ······································ 152
3. 노인 주거시설의 설계지침 및 개조기준 ······························· 153
4. 효율적 주거공간 활용을 위한 수납계획 ······························· 159

Ⅱ. 독거노인 안전사고와 예방법 160
　1. 주거환경과 가정내 안전사고 실태 160
　2. 가정내 안전사고 예방을 위한 안전수칙 161
　3. 낙상 사고의 예방 164
　4. 화재 예방과 대처 164
　5. 가스 안전사고 166
Ⅲ. 독거노인 안전확인 방법과 기기 활용법 167
　1. 독거노인 안전확인 업무 수행방법 167
　2. 독거노인 안전 확인을 위한 기기의 활용 167

제 7 장 노인 인권과 노인학대의 이해 173
Ⅰ. 노인 인권과 차별주의에 대한 이해 173
　1. 노인 인권에 대한 이해 173
　2. 노인 차별주의에 대한 이해 175
Ⅱ. 노인 학대의 이해와 대응방안 177
　1. 노인학대의 유형과 행위기준 177
　2. 노인학대의 위험요인 182
　3. 노인학대의 실태 185
　4. 노인보호전문기관의 역할과 사업 187
　5. 노인학대에 대한 대응방안 189
Ⅲ. 노인 자살의 이해와 예방 192
　1. 노인 자살의 이해와 실태 192
　2. 노인 자살의 예방 192

제 8 장 운동요법과 레크리에이션 지도 199
Ⅰ. 운동요법 199
　1. 운동요법의 개념 199
　2. 운동요법의 효과 200
　3. 운동의 방법 201
　4. 노인을 위한 운동 프로그램 202
　5. 운동 시 유의사항 208

Ⅱ. 레크리에이션 지도 ··· 210
  1. 레크리에이션의 이해 ··· 210
  2. 노인 레크리에이션 지도의 이해 ··· 211
  3. 노인을 위한 레크리에이션 프로그램 ······································· 213

제 9 장   작업요법과 음악요법 ·· 225
Ⅰ. 작업요법 ··· 225
  1. 작업요법에 대한 이해 ··· 225
  2. 노인을 위한 작업요법 프로그램 ·· 228
Ⅱ. 음악요법 ··· 236
  1. 음악요법에 대한 이해 ··· 236
  2. 노인을 위한 음악 프로그램 ·· 239

제 10 장   미술요법과 원예요법 ·· 245
Ⅰ. 미술요법 ··· 245
  1. 미술요법에 대한 이해 ··· 245
  2. 노인을 대상으로 한 미술 프로그램 ·· 246
  3. 노인과의 미술활동시 유의사항 ·· 249
Ⅱ. 원예요법 ··· 250
  1. 원예요법에 대한 이해 ··· 250
  2. 노인에게 적용 가능한 원예프로그램 ······································ 252
  3. 원예프로그램 실시과정에서의 유의사항 ································ 255

제 11 장   회상·문예·향기 및 발반사요법 ································· 259
Ⅰ. 회상 요법 ··· 259
  1. 회상요법의 이해 ··· 259
  2. 노인을 대상으로 한 회상요법의 주제와 진행방법 ··············· 260
Ⅱ. 문예요법 ··· 261
  1. 문예요법의 개념과 유형 ··· 261
  2. 독서요법의 방법과 절차 ··· 262
  3. 노인에게 적용 가능한 문예요법 ·· 264

4. 작문요법으로서의 자서전 쓰기 프로그램 265
Ⅲ. 향기요법 268
　　1. 향기요법의 개념과 적용 268
　　2. 향기요법에 사용되는 오일 269
　　3. 노인에게 도움이 되는 향과 오일 270
　　4. 향기요법의 실시방법 272
Ⅳ. 발반사요법 273
　　1. 발반사요법의 개념과 적용 273
　　2. 발의 구조와 반사구 274
　　3. 발반사요법의 원리 275
　　4. 발반사요법과 발마사지의 시행방법 276

제 3 부　노인돌봄기본서비스의 행정실무 281

제 12 장　노인복지정책과 노인돌봄기본서비스사업의 이해 283
Ⅰ. 노인복지의 이해 283
　　1. 노인복지의 개념 283
　　2. 노인복지의 목적과 원칙 284
Ⅱ. 노인복지의 구성체계 287
　　1. 노인복지의 법적 기반 287
　　2. 노인복지 전달체계 289
　　3. 노인복지 재정 291
Ⅲ. 노인복지 정책의 이해 293
　　1. 노인복지 정책의 개념 293
　　2. 노인복지 정책의 구성요소와 가치 선택 293
　　3. 현행 노인복지 정책의 방향과 개요 294
Ⅳ. 노인돌봄기본서비스의 이해 297
　　1. 사업추진의 배경과 기본방향 297
　　2. 사업 목적과 주요 사업 내용 298
　　3. 서비스 공급인력 300
　　4. 사업수행기관의 역할 302

목 차

제 13 장 노인돌보미의 윤리의식 ··· 307
   Ⅰ. 전문직으로서의 노인돌보미의 지위 ·································· 307
   Ⅱ. 노인돌보미가 갖추어야 할 세 가지 조건 ···························· 308
      1. 독거노인의 행복한 삶의 세 가지 조건 ···························· 308
      2. 노인돌보미가 갖추어야 할 세 가지 조건: 3H 또는 3~ing ······ 309
   Ⅲ. 노인돌보미의 직업윤리와 행동원칙 ·································· 317
      1. 노인돌보미의 직업윤리 ·· 317
      2. 노인돌보미의 자세와 행동원칙 ······································ 320
      3. 노인돌보미의 업무단계별 행동원칙 ································ 321

제 14 장 독거노인의 사례관리 절차 ······································ 327
   Ⅰ. 사례관리에 대한 기본 이해 ·· 327
      1. 사례관리의 등장배경과 필요성 ······································ 327
      2. 사례관리의 개념 ·· 328
      3. 사례관리의 목적과 기능 ·· 329
      4. 사례관리의 구성요소 ·· 331
      5. 사례관리의 과정 ·· 333
   Ⅱ. 독거노인을 위한 사례관리 ·· 334
      1. 접수단계 ·· 334
      2. 사정단계 ·· 339
      3. 계획단계 ·· 345
      4. 실행 및 조정단계 ·· 348
      5. 점검단계 ·· 349
      6. 평가단계 ·· 349

제 15 장 독거노인 생활교육 설계와 운영 ································ 353
   Ⅰ. 독거노인 생활교육의 의미 ·· 353
   Ⅱ. 독거노인 생활교육의 방법 ·· 354
      1. 학습자로서의 독거노인의 특성 ······································ 354
      2. 독거노인 생활교육의 목적과 목표 ·································· 358
      3. 독거노인 생활교육의 내용 ··· 359

4. 독거노인 생활교육의 원리 ·· 360
   5. 독거노인 생활교육의 교수방법 ····································· 362
 Ⅲ. 독거노인 생활교육의 실제 ··· 366
   1. 독거노인 생활교육 내용 선택의 지침 ······························ 366
   2. 독거노인 생활교육의 환경 ·· 368
   3. 독거노인 생활교육의 계획 작성 ···································· 369
   4. 독거노인 생활교육 계획의 실행 ···································· 370

제 16 장 지역사회 자원과 서비스 연계방안 ······························ 377
 Ⅰ. 노년기의 사회적 지지체계의 변화 ···································· 377
 Ⅱ. 지역사회 자원의 동원 및 연계전략 ·································· 379
   1. 지역사회 자원과 서비스에 대한 이해 ······························ 379
   2. 지역사회 자원 동원 전략과 과정 ···································· 380
   3. 비공식적 지역자원의 동원과 노인돌보미의 역할 ················ 384
   4. 공식적 지역자원의 동원과 노인돌보미의 역할 ··················· 385
 Ⅲ. 독거노인이 활용할 수 있는 지역사회 자원 및 서비스 ············ 386
   1. 소득지원을 위한 자원 및 서비스 동원 ···························· 386
   2. 고용지원을 위한 자원 및 서비스 동원 ···························· 388
   3. 주거안정 지원을 위한 자원 및 서비스 동원 ····················· 388
   4. 건강지원을 위한 자원 및 서비스 동원 ···························· 389
   5. 여가 및 사회참여 지원을 위한 자원 및 서비스 동원 ·········· 390
   6. 재가노인 지원을 위한 사회적 서비스 동원 ······················· 391

제 17 장 노인돌봄기본서비스 행정실무 ·································· 397
 Ⅰ. 사업 준비과정의 업무절차와 행정실무 ······························· 397
 Ⅱ. 독거노인 현황조사 업무절차와 행정실무 ··························· 398
   1. 독거노인 현황조사의 업무절차 ····································· 398
   2. 독거노인 지원카드 작성법 ·· 404
   3. 독거노인 현황조사시 유의사항 ····································· 408
 Ⅲ. 독거노인 욕구사정 및 서비스계획 수립 업무절차와 행정실무 ··· 409
   1. 사정 업무의 절차와 수행방법 ······································ 409

목 차

    2. 서비스 계획 수립·조정 업무의 절차와 수행방법 ·········· 411
Ⅳ. 독거노인 안전확인 업무절차와 행정실무 ·········· 412
    1. 안전확인 업무절차 ·········· 412
    2. 안전확인 업무 수행방법 ·········· 412
Ⅴ. 독거노인 생활교육 업무절차와 행정실무 ·········· 413
    1. 생활교육 업무절차 ·········· 413
    2. 생활교육 업무 수행방법 ·········· 414
Ⅵ. 지역복지 자원 동원과 서비스 연계 업무절차와 행정실무 ·········· 415
    1. 자원동원 및 서비스 연계 업무절차 ·········· 415
    2. 자원동원 및 서비스 연계 업무 수행방법 ·········· 415
Ⅶ. 기타 업무절차와 행정실무 ·········· 417
    1. 노인돌보미 업무지원 및 복무 관리 ·········· 417
    2. 독거노인 데이터베이스 구축 및 유지관리 ·········· 418
    3. 재정관리 및 사업실적보고 ·········· 418
    4. 서비스 만족도 조사 및 평가업무 ·········· 419

❏ 참고문헌 ·········· 420
❏ 부록: 서식 ·········· 427

표 차례

〈표 1- 1〉 노년기의 사회적 역할수행 유형 ·· 16
〈표 2- 1〉 평균수명의 증가추이 ·· 26
〈표 2- 2〉 노인인구의 증가추이 ·· 26
〈표 2- 3〉 노인인구 부양부담의 변화추이 ·· 28
〈표 2- 4〉 1인 독거노인 가구의 증가추이 ·· 30
〈표 2- 5〉 독거노인가구의 월평균 가구소득 ·· 32
〈표 2- 6〉 독거노인의 월평균 용돈액수 ·· 32
〈표 2- 7〉 독거노인의 요양욕구 ·· 38
〈표 2- 8〉 독거노인의 여가활동 참여 실태 ·· 40
〈표 2- 9〉 가구형태 및 사회단체 종류별 사회단체 가입률 ·················· 41
〈표 2-10〉 가구형태별 자원봉사활동 참여경험 ·· 42
〈표 3- 1〉 신체부위별 암으로 의심되는 증상 ·· 54
〈표 3- 2〉 하세가와 치매척도 ·· 71
〈표 3- 3〉 한국형 노인우울 척도 ·· 73
〈표 3- 4〉 65~74세 노인의 영양소별 1일 섭취기준 ································ 75
〈표 4- 1〉 신체적 일상생활 동작능력의 평가도구 ·································· 84
〈표 4- 2〉 일상생활 동작능력 평가 및 서비스 계획 수립 ···················· 95
〈표 5- 1〉 의사소통 유형 검사도구 ·· 118
〈표 5- 2〉 노인과의 의사소통 원칙 ·· 125
〈표 5- 3〉 노인상담의 주요 영역 ·· 131
〈표 7- 1〉 노인학대의 유형과 정의 ·· 177
〈표 7- 2〉 노인보호전문기관 연도별 학대 상담건수 ···························· 186
〈표 7- 3〉 2006년 상반기 노인학대예방센터의 서비스 실적 ·············· 189
〈표 8- 1〉 레크리에이션의 영역 ·· 211
〈표 9- 1〉 노인을 대상으로 활용 가능한 집단 음악 프로그램 ·········· 241
〈표 10- 1〉 주체적 원예요법 ·· 251
〈표 10- 2〉 가정에서 활용 가능한 원예 프로그램 ·································· 254
〈표 11- 1〉 노인에게 적용 가능한 독서요법 프로그램 ·························· 264
〈표 11- 2〉 노인에게 도움이 되는 향과 오일 ·· 271

표 차례

〈표 12- 1〉 보건복지가족부 노인복지 담당부서의 업무분장 ········· 289
〈표 12- 2〉 노인복지예산의 증가 추이 ········· 291
〈표 12- 3〉 노인복지예산의 세부내역 ········· 292
〈표 12- 4〉 지방자치단체에서 추진 중인 주요 노인복지사업 ········· 296
〈표 12- 5〉 독거노인을 위한 연계서비스 종류 예시 ········· 299
〈표 12- 6〉 노인돌보미 집합교육과정 ········· 301
〈표 12- 7〉 노인돌보미 기관별 실습교육과정(25시간) ········· 302
〈표 13- 1〉 사회복지종사자의 가치와 윤리 ········· 314
〈표 14- 1〉 독거노인 지원카드 ········· 338
〈표 14- 2〉 사회적 관계 및 지지망 사정도구 ········· 342
〈표 14- 3〉 공식적 서비스 사정도구 ········· 343
〈표 14- 4〉 종합사정결과표 ········· 344
〈표 14- 5〉 서비스 계획 수립 양식 ········· 346
〈표 14- 6〉 독거노인 서비스 계획 수립 사례 ········· 347
〈표 14- 7〉 서비스 계획 및 연계의 조정방안 ········· 348
〈표 15- 1〉 노년기의 발달과업 ········· 356
〈표 15- 2〉 독거노인 생활교육의 세부목표 ········· 359
〈표 15- 3〉 독거노인 생활교육의 교육내용 ········· 360
〈표 15- 4〉 독거노인 생활교육 목적별 적합한 교수방법 ········· 362
〈표 15- 5〉 독거노인 생활교육 교육지도안 ········· 371
〈표 15- 6〉 독거노인 생활교육 평가도구 ········· 372
〈표 15- 7〉 독거노인 생활교육 결과보고 ········· 373
〈표 17- 1〉 노인돌보미 주간 복무기준(예시) ········· 417

그림 차례

[그림 1-1] 정상적 노화와 병적 노화의 관계 ·· 4
[그림 1-2] 노화 영역별 성공적 노화 ··· 19
[그림 2-1] 우리나라 인구구조의 변화 ·· 27
[그림 2-2] 노인인구 부양부담의 증가추이 ··· 28
[그림 2-3] 독거노인의 경제활동 참가율 ·· 33
[그림 2-4] 독거노인의 건강실천 행위 ·· 35
[그림 2-5] 독거노인의 만성질환 유병률과 낙상사고율 ································· 36
[그림 5-1] 의사소통의 과정 ··· 116
[그림 6-1] 무선페이징시스템 구성도 ·· 168
[그림 6-2] 안심폰 ·· 169
[그림 7-1] 노인학대 사례관리의 절차 ··· 187
[그림 8-1] 노인에게 유익한 스트레칭 ··· 207
[그림 11-1] 발의 반사구 ··· 275
[그림 12-1] 노인복지제도의 법적 기반 ·· 288
[그림 12-2] 저출산 고령사회 기본계획의 노인복지부문 정책목표와 추진과제 ······· 295
[그림 12-3] 노인돌봄 추진체계 ··· 303
[그림 13-1] 노인돌봄이 갖추어야 할 세 가지 조건 ····································· 310
[그림 14-1] 사례관리의 구성요소 ··· 332
[그림 14-2] 독거노인 사례관리의 절차 ·· 334
[그림 16-1] 사회적 지지의 위계적 보상속성 ·· 378

서식 차례

〈서식 1-1〉 독거노인 지원카드 ·· 429
〈서식 1-2〉 노인돌봄서비스(기본)신청서 ······································ 430
〈서식 1-3〉 노인돌보미 주간 업무일지 ·· 431
〈서식 1-4〉 독거노인 방문일지 ··· 432
〈서식 1-5〉 노인돌봄서비스(기본) 사업 실적 보고 ························· 433
〈서식 1-6〉 일상생활 동작능력 평가 및 서비스 계획 수립 ············· 434
〈서식 1-7〉 사회적 관계 및 지지망 사정도구 ······························· 435
〈서식 1-8〉 공식적 서비스 사정도구 ·· 436
〈서식 1-9〉 종합사정결과표 ·· 437
〈서식 1-10〉 서비스 계획 수립 양식 ·· 438
〈서식 1-11〉 서비스 계획 및 연계의 조정 ···································· 439
〈서식 1-12〉 독거노인 생활교육 교육지도안 ································· 440
〈서식 1-13〉 독거노인 생활교육 평가도구 양식 ···························· 441
〈서식 1-14〉 독거노인 생활교육 결과보고 양식 ···························· 441
〈서식 1-15〉 지역사회 노인보건복지 현황 ···································· 442
〈서식 1-16〉 노인돌보미 복무관리대장 ·· 443
〈서식 1-17〉 독거노인보호사업 동향 보고 ···································· 444
〈서식 1-18〉 사업수행기관 선정 및 인력선발 현황 보고 ················ 445

제1부
독거노인의 삶과 복지욕구

제 1 장 노화의 과정과 결과
제 2 장 독거노인의 생활실태와 복지욕구

제 1 장 노화의 과정과 결과

학 습 목 표
□ 노화의 개념과 영역을 이해한다. □ 노화의 결과로 나타날 수 있는 노년기의 삶의 변화 양상을 이해한다. □ 성공적 노화의 개념과 촉진방안을 이해한다.

I. 노화의 개념과 특성

인간의 삶의 과정은 역동적인 변화의 연속이며, 이러한 변화를 발달이라고 지칭한다. 발달은 유기체(organism)의 생물학적 발달에만 국한되지 않고 심리적 발달과 사회적 발달까지를 포괄하며, 상승적 발달과 퇴행적 발달 모두를 포함한다(권중돈·김동배, 2004). 이러한 인간발달 중에서 퇴행적 발달을 노화(aging)라고 한다. 따라서 노화란 시간의 흐름에 따라 유기체의 생물학적, 심리적, 사회적 측면에서 나타나는 점진적이고 정상적인 발달과정상의 변화로 정의할 수 있다. 이러한 노화의 특성을 살펴보면 다음과 같다.

첫째, 일반적으로 노화는 발달상의 변화로 이해하는 경우가 많지만 노화의 과정에서 변화만 일어나는 것은 아니다. 따라서 노화를 논의함에 있어서는 변화와 함께 신체, 심리, 사회적 측면에서 변하지 않고 동일하게 남아 있는 특성(staying the same)도 있다. 둘째, 노화의 과정에서는 일반적으로 상실 혹은 쇠퇴가 특징적으로 나타나지만, 노년기에 건강을 상실하는 반면 경험과 지혜가 확장되는 것과 같이 새롭게 어떤 특성을 얻기도 한다. 셋째, 노화는 모든 사람에게 보편적으로 나타나는 1차적이고 본질적인 것이지만 개인에 따라 노화의 속도나 정도에 있어서 차이가 있다. 넷째, 노화를 유전적 프로그램에 의해 유발되는 외적 변화로 인식하는 경우가 있지만, 외부의 환경적 요인 역시 노화를 일으키는 주요 요인이며 노화에 따라 내적 변화 또한 일어나게 된다. 다섯째, 생물학적 노화를 기준으로 하여 일단 노화되면 원래 상태로의 회복은 불가능하다고 하지만, 직업적 역할의 상실과 같은 사회적 노화는 얼마든지 원래 상태로의 회복이 가능할 수 있다.

노화는 인간에게 유해한 과정이며, 노화가 진행될수록 죽음에 이를 가능성이 높아지며, 죽음이 질병과 밀접한 관련성을 지니고 있기 때문에 노화의 결과를 질병과 죽음으로 간주하는 경향이 있다. 그러나 정상적 노화과정 자체만으로는 질병이 유발되지 않는다. 정상적 노화과정에 특정한 위험인자들이 개입하게 되면, 정상적 노화과정은 병적 노화과정으로 변환되며, 그 결과로서 질병에 이환되게 되는 것이다(권중돈, 2006).

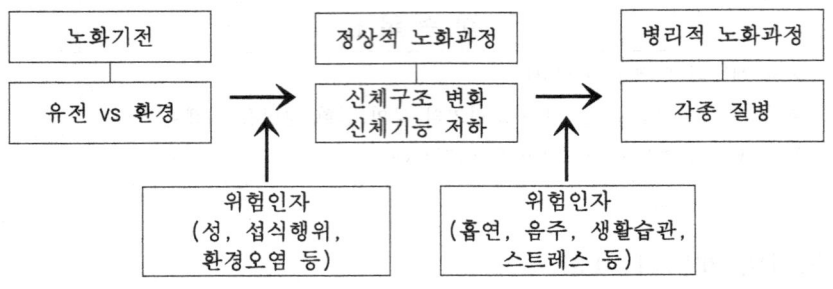

[그림 1-1] 정상적 노화와 병적 노화의 관계

Ⅱ. 생물학적 노화

1. 생물학적 노화의 개념과 특성

노화라고 하면 흰머리, 구부정한 허리와 같은 눈으로 확인할 수 있는 신체구조의 외적 변화를 의미할 정도로 신체적 노화는 매우 익숙한 개념이다. 그러나 일상적으로 사용하는 신체적 노화라는 용어는 생물학적 노화라는 개념을 설명하는데 한계가 있다(Bee, 2000). 생물학적 노화는 생물학적으로 퇴행적 변화가 나타나는 현상이며, 이러한 생물학적 노화는 신체적 노화와 생리적 노화라고 하는 두 가지 하위영역을 포함하고 있다. 신체적 노화는 신체구조와 기능의 쇠퇴로 인한 활력의 상실과 질병에 대한 저항력을 상실하는 노화를 의미한다. 생리적 노화는 유기체의 기관, 조직체, 세포, 생체 통제기제 등에서의 쇠퇴와 기능 저하를 의미한다. 이러한 생물학적 노화는 외부적 요인에 의해 촉진되기도 하지만, 유전적 요인, 세포 기능의 저하, 면역체계의 문제, 생체기능에 대한 통제력 저하, 신경계의 기능저하 등과 같은 내적 요인에 의해 주로 유발된다(Atchley, 2000; Strehler, 1977).

생물학적 노화의 과정은 모든 사람에게 보편적으로 일어나지만 노화의 정도나 속도는 개인적으로 차이가 있다. 생물학적 노화는 가용한 신체적 에너지의 축소, 신체구조적 변화, 내부 장기의 기능저하, 신체적 이동능력이나 일상생활능력의 약화 등과 같이 신체에 부정적 영향을 미치며, 질병에 대한 저항능력이 저하되는 결과를 초래하고 궁극적으로는 생명 종식에 이르게 된다.

생물학적 노화는 생물학적 변화만을 초래하는데 국한되지 않고, 노년기의 심리적 기능과 사회적 기능에 있어서도 중요한 영향을 미치게 된다. 생물학적 노화를 자연스러운 과정으로 수용하고 이에 적응해갈 경우 심리사회적 기능을 유지 또는 발전시킬 수 있다. 반면 생물학적 노화에 지나치게 집착하거나 몰두하게 될 경우에는 심리사회적 기능에 손상이 오며, 전반적인 생활만족도 또한 낮아질 수 있다.

2. 생물학적 노화의 양상

생물학적 노화는 외적으로 진행되어 직접 관찰이 가능한 신체구조의 변화와 내적으로 진행되는 신체적 기능의 변화로 나누어볼 수 있다. 이러한 생물학적 노화의 양상을 살펴보면 다음과 같다(권중돈·김동배, 2004; 장인협·최성재, 2006; 박성식 1999).

1) 신체구조의 변화

생물학적 노화가 진행됨에 따라 신체조직을 구성하는 세포와 섬유물질의 변화가 나타나게 된다. 심장이나 근골격계 및 신경계 등에서 일명 노화색소라고 불리는 지방 갈색소가 많이 나타나며, 생명유지에 필요한 기능들이 쇠퇴되고, 세포노화가 촉진되고 결국 신체기관이나 조직의 노화를 일으키게 되며 신체조직의 기능 저하를 초래하게 된다.

생물학적 노화의 결과로 나타나는 신체 외형의 변화를 살펴보면, 체중, 신장과 치아는 줄어들게 되며, 머리카락은 멜라닌 세포의 감소로 인하여 머리카락은 은빛(silver)으로 변화된다. 피부는 전체적인 피부색이 동일하게 유지되지 않으며, 노출된 피부는 표피 증식이 감소하여 얇아지게 되고 주름살이 생기며, 피부 탄력성이 현저하게 줄어들게 된다. 그리고 체온유지능력이 감소되어 추위를 많이 느끼고 온도변화에 쉽게 적응하지 못하여, 환절기에 호흡기질환에 이환되기 쉽고, 새벽운동과 같이 갑작스런 온도변화로 인하여 쓰러지는 경우도 자주 있다.

연령이 증가함에 따라 신체조직 구성성분 중 지방분은 증가하는 반면 고형분과 수분은 줄어드는 신체조직상의 변화가 일어난다. 그리고 뼈 속의 칼슘분이 고갈되어 뼈의 질량이 감소하고 골밀도가 낮아짐으로써, 골절을 당하기 쉽고 골다공증에 걸리기 쉬워진다. 특히 여성들은 남성에 비해 뼈의 손실이 더욱 증가한다. 그리고 연골조직이 얇아지거나 탄력이 약화되어 관절염을 일으키기도 하고 운동능력이 감퇴된다.

중추신경계의 변화를 보면, 뇌는 크기가 약간 감소하며, 일부 부위에서는 뇌의 기능이 저하되기도 하지만, 노화에 따라 현저하게 저하된다는 확실한 증거는 없다. 그리고 정상적 노화과정에 수반되는 내분비계의 기능변화에 대해서는 알려진 바가 많지 않다. 특히 노화에 따라 갑상선 기능 항진증 환자가 늘어나고 있고, 갑상선의 형태적 변화는 확인되고 있으나 대부분의 노인이 정상적인 갑상선 기능을 유지하고 있다.

2) 신체기능의 변화

신체 내부의 장기(臟器)는 40세부터 중량이 감소하는데, 25세 청년을 100으로 하였을 때 75세 노인의 뇌 중량은 95% 정도, 신장 중량은 81% 정도, 간장은 67% 정도, 비장은 45% 정도로 줄어들지만 오히려 심장은 140% 정도로 증가하는 것으로 나타나고 있다(장인협·최성재, 2006). 주요 장기의 중량변화와 아울러 조직변화가 동시에 나타나게 됨으로써, 장기의 기능변화가 나타나게 된다. 심박출량과 심장박동능력은 감소하게 되며, 심장판막의 석회화로 인하여 세포가 사멸하게 됨으로써, 노년기에는 각종 심장질환에 이환될 가능성이 높아지게 된다. 노화에 따른 혈관계의 변화는 주로 동맥의 구조적 변화와 기능저하로 인하여 혈액순환이 원활하지 못하여, 고혈압, 동맥경화, 뇌졸중 등의 순환기계 질환을 앓게 될 가능성이 높아진다. 노년기에는 폐조직의 탄성이 저하되고, 폐 용적이 감소되고, 기관지는 약간 확장되며 기관지 점액선은 증가한다. 폐 속에 나쁜 공기가 남아 있는 즉, 잔기량(殘氣量)이 증가하여 호흡기질환에 이환될 가능성이 높아진다.

노년기에는 치아결손, 타액과 위액 등의 소화효소 분비량의 감소, 위 근육의 약화 등으로 인하여 소화기능이 감퇴됨에 따라 변비나 숙변, 각종 장 질환에 이환될 가능성이 높아진다. 연령 증가에 따라 신장의 크기, 무게, 피질의 양 등이 감소되며 신장 혈관의 경화(硬化)현상이 나타남으로써, 신장기능이 줄어들게 된다. 즉, 각종 신장질환에 이환될 가능성이 높고, 방광이나 요도 기능의 저하로 인하여 야간에 소변을 보는 횟수가 증가하게 된다. 노인이 되면서 세포수의 감소와 함께 운동성이 저하되어 대사요구량이 줄어들게 되며, 심장이나 혈관의 기능과 밀접한 관련성을 지닌 체액의 양이 줄어들게 된다. 그러므로 휴식상태의 산소소모량인 기초대사율은 감소하는 반면 탄수화물 대사율은 증가하여 혈액 속에 혈당이 증가하여 당뇨병에 이환될 가능성이 높아진다.

노화와 함께 성기능 또는 생식기능에 있어서의 저하 현상이 나타나게 된다. 여성의 경우 폐경으로 인하여 월경이 중단되고 생식능력이 상실되는데, 폐경 이후의 성적 욕구 변화에 대해서는 상반된 연구결과들이 제시되고 있다. 남성의 경우에도 생식기능이 저하되며, 불완전한 발기문제로 인하여 성교 능력이 저하되긴 하지만 여성보다는 그 기능저하가 덜하며, 70대 이상에서도 충분히 성적 관계를 유지할 수 있다는 연구들이 많이 있다(Matthias et al., 1997).

3. 생물학적 노화와 관련된 편견

생물학적 노화와 관련된 앞서의 논의가 주로 생물학적 노화의 부정적 측면에 치중되어 있는 것처럼 생물학적 노화와 관련된 일반인들의 잘못된 인식과 편견 즉, 신화(myths)가 존재하고 있다. 생물학적 노화가 반드시 부정적 결과를 낳는 것은 아니며, 많은 노인들이 신체적 건강을 유지하고 스스로 일상생활을 영위해가고 있다. 따라서 다음에서는 현재 생물학적 노화와 관련된 사실(facts)과 잘못된 신화에 대해 논의해 보고자 한다(Harrigan and Farmer, 2000).

① 신화 1: 노년기의 생활은 신체적 질병으로 가득 차 있다.

질병은 정상적 노화의 결과가 아니라 병리적 노화의 결과이다. 그리고 질병으로 인하여 일상생활에 지장을 받을 정도의 장애를 가진 노인은 소수에 불과하며, 적극적이고 활발하게 노후생활을 영위해 가는 경우가 많이 있다.

② 신화 2: 노인은 매력이 없고, 잘 보지도 듣지도 못하며, 냄새나고, 이빨도 없다.

생물학적 노화로 인하여 외모의 변화 및 신체의 변화가 일어나는 것은 사실이다. 그러나 외모의 변화는 의상이나 화장 등으로 얼마든지 보완이 가능하므로 노인을 매력 없는 존재로 치부해 버리는 것은 문제가 있으며, 청력이나 시력의 변화는 보청기나 안경 등으로 충분히 기능보완이 가능하다. 또한 노인 특유의 냄새가 나는 것은 치과 질환이나 소화기계의 기능 저하에 기인한 경우가 많다. 노년기에 치아가 결손 되기는 하지만, 80세 이후에도 건강한 치아를 보유하고 있는 노인이 많이 있으며 틀니 등으로 그 기능을 대치할 수 있다. 그러므로 젊은이들이 보는 것과 같이 노인들이 '이빨 빠진 늙은이'로만 평가되는 것은 잘못된 것이라 할 수 있다.

③ 신화 3: 노인이 힘든 일을 하면 심장발작, 골절상 등을 입을 수 있다.

노화로 인하여 근골격계, 순환계, 호흡기계의 구조변화와 기능 저하가 나타난다. 그러나 이러한 신체내부 기능의 변화는 성인 초기부터 진행된 것이므로, 노년기만의 특성이 아니다. 그리고 의사의 조언을 받을 경우 에어로빅과 같은 심한 운동도 충분히 가능하며 심지어는 마라톤 풀코스를 완주하는 노인들의 사례도 심심찮게 목격되고 있는 실정이다.

④ 신화 4: 노인은 성에 관심도 없고 성생활도 불가능하다.

생물학적 노화로 인하여 노년기에는 남성과 여성 모두 성기능이 저하되는 것이 사실이다. 그러나 성적 노화 자체보다는 성적 파트너의 유무가 성생활에 더 큰 영향을 미치며, 비아그라 등의 발기부전 치료제, 충분한 사전 성적 전희 등으로 70세 이후에도 성생활을 영위하는 노인들이 상당수에 이르고 있다.

Ⅲ. 심리적 노화

1. 심리적 노화의 개념과 특성

심리적 노화는 감각기능, 인지기능, 정서 및 정신기능, 성격 등의 심리내적 측면과 심리외적 측면과의 상호작용에 있어서의 퇴행, 유지 및 성숙을 동시에 내포하는 심리적 조절과정이다. 심리적 노화의 영역은 크게 심리적 기능, 발달적 특성, 정신건강과 장애로 나누어 볼 수 있으며, 세 가지 심리적 노화의 영역 중에서 최근에는 주로 심리적 기능과 관련된 연구들이 활발하게 진행되고 있다.

이러한 심리적 노화와 생물학적 노화의 관련성을 살펴보면, 생물학적 노화와 관련된 심리적 기능일수록 연령이 증가함에 따라 퇴행적 발달이 나타나며, 경험과 밀접하게 관련된 심리적 기능이나 발달은 그대로 유지되거나 오히려 증가하는 특성을 지니고 있다. 또한 심리적 노화가 사회적 기능의 약화를 초래할 수도 있지만 오히려 촉진하는 경우도 있으며, 반대로 사회적 노화가 심리적 노화에 긍정적 또는 부정적 영향을 미칠 수 있다.

2. 심리적 노화의 양상

심리적 노화의 과정과 그 결과를 살펴보기 위해 다음에서는 심리적 기능은 감각기능과 인지 및 정신기능으로 구분하여 살펴보고, 발달적 특성은 정서 및 성격변화에 대해서 살펴보고자 한다(장인협·최성재, 2006; 김동배·권중돈, 2004; 권중돈, 2000; Atchley, 2000).

1) 감각기능

노년기에는 신체 내·외부의 변화와 상태에 대한 정보를 수집하여 뇌에 전달하는 감각기관의 기능이 저하된다. 먼저 시력은 40대 이후부터 약화되기 시작하여 70세 이후부터는 교정시력으로도 정상시력을 유지하기 어려워진다. 그리고 노년기에는 청각능력의 감퇴가 이루어지는데, 55세 이후부터는 음의 고저에 대한 변별력이 감소하고 노년기 후기에는 보청기와 같은 청력 보조기구의 사용 필요성이 높아진다.

미각은 70세 이전까지는 큰 변화는 없지만, 80세 이후부터는 혀의 맛 봉우리가 감소하여 미각구별능력이 현격히 쇠퇴한다. 후각은 65세 이후부터 감소하기 시작하여 80세 이후 노인의 75% 정도가 후각에 문제를 경험하게 된다. 촉각은 45세 이후부터 급격히 저하되며,

통각(痛覺)은 젊은 사람들에 비해 노인들이 덜 민감하지만 통각의 저하는 연령과는 크게 상관성이 없는 것으로 나타나고 있다.

노년기에는 감각기관이 수집한 정보를 의식적 수준에서 처리하고 평가하는 지각기능의 반응속도가 저하된다. 즉, 노년기에 이르게 되면 운동반응, 반응시간, 문제해결, 기억력, 정보처리과정에서 반응속도가 둔화된다. 그러므로 노년기에는 환경변화에 즉각적으로 대처할 수 없게 되어, 안전사고를 유발할 가능성이 높아진다. 연령이 증가함에 따라 일반적으로 수면시간이 감소하게 되는데, 55세 이후에는 급격히 감소하여 65세 이상에서는 5~6시간 정도 수면을 취하게 되는 것으로 나타나고 있다. 이러한 수면시간의 감소와 아울러 노년기에는 취면장애, 조기각성, 주야전도, 숙면장애 등의 수면장애를 경험하는 경우가 많다.

2) 인지 및 정신기능

인지기능 중에서 지능은 개체가 유목적적으로 행동하고 사고하며 환경에 효율적으로 대처해가는 종합적이고 총체적인 능력으로, 새로운 것을 학습할 수 있는 능력 또는 환경에 적응하는 능력을 의미한다. 이러한 지능은 18~25세 이후부터는 점진적으로 쇠퇴한다고 보고 있으나, 타고난 지능은 줄어들고 경험을 통해 얻은 지능은 오히려 높아져 노년기에도 전반적으로 지능에 큰 변화가 없는 것으로 밝혀지고 있다. 그리고 창의성도 60~70세에도 20대와 동일한 수준의 창의성을 발휘할 수 있으며, 80세에도 여전히 중요한 일들을 훌륭하게 수행하는 경우가 많이 있다(Simonton, 1990).

기억은 외부에서 들어온 정보를 대뇌에 기록해서 저장했다가 어떠한 상황에 직면하여 의식으로 되살려내는 정신기능을 의미한다. 노년기에 이르게 되면 일반적으로 단기기억과 최근기억의 능력이 약화되며, 암기도다는 논리적인 것의 기억능력이 더 많이 감퇴되는 것으로 알려지고 있다. 그리고 보는 것보다는 듣는 것의 기억이 뛰어나므로 노인들의 학습능력 증진을 위해서는 청각을 활용한 교육방법이 더욱 효과적이다.

연습이나 경험을 통하여 정보나 기술을 습득하는 학습능력은 일반적으로 연령이 증가함에 따라 저하되는 것으로 알려지고 있다. 그러므로 노인들의 학습능력을 증진시키기 위해서는 충분한 시간을 부여하고, 의미 있고 분명하며 구체적인 학습과제를 부과하고, 학습결과에 대해서 즉각적인 피드백(feedback)을 제공하는 것이 바람직하다. 사고능력과 문제해결능력은 연령이 증가함에 따라 저하되는 것이 일반적이지만, 단순히 연령 증가만이 그 원인이라고 단정 짓기는 어려우며, 연령과 교육수준, 인생경험, 지능, 직업, 동년배 효과 등의 요인이 복합적인 영향을 미친다. 노년기에 주로 일어나는 사고능력과 기억력의 심각한 장애인 치매의 문제는 심각한 사회문제로 제기되고 있다. 치매는 인지기능과 고등정신기능이 감퇴되는 기질성 정신장애로서, 기억장애, 추상적 사고장애, 판단장애, 대뇌피질장애, 성격변화가 수반됨으로써 직업, 일상적 사회활동 또는 대인관계에 지장을 받게 되는 복합적 임상증후군이다(권중돈, 2004).

노인들은 오랜 삶의 경험을 통하여 나름대로의 삶에 대한 지혜(wisdom)를 갖게 된다. 이러한 지혜는 지식과 실용적 능력을 결합하여 인생에 대해 더 큰 이해를 갖게 되는 개인적 지식의 통합체이다. 노년기에는 반응속도의 저하와 같은 인지기능의 저하를 오랜 인생경험을 통해 획득한 지혜를 사용하여 보완해 나갈 수 있다. 노화 자체가 궁극적 존재의 이유에 대해 관심을 갖게 하고, 죽음에 대해 깊이 명상하게 하며, 보편적 가치를 추구하게 하므로, 노년기에는 영성(spirituality)이 더욱 깊어지는 경향이 있다. 그러나 관절염이나 하지기능의 장애로 인하여 종교활동에 참여하는 빈도가 줄어들면서 영성이 오히려 약화된다는 주장도 있다.

3) 정서 및 성격변화

노년기에 이르게 되면 감정표현능력의 저하가 이루어진다. 이러한 감정표현능력의 저하는 연령의 증가에 기인한 것이라기보다는 사회문화적 요인 즉, 감정표현을 억제하는 것이 사회문화적으로 보다 바람직한 것이라는 사회적인 압력에 순응한 결과라고 할 수 있다. 인간의 죽음에 대한 태도는 아동기에 시작하여 노년기에 이르기까지 장기간에 걸쳐 형성되는데, 노년기의 죽음에 대한 태도는 자아통합성의 성취정도에 따라 차이를 보인다. 노인이 자아통합에 이르게 되면 자신이 살아온 인생을 수용하고 두려움 없이 죽음에 직면하는 능력이 높아지지만, 절망에 이른 경우에는 죽음을 수용하지 못하고 타인을 원망하며 우울증의 경향을 보인다.

노년기에 성격이 변화한다는 주장과 그대로 유지된다는 주장이 동시에 제기되고 있는데, 노년기에 나타나는 특징적 성격변화를 살펴보면 다음과 같다(윤진, 1996).

① 내향성 및 수동성의 증가: 외부 사물이나 행동보다는 내적인 측면에 관심과 주의를 기울이며, 자신의 사고나 감정에 따라 사물을 판단하고 능동적 문제해결보다는 타인에 대한 의존성이 증가한다.

② 조심성의 증가: 노인 자신이 정확성을 중시하며, 감각능력이 감퇴하고, 결정에 대한 자신감의 결여로 인하여 확실한 것을 추구하는 경향이 강해진다.

③ 경직성의 증가: 자신에게 익숙한 습관적 태도와 방법을 고수하며, 이로 인해 학습능력과 문제해결능력이 저하되는 것이 일반적이다.

④ 우울 성향의 증가: 신체질병, 배우자 사망, 경제사정 악화, 사회로부터의 고립, 일

상생활에 대한 통제력 약화, 과거에 대한 회상의 증가로 인하여 우울 성향이 증가하고, 이로 인한 불면, 무감각, 강박관념, 증오심, 체중감소 현상이 나타나기도 한다.
⑤ 생에 대한 회상의 경향: 과거의 인생을 회상하여 남은 시간에 지금까지 해결하지 못한 것을 찾아서 새로운 해결을 시도하고 새로운 인생의 의미를 발견하려 한다.
⑥ 친근한 사물에 대한 애착 증가: 평생 사용해온 물건에 대한 애착이 증가하며, 이를 통해 과거 인생을 회상하고 마음의 평온을 추구한다.
⑦ 성역할 지각의 변화: 남성은 친밀성, 의존성, 관계지향성이 증가하는 반면 여성은 공격성, 자기주장, 자기중심성, 권위주의 성향이 상대적으로 높아진다.
⑧ 의존성의 증가: 노화가 진행됨에 따라 경제적 의존, 신체적 의존, 정서적 의존, 사회적 의존성이 전반적으로 증가한다.
⑨ 시간전망의 변화: 40세 이후부터 시간전망의 변화가 나타나는데, 남아 있는 시간을 계산하고 시간이 얼마 남지 않았다는 사실을 회피하기 위해서 과거에 대한 회상에 집중하거나 또는 과도하게 미래지향적이 된다.
⑩ 유산을 남기려는 경향: 죽기 전에 자손, 예술작품, 기술, 지식, 재산 등 뭔가를 남기려는 성향이 강해진다.

3. 심리적 노화와 관련된 견해

심리적 노화와 관련하여서도 잘못된 신화들이 존재하는데, 이러한 심리적 노화와 관련된 사실과 잘못된 신화를 살펴보면 다음과 같다(Harrigan and Farmer, 2000).
① 신화 1: 노인들은 하루 종일 잠을 잔다.
노화와 함께 수면양상의 변화가 일어나는 것은 분명한 사실이지만 대부분의 노인들은 수면양상의 변화에 잘 적응하고 있으며, 새벽녘에 일어나 활동하므로 오후 정도가 되면 피로를 느낄 수 있다.
② 신화 2: 노인들은 융통성이 없고 고집이 세다.
노년기에는 성격의 경직성이 강화되는 것은 사실이다. 긍정적 시각에서 보면 일생동안의 다양한 경험을 통하여 얻은 확신이며 삶의 지혜를 반영한 것이라 할 수 있다. 그리고 실제로 노인들은 종합적이고 포괄적으로 사고하기 때문에 오히려 젊은 사람들에 비하여 더 넓게 보고 더 넓게 사고할 수 있다.
③ 신화 3: 노년기는 평화롭고 평안한 시기이다.
노인 자신이 다른 사람에게 어떻게 보이든 별로 신경 쓰지 않으며, 일이나 사회적 관

계에서 오는 스트레스는 줄어들게 되므로 노년기를 비교적 평화롭고 평안한 시기라고 할 수 있다. 하지만 노년기로의 전환에 따르는 위기, 사회적 관계의 위축이나 상실, 빈곤이나 질병에 대한 염려 등과 같은 스트레스는 오히려 더 커지게 된다.

④ 신화 4: 노년기에 기억력 저하와 치매에 걸리는 것은 피할 수 없는 일이다.
　노년기에 이르게 되면 일반적으로 단기기억과 최근기억의 능력이 약화되지만, 장기기억은 잘 보존되는 경우가 대부분이며, 시청각 보조기구를 활용하게 되면 노인들의 기억력과 학습능력 증진을 도모할 수 있다. 또한 노년기에 치매에 걸릴 가능성이 높아지는 것은 사실이지만, 극히 작은 수의 노인만이 치매에 걸린다고 할 수 있다.

⑤ 신화 5: 노인은 새로운 것을 학습할 수 없으며, 지능이 낮아지게 된다.
　노년기에는 학습능력이 저하되는 것으로 알려져 있으나, 구체적이고 흥미로운 학습과제와 충분한 학습시간을 부여하고 학습동기를 촉진하게 되면 얼마든지 새로운 지식을 습득할 수 있다. 그리고 경험을 통해 터득한 결정성 지능은 오히려 증가하여 전체적인 지능수준은 별다른 변화가 없으므로, 노화에 따른 지능의 저하는 잘못된 신념이다.

⑥ 신화 6: 노인은 일상생활상의 문제를 해결할 수 있는 능력이 없다.
　문제해결능력은 노화보다는 교육수준, 직업경력, 동년배효과와 같은 다른 요인들의 영향이 훨씬 강하므로 단순히 노화의 결과라고 하는 데는 한계가 있다. 대부분의 노인들은 주변 상황에 대한 정확한 판단과 창의적 문제해결방안의 모색 등을 통하여 일상적 문제를 적절히 해결해 나가고 있다.

⑦ 신화 7: 노인은 젊은이들보다 죽음을 더 무서워한다.
　죽음에 대한 태도는 아동기부터 형성되기 시작하여 노년기에 이르기까지 오랜 기간 동안 형성된다. 우리나라의 노인들은 대부분 죽음을 자연스러운 과정으로 편안하게 받아들이며, 자신의 죽음을 준비하기도 하는 것으로 나타나고 있다.

⑧ 신화 8: 노인은 매우 의존적이며 다른 사람의 도움을 필요로 한다.
　노년기가 되면 가족이나 사회에 대한 의존성이 증가하는 것이 일반적이지만, 중증질환을 앓거나 장애가 있는 노인을 제외한 대부분의 노인들은 기본적인 일상생활을 독립적으로 수행할 수 있으며 자신의 생활환경을 통제할 수 있는 능력을 지니고 있다.

⑨ 신화 9: 노년기에는 종교에 몰입하게 된다.
　노년기의 여가시간 증가로 인하여 종교 활동에 참여하는 빈도가 높아지는 것이 일반적이고, 노년기에는 영성이 보다 깊어지지만 이는 종교에 빠져든다는 것과는 의미가 다른 영적 성숙의 개념이다. 따라서 노년기에 지나치게 종교에 몰입한다고 보는 것은 잘못이다.

Ⅳ. 사회적 노화

1. 사회적 노화의 개념과 특성

사회적 동물인 인간은 자신의 사회적 관계망에 속해 있는 사람들과 지속적으로 상호작용하는 과정에서 사회 규범을 학습하고, 사회화 요구에 순응하며, 다양한 사회적 지위에 따르는 역할을 수행하게 된다. 노화의 사회적 측면을 정확히 이해하기 위해서는 노년기로의 전환과 함께 이루어지는 개인 수준에서의 사회적 상황 변화뿐만 아니라 사회가 노화과정이나 노인에게 미치는 영향, 노인인구로 인하여 야기되는 사회적 변화라고 하는 세 가지 측면을 모두 고려해야 한다.

이와 같이 사회적 노화는 매우 포괄적인 영역을 포함하고 있으므로, 그 개념을 규정하기가 용이하지 않다. 그러나 다음에서는 사회적 노화를 노년기로의 전환과 함께 나타나는 노인 개인 수준의 사회적 상황 변화 즉, 사회적 관계망과 상호작용, 사회규범과 사회화, 그리고 지위와 역할의 변화라고 규정하고자 한다.

2. 사회적 노화의 양상

사회적 노화는 생물학적 노화와 심리적 노화를 제외한 다양한 노화의 측면들이 포함될 수 있지만, 여기서는 노년기로의 전환과 함께 나타나는 사회적 관계망과 상호작용, 사회규범과 사회화, 지위와 역할의 변화에 국한하여 각각의 영역에서 노인 개개인에게 어떤 변화가 일어나며 이러한 변화에 사회 환경이 어떠한 영향을 미치는가에 대해 논의하고자 한다.

1) 사회적 관계망과의 상호작용

노년기에는 퇴직, 배우자와 친구의 상실 등으로 인하여 사회적 관계망이 줄어드는 것이 일반적이다. 그리고 직장 등과 같은 2차 집단과의 유대관계 및 참여정도는 줄어들고 가족, 친구, 이웃 등과 같은 1차 집단과의 관계가 사회적 관계의 중심이 되며, 그중에서도 가족이나 자녀와의 관계가 핵심적 관계축이 된다. 노년기에는 평균수명의 연장과 출산자녀수의 감소로 자녀양육기간은 줄어들고, 배우자 사망 이후 독신으로 생활하는 기간과 여가시간이 늘어나게 된다. 그러므로 노년기에 있어서 원만한 부부관계의 유지는 삶의 만족도를 유지하는데 필수적인 요인이 된다. 노년기에 원만한 부부관계를 유지하기 위해서는 건강 및 경제적 자립, 생활범위 조정 등이 이루어져야 한다. 특히 남성노인의 경우 양성적 성역할을 사전에 학습할 필요가 있다. 노년기가 되면 배우자의 사망이라는 상실을 경험하게 되는데, 이때 많은 노인들이 슬픔, 불면증, 식욕상실, 체중감소, 사회활동에 대한 관심 저하, 불안, 우울, 분노, 비통, 죄의식 등과 같은 애도 감정이나 이와 관련된 행동을 나타낸다. 최근에는 황혼이혼이 점차 증가하고 있으며 노년기 재혼에 대해 보다 허용적 태도로 바뀌고 있다. 그러나 노년기 재혼에 대한 욕구는 노인 자신의 보수적인 성 도덕관, 자녀의 반대, 경제적 자립생활 능력의 결여, 노인전문 결혼상담기관의 부족 등으로 실제 재혼에 이르는 경우는 많지 않은 실정이다.

노년기에는 성인 자녀와 적절한 유대관계를 형성해야 하지만, 노인이 부양자의 지위에서 피부양자의 지위로 전환하는 과정에서 많은 어려움을 겪기도 한다. 특히 핵가족화, 소가족화의 영향으로 자녀와 별거하는 비율이 높아짐에 따라 노인과 자녀와의 연락이나 접촉빈도가 낮아지는 등 양적 관계에 있어서의 변화뿐만 아니라 부모-자녀간의 정서적 유대관계도 소원해지는 등 질적 관계에서도 많은 변화가 일어나고 있다. 부모-자녀관계를 원만하게 유지하기 위해서는 자녀에게 일방적으로 의존하기보다는 상호지원 관계를 유지하고, 신체적 건강의 유지, 안정된 소득기반의 조성, 그리고 심리적 건강 등을 확보하여야 한다. 평균수명의 연장으로 인하여 조부모로서의 역할을 수행하는 기간이 증가하였지만, 이전처럼 조부모가 삶의 지혜를 가르쳐주는 역할을 하지 못하고 성인 자녀에게 손자녀 교육을 위임하고 있는 실정이다.

노년기에 있어서 친구관계는 가족관계 못지않은 중요성을 지니고 있다. 노년기의 친구관계는 노후적응에 매우 중요하며, 자아의 중요한 지지 기반이 된다. 노년기에는 직장동료관계 등과 같은 기존의 사회적 관계가 축소됨에 따라 친구의 수가 줄어들게 되지만 새로운 친구를 사귀기가 쉽지 않으며, 대부분 지역적으로 가까운 곳에 사는 이웃노인이 친구가 되는 경우가 많다. 노년기에 친밀한 친구관계를 유지하기 위해서는 경제적으로 안정되어 있어야 하며, 건강상태가 양호해야 하며, 동일한 지역에서 오래 거주하는 것이 바람직하다. 대다수의 노인들은 자신이 거주했던 집에서 살고 싶어 하며, 주거지를 변경하는 경우는 많지 않다(Atchley, 2000). 그러나 노년기에 주거환경을 바꿀 경우 사회적 관계망의 위축, 지역사회에서의 상징적 지위의 상실, 새로운 이웃과의 관계 설정과정에서의 어려움 등 부정적 영향을 받는 경우도 많이 있다.

2) 연령규범과 사회화

사회화(socialization)란 사회적 상호작용을 통하여 사회의 규범, 가치, 역할기대 등을 학습하고 사회생활에 필요한 사회적 기술들을 발전시키게 하는 사회적 학습과정이라 할 수 있다(Atchley, 2000). 사회화의 과정은 일생동안 지속되는 것으로, 주변의 사회적 관계망과 관계를 맺는 과정에서 타인의 태도와 행동은 특정 개인의 행동방식에 영향을 미치며, 사회가 자신에게 기대하는 바와 제한하는 바가 무엇인지를 배우며, 승인되는 행동과 승인되지 않는 행동이 무엇인지를 알게 된다.

노인들도 사회의 연령규범과 사회화에 대한 기대에 순응하여야만 적응적인 삶을 영위할 수 있게 된다. 한 사회의 연령규범이 명확할수록 구성원들의 사회화과정은 보다 쉽게 이루어질 수 있다. 그러나 급격한 변화를 경험한 우리 사회는 아직 노년기에 적합한 연령규범에 대한 합의가 이루어지지 않고 있다. 즉, 노년기에 대한 긍정적 시각과 부정적 시각이 혼재해 있고, 노년기의 사회적 역할과 연령적합행동에 대한 사회적 합의가 이루어지지 못하고 있는 실정이다. 노년기와 관련된 명확한 연령규범의 부재로 인하여 중년기 이후에 노년기에 적합한 가치, 기술, 지식, 행동 등을 사전에 학습하고 싶어도 할 수가 없게 되며, 예비적 사회화과정을 거치지 못한 채 노년기에 진입하게 됨으로써 노후생활에 많은 혼란과 어려움을 경험하게 된다. 노년기와 관련된 명확한 연령규범의 부재와 이로 인한 사회화 과정의 혼란으로 인하여, 노인들은 노년기에 적합한 행동을 수행하지 못하는 경우가 많아지게 된다. 노인들이 연령에 적합하지 못한 행동 즉, '나이값(acting his age) 못하는 행동'을 하게 되면, 노인들은 사회구성원들로부터 인정을 받지 못하고, 비난이나 사회적 차별을 받게 될 가능성이 높아지게 된다(권중돈, 2007). 따라서 우리 사회에서 노년기의 연령규범에 대한 사회적 합의가 이루어지지 못하는 상황이 지속될 경우 노인에 대한 사회적 차별은 더욱 심화될 것이 분명하다.

3) 지위와 역할의 변화

개인의 일상생활은 그가 지닌 사회적 지위나 역할에 의해 주로 결정된다. 이때 사회적 지위란 사회적 신분에 따라 개인이 차지하는 자리나 계급을 의미하며, 역할이란 지위의 동적인 표현으로서 특정한 사회적 지위에 상응하는 기대행동이라고 할 수 있다. 이러한 사회적 지위와 역할은 한 개인이 행사할 수 있는 권력, 사회적 영향력 그리고 삶의 질을 결정하는 매우 중요한 요소이다.

이러한 사회적 지위나 역할은 일생을 통하여 변화하게 된다. 일반적으로 성인기까지는 사회적 지위와 역할을 획득하는 경우가 많지만, 노년기는 중요하고 가치 있는 사회적 지위와 역할을 상실하는 경우가 더 많다. 즉, 노년기에는 얻는 것보다는 잃는 것이 더 많은 시기이므로, 상실의 시기 또는 역할 없는 역할(roleless role)을 갖는 시기라고도 한다. 그러나 노년기에도 새로운 역할을 얻기도 하며, 동일한 역할을 수행하더라도 그 수행방법이 변화되며, 역할 자체의 중요성이 변화되는 등 다양한 역할전환을 경험하게 된다. 노년기에는 특정한 지위와 역할은 상실하는 반면 다른 지위와 역할을 획득하게 된다. 노년기에는 직업인의 지위에서 물러나 퇴직인의 지위를 갖게 됨으로써, 생계유지자 및 남편과 아내로서의 역할에서 피부양자, 독신, 조부모의 역할로 전환하게 된다. 그리고 2차 집단에서의 지위와 역할의 종류와 수는 줄어들지만 1차 집단내에서의 지위와 역할은 큰 변화가 없다. 이러한 노인의 사회적 역할 수행의 유형을 Neugarten 등은 다음과 같이 구분하고 있다.

〈 표 1-1 〉 노년기의 사회적 역할수행 유형

구 분	역할 수행 활동
재구성형	젊음을 유지하고 활동적으로 지역사회활동에 참여
집중형	심사숙고해서 선택한 몇 가지 활동에 에너지를 집중
유리형	조용히 자기 자신에 몰두하고 스스로 사회적 관계로부터 위축
계속형	나이를 먹는다는 사실을 두려워하지만 바쁜 생활을 계속하고, 성취 지향적이며 결코 은퇴하지 않음
제한형	능력상실과 노화의 위협에 사로잡혀 있으며, 에너지를 축소시켜 쇠퇴를 회피하려고 노력함
구원요청형	보통 정도의 사회활동을 유지하나 타인에게 정서적으로 의존
무감각형	인생을 수동적으로 살아온 사람으로 안락의자에 앉아 아무 일도 하지 않고 거의 하루를 보냄
와해형	사고력이 퇴화되고, 정서통제가 불가능함

이상에서 살펴본 바와 같이 노년기에 사회적으로 중요한 지위와 역할을 상실하고 사회적 가치가 낮은 지위와 역할을 획득하게 됨으로써 노인 스스로 자신의 가치를 평가절하하게 되고, 그로 인하여 자아존중감, 삶의 만족도 등이 낮아지게 된다. 그리고 사회 역시 노년기의 지위와 역할 상실을 당연하게 받아들이거나 오히려 이를 조장하는 경향을 보임으로써 노인의 사회적 분리와 소외를 초래하는 경향이 있다. 그러나 노년기에 이루어지는 역할변화는 대부분 점진적으로 이루어지기 때문에 심리적으로 준비할 수 있는 시간을 충분히 가질 수 있으며, 대다수의 노인들은 이러한 역할전환에 성공적으로 적응하고 있으며, 새롭게 획득한 지위와 역할에 만족하는 경우도 많이 있다.

3. 사회적 노화와 관련된 편견

노인들은 사회의 노인에 대한 잘못된 범주화 또는 정형화에 의해 다양한 사회적 불리(handicapped)를 경험하게 된다. 이러한 노인들의 사회적 노화와 관련된 사실과 잘못된 신화를 살펴보면 다음과 같다(Harrigan and Farmer, 2000).

① 신화 1: 노인들은 어쩔 수 없이 주류사회에서 퇴출된다.

노년기에는 가장, 직장인, 부모로서의 책임감 등과 같은 인생 전반기의 주요한 지위와 역할들에서 물러나서 상대적으로 낮은 지위와 역할을 갖게 된다. 그러나 실제로 퇴직 후에 자원봉사, 새로운 직업 등의 의미 있는 지위와 역할을 재획득하고 사회의 발전에 기여하는 노인들이 점차 늘어나고 있는 점을 고려할 때 노인을 주류사회의 주변인 정도로 취급하는 사회적 시각은 문제가 있다.

② 신화 2: 노인들은 고독하고 소외되어 있다.

노년기에는 자녀와 동거하지는 않지만 자주 연락하고 접촉하고 있으며, 친구관계망이 위축된다고 할지라도 이웃노인이나 친구들과 꾸준히 접촉하고 있는 등 노인은 주변의 사회적 관계망과 유기적인 관계를 맺고 있다. 그러므로 노년기가 단순히 외롭고 쓸쓸하게 죽음을 맞이하는 시기로만 이해되는 것은 잘못된 편견이라 할 수 있다.

③ 신화 3: 노인들은 가난하다.

퇴직으로 인한 소득감소, 노후소득보장에 대한 개인적 대비와 사회보장체계의 미비 등으로 인하여 노년기에는 소득이 줄어들게 된다. 그러나 노년기에도 경제활동 참여, 자녀의 경제적 지원이나 개인저축, 재산소득 등으로 적정 수준의 소득을 유지하는 노인들이 점차 늘어나고 있다. 그리고 노후소득보장에 대한 의식이 높아지고 2008년부터 국민연금 급여가 본격적으로 지급되기 시작하면 노인들의 소득수준은 더욱 개선될 것으로 보인다.

④ 신화 4: 노인들은 혼자 있기를 좋아하고, 대부분의 시간을 TV를 보며 지낸다.

노년기에는 여가시간이 늘어나지만 여가에 대한 예비사회화의 기회를 갖지 못했던 현세대 노인들은 소극적이고 시간소모적인 여가활동에 참여하는 경우가 상대적으로 높다. 하지만 노인들의 여가활동에 대한 의식이 높아지면서 보다 적극적이고 창조적인 여가활동이나 평생교육에 참여하는 노인들이 늘어나고 있다. 노인들이 여가시간을 적극적으로 활용하지 않는 것이 아니라 우리 사회의 여가에 낮은 인식, 여가교육 기회의 제한, 여가시설과 프로그램의 부족, 세대간의 가치관 차이 등으로 인하여 노인들이 여가시간을 적극적으로 활용하지 못하고 있다고 보는 것이 올바른 시각일 것이다.

⑤ 신화 5: 많은 노인들이 학대받고 방임되고 있다.

우리 사회에서 유교적 윤리가 희박해지고 노인차별주의(ageism)가 심화됨에 따라 노인에 대한 학대와 방임이 늘어나고 있는 것은 분명한 사실이다. 그러나 다수의 노인들은 자녀로부터 존경받고 있으며 적절한 부양을 받고 있는 것이 사실이므로, 노인들을 학대받고 방임 당하는 사회적 국외자로 간주하는 것은 문제가 있다.

⑥ 신화 6: 노인복지시설의 증가나 노인복지서비스의 확대는 전통적인 가족의 노인부양기능을 약화시킬 것이다.

노인문제가 국가적 과제로 등장하면서 노인을 위한 사회보장제도와 사회적 서비스가 매우 빠르게 확대되고 있다. 그러나 현행의 노인복지제도는 가족의 노인부양기능을 대체할 수 있는 수준에 이르지 못하고 있으며, 노인복지시설에 입소해 있는 노인은 전체 노인의 0.6%에 불과하며 대부분이 부양할 자녀가 없는 노인들이기 때문에 노인복지제도의 확대가 가족의 노인부양기능을 약화시킬 것이라는 것은 잘못된 주장이다.

⑦ 신화 7: 노인들은 일하기를 싫어하거나 일을 할 수 없다.

노년기에는 질병이나 신체적 기능의 저하, 생산 지식과 기술의 한계 등으로 인하여 노동시장에서 분리될 가능성이 높은 것은 사실이다. 그러나 상당수의 노인이 경제활동에 참여하고 있으며 이들 중 대부분은 앞으로도 계속 일을 하고 싶어 하며, 미취업 노인들의 경우에도 일에 대한 욕구가 높은 것으로 나타났다.

⑧ 신화 8: 노인들은 정치에 관심이 없고, 투표율 또한 낮다.

최근의 각종 선거에서 나타난 투표율을 보면 60대 이상 노인의 경우 투표율이 20대 젊은 층에 비해 훨씬 높다. 그리고 지난 총선에서 특정 정당이 노인폄하 발언의 여파로 선거에서 불리한 입장에 처했던 점을 근거로 해보면 노인들의 정치적 관심이 매우 높다는 것이 사실이다.

V. 성공적 노화

1. 성공적 노화의 개념과 구성요인

1980년대 중반까지의 노년학 연구에서는 노화의 부정적 측면 즉, 생물학적 노쇠, 심리적 무기력, 질병과 장애, 사회적 의존성 등에 고집스럽게 집착하였다. 하지만 노인인구 증가와 함께 건강하고 경제적으로 여유가 있으면서 지적 수준이 높고 사회활동에 활발하게 참여하는 노인인구가 증가함에 따라 노화의 긍정적 측면 즉, 성공적 노화(successful aging)에 관심을 기울이게 되었다(권중돈, 2006c).

성공적 노화는 생물학적, 심리적, 사회적 기능 수준이 높고 삶의 만족과 환경에 대한 적응 수준이 높은 상태라는데 노년학자들은 전반적으로 일치된 견해를 보이고 있다. 이러한 점에서 볼 때 성공적 노화는 훌륭한 노화(good aging)와 같은 의미로도 혼용되기도 한다. 성공적 노화의 구성요인을 밝히기 위한 연구들에서는 가장 먼저 신체적 건강상태에 관심을 기울였지만, 점차 심리적 특성, 사회경제적 특성과 관련된 변인들을 성공적 노화의 구성요인에 포함시키게 되었다(김미혜, 신경림, 2005).

기존의 연구에서 밝혀진 성공적 노화의 구성요인을 바탕으로 하여 보면, 성공적 노화 역시 [그림 1-2]와 같이 생물학적 노화, 심리적 노화, 그리고 사회적 노화로 구분할 수 있다.

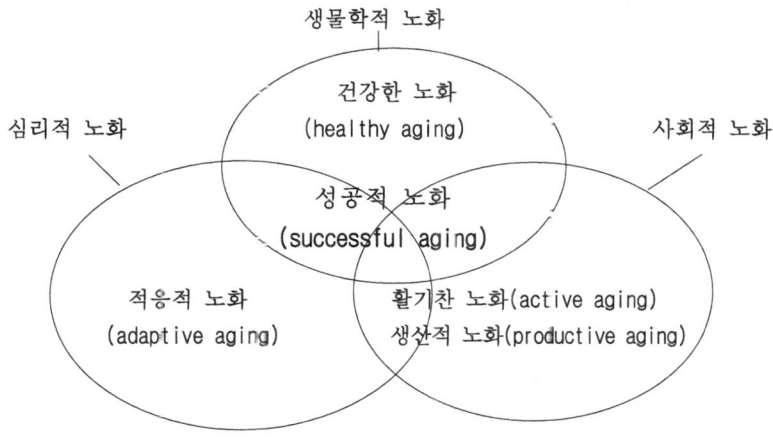

[그림 1-2] 노화 영역별 성공적 노화

생물학적 영역에서의 성공적 노화는 ① 질병이나 장애가 없거나 있어도 생활을 최소한도로 방해하고, ② 일상적 활동을 자립적으로 할 수 있는 신체적 기능수준을 유지하고, ③ 신체적 활력(vitality)을 보유하는 상태로 노화하는 것을 말한다. 심리적 영역에서의 성공적 노화는 ① 삶의 목표의식이 뚜렷하고, ② 건강한 인지기능을 유지하며, ③ 자신을 수용하고 통제하며 자신의 능력에 대해 신뢰하고 자신의 성장을 도모하면서, ④ 환경적 요구에 잘 대처하고 적응하면서 주관적으로 만족스러운 삶을 영위하는 상태를 의미한다. 사회적 영역에서의 성공적 노화는 ① 가족, 친구, 이웃 또는 이전의 동료들과의 사회적 접촉을 통하여 사회적 관계망을 유지, 강화해 나가고, ② 경제적으로 안정된 생활을 할 수 있는 정도의 노후소득준비를 충분히 하고, ③ 은퇴 이후에도 경제활동 또는 사회발전에 기여할 수 있는 생산적 활동에 활발하게 참여하는 상태를 의미한다.

2. 성공적 노화의 촉진방안

노인이 성공적 노화에 이르기 위해서는 건강한 노화, 적응적 노화, 활기차고 생산적 노화에 이르기 위한 자발적 노력과 외부의 지원이 필수적이다. 노인의 성공적 노화를 촉진할 수 있는 방안을 개괄적으로만 살펴보고자 한다(권중돈, 2006c).

첫째, 노인의 건강증진을 위한 생활습관의 관리와 2차적 예방(secondary prevention)이 요구된다. 먼저 금연, 균형 있는 영양섭취, 체중감량, 성인병 위험요인의 관리, 꾸준한 운동 등과 같은 바람직한 생활습관을 유지하여 질병에 이환되고 신체적 기능이 위축되는 것을 방지하는 1차적 예방활동이 가장 우선적으로 요구된다. 그럼에도 불구하고 질병에 이환될 경우에는 적극적으로 질병을 치료하고 일상생활 동작능력(ADL)을 유지시키기 위한 2차적인 예방적 개입이 요구된다. 이러한 2차적 예방조치에도 불구하고, 질병이 심각해지거나 장애상태에 이르게 되었을 경우에는 노인돌봄서비스, 방문 간호서비스, 방문수발서비스, 주간보호서비스 등을 이용하거나 노인요양시설 입소 등의 장기요양보호(long-term care)에 대한 대책을 마련하여야 할 것이다.

둘째, 심리적으로 만족스럽고 정신적으로 건강한 삶을 영위할 수 있도록 원조하여야 한다. 이를 위해서는 노인 자신의 전 생애를 되돌아보고 해결되지 않은 생활사건이나 감정을 해결할 수 있는 기회를 부여하는 인생회고(life review) 프로그램의 실시나 자서전 쓰기 프로그램을 실시하는 것이 유용할 것이다. 그리고 평생교육 프로그램을 개설하여 노년기의 삶에 적응할 수 있는 방안을 교육하고, 인지기능유지 프로그램, 영성훈련 프로그램, 죽음준비교육 프로그램, 스트레스 관리 프로그램 등을 실시하여 생활스트레스나 환경적 요구에 효과적으로 적응할 수 있도록 원조해야 할 것이다.

셋째, 경제적 안정을 위한 지원이 요구된다. '돈이 효자다' 라는 말이 있듯이, 경제적 여유가 없으면 기본적인 생활이 어려워지며, 더 나아가 가족에게 의존하게 되고, 친구관계나 이웃과의 관계도 위축되게 된다. 그러므로 노후생활에 필요한 적정 수준의 경제력을 갖추는 것이 중요하다. 만약 적절한 노후소득이 확보되지 못한 경우에는 규모 있는 지출을 하거나, 금융권의 역모기지론 제도의 활용, 의료비 지출에 대비하여 재산 중 일부를 즉시 현금화할 수 있도록 관리하는 방법, 유산배분 등의 경제생활에 관한 교육과 정보제공 서비스가 필요하다.

넷째, 경제활동이나 사회발전에 기여할 수 있는 활동에 참여할 수 있는 기회를 부여하는 것이 필요하다. 경제활동을 하게 될 경우 소득보완의 효과뿐만 아니라 사회적 관계망이 유지되고, 사회적 지위와 역할을 부여받을 수 있는 효과가 있으므로, 지역사회내의 노인복지관이나 시니어클럽에서 실시하는 노인 일자리 사업에의 참여를 권유할 필요가 있다. 그리고 돈벌이는 되지 않더라도 사회봉사활동에 참여할 수 있는 기회를 부여함으로써 사회적 관계의 유지, 자아존중감이나 자기유용감 등의 긍정적 심리상태, 신체 및 정신건강을 유지시켜 주는 효과를 거둘 수 있다. 그러므로 지역 내 사회복지관이나 공공단체에서 실시하는 노인봉사프로그램에 적극적으로 참여하도록 권유할 필요가 있다.

다섯째, 사회적 관계유지와 적극적 여가참여를 지원할 필요가 있다. 노년기의 가장 중요한 관계인 부부관계, 노부모-자녀관계를 원만하게 유지할 수 있도록 가족관계 재조정 프로그램에의 참여를 유도할 필요가 있다. 그리고 경로당이나 노인복지관 등과 같은 노인여가복지시설에 적극적으로 참여하도록 유도함으로써, 사회적 관계를 폭넓게 유지하고 개인적 발전을 도모할 수 있도록 지원할 필요가 있다.

MEMO

MEMO

MEMO

제 2 장 독거노인의 생활실태와 복지욕구

학 습 목 표
□ 노인인구의 증가추이와 노인부양에 따른 부담을 이해한다.
□ 독거노인 인구의 증가 추이를 이해한다.
□ 독거노인의 삶의 실태와 복지욕구를 이해한다.

Ⅰ. 노인인구의 증가와 부양

사회의 인구구조 변화는 경제, 의료, 주택, 금융, 복지제도 등 사회 전반에 중요한 영향을 미치게 되므로, 국가정책의 우선 순위를 설정하고 장기적인 대비책을 수립하기 위해서는 인구구조의 변화에 대한 이해가 선행되어야 한다. 전 세계적으로 나타나는 인구구조 변화의 가장 큰 흐름은 인구 고령화 현상이며, 국가의 경제발전 수준과 관계없이 노인인구의 증가추이가 진행되고 있다.

이와 같이 노인인구의 절대수와 상대적 비율이 증가하게 된 배경요인은 ① 보건의료 기술의 발전, ② 건강에 대한 관심과 건강 관련 서비스의 증가, ③ 영양, 안전, 위생환경의 개선 등과 같은 생활수준의 전반적 향상, ④ 노동력 수요 감소와 소자녀 가치관의 확산으로 인한 출산률의 저하 등이다. 우리나라의 경우에도 1960년대 이후 산업화 과정을 거치면서 노인인구 증가를 유발하는 사회적 변화가 본격적으로 나타나고 사망률과 출산율이 낮아지면서 노인인구의 절대수와 상대적 비율이 높아지고 있다.

1. 평균수명의 연장

우리나라 사람들의 평균수명은 <표 2-1>에서 보는 바와 같이 1960년부터 지난 40년동안 22.5세 증가하였다. 2005년 현재는 남자 74.8세, 여자 81.5세로 평균 77.9세에 이르고 있으며, 2015년부터는 평균 수명이 80세에 이를 것으로 예측되고 있다. 이런 점을 근거로 하여 볼 때, '인생은 60부터'라는 말은 옛말이 되었으며, '인생은 70부터'라는 말이 이미 현실이 되었고, '인생은 80부터'라는 말 역시 조만간 현실이 될 것이다.

⟨ 표 2-1 ⟩　평균수명의 증가추이

연도	1960	1970	1980	1990	2000	2010	2020	2030	2050
전체	52.4	62.3	66.2	71.7	75.9	79.1	81.0	81.9	83.3
남	51.1	59.0	62.3	67.7	72.1	76.2	78.2	79.2	80.7
여	53.7	66.1	70.5	75.9	79.5	82.6	84.4	85.2	86.6

* 자료 : 통계청(2005.12.). 2003년 생명표.; 통계청(2006.11.). 장래인구추계 결과.

2. 노인인구의 증가

평균수명의 증가는 노인인구의 절대 수와 상대적 비율에 있어서의 급격한 증가로 이어지고 있다. <표 2-2>에서 보는 바와 같이 1970년에 100만명에도 못 미치던 65세 이상 노인인구는 2000년에는 339만명, 2006년에는 459만명으로 증가하여 지난 30여년동안 노인인구의 절대수가 4배 이상 증가하였다. 이와 같은 노인인구의 절대 수 증가는 전체 인구에서 차지하는 상대적 비율의 증가로 이어지게 된다. 즉, 1980년까지 3% 수준에 불과하던 노인인구의 비율이 2000년에 7.1%, 2006년 9.5%, 2020년 15.6% 그리고 2050년에는 38% 수준에 이를 것으로 전망되어, 노인인구의 비율이 빠르게 증가할 것으로 예측되고 있다.

⟨ 표 2-2 ⟩　노인인구의 증가추이

연　도	1960	1970	1980	1990	2000	2010	2020	2030	2050
총 인구(천명)	25,012	32,241	38,124	42,869	47,008	48,875	49,326	48,635	42,343
65세+ 인구(천명)	726	991	1,456	2,195	3,395	5,357	7,701	11,811	16,156
65세+ 비율(%)	2.9	3.1	3.8	5.1	7.3	11.0	15.6	24.3	38.2

* 자료: 통계청(1960-2005). 인구주택총조사.; 통계청(2006.11.). 장래인구 추계결과.

국제연합에서는 65세 이상 노인인구가 전체 인구의 7% 이상을 차지할 때 고령화사회(aging society)로 분류하고 있는데, 우리나라는 이미 2000년에 고령화사회에 진입하였다. 그리고 2018년에는 노인인구 비율이 14.3%로 고령사회(aged society)에 진입하고, 2026년에는 20.8%로 초고령사회(super aged society)에 진입할 것으로 예측되고 있다. 이처럼 우리나라의 인구고령화 속도는 세계 어떤 국가와도 비교하기 힘들 정도로 매우 빠르게 진행되고 있다. 예를 들어, 프랑스의 경우 고령화사회에서 초고령사회로 진행되는데 156년이 소요되며, 고령화속도가 빠르다고 알려진 일본의 경우도 36년이 소요되는데 비하여 우리나라는 불과 26년밖에 소요되지 않을 것으로 추계되고 있다. 이와 같은 급격한 인구고령화는 평균수명의 연장과 출산율의 감소로 인한 노인인구의 절대수와 상대적 비율이 증가한 점이 근본적인 원인이 되겠지만, 한국전쟁 이후에 출생하여 현재 중년기에 속해 있는 베이비붐(baby boom) 세대가 한꺼번에 노인인구로 전환되는 것이 가장 결정적인 원인이 되고 있다(권중돈, 2006).

인구고령화 추이를 정확히 파악하기 위하여 고려해야 할 또 다른 지표는 14세 이하 유년인구 대비 노인인구 비율을 나타내는 노령화 지수이다. 우리나라의 노령화 지수는 노인인구 증가와 출산율의 감소로 인하여 지속적으로 높아지고 있다. 1980년 유년인구 100명에 노인인구 11명 수준이던 것이 2005년에는 47명 수준으로 증가하고, 2016년이 되면 101명으로 증가하여 유년인구보다 노인인구가 더 많아지게 되며, 2050년에는 노인인구가 유년인구의 4.3배에 이를 것으로 예측되고 있다. 이와 같은 노인인구의 지속적 증가와 출산률 감소로 인한 유년인구의 지속적 감소로, 우리나라의 인구구조는 1950년대 피라미드형에서 2050년에는 역피라미드(逆 pyramid)형으로 바뀔 것으로 전망되고 있다(그림 2-1 참조).

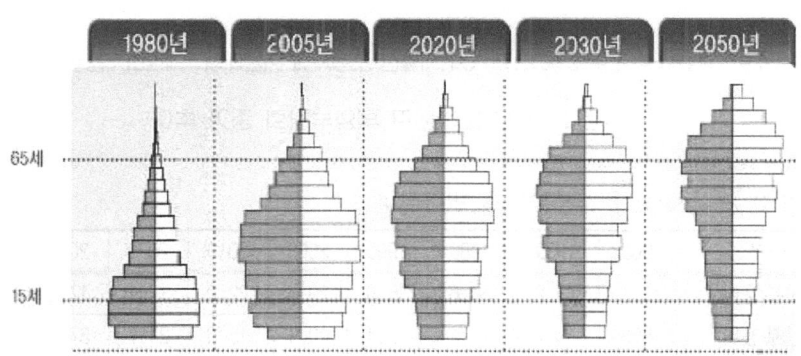

* 자료 : 통계청(2006. 11). 장래인구 추계 결과.

[그림 2-1]   우리나라 인구구조의 변화

3. 노인인구의 부양

우리나라의 인구구조 변화와 함께 생산가능인구(15~64세 인구)의 유년인구(14세 이하)의 부양부담은 줄어드는 반면 노인인구에 대한 부양부담은 오히려 증가하여, 전체적인 부양부담이 증가하고 있다. 즉, 생산가능인구가 부양해야 할 노인인구의 비율을 의미하는 노인부양비는 1960년 5.3%에서, 2000년 10.1%, 2020년에는 21.7% 그리고 2050년에는 72.0%로 증가할 것으로 예측되고 있다. 따라서 2000년에는 생산인구 10명이 1명의 노인을 부양하면 되었지만, 2020년에는 4.6명 그리고 2050년에는 생산인구 1.4명이 1명의 노인을 부양하여야 하는 상황이 됨으로써, 생산인구의 노인부양에 따르는 부담 또한 급격히 증가할 것으로 예측되고 있다(그림 2-2 참조).

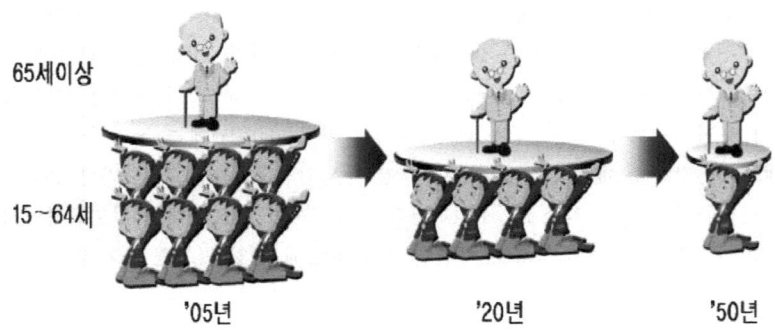

* 자료: 대한민국 정부(2006). 제 1차 저출산 고령사회 기본대책: 새로마지플랜.

〔그림 2-2〕 노인인구 부양부담의 증가 추이

〈표 2-3〉 노인인구 부양부담의 변화추이

구분	1960	1970	1980	1990	2000	2010	2020	2030	2050
유년부양비[1]	77.2	78.2	54.6	36.9	29.4	22.2	17.2	17.1	16.8
노년부양비[2]	5.3	5.7	6.1	7.4	10.1	15.0	21.7	37.7	72.0
총 부양비[3]	82.5	83.9	60.7	44.3	39.5	37.2	38.9	55.4	88.8

* 주: 1) 유년부양비= 14세 이하 인구÷15~64세 인구×100
    2) 노인부양비= 65세 이상 인구÷15~64세 인구×100,
    3) 총부양비=유년부양비+노인부양비
** 자료: 통계청(2006.11). 장래인구 추계결과.

이와 같이 노인인구에 대한 생산인구의 부담이 증가하는 주된 이유는 노인인구 증가에 있지만, 생산가능인구가 2016년부터 감소세로 전환되어 2030년에는 전체 인구의 64.5%로 생산가능인구의 비중이 급격히 줄어드는데도 원인이 있다. 그리고 15~64세의 인구를 생산가능인구로 규정하고 있지만, 15~24세는 대부분 취학상태에 있으며 50~64세는 퇴직하였거나 경제활동에 적극적으로 참여하지 못하는 인구가 상당수에 이르고 있기 때문에 실질적인 생산인구는 25~49세라고 할 수 있다. 따라서 경제활동에 왕성하게 참여하는 실질적인 생산인구의 노인부양에 대한 부담은 현재의 노인부양비보다 훨씬 높을 것이며, 앞으로 부담이 더욱 가중될 것으로 예측된다.

그리고 노인인구 부양에 따르는 부담과 관련하여 유념하여야 할 부분은 2017년에 유년부양비(18.1%)가 노인부양비(19.0%)보다 낮아진다는 점이다. 이와 같은 부양비의 역전현상은 정부에서 사회복지정책을 비롯한 다양한 정책의 우선순위를 결정함에 있어서 '국가의 미래를 보고 유년인구의 교육과 성장에 재원을 투입할 것인가' 아니면 '과거 국가발전에 기여한 노인인구의 부양과 보상에 재원을 투입할 것인가' 라는 두 가지 상반된 가치사이에서 갈등이 유발될 가능성이 높다.

II. 독거노인의 증가와 부양

노인인구의 양적 증가뿐 아니라 질적인 측면에서도 변화가 나타나고 있다. 노인인구의 질적 변화의 특징적 현상은 농촌지역 거주노인, 여성노인, 80세 이상의 사별한 고령노인, 자녀와 별거하는 독거노인 또는 부부노인 가구의 증가 등으로 압축된다.

그 중에서 노인가구의 구성에서 나타나는 변화를 살펴보면, 한국가족의 핵가족화와 소가족화라는 구조적 측면의 변화가 노인가구에서도 동일하게 나타나고 있다. 먼저 노인과 성인 자녀의 동거여부를 기준으로 하여 노인가족 형태의 변화추이를 살펴보면, 1990년 자녀별거 노인가구는 27.0%에서 2005년에는 51.7%로 나타나 자녀별거가구의 비율이 지난 15년동안 24.7% 포인트 증가한 것으로 나타났다. 이러한 자녀동거 부양율의 감소추이와 현재 중·장년층의 경우 자녀로부터 부양받기를 희망하는 비율이 20%에 불과한 점(한국보건사회연구원, 2005)을 동시에 고려해 볼 때, 향후 20년이 경과한 이후에는 우리나라의 노인과 성인 자녀의 동거율은 현재 미국의 노인과 성인 자녀의 동거율인 20% 정도(Atchley, 2000)로 낮아질 것으로 예측되고 있다.

이러한 노인가구 형태의 변화를 좀더 구체적으로 살펴보면 1인 독신노인가구와 노부부만으로 구성된 부부가구는 급격히 증가하는 반면 '노인+기혼 자녀+손자녀'로 구성된 3세대 노인가구는 급격히 줄어드는 것으로 나타나고 있다. 특히 노인 혼자서 생활하는 독신노인 가구는 1990년에 19만 3천 가구로 노인가구의 6.6%에 불과했지만 2000년에는 54만여명

제 1 부   독거노인의 삶과 복지욕구

그리고 2005년에는 80만명(18.2%)으로 증가하여, 전체 노인가구에서 차지하는 비율이 지난 15년 사이에 9.3% 포인트 가까이 증가한 것으로 나타났다(통계청, 2006.10.). 그리고 앞으로 자녀와 별거하는 1인 독신노인 가구의 증가 경향은 앞으로 더욱 가속화되어 갈 것으로 예측되고 있다.

〈 표 2-4 〉   1인 독거노인 가구의 증가추이

구 분	1985년	1990년	1995년	2000년	2005년
혼자 사는 노인인구(천명)	115	193	349	543	800
노인가구에서 차지하는 비율(%)	6.6	8.9	13.2	16.2	18.2

* 자료: 통계청(1985~2005). 인구주택 총조사 보고서.

한국보건사회연구원(2005a; 2005b)에 의하면, 농어촌 지역 노인의 26% 정도가 노인 혼자서 생활하고 있는 반면 도시지역은 20% 정도가 독신노인 가구로 농어촌 지역 노인들이 독거가구를 형성하는 비율이 높다. 그리고 성별로는 여성노인의 29.3%, 남성노인의 6.6%가 독거노인으로 나타났으며, 독거노인 중에서 여성노인이 87.7%를 차지하고 있어 독거노인의 절대다수가 여성노인임을 알 수 있다. 연령에 따라 살펴보면, 65~69세 노인 중에서 독거노인의 비율은 16.4%이지만, 70~74세는 20.9% 그리고 75세 이상 노인 중에서는 25.3%로 연령이 높아짐에 따라 혼자서 거주하는 독거노인 가구의 비율이 높아지고 있다. 그리고 독거노인 중에서 65~69세 노인이 30.0%, 70~74세는 28.8% 그리고 75세 이상 노인이 41.2%로 나타났으며, 평균 연령이 70.6세로서 독거노인 중에서 고령노인이 차지하는 비율이 높게 나타나고 있다. 그리고 독거노인 중에서 98.4%가 배우자와 없는 노인으로 나타났으며, 정규교육을 전혀 받지 않은 노인이 58.1%이고, 31.8%는 문자를 읽지 못하는 문맹노인인 것으로 나타났다. 그리고 월평균 가구소득이 50만원 미만인 독거노인 가구가 75.6%에 이르고 있으며, 독거노인 중에서 만성질환을 앓고 있는 노인의 비율은 96.1%에 이르는 것으로 나타났다.

이상에서 살펴본 독거노인들의 인구사회학적 특성을 근거로 하여 보면, 독거노인 중에서 농어촌 노인, 여성노인, 고령노인, 무배우 노인, 문맹노인, 빈곤노인, 유병노인 등 가족이나 사회에 대한 의존성이 높은 위험군 집단(at-risk group)에 속하는 독거노인의 증가현상이 뚜렷하다는 것을 알 수 있다. 따라서 독거노인에 대한 가족, 생산가능인구 또는 국가의 부양부담은 매우 높다고 할 수 있으며, 앞으로 자녀별거 경향이 더욱 강화될 경우 독거노인의 부양문제가 노인복지제도의 핵심적 정책과제로 등장할 것으로 예측된다.

Ⅲ. 독거노인의 삶의 실태와 복지욕구

최근 들어 독거노인의 자살 등으로 인하여 독거노인의 삶에 대한 사회적 관심이 높아지고 있음에도 불구하고, 독거노인의 삶의 실태와 복지욕구를 분석한 선행연구는 매우 제한되어 있다. 따라서 다음에서는 한국보건사회연구원(2005b)에서 전국 노인생활 실태 및 복지욕구조사를 심층 분석한 연구 자료를 중심으로 하여, 독거노인의 삶의 실태와 복지욕구를 ① 경제생활, ② 건강생활, ③ 주거생활, ④ 여가생활, 그리고 ⑤ 사회적 관계와 서비스 이용으로 나누어 개괄적으로 살펴보고자 한다.

1. 경제생활 실태와 복지욕구

독거노인의 경제생활 실태와 복지욕구를 정확히 이해하기 위해서는 ① 소득원, 월 가구소득, 용돈, 주관적 경제상태 평가와 관련된 소득상황, ② 경제활동 참여 여부, 취업직종 등의 경제활동과 관련된 사항을 파악하여야 하므로, 다음에서는 이를 중심으로 하여 논의하고자 한다.

1) 가구소득과 용돈

독거노인 중에서 소득원이 하나도 없는 노인은 1% 정도에 불과하며, 1가지 소득원을 갖고 있는 경우가 4.7%, 2가지 소득원이 39.4%, 3가지 소득원이 39.0% 그리고 4가지 이상의 소득원이 있는 경우가 15.7%이며, 평균 2.7개의 소득원을 지니고 있는 것으로 나타났다. 소득원별로는 모든 노인에게 지급되는 교통수당을 제외하면, 가족이나 친인척으로부터 보조를 받는 경우가 70% 정도, 경로연금을 수급하는 경우가 27% 정도, 국민기초생활보장제도의 급여를 받는 경우가 21% 정도, 공적 연금을 수급하는 경우가 12% 정도이며, 근로소득이 있는 경우가 14% 정도 그리고 사업이나 부업을 통한 소득이 있는 경우가 12% 정도이며, 나머지 소득원에서 소득이 있는 비율은 미미한 것으로 나타났다.

< 표 2-5 > 독거노인가구의 월평균 가구소득   (단위: 만원)

소득원	전체	독거노인	부부노인	자녀동거노인
근로 및 사업, 부업소득	15.71	7.92	21.98	15.71
재산소득	7.85	6.38	12.32	7.85
공적이전소득	10.92	11.37	13.93	10.92
사적이전소득	13.75	16.02	12.76	13.75
월평균 가구수입	48.84	41.97	61.02	48.84

* 자료: 한국보건사회연구원(2005b). 노인의 삶의 질 향상을 위한 정책방안 연구.

독거노인가구의 월평균 가구소득액은 42만원 정도로 부부가구나 자녀동거 가구 노인에 비해서 낮을 뿐 아니라 전체 노인가구의 소득액에 비해서도 7만원 정도가 낮은 것으로 나타났다. 소득원별로는 근로소득과 사업 및 부업소득이 8만원, 자산소득이 6만원, 공적연금이나 공적 부조에 의한 소득이 11만원, 가족이나 친인척 등의 보조를 통한 사적이전소득이 16만원 정도인 것으로 나타났다. 이상의 소득원과 가구소득액에 대한 조사결과를 근거로 하여 볼 때, 독거노인들은 근로 및 사업소득, 공적 연금에 의한 소득액은 상대적으로 적고, 공적 부조와 사적 이전소득에 의한 소득액은 많은 것으로 나타나 국가와 가족에 대한 경제적 의존성이 높으며, 3/4 정도의 노인이 절대 빈곤층 또는 차상위계층 수준의 경제생활을 영위하고 있음을 알 수 있다.

독거노인의 한 달 평균 용돈액수를 살펴보면, 용돈이 전혀 없는 노인이 7% 정도이며, 1~5만원 이하가 48% 정도, 6~10만원 이하가 25% 정도, 11~20만원 이하가 10% 정도 그리고 21만원 이상이 9% 정도에 이르는 것으로 나타났다. 그리고 독거노인의 월평균 용돈액수는 23만원 정도로서, 부부가구노인의 57만원, 자녀동거가구 노인의 143만원에 비하면 그 액수가 매우 작으며, 노인에 따라 용돈액수의 편차가 매우 크며 용돈액수의 중위(中位) 값은 5만원인 것으로 나타났다.

< 표 2-6 > 독거노인의 월평균 용돈액수

용돈액수	용돈없음	1~5만원	6~10만원	11~20만원	21만원 이상
백분율	7.4	48.3	25.4	10.3	8.5

* 자료: 한국보건사회연구원(2005a). 2004년 전국 노인생활실태 및 복지욕구 조사.

독거노인의 월평균 가구소득액을 근거로 하여 빈곤율을 추정(한국보건사회연구원, 2005b)

한 바에 의하면, 독거노인 중에서 최저생계비 이하의 절대 빈곤계층에 속하는 비율이 62.4%이며, 최저생계비의 120% 이하의 소득이 있는 차상위 계층에 속하는 노인까지를 포함하면 4명 중 3명이 빈곤계층이라 할 수 있다. 이러한 독거노인의 빈곤율은 부부가구 노인의 39%와 53%, 자녀동거가구의 19%와 25%에 비하여 그 비율이 매우 높게 나타나, 독거노인의 빈곤율이 매우 높음을 알 수 있다.

이와 같이 독거노인 가구의 소득수준과 용돈액수가 절대적으로 낮기 때문에, 독거노인들의 경제생활에 대한 만족도 역시 매우 낮게 나타나고 있다. 독거노인 중에서 현재 경제상태에 대해 만족하는 노인은 7%에도 못 미치고 있는 반면 불만족하는 노인은 64% 정도에 이르는 것으로 나타났다. 이러한 독거노인의 빈곤율과 경제생활에 대한 만족도 조사결과를 근거로 하여 볼 때, 독거노인의 3/4 이상이 현재의 경제생활에 대한 미충족 욕구를 지니고 있으며 다른 노인가구에 비해 빈곤문제를 더욱 심각하게 경험하고 있음을 알 수 있다.

2) 경제활동 참여 실태

독거노인들의 경제활동 참여 실태를 살펴보면, 평생 동안 일을 하지 않은 노인이 9.9% 정도이며, 경제활동에서 은퇴한 경우가 65.5% 그리고 현재 일을 하고 있는 경우가 24.6%인 것으로 나타났다. 이러한 독거노인의 경제활동 참여율은 부부가구 노인의 경제활동 참여율에 비해 16% 포인트 정도 낮으며, 자녀동거가구 노인들에 비해서는 약간 낮은 것으로 나타났다.

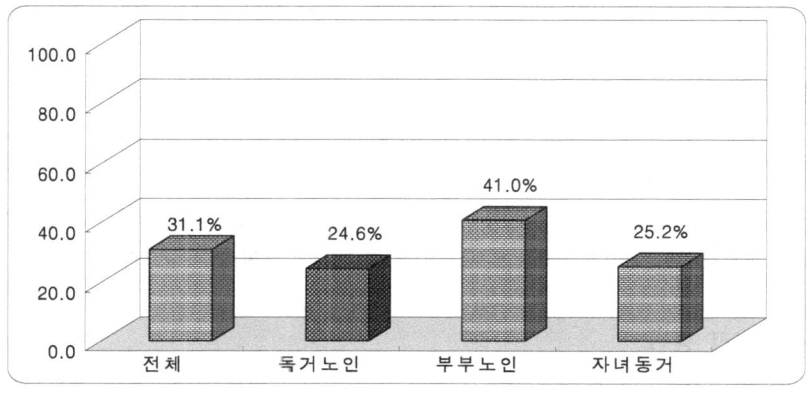

* 자료: 한국보건사회연구원(2005b). 노인의 삶의 질 향상을 위한 정책방안 연구.

〔그림 2-3〕 독거노인의 경제활동 참여율

경제활동에 참여하고 있는 독거노인의 취업직종을 보면, 농업·임업 및 어업으로 46% 정도로 가장 많고, 단순노무직에 종사하는 경우가 37% 정도이며, 판매업이 8% 정도, 서비스직이 6% 정도로서, 이 4가지 직종에 종사하는 경우가 97% 정도에 이르고 있다. 그리고 종사상의 지위에서도 일용직 근로자가 29% 정도에 이르러 부부노인이나 자녀동거가구 노인에 비하여 그 비율이 2배 이상 높은 것으로 나타나, 노동안정성도 상대적으로 낮은 것으로 나타났다.

이와 같이 독거노인들이 전문기술이 요구되지 않으면서 노동 강도는 강하고, 노동환경은 열악하며, 노동안정성 또한 매우 낮은 직종에 취업할 수밖에 없는 가장 주된 이유는 경제문제인 것으로 나타났다. 이는 경제활동에 참여하는 독거노인 중에서 '돈이 필요해서 경제활동을 하는 노인이 76% 정도로 나타난 점이 뒷받침을 해주고 있다. 이러한 점을 고려해 볼 때, 독거노인의 취업만족도는 낮을 수밖에 없는데 실제로 취업한 독거노인의 2/3 정도가 현재의 취업상태에 대해 불만족하는 것으로 나타나고 있다. 그리고 불만족하는 이유를 살펴보면, 임금에 불만족하는 경우가 52% 정도이고, 업무량에 불만족하는 노인이 27% 정도인 것으로 나타났다. 그럼에도 불구하고 독거노인의 65% 정도는 계속해서 취업하기를 희망하고 있는 것으로 나타났는데, 이는 경제적 이유가 가장 주된 이유인 것으로 예측된다.

미취업 상태에 있는 독거노인 중에서 향후에 취업할 경우 임금수준을 직업선택의 가장 중요한 기준으로 생각하고 있으며, 취업시에는 생활비 수준의 임금을 받을 수 있는 직종에 취업하기를 선호하는 비율이 상대적으로 높게 나타났다. 이러한 점을 근거로 해 볼 때 독거노인들이 경제활동에 참여하고 지속적으로 일을 할 수밖에 없는 이유는 경제적 소득에 관한 욕구가 매우 강하게 자리 잡고 있기 때문이라 할 수 있다.

2. 건강생활 실태와 복지욕구

독거노인의 건강상태와 이와 관련된 복지욕구를 파악하기 위해서는 ① 건강실천행위, ② 만성질환, ③ 신체기능 및 일상생활 동작능력, ④ 인지장애 및 간호·재활욕구, ⑤ 수발욕구 및 실태를 파악하여야 하므로, 다음에서는 이를 중심으로 하여 논의하고자 한다.

1) 건강실천 행위

노년기에는 생물학적 노화로 인하여 신체적 기능과 건강상태가 저하되는 것이 일반적이므로, 현재의 건강상태를 유지하기 위한 건강실천행위가 매우 중요하다. 독거노인 중에서 흡연을 하는 비율은 12% 정도로서, 부부가구 노인(19.6%)이나 자녀동거가구 노인(19.0%)에 비해 흡연율이 상대적으로 낮게 나타났다. 독거노인 중에서 현재 술을 마시고 있는 노인이 26.0%이며 과거에 음주를 한 경우가 12.6%로서, 다른 가구형태의 노인들에 비해 음주율 또한 상대적으로 낮았다. 그리고 주 2회 이상, 1회 20분 이상 지속적으로 규칙적 운동을 하는 독거노인이 30% 정도에 이르고 있으며, 주당 평균 5일 정도 운동을 하는 것으로 나타났다. 독거노인들이 매 끼니마다 영양소가 고루 들어있는 영양식을 섭취하기 위하여 노력하는 경우는 22% 정도에 불과한 것으로 나타나, 독거노인들의 영양불균형 문제가 야기될 가능성이 높을 것으로 예측되고 있다. 지난 1년간 건강검진을 받은 독거노인은 51% 정도로 다른 가구의 노인들과 유사한 건강 검진율을 보이고 있다.

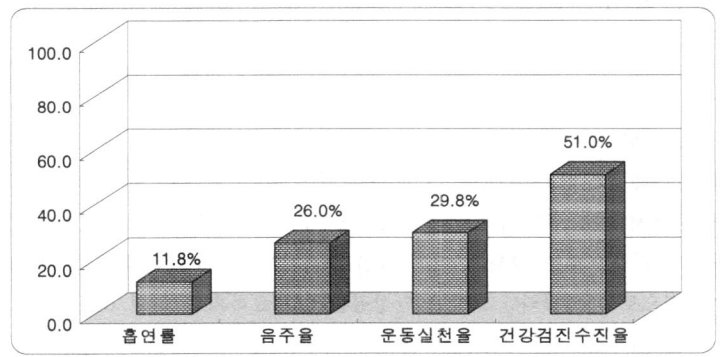

* 자료: 한국보건사회연구원(2005b). 노인의 삶의 질 향상을 위한 정착방안 연구.

〔그림 2-4〕 독거노인의 건강실천 행위

2) 만성질환

독거노인 중에서 3개월 이상 만성질환을 앓고 있는 경우는 96.0%로서 다른 가구의 노인들에 비해 만성질환 유병률이 낮게 나타났지만, 3가지 이상의 만성질환을 앓고 있는 독거노인이 68.2%로 나타나 중복질환을 앓는 비율은 상대적으로 높게 나타났다.

만성질환의 종류별 유병률을 살펴보면, 관절염을 앓고 있는 독거노인이 55% 정도, 고혈압이 45% 정도, 당뇨병이 14% 정도, 심장질환이 9% 정도, 만성기관지염이 8% 정도, 천식이 6% 정도 그리고 중풍 또는 뇌혈관질환이 5% 정도인 것으로 나타났다. 이러한 결과를 근거로 하여 볼 때, 독거노인들은 근골격계질환, 순환기계질환, 호흡기계질환을 앓을 가능성이 높다는 것을 알 수 있다.

제 1 부 독거노인의 삶과 복지욕구

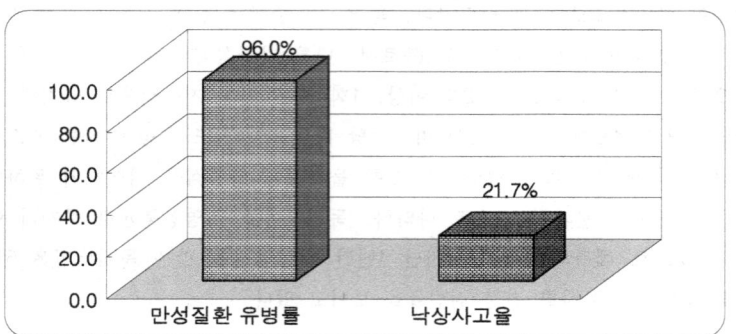

* 자료: 한국보건사회연구원(2005b). 노인의 삶의 질 향상을 위한 정책방안 연구.

〔그림 2-5〕 독거노인의 만성질환 유병률과 낙상사고율

만성질환으로 인해 생활에 어려움을 겪는 독거노인은 58% 정도에 이르고 있어, 다른 가구의 노인들에 비해 그 비율이 상대적으로 높았다. 독거노인들이 만성질환으로 인해 겪게 되는 어려움 중에서 가장 큰 어려움은 일상생활 수행상의 장애로서 43% 정도가 어려움을 겪고 있으며, 그 다음으로는 경제적 어려움(21.8%), 고독과 소외감(19.2%), 사회활동 제한(14.0%) 등인 것으로 나타났다. 그리고 만성질환을 치료하기 위하여 85% 정도의 노인들이 의료기관을 이용하고 있으며, 주로 병의원에서 치료를 받는 것으로 나타났다. 그러나 독거노인들의 경우 만성질환 치료를 위한 의료비에 부담을 느끼는 경우가 43% 정도에 이르고 있으나 급여에 의한 무료 치료를 받기 때문에 의료비 부담을 느끼지 않는 노인들도 23% 정도에 이르고 있다.

노년기에는 만성질환을 앓을 가능성도 높아지지만 각종 사고를 당할 가능성 또한 높아지는데, 가장 대표적인 노년기의 사고가 바로 낙상사고이다. 독거노인들 중에서 지난 1년간 낙상사고를 당한 비율은 21.7%이며, 낙상사고의 71% 정도는 가정 외부에서 일어난 것으로 나타났다.

3) 신체기능 및 일상생활 동작능력

독거노인의 신체기능 수준을 보조기를 착용하지 않았을 때를 기준으로 하여 주관적으로 평가한 결과에 의하면, 시력이 나쁘다고 한 노인이 51.0% 청력은 21.7%, 씹는 능력은 80.5%가 나쁘다고 응답하여 타 가구 유형의 노인에 비하여 시력, 청력, 저작능력이 상대적으로 나쁜 것으로 나타났다. 그럼에도 시력보조기 착용율은 63.2%, 청력보조기 착용율은

11.7%, 틀니 착용율은 74.4%로 나타나, 다른 가구형태의 노인들보다 신체기능을 보완하기 위한 보조기를 착용한 비율이 상대적으로 낮게 나타나 보조기에 대한 미충족 욕구가 높음을 알 수 있다.

독거노인들은 기본적인 일상생활을 수행함에 있어서 대부분 타인의 도움을 필요로 하고 있지 않은 것으로 나타났으며, 옷 벗고 입기, 세수하기, 양치질하기 등의 기본적 일상생활 동작능력을 수행함에 있어서 도움을 필요로 하는 경우는 1%에도 못 미치는 것으로 나타났다. 도구적 일상생활 수행능력 또한 대다수의 노인들이 독립적인 수행이 가능한 것으로 나타났으나, 기본적 일상생활 수행능력에 비해서는 타인의 도움을 필요로 하는 비율이 높게 나타났다. 특히 금전관리, 전화 사용하기 등의 동작을 수행함에 있어서는 타인의 도움을 필요로 하는 경우가 10% 이상에 이르고 있다.

4) 인지기능 및 간호·재활욕구

독거노인 중에서 기억장애를 경험하고 있는 노인이 0.8%, 판단장애를 경험하는 노인이 4% 정도이며, 의사소통장애를 경험하는 노인이 1% 정도인 것으로 나타났으나, 인지장애를 앓는 비율은 매우 낮게 나타났다. 치매 등의 정신장애에 수반되는 문제행동이나 증상을 보이는 독거노인은 1% 미만이지만, 우울감을 경험하는 노인은 6% 정도에 이르고 있어 독거노인의 우울문제가 심각한 상황임을 알 수 있다.

독거노인이 앓고 있는 질환이나 장애로 인하여 특별한 간호처치 욕구를 갖고 있는지를 조사한 바에 의하면, 11가지 간호처치 영역 중에서 통증간호가 필요하다고 한 경우가 8% 정도이고, 복막투석 및 간호가 필요하다고 한 경우가 1% 정도이었다. 그리고 나머지 간호처치 영역에서는 욕구 수준이 매우 미미한 것으로 나타났다.

신체장애로 인한 재활욕구를 지닌 노인의 비율을 살펴보면, 우측 상지에 마비가 있어 재활훈련이 필요한 경우가 1.8%, 좌측상지가 2.1%, 우측하지 마비가 8.5%, 그리고 좌측하지 마비로 인하여 재활훈련을 필요로 하는 경우가 7.5%인 것으로 나타났다. 그리고 고관절(28.2%)과 무릎관절(17.3%)의 구축으로 인하여 재활을 필요로 하는 독거노인이 다른 가구의 노인들에 비해 상대적으로 그 비율이 높은 것으로 나타났다.

5) 수발욕구와 실터

독거노인의 건강상태와 관련하여 이상에서 논의한 결과를 종합하여 수발을 필요로 하는 노인의 비율을 살펴보면, 일상생활 동작능력과 관련된 수발욕구를 지닌 노인은 10~12% 정도이며, 인지능력, 문제행동, 간호처치와 관련된 수발욕구를 지닌 노인의 비율은 매우 미미하며, 신체적 마비나 구축으로 인하여 재활욕구를 지닌 노인은 4~8% 정도에 이르고 있는 것으로 나타났다.

〈 표 2-7 〉 독거노인의 요양욕구

욕구영역	ADL	IADL	인지능력	문제행동	간호처치	재활마비	재활구축
수발필요노인비율	12.1	10.5	0.2	0.2	0.1	4.2	8.3

* 자료: 한국보건사회연구원(2005b). 노인의 삶의 질 향상을 위한 정책방안 연구.

이와 같이 수발에 관한 욕구를 지니고 있음에도 불구하고 독거노인 중에서 수발을 들어 줄 사람이 없는 경우가 89%로 나타나 부부노인 76% 그리고 자녀동거가구 노인 69%에 비해, 수발자가 없는 비율이 상대적으로 높았다. 수발자가 있는 독거노인의 경우에 자녀(며느리, 사위 포함)가 주된 수발의 책임을 맞고 있는 경우가 58% 정도이며, 비혈연 동거인이나 이웃 및 유급봉사원으로부터 수발을 받는 노인도 25.0% 정도에 이르고 있다. 그리고 수발자들은 1주에 노인방 청소를 1.9회 정도, 노인의류 및 침구 세탁을 2.2회, 머리감기 및 목욕 수발을 0.9회, 외출시 동행은 0.6회 정도의 빈도로 수발하고 있는 것으로 나타났다. 독거노인 수발자 중 52.0%가 어려움이 있다고 응답하였고, 수발시 가장 힘든 점은 심리적 부담이 76.9%, 다음으로는 취업기회 상실, 육체적 피로, 경제적 부담이 각각 7.7%로 나타나 독거노인의 수발자가 심리적인 부담을 크게 받고 있음을 알 수 있다.

3. 주거생활 실태와 복지욕구

독거노인의 주거생활 실태와 관련 복지욕구를 파악하기 위해서는 ① 주택소유상태, ② 주택유형, ③ 주택설비의 편이도 등을 파악하여야 하므로, 다음에서는 이를 중심으로 하여 논의해 보고자 한다.

1) 주택 소유상태 및 주택유형

독거노인 중에서 본인 또는 자녀 명의의 자가를 소유하고 있는 노인은 48.5%이며, 전세가 23.9%, 월세가 6.7%, 무상으로 주택을 얻어 쓰는 경우가 20.8%로 나타나, 전체 노인가구에 비해 주택소유율이 낮은 것으로 나타나 독거노인의 주거불안정 문제가 심각함을 알 수 있다. 주택의 소유상태와 관계없이 어떤 유형의 주택에서 생활하고 있는지를 조사한 바에 의하면, 단독주택에서 생활하는 독거노인이 68.0%로 가장 많고, 그 다음이 아파트

(22.9%), 연립주택 및 다세대 주택(6.1%), 상가주택(2.3%) 등의 순이었다.

2) 주택설비의 편이도

노화와 기능상의 제한을 경험할 가능성이 높아지는 노년기에는 물리적 주거환경의 편리성은 일상생활에 매우 중요하다. 독거노인이 생활하는 주택의 설비를 살펴보면, 개별 사용이 가능한 입식부엌이 설치된 주택에서 생활하는 노인이 86% 정도이며 재래식 부엌이 설치된 경우가 12% 정도인 것으로 나타났다. 그리고 수세식 화장실이 설치된 경우는 67% 정도이며, 재래식 화장실이 설치된 경우가 33% 정도인 것으로 나타났다. 온수가 공급되는 단독 목욕시설이 설치된 경우는 66% 정도이며, 목욕시설이 없는 경우가 27% 정도에 이르고 있다.

독거노인이 현재 거주하고 있는 주택이 생활하기에 어느 정도 편리한지를 주관적으로 평가한 바에 의하면, 독거노인의 27% 정도는 생활하기에 불편하다고 응답하여 주택이 생활하기에 불편한 비율이 상대적으로 높게 나타났다. 그리고 독거노인 가구 중 39% 정도는 주택 구조가 노인이 생활하기에 불편한 구조로 되어 있으며, 생활에 불편을 초래할 정도는 아니지만 노인을 배려한 주택설비가 갖추어져 있지 않은 독거노인 가구가 60% 정도이며, 노인을 배려한 설비가 갖추어진 경우는 1% 불과한 것으로 나타났다. 이러한 점을 근거로 하여 볼 때, 독거노인들이 거주하고 있는 주택의 설비는 노인의 생활편의를 고려한 계획된 주거환경이라고 볼 수는 없으며, 노인들이 주택설비로 인한 생활의 불편을 참으면서 생활하고 있음을 알 수 있다.

4. 여가활동 및 사회참여 실태와 복지욕구

독거노인의 여가활동과 사회참여 실태와 복지욕구를 파악하기 위해서는 ① 여가활동, ② 사회단체 참여, ③ 평생교육 프로그램 참여, ④ 자원봉사활동 참여, ⑤ 인터넷 활용 실태를 파악하여야 하므로, 다음에서는 이를 중심으로 하여 논의하고자 한다.

1) 여가활동 참여

독거노인들이 보람이나 즐거움을 느끼는 여가활동에 참여하는 비율은 부부노인, 자녀동거노인에 비하여 상대적으로 낮고, 종교활동과 사교활동에 참여하는 비율만 상대적으로 높을 뿐 가족과 함께 하는 활동이나 다른 취미나 창의적인 여가활동에 참여하는 비율은 상대적으로 낮게 나타나, 독거노인들의 여가활동 참여도와 여가활동 범위가 매우 제한되어 있음을 알 수 있다. 특히 도시지역의 독거노인, 여성 독거노인, 고령 독거노인, 경제활동 미참여 독거노인, 교육수준이 낮고 소득수준이 낮은 독거노인들의 여가활동 참여도와 참여범위가 더욱 제한되어 있음을 알 수 있다.

〈표 2-8〉 독거노인의 여가활동 참여 실태

보람이나 즐거움을 느끼는 활동	첫째	둘째
학습활동	0.1	0.3
사회(자원)봉사활동	.7	0.1
컴퓨터, 인터넷활용	-	0.3
스포츠활동	1.6	1.0
사교활동	25.0	15.1
여행	4.0	3.7
영화감상, 연극·운동경기관람 등	-	0.3
서예, 독서, 그림그리기, 종이접기, 공예 등	1.0	1.0
건전가요, 시조, 장구, 풍물 등	0.7	0.9
바둑, 장기, 화투 등	1.8	2.7
가족과 함께 하는 활동	24.1	13.0
TV시청, 라디오청취, 신문보기	11.2	13.2
자녀 및 손자녀양육	2.4	2.8
집안일하기	0.1	0.1
종교활동	8.1	4.5
기타	1.8	0.3
특별히 없음	16.9	40.3

* 자료: 한국보건사회연구원(2005b). 노인의 삶의 질 향상을 위한 정책방안 연구.

2) 사회단체 참여

독거노인 중에서 종교단체, 문화활동단체, 운동단체, 사교단체, 정치 및 직능단체라는 5가지 유형의 단체에 가입한 비율은 <표 2-9>에서 보는 바와 같이 단체의 성격에 따라 큰 차이를 보이고 있다. 독거노인의 경우 다른 노인들과 마찬가지로 종교단체와 사교단체에 가입하는 비율이 상대적으로 높게 나타나, 개인의 영적 구원과 사교활동에 목적을 둔 단체에는 적극적으로 참여하는 반면 나머지 사회단체에 가입하여 활동하는 경우는 매우 미미함을 알 수 있다.

〈 표 2-9 〉 가구형태 및 사회단체 종류별 사회단체 가입률

사회단체	독거노인	부부노인	자녀동거	전체
종교단체	53.5	41.9	48.5	47.2(2,851)
문화활동단체	0.4	1.5	0.8	1.0(2,851)
운동단체	1.2	6.2	3.4	3.9(2,851)
사교단체	18.7	45.9	35.8	35.6(2,851)
정치단체	1.0	3.0	1.4	1.9(2,851)

* 자료: 한국보건사회연구원(2005b). 노인의 삶의 질 향상을 위한 정책방안 연구.

사회단체에 가입한 독거노인을 대상으로 하여 월 참여빈도를 조사한 바에 의하면, 종교단체의 경우에는 주 1회 이상 참여하는 경우가 55% 정도이며, 사교단체는 월 1회 이하 참여하는 경우가 75% 정도인 것으로 나타났다. 그리고 문화활동단체, 운동단체, 정치 및 직능단체에 가입한 독거노인의 수가 적어 의미 있는 경향을 파악하기는 어렵지만, 전반적으로 이 세 단체에 참여하는 빈도는 매우 적은 것으로 나타났다.

현재 사회단체 가입 여부에 관계없이 독거노인들이 앞으로 사회단체에 가입하기를 희망하는 비율을 조사한 바에 의하면, 종교단체에 앞으로 가입하기를 희망하는 비율은 부부노인이나 자녀동거노인에 비하여 상대적으로 높지만 나머지 문화활동단체, 사교단체, 운동단체, 정치·직능단체 등에의 향후 가입희망률은 상대적으로 낮게 나타났다.

3) 평생교육 프로그램 참여

독거노인들 중에서 현재 평생교육 프로그램에 참여하고 있는 노인이 10.3%, 과거에 참여한 경험이 있는 노인이 5.9%로서, 평생교육 프로그램에 참여한 경험이 있는 비율이 상대적으로 높게 나타났다. 그리고 앞으로 평생교육 프로그램에 참여할 의향을 지니고 있는 독거노인은 19.7%에 이르고 있다.

평생교육프로그램에 참여한 경험이 있는 독거노인을 대상으로 어떤 기관에서 실시하는 프로그램에 참여하였는지를 조사한 바에 의하면, 독거노인들의 경우에는 노인복지관과 종교기관에서 실시하는 평생교육 프로그램을 이용한 비율이 부부노인이나 자녀동거노인들에 비하여 상대적으로 높으며, 대학부설 또는 대한노인회에서 실시하는 평생교육 프로그램을 이용한 비율은 상대적으로 낮은 것으로 나타났다.

앞으로 독거노인들이 평생교육 프로그램에 참여할 경우 참여하기를 희망하는 교육프로그램은 여가나 취미활동에 참여하고자 하는 노인이 가장 많았으며, 그 다음으로는 기초학습,

외국어학습의 순이었으며, 기술 강좌나 재취업프로그램 등에 참여하기를 희망하는 비율은 매우 미미하였다.

4) 자원봉사활동 참여

독거노인들 중에서 과거에 자원봉사활동에 참여한 경험이 있는 노인이 6.6%, 현재 봉사활동에 참여하고 있는 노인이 3.3%로서, 부부노인과 자녀동거노인에 비하여 과거와 현재의 자원봉사활동 참여 비율이 더 낮은 것으로 나타났다.

〈 표 2-10 〉 가구형태별 자원봉사활동 참여경험

자원봉사 참여 경험	전체	독거노인	부부노인	자녀동거
경험 없음	85.5	90.1	82.9	85.2
과거 참여경험	10.6	6.6	12.7	10.8
현재 참여하고 있음	4.0	3.3	4.3	4.0
계 (명)	100.0 (2,852)	100.0 (669)	100.0 (1,083)	100.0 (1,100)

* 자료: 한국보건사회연구원(2005b). 노인의 삶의 질 향상을 위한 정책방안 연구.

현재 자원봉사활동 참여 여부와 관계없이 앞으로 자원봉사활동에 참여할 의향이 있는지를 조사한 바에 의하면, 독거노인의 9.1%만이 향후에 자원봉사활동에 참여할 의향이 있는 것으로 나타나, 부부노인이나 자녀동거노인에 그 비율이 상대적으로 낮은 것으로 나타났다. 그리고 향후에 자원봉사활동에 참여할 경우 주 1-2회 참여하겠다는 독거노인이 48.3%로 나타났으며, 지역사회봉사활동에 참여하고자 하는 독거노인이 45% 정도 그리고 사회복지분야의 봉사활동에 참여하고자 하는 경우가 32% 정도이며, 그 외에 교통, 환경, 문화 분야 등의 다양한 영역의 봉사활동에 참여할 의향이 있는 것으로 나타났다.

독거노인들의 경우 건강이 좋지 않아서 자원봉사활동에 참여하지 못한다고 한 경우가 51.3%로서 건강문제가 자원봉사활동 참여의 주된 장애요인이 되고 있는 것으로 나타났으며, 본인이 하고 싶지 않아서 자원봉사활동에 참여하지 않겠다는 비율도 상대적으로 높았다.

5) 컴퓨터 및 인터넷 이용

독거노인 중에서 현재 인터넷을 이용하고 있는 노인은 1.8%로서 부부노인 8.8%, 자녀동거노인 4.4%에 비해 이용률이 상대적으로 낮은 것으로 나타났다. 독거노인 중에서 앞으로 컴퓨터 및 인터넷을 이용할 필요성이 있다고 생각하는 경우가 16.1%로서 부부노인(32.1%)이나 자녀동거노인(25.7%)에 비하여 그 필요성을 상대적으로 낮게 평가하고 있었다. 그리고 앞으로 컴퓨터 및 인터넷을 이용하기 위하여 정보화 교육을 받을 필요성이 있다고 한 독거노인은 9.9%로 정보화 교육에 대한 욕구가 매우 낮았다.

5. 사회적 관계와 서비스 이용 실태 및 복지욕구

1) 사회적 관계와 지지

독거노인 중에서 91.8%는 생존자녀가 있으며, 생존자녀 수는 평균 3.9명인 것으로 나타났다. 그리고 독거노인의 경우 별거하는 자녀와 주 1회 이상 접촉하는 비율은 42.2%, 주 1회 이상 연락 빈도는 79.0%로 나타나 연락빈도의 경우 타 가구형태의 노인보다 낮게 나타났다.

독거노인과 별거하고 있는 가족은 경제적 원조, 신체적 원조, 도구적 원조, 정서적 원조 등의 다양한 원조를 제공하는 사회적 지지망이다. 실제로 독거노인의 71% 정도는 이들로부터 경제적 지원을 받고 있으며, 걱정거리나 문제가 있을 경우 얘기를 들어주는 정서적 지원을 받는 경우도 67% 정도에 이르고 있다. 그리고 간병 수발을 받는 비율은 19% 정도, 가사일에 도움을 받는 경우는 41% 정도, 시장보기나 교통편의와 관련된 도움을 받는 경우는 각각 43%, 29% 정도인 것으로 나타났다. 그러나 독거노인들에 가족으로부터 도움만 받는 것은 아니며 가족이 필요로 하는 도움을 제공하기도 하는데, 걱정거리나 문제점 등을 경청해 주는 정서적 지원을 하는 경우가 42%, 경제적 지원을 제공하는 경우가 16% 정도, 손자녀를 돌봐주는 경우가 9% 정도인 것으로 나타났다. 이러한 결과를 근거로 하여 볼 때, 독거노인에게 있어서 가족이 중요한 사회적 지지망의 역할을 하는 사회체계임은 분명하나 예전처럼 일방적으로 도움을 받는 관계가 아니라 상호간에 도움을 주고받는 관계로 그 속성이 변화하고 있음을 알 수 있다.

독거노인에게 지원을 제공하는 도움 제공자를 살펴보면, 경제적 지원의 주 제공자는 장남·며느리(49.2%), 그 외 아들·며느리(19.3%), 장녀·사위(14.3%), 그 외 딸·사위(12.3%) 순이며, 간병·수발 지원의 주 제공자는 자녀가 약 73%를 차지하지만, 14.8%는 친구·이웃·가정봉사원으로부터 지원을 받는 것으로 나타났다. 청소, 세탁, 식사준비 등의 가사를 지원해주는 주 제공자는 장남·며느리를 비롯한 자녀를 중심으로 지원을 받고 있으며, 정서적 지원을 주로 제공하는 사람은 장남·며느리가 28.4%, 장녀·사위가 20.4%, 친구·이웃사람이 22.1% 순으로 나타났다.

독거노인이 비상상황에 처하게 되었을 때 도움을 요청하고 싶은 사람을 조사한 바에 의하면, 독거노인 중에서 장남·며느리의 도움을 받기를 희망하는 경우가 27.1%, 친구·이웃이 18.2%, 119구조대가 14.4%로 나타나 가족 외부의 비공식적 지지망에 원조를 요청하고자 하는 비율이 높게 나타났다. 그러나 경제적 도움은 주로 자녀들로부터 받고 싶어하는 것으로 나타났으며, 정서적 문제가 있는 경우에도 자녀와 의논하고 싶어하지만 친구나 이웃에 도움을 요청하겠다는 경우도 13% 정도에 이르고 있다.

독거노인 중에서 생존해 있는 형제와 자매가 있는 경우는 76% 정도이며, 이들 형제자매와는 3개월~1년 사이에 1번 정도 만나는 경우가 70% 정도에 이르고 있으며, 3개월~1년 사이에 1번 정도 연락하는 경우가 42% 정도에 이르고 있다. 즉, 독거노인의 3/4 정도가 형제와 자매가 있기는 하지만 이들과의 연락이나 접촉빈도는 매우 낮은 것으로 볼 때, 형제 자매관계는 비교적 소원한 관계를 유지하고 있음을 알 수 있다.

독거노인 중에서 친한 친구나 이웃이 없는 노인이 11% 정도이지만, 평균 2.3명 정도의 친한 친구와 이웃이 있는 것으로 나타났다. 그리고 친한 친구나 이웃과 월 1회 이상 만나는 경우는 19% 정도, 월 1회 이상 연락하는 경우는 28% 정도인 것으로 나타났다. 이러한 결과를 근거로 하여 볼 때, 형제·자매와의 관계보다는 친밀한 관계를 유지하고 있지만 지리적으로 근접해 있다는 점을 고려한다면 이웃과 친구와의 관계가 친밀성이 높은 관계라고 하기는 어려울 것이다.

2) 노인복지서비스 이용과 복지욕구

현행 노인복지정책과 서비스는 크게 소득보장, 고용보장, 건강보장, 사회적 서비스로 나누어진다. 이들 정책과 서비스 영역별로 독거노인들의 이용 또는 수급률과 욕구를 살펴보면 다음과 같다.

먼저 소득보장과 관련하여 경로연금제도에 대해 알고 있는 독거노인은 46% 정도이며, 현재 경로연금을 수급하고 있는 노인은 26% 정도인 것으로 나타났다. 그리고 국민기초생활보장제도의 급여를 받는 경우가 21% 정도이지만, 국민기초생활 수급대상은 경로연금 수급대상이 되므로 국가의 공적 부조에 의해 보호를 받고 있는 독거노인은 1/4 정도에 불과한 것으로 나타났다.

고용보장과 관련된 서비스를 이용하는 비율은 보면, 독거노인 중에서 공동작업장을 이용한 경험이 있는 노인은 3.5%이며 앞으로 이용할 의향을 지닌 노인은 15% 정도인 것으로 나타났다. 대한노인회의 취업지원센터를 이용한 경험이 있는 노인은 3% 정도, 향후 이용의향이 있는 노인은 7% 정도이며, 시니어클럽을 이용한 경험이 있는 노인은 3%, 앞으로 이용할 의향이 있는 노인은 5% 정도이었다. 이러한 결과를 근거로 하여 볼 때, 현저 실시되고 있는 고용지원서비스는 독거노인의 경제활동 욕구를 충족시키는데 한계가 있음을 알 수 있다.

건강보장과 관련된 서비스를 이용하는 비율을 살펴보면, 노인전문병원을 이용한 경험이 있는 노인은 2% 정도, 노인요양시설과 양로시설에 향후에 입소할 의향이 있는 노인은 33% 정도, 단기보호시설과 주간보호시설을 향후에 이용할 의향이 있는 노인은 각각 11% 정도, 치매상담센터를 이용한 경험이 있는 노인은 3% 정도이며 향후 이용할 의향을 지닌 노인은 29% 정도인 것으로 나타났다. 경로식당을 이용한 경험이 있는 노인은 19% 정도이며, 식사배달서비스를 이용한 경험이 있는 노인이 9% 정도로 나타나, 영양서비스의 이용률이 상대적으로 높게 나타났다. 가정방문간호서비스를 이용한 경험이 있는 독거노인은 5% 정도이지만, 앞으로 이용할 의향이 있는 노인은 47% 정도이며, 보장구 대여서비스를 이용한 경험이 있는 노인은 12% 정도인 것으로 나타났으나 향후 이용욕구는 3% 정도이었다.

사회적 서비스의 이용률을 살펴보면, 먼저 재가복지서비스와 관련하여 가사지원서비스를 이용한 경험이 있는 독거노인은 4% 정도이나 향후에 이용할 의향을 지닌 노인은 35% 정도에 이르는 것으로 나타났다. 독거노인 중에서 노인교실 등에서 노인교육프로그램에 참여한 경험이 있는 노인은 16% 정도이며 앞으로 이용할 의향이 있는 노인은 22% 정도이었다. 그리고 노인복지관을 이용한 경험이 있는 노인은 17% 정도이며, 향후 이용희망률은 22% 정도인 것으로 나타났다. 경로당을 이용한 경험이 있는 노인은 52% 정도로서 다른 어떤 서비스보다도 이용률이 높았다. 그리고 교통요금 할인이라는 경로우대제도를 이용한 경험이 있는 노인은 73% 정도이며, 고궁, 공연 등의 입장료를 할인받은 경험이 있는 노인은 51% 정도인 것으로 나타나, 경로우대제도의 혜택을 받은 노인의 비율이 높게 나타났다.

MEMO

MEMO

MEMO

제2부
독거노인 지원서비스

제 3 장　노년기의 건강관리와 영양
제 4 장　일상생활 동작능력과 수발기술
제 5 장　노인과의 의사소통과 상담
제 6 장　독거노인의 주거생활과 안전관리
제 7 장　노인 인권과 노인학대의 이해
제 8 장　운동요법과 레크리에이션 지도
제 9 장　작업요법과 음악요법
제 10 장　미술요법과 원예요법
제 11 장　회상·문예·향기 및 발반사요법

제 3 장 노년기의 건강관리와 영양

학 습 목 표
□ 노인성 질환의 특성에 대해 이해한다. □ 노인성 신체질환의 특성을 이해하고, 생활수칙을 숙지한다. □ 노년기 정신질환의 특성을 이해하고, 생활수칙을 숙지한다 □ 노년기의 영양관리 방법을 이해한다.

Ⅰ. 노인성 질환의 특성

노년기의 건강문제를 이해하기 위해서는 우선적으로 건강과 질병에 대한 이해가 선행되어야 하며, 이를 바탕으로 노인성 질환이 갖는 특성을 이해하여야 한다. 이에 다음에서는 건강과 질병의 개념을 간략히 살펴본 후, 노인성 질환의 임상적 특성과 노인환자의 진단과 치료과정에서 나타나는 특성에 대해 살펴보고자 한다.

1. 건강과 질병의 개념

활기차고 성공적인 노후생활을 영위하기 위해서 없어서는 안될 필수불가결한 요소는 바로 건강이다. 건강을 의미하는 'health'는 전체라는 의미를 지닌 'hale'에서 유래되었으며, 한문으로는 '신체적으로 튼튼하다'는 의미의 건(健)과 '마음이 편하고 걱정이 없다'는 강(康)이 합쳐진 용어이다. 이렇듯 건강의 개념은 신체적 측면에 국한되지 않고, 인간의 생물학적 측면, 심리적 측면, 사회적 측면 모두에서의 최적상태를 의미한다. 따라서 세계보건기구(WHO)에서는 건강을 '단순히 허약성이나 질병이 없는 상태가 아니라 신체적, 정신적, 사회적으로 완전한 안녕상태(well-being)'라고 정의하고 있다. 이와 같이 건강이란 의학에서 정의하는 것처럼 '질병이 없는 상태'라는 소극적 의미가 아니라 '인간 생활의 모든 측면에서의 안녕상태'를 의미하는 적극적인 개념으로, 최고의 안녕상태(health)와 죽음이나 최악의 건강상태(illness)를 양극단으로 하는 하나의 연속적 개념이다(권중돈, 2007).

이러한 건강을 결정하는 요인들은 유전적 소인, 건강습관과 생활양식, 환경적 요인 그리고 보건의료서비스의 이용 등 매우 다양하다. 노년기에는 이들 요인과 노화과정이 복합적으로 작용하여, 개인의 신체, 심리, 사회적 기능 수준을 저하시킨다. 뿐만 아니라 개인 내

• 외부의 위험인자가 개입하게 되면 정상적 노화과정은 병리적 노화과정으로 변화되게 되고, 그 결과로서 다양한 질병이 유발된다.

이때 질병이라 함은 역행 또는 회피가 가능한 생물학적 불균형 상태를 의미한다. 즉, 질병을 '생물학적 기계의 고장 또는 일탈'로 규정하고 있다. 그러나 이와 같은 생물학적 환원주의 또는 기계론적 모델에 입각하여 질병을 개념 정의할 경우 질병을 지나치게 협의로 규정할 수 있으므로, 개인의 주관적 수준에서 평가한 질병이나 건강에 관심을 기울여야 한다는 주장이 의학계에서 제기되고 있다.

특히 노년기에는 개인의 주관적 판단에 의한 건강과 질병의 판단이 매우 의미 있는 것으로 알려지고 있다. 일반적으로 질병이나 건강을 파악하는 방법은 의사 등의 전문가에 의한 객관적인 진단과 개인의 주관적 판단에 의한 평가가 있을 수 있다. 먼저 의사에 의한 객관적 진단과 판정은 질병의 유무를 판정하는 데는 매우 효과적이지만, 개인의 신체, 심리, 사회적 기능 전반에 대한 정확한 평가가 이루어지기 어렵다. 이에 반해 개인의 주관적 판단에 의한 건강과 질병의 평가는 객관적 기준에 의한 질병 유무에 관계없이 개인의 전반적인 기능수준 즉, 일상생활 동작능력을 평가하는 방법으로, 객관성은 결여되지만 개인의 기능수준을 파악하는 데는 매우 효과적이다. 이 두 가지 방법 중 질병 유무에 의한 건강평가는 질병의 치료와 예방에 매우 효과적이며, 개인의 주관적 판단에 의한 기능평가는 사회적인 측면에서 의의가 매우 높다. 특히 일상생활에서 노인들이 날씨가 흐리거나 비가 오기 전에 허리나 다리가 아프다고 호소하는 경우가 많다는 점을 보면, 의사에 의한 객관적 진단과 개인의 주관적 건강평가사이에 상당 부분 일치하는 경우가 많다. 따라서 노년기에는 건강이나 질병을 평가는 두 가지 방법 모두가 의미를 지니고 있으므로, 노인들의 건강을 평가함에 있어서는 이 두 가지 평가방법을 동시에 활용하는 것이 도움이 된다.

2. 노인성 질환의 특성

노인은 다른 연령층의 사람들과 다른 특성을 지니고 있을 뿐만 아니라 노인 집단 내부에서의 개인 차이도 매우 크기 때문에, 의학적인 측면에서도 노인환자가 보이는 특성들 또한 매우 다양하다. 따라서 노인환자의 특성을 정확히 이해하는 것이 필수적이라 할 수 있는데, 노인 환자가 지니고 있는 생리적, 병리조직학적, 임상적 특성을 살펴보면 다음과 같다(권중돈, 2007).

① 특정 질병과 위험인자사이의 관련성이 약하다.
② 특정 질병에 수반되는 증상이 없거나 비전형적인 경우가 많다.

③ 생활력, 병력, 경제형편, 일상생활 동작능력 등에 따라 개인차가 크다
④ 동시에 여러 가지 질병 즉 다장기질환(多臟器疾患)을 갖고 있는 경우가 많다.
⑤ 의식장애나 정신장애를 일으키기 쉽다.
⑥ 수분과 전해질의 균형 즉, 항상성을 유지하기가 어렵다.
⑦ 사회적으로 소외되거나 경제적 생활이 어려운 경향이 있다.
⑧ 체력과 예비능력이 위축되어 있는 경우가 많다.
⑨ 정상적 노화와 병리적 노화를 정확하게 구분하기 어렵다.

이와 같은 특성을 지닌 노인환자를 진단하고 치료과정에서 나타나는 특징적인 현상들을 살펴보면 다음과 같다(권중돈, 2007).

① 기억감퇴, 언어적 표현능력의 제한 등으로 노인환자를 진단함에 있어 병력의 청취가 어려워 진단과 치료가 어렵다.
② 노인환자의 검사결과는 젊은 환자와의 차이는 물론 개인의 생활력, 병력, 경제형편 등에 따라서 같은 노인이라도 개인 차이가 크다.
③ 합병증을 동반하기 쉽다.
④ 장기적인 치료와 간호를 필요로 하므로, 입원기간이 길다.
⑤ 의학적 치료에 관한 판단 뿐만 아니라 삶의 질에 대한 판단 또한 매우 중요하다.
⑥ 와상(臥床; bed-ridden or chair-bound) 환자가 될 가능성이 높다.

II. 노인성 신체질환의 이해와 수발

노년기에 이르게 되면 생물학적 노화의 진행과 신체 기능의 저하, 병리적 노화의 과정과 결과로 인하여 다른 사람의 도움이나 보호를 필요로 하는 신체적 건강문제나 장애로 인하여 어려움을 당하는 경우가 증가한다. 이에 다음에서는 제 14장과 제 17장의 독거노인 사례관리를 위한 '독거노인 지원카드'에 포함되어 있는 노년기의 주요 신체질환의 특성과 이의 예방 및 치료방법, 환자의 생활수칙에 대해 살펴보고자 한다(김진호·한태륜, 1997; 송미순·하양숙, 1995; 서울대 의학교육연수원, 1999; www.hp.go.kr; www.healthpark.or.kr, www.kah.or.kr).

1. 악성신생물(암)

노인들의 사망원인 분석에 따르면, 악성신생물 즉, 암이 사망원인 1위일 정도로 노년기

에 암을 예방하는 것은 매우 중요하다. 그러나 암은 매우 다양한 신체부위에서 발생하고 그 원인 또한 매우 다양하므로, 암의 예방이나 치료방법을 일목요연하게 제시하는 데는 한계가 있다. 따라서 암이 발생하는 부위에 따라 노인 스스로가 암을 조기에 발견할 수 있도록 각 신체부위별로 암으로 의심할만한 증상들이 있는지를 알려주어, 암을 조기에 발견하여 치료할 수 있도록 돕는 것이 도움이 된다. 암으로 의심해야 할 신체 각 부위별 주요 증상은 다음 <표 3-1>과 같다.

〈 표 3-1 〉 신체부위별 암으로 의심되는 증상

신체부위	암으로 의심되는 증상
소화기관	- 음식을 삼킬 때 목에 뭔가 걸린 듯하거나 잘 넘어가지 않는다. - 식욕이 없고 계속해서 소화가 잘 안된다. - 이유 없이 기운이 없고 얼굴에 핏기가 없다. - 변을 자주 보거나, 변비가 생기거나 변에 피가 섞여 나온다. - 혀에 부스럼이 생긴 후 3주가 지나도 없어지지 않거나 더 커진다. - 입안이 건조해지고 흰 얼룩이 생긴다.
유방	- 가슴에 아프지 않은 덩어리가 만져지거나, 두꺼운 부분이 있다. - 한쪽 가슴이 붓거나 커지고, 젖꼭지가 오므라든다. - 가슴의 피부가 거칠어진다. - 유방의 모양이 이상하게 변한다. - 젖꼭지에서 피나 다른 물질이 나온다. - 젖꼭지에 습진이 생긴다.
자궁	- 대하가 많고 피가 섞여 나온다. - 월경과 상관없이 아무 때나 피가 나온다. - 성교시 또는 후에 피가 나온다.
방광, 신장	- 소변에 피가 섞여 나온다. - 소변을 자주 보거나, 소변 본 뒤에 시원하지 않다. - 소변보기가 거북하고 아프다.
폐, 기관지	- 이유 없이 목이 쉬며, 낫지 않고 더욱 악화된다. - 감기에 잘 걸린다. - 호흡이 어렵다. - 기침이 지속되며 낫지 않거나 헛기침이 자주 나온다. - 가래에 피가 섞여 나온다. - 음식 넘기기가 어렵다.
피부	- 피부에 생긴 상처가 3주일 이상이 되어도 낫지 않는다. - 피부에 이상한 것이 생긴다. - 피부의 색이나 모양, 감촉이 달라진다.

* 자료: 건강길라잡이(www.hp.go.kr)

위암은 위에서 생겨나 비정상적으로 성장하며, 다른 조직으로 침윤하거나 다른 장기로 전이되는 악성 종양을 말한다. 위암을 일으키는 원인으로는 유전적 요인과 맵고 짜거나 불에 탄 음식의 섭취, 헬리코박터 파이로리균의 감염, 만성위염, 무산성 악성빈혈, 선종성 용종 등의 환경적 요인이 있다. 위암의 증상으로는 초기에는 특별한 증상이 없으며, 상복부 불쾌감이나 팽만감, 소화불량, 식욕부진, 체중감소, 복통, 구토, 연하곤란, 위장관 출혈 증상이 나타난다. 위암의 치료로는 위절제술, 항암화학요법, 방사선 치료 등이 있다.

대장암은 대장종양의 하나로서, 대장에서 비정상적으로 성장하며, 다른 조직으로 침윤하거나 다른 장기로 전이되는 악성 종양을 말한다. 대장암의 원인으로는 대장암의 가족력 등의 유전적 요인, 고지방 저섬유질 식사, 궤양성 대장염, 대장 용종, 흡연 등이 있다. 대장암의 증상으로는 직장 출혈, 복부팽만감, 혈변, 변비나 설사의 교대와 같은 배변 습관의 변화, 체중감소, 황달, 뼈의 통증 등의 증상이 있으며, 점막층에 국한된 경우에서부터 점차 장막 침범, 림프절로까지 전이되기도 한다. 대장암 치료를 위해서는 대장절제수술, 항암요법이나 방사선 치료, 항산화제 함유 채소섭취 등의 식이요법의 병행이 요구된다.

간암은 간세포암으로서, 간을 이루고 있는 간세포에서 생겨난 악성 종양을 말하며, 만성 간염, 간경변증, B형 및 C형 간염바이러스, 알콜 등이 그 원인이다. 간암 초기에는 상복부 통증, 복부팽만감, 심한 피로감, 식욕부진, 소화불량 등의 증상으로 시작하지만, 진행될수록 간기능이 급격히 저하되며 다른 장기나 조직으로 전이된다. 간암의 예방과 치료를 위해서는 간염백신을 접종받고, 건전한 음주습관을 유지하여야 하며, 간절제술, 간이식, 간동맥 화학색전술, 경피적 무수 알코올 주입요법으로 치료를 해야 한다.

2. 관절염

관절염은 관절을 둘러싼 조직이 퇴화하여 물렁뼈가 계속되는 마찰로 얇아지면서 뼈가 자극을 받아 나타나는 질병이다. 그 원인은 100여가지가 넘지만, 연골의 퇴화가 가장 주된 원인이며, 50세 이후의 관절의 퇴화로 인하여 진행된다. 퇴행성 관절염은 무릎, 엉치, 경추, 요추부위에 통증을 호소하며 류머티스성 관절염은 손목, 손가락, 발목, 팔꿈치에 좌우대칭형의 통증을 호소한다.

이를 예방하고 증상을 경감하기 위해서는 간단한 운동(맨손체조, 수영, 걷기), 자세 교환, 작은 관절보다 큰 관절을 주로 이용하는 것이 도움이 된다. 퇴행성 관절염은 휴식하면 호전되지만 류머티스성 관절염은 휴식하면 오히려 악화되며, 급성관절염일 경우 냉찜질, 만성일때는 온찜질요법이 효과적이다. 그리고 일상생활에서 지팡이, 보행기 등을 이용하여 관절을 보호하고, 병의원을 방문하여 정확한 진단을 받고 소염진통제, 스테로이드, 면역억제제 등의 약물을 복용하거나 수술 등으로 치료하여야 한다.

3. 신경통, 좌골통, 요통

신경통(神經痛)은 말초감각신경에 발생하는 주기적인 급성 통증을 말하며, 원인은 아직 정확히 밝혀지지 않았으며 신경조직의 병리적인 변화도 보이지 않는다. 병의 초기단계에는 이러한 통증이 지속되는 시간이 1~2분 이내이고 통증의 간격은 수주일 내지 수개월이다. 병이 진행되면 통증이 나타나는 간격이 점차 짧아진다.

신경통은 머리, 목, 허리 부분에 주로 나타나게 되는데, 머리에 나타나는 신경통을 안면신경통이라 한다. 안면신경통은 충격을 받든가, 스트레스가 쌓이든가 아니면 뇌 속에 종양이 생겨서 머리가 아프면서 두피 또는 얼굴 한쪽이 심하게 저리면서 아파오는 것이다. 상완(上腕)신경통은 목 주위의 인대나 신경계의 이상으로 어깨, 팔까지 연결되는 통증인데 주로 목 디스크나 그와 관련된 질환으로 온다.

좌골(座骨) 신경통은 허리 부위의 이상이나 골반 이상으로 그 주위를 흐르고 있는 좌골신경이 압박을 받아 다리, 발까지 이어지며 저리거나 당기는 등 아픈 증상이다. 좌골신경통은 디스크가 원인인 경우가 많으며 심한 경우는 수술에 의존해야 하나, 약물로 치료를 해서 효과를 보는 경우도 적지 않다.

허리 부위의 통증을 말하는 요통은 근육 내 출혈이나 인대가 찢어지거나, 척추골절, 추간판(디스크) 탈출증 등의 척추성 질환이나, 물건을 들면서 너무 힘을 썼을 때, 위에서 떨어졌을 때, 허리를 갑자기 회전할 때, 충격을 받았을 때 생길 수 있다. 그리고 스트레스나 긴장, 불안 등의 정신과적 질환으로 인해서 유발되기도 하며, 골반내 염증 등과 같은 산부인과 질환에 의해서도 유발된다. 요통은 대부분의 사람들이 한 번 쯤은 고통을 받는 매우 흔한 질병 중의 하나이다. 급성요통인 경우는 누워서 쉬고 따뜻하게 하며 마사지나 진통연고 등을 사용하면 대부분 자연 치유된다. 신경통, 좌골통, 그리고 요통환자가 일상생활에서 다음과 같은 생활수칙을 따라야 한다.

① 앉을 때에는 허리 부분이 곧거나 뒤로 약간 굽혀진 상태가 바람직하며, 의자는 너무 높지 않으면서 등받이가 딱딱한 것이 좋고 회전의자나 바퀴가 달린 의자는 피하는 것이 좋다.
② 잠자리는 너무 푹신거리지 않는 잠자리가 좋다.
③ 살이 찌지 않도록 체중관리를 잘해야 한다.

④ 무거운 물건을 들지 않도록 하고, 물건을 들어야 할 때는 다리 간격을 넓게 벌려 안정된 자세로 시작하고, 허리를 굽히는 대신 무릎을 굽혀 물건을 들고, 일단 든 물건을 몸에 가능한 한 붙여서 나르도록 하며, 물건을 끌어당기는 것보다는 밀고 가는 것이 좋다.
⑤ 굽이 높은 구두 신는 것은 바람직하지 않다.
⑥ 불필요하게 서 있는 시간을 줄이고, 서있을 때는 허리를 쭉 펴야 한다.
⑦ 같은 자세로 계속 앉아 있지 말고 가끔 의자에서 일어나 움직이는 것이 좋다.
⑧ 몸을 따뜻하게 하는 것이 좋다.
⑨ 수영, 요가, 산보, 자전거타기 등의 운동을 주기적으로 하고, 복근운동과 근육신장운동을 하는 것도 바람직하다.

4. 디스크

디스크는 추간판 탈출증으로 불리며, 척추의 뼈와 뼈 사이에서 충격을 완화시켜 주는 추간판(디스크)이 잘못된 자세나 충격으로 변형돼 옆으로 밀려나와 생기는 질환이다. 이렇게 밀려나온 추간판이 주위 신경을 자극해 통증을 일으키게 된다. 발생비율로 보면 척추 중에서도 활동성이 많은 허리에서 70%, 목 부위에서 30% 정도가 발생한다.

나이가 들수록 추간판이 얇아지고 탄력성이 떨어져 충격에 손상되기 쉬우며, 비만으로 복부의 압력이 척추로 전달돼 변형을 일으키기도 한다. 또한 잘못된 자세로 인해 척추가 앞쪽으로 구부정하게 되면 피사의 탑이 계속 기울듯이 한쪽으로 힘을 받게 돼 결국 점점 더 구부정하게 된다. 추간판 탈출증이 생기면 초기에는 약물치료나 운동요법, 물리치료로 치유가 가능하며, 주사시술로도 간단하게 치료할 수 있다. 그러나 추간판의 돌출이 좀더 심한 경우엔 수술로 돌출된 부분을 제거하고, 인공 추간판을 삽입해 복원시켜야 한다.

추간판 탈출증을 예방하기 위해서는 다음과 같은 생활수칙을 지켜야 한다.
① 앉을 때는 엉덩이를 등받이에 바싹 대고 허리를 펴고 앉는 것이 좋다.
② 무거운 물건을 들 땐 허리를 펴고 들어 척추의 한쪽으로만 힘이 가해지지 않도록 해야 한다.
③ 무엇보다도 가벼운 등산, 수영, 스트레칭 등과 같은 운동으로 허리와 복부의 근력을 강화해야 한다.

추간판 탈출증을 의심해볼 수 있는 증상으로는 다음과 같은 것들이 있는데, 이 중 3가지 이상에 해당하면, 병원을 찾아 정밀한 진단을 받는 것이 좋다.

① 양쪽 어깨의 높이가 다르거나, 팔자걸음이나 안짱걸음을 걷는다.
② 엎드려서 무릎을 구부려 발을 직각으로 올렸을 때, 다리 길이에 차이가 있다.
③ 반듯하게 누워 허리 부분에 손을 넣었을 때, 잘 들어가지 않는다.
④ 한쪽 바짓단만 바닥에 끌리거나 한쪽 신발 밑창이 더 많이 닳아 있다.
⑤ 허리 통증과 함께 엉덩이가 시큰거리거나 다리가 저리고 당긴다.
⑥ 까치발을 하고 엄지발가락으로 걸었을 때 힘들거나 통증이 있다.
⑦ 이유 없이 다리가 아프면서 힘이 빠지고 다리의 근육이 마르는 듯한 느낌이 든다.
⑧ 허리를 앞으로 숙이거나 뒤로 눕히는 것이 매우 힘들다.
⑨ 심하게 기침을 하면 허리, 엉덩이, 다리 쪽에 바늘로 찌르는 듯한 느낌이 든다.
⑩ 과거보다 훨씬 통증이 심해서 진통제를 복용하지 않으면 견딜 수 없다.

5. 골다공증

골다공증이란 뼈 안의 골량 감소로 인해서 가벼운 충격에도 쉽게 골절을 일으키는 질환이다. 골다공증의 원인은 폐경, 음주와 흡연, 저체중, 운동부족, 칼슘섭취 부족, 갑상선 기능항진증, 스테로이드제 또는 항경련제 등의 장기 복용 등이 있다. 골다공증 초기에는 대부분 증상이 없으나 골질량이 심하게 감소한 경우 경미한 외상에 의해서도 쉽게 골절이 발생하며, 골절 부위에 심한 통증이나 변형이 나타나게 된다. 특히 노인의 경우에는 고관절(엉치관절) 골절, 척추 골절, 골반 골절, 상완골(팔꿈치에서 어깨사이를 잇는 뼈) 골절, 경골(무릎과 발목을 잇는 뼈 중의 하나) 골절이 발생하기 쉽다.

골다공증 예방과 치료에는 균형있는 식사를 하는 것이 중요하며 특히 칼슘 섭취와 관계가 많으므로 칼슘, 인, 단백질, 비타민 D 등이 많은 음식을 섭취해야 한다. 그리고 운동을 통하여 관절의 주변 인대나 근육을 강하게 하는 것이 좋은데, 골다공증을 예방하는 데 도움이 되는 운동은 걷기나 조깅과 같이 뼈와 관절에 충분한 자극을 주는 운동이 좋으며, 수영과 같은 운동은 별로 도움이 되지 못한다. 운동은 걷기, 뛰기 등 체중을 부하하는 운동을 일주일에 3~4회 정도, 하루 20~30분씩 몸에 땀이 배어날 정도로 하는 것이 좋은데, 골절이 발생할 수 있으므로 무리하지 않고 꾸준히 운동을 하는 것이 좋다. 골다공증의 치료를 위하여는 호르몬요법, 비스포스포네이트나 칼시토닌 등의 약물을 복용하는 것이 치료에 도움이 된다.

6. 고혈압・저혈압

혈압이란 혈관 내의 압력으로 심장이 수축할 때의 혈압을 수축기 혈압, 확장할 때의 혈압을 확장기 혈압이라 한다. 혈압은 대개 120/80mmHg와 같이 표시하는데, 이때 120은 수축기 혈압, 80은 확장기 혈압을 의미한다.

고혈압은 안정시에 두 번 이상 측정한 혈압이 140/90mmHg이상인 경우를 말하며, 심장의 부담이 늘어나게 되고 혈관 내막이 손상을 받게 되며 동맥경화증을 일으켜서 여러 장기에 손상을 입히기도 한다. 고혈압은 대부분 증상이 없어서 일상생활에서 발견하기는 어려우므로, 조기 발견하려면 증상이 없더라도 정기적으로 혈압을 확인해 보는 것이 중요하다.

고혈압의 원인은 유전, 짠 음식, 배설 이상, 비만, 지속적 스트레스, 흡연, 장기간 과음, 운동부족 등이나 신장 질환, 내분비 질환, 약물(경구용 피임약, 스테로이드) 등이 원인이 된다. 고혈압의 경우, 혈압의 압력이 서서히 올라가므로 대부분 뚜렷한 증상이 없어 '침묵의 살인자'라고도 하며, 합병증이 발생해야 증상이 나타나는 경우가 많다. 고혈압은 심장비대, 울혈성 심부전, 동맥경화증, 뇌졸중, 협심증, 심근경색증, 뇌졸중(중풍・뇌출혈・뇌경색), 신장 기능 장애, 시력 장애나 보행 시 다리 통증 등의 합병증을 유발한다. 고혈압의 치료를 위해서는 정신적 안정과 적당한 운동, 체중 조절, 및 염분 제한, 금연, 알코올 섭취 제한 등 동맥경화증을 일으킬 수 있는 위험 인자를 제거하는 것이 바람직하며, 혈압 강하제를 복용하는 것이 필요하다.

고혈압환자는 다음과 같이 생활 수칙을 따르는 것이 좋다.

① 표준체중을 유지해야 한다. 그러기 위해 섭취하는 칼로리 양을 제한하며 신선한 야채의 섭취를 늘리고 규칙적인 운동으로 열량 소모를 증가시키는 것이 좋다.
② 걷기, 천천히 달리기, 수영, 자전거 타기 등의 운동을 1일 30분~45분간, 일주일에 3~5일을 규칙적으로 실시하는 것이 바람직하다.
③ 조리시에 소금을 사용하기 보다는 간장을 사용하고, 가공식품은 피하고, 음식은 싱겁게 먹는다.
④ 칼슘 및 마그네슘에 풍부한 음식을 섭취하고, 동물성 지방이 많은 음식은 절제한다.
⑤ 카페인 섭취에 주의를 기울이고, 커피는 하루 1-2잔 이하로 줄인다.
⑥ 금연하고, 절주하는 것이 좋다.
⑦ 스트레스나 과로를 피한다.
⑧ 약을 규칙적으로 꾸준히 복용해야 한다.

저혈압은 혈압이 100/60mmHg 이하인 경우를 말한다. 저혈압은 본태성 저혈압(혈압을 저하시키는 다른 질병이 없으면서 수축기 혈압이 낮은 경우), 속발성 저혈압(다른 질병으로 인해 2차적으로 발생하는 저혈압), 기립성 저혈압(선 자세의 혈압이 누운 자세의 혈압보다 정상 범위 이하로 급격히 하강하는 경우) 등이 있다. 저혈압의 발생원인은 혈액량의 감소로 발생하는 쇼크, 심한 출혈, 구토, 설사로 인한 탈수, 화상으로 인한 체액의 감소가 있을 때, 심장에서 내보내는 혈액량이 부족하거나 심근경색, 빈혈, 부전증, 체내 혈액의 심한 염증, 약물 중독, 폐질환, 내분비 질환, 위장병 등에 의해 발생할 수 있다. 저혈압의 증상으로는 피로, 현기증, 손발 냉증, 집중력·지구력 감소 등 전신 증상과 두통, 어지러움, 이명증, 불면증 등의 정신 신경 증상, 호흡곤란, 식욕 감퇴, 변비, 설사, 복통 등이 올 수 있다.

합병증에 의한 저혈압을 치료하기 위해서는 기본적으로 규칙적인 생활로 심신의 균형 및 안정을 유지해야 하며 적당한 운동과 충분한 휴식으로 건강상태를 유지하고 소화 흡수력을 향상시켜야 한다. 에페드린, 아드레날린, 부신피질 호르몬제 등의 약물을 사용할 수도 있으나 부작용이 더 큰 문제가 되므로 과·오용은 금물이며 반드시 의사와 상의한 후 사용해야 한다. 또한 약물요법은 식사·생활 요법의 보조수단에 불과하므로 지나친 기대를 거는 것은 바람직하지 않다.

저혈압환자가 지켜야 할 일상생활 수칙은 다음과 같다.
① 운동이 필수적이며, 맨손 체조 등의 가벼운 운동으로부터 점차적으로 증가시켜 나가는 것이 바람직하다.
② 취미에 몰두하거나 기분전환의 기회를 많이 갖는 등 정신적 안정을 취하는 것이 좋다.
③ 목욕은 혈액 순환을 촉진시켜 혈압 상승에 도움을 주지만, 심장병에 의한 저혈압일 경우에는 유의해야 한다.
④ 고칼로리, 고단백 식품을 많이 먹는 것이 바람직하므로 식사 제한은 필요치 않다.

7. 고지혈증

고지혈증은 글자 그대로 피 속에 기름(지방)이 정상보다 많은 경우로, 총콜레스테롤 수치가 240mg/dl 이상이거나 저밀도 콜레스테롤이 100mg/dl 이상인 경우를 말한다. 고지혈증은 혈소판 응집기능 항진, 혈소판 응고시간의 단축등 혈액의 응고에 변화를 일으켜 혈액점도가 상승하고 결국 혈액의 성질과 상태에 병적 변화와 혈관염에 의한 말초순환 장애를 일으키며, 동맥경화, 뇌경색, 심근경색, 지방간, 췌장염 등을 일으키기도 한다. 고지혈증의 원인은 과도한 칼로리 섭취, 술이나 약물, 유전적 요인 등이며, 다른 질환에 의해 이차적 증상으로 유발될 수도 있다.

고지혈증을 예방하고 치료하기 위해서는 다음과 같은 생활수칙을 따르는 것이 바람직하다.

① 저지방 저칼로리 식이요법을 해야 한다. 즉, 지방섭취는 총 열량의 20% 정도로 줄이고, 육류, 우유, 치즈, 버터, 계란, 쇠기름 등의 동물성 식품에 함유되어 있는 포화지방을 제한하고 식물성 기름과 생선기름에 함유되어 있는 불포화지방을 섭취해야 한다.
② 정상체중을 유지해야 한다.
③ 규칙적이고 적절한 운동을 해야 한다.
④ 콜레스테롤이 많이 함유된 식품은 되도록 적게 섭취해야 한다. 콜레스테롤이 많이 함유된 식품으로는 계란 노른자, 내장(소, 돼지, 닭의 간), 생선알류, 버터, 닭껍질, 오징어, 문어, 전복, 뱀장어, 새우, 장어, 마요네즈 등이 있다.
⑤ 흡연, 과다한 알코올 섭취를 제한해야 한다.
⑥ 의사의 처방에 따라 약물을 복용해야 한다.

8. 빈혈

빈혈(貧血)은 혈액내 적혈구의 수나 양이 감소하거나 산소를 운반하는 색소인 헤모글로빈이 부족한 상태를 한다. 빈혈의 종류에는 거의 100여 가지가 있는데 원인, 이상세포의 크기와 헤모글로빈 함유량, 증상 등에 따라 분류된다. 겉으로 드러나는 가장 두드러진 증상은 대개 피부·점막·손톱·발톱이 창백해지는 것이며, 귀에서 소음이 들리거나, 어지러움, 기절, 짧은 호흡 등의 증상이 나타난다. 심장의 보상작용으로 심장이 커지고 맥박이 빨라진다.

빈혈의 치료방법은 매우 다양하며, 진단에 의해 결정한다. 결핍성 빈혈의 경우 부족한 영양분을 보충해주고, 독소가 되는 인자를 밝혀 제거해준다. 약이나 다른 치료방법을 시도해봄으로써 이상을 개선하고, 수술(비장절제술) 등과 같은 방법으로 적혈구가 파괴되는 것을 감소시키며, 또는 수혈을 통해 혈액 용량을 회복시키기도 한다. 빈혈에 좋은 식품으로는 시금치, 동물의 간, 살코기, 닭고기, 호두, 잣, 땅콩, 콩, 밤, 조개, 다시마, 미역, 김, 멸치, 달걀 등이 있다.

9. 간질환

간질환에는 알코올성 간질환, 감염성 간질환, 선천성 대사성 간질환 등 다양한 질환들이 포함된다. 간염은 A형부터 E형 간염바이러스에 의해 유발되는 급성 바이러스성 간염과 B형 및 C형 간염바이러스, 자가면역성 간질환을 포함하여 기타 여러 가지 원인 인자에 의해 유발되는 만성간염으로 나뉘어진다. 알코올성 간질환은 과도한 양의 알코올을 장기간 음주한 경우에 나타나며, 알코올성 지방간, 알코올성 간염, 알코올성 간경변증으로 구분된다. 간경변증은 간 전반에 걸친 정상적 간구조가 소실되고 간기능이 저하되며, 여러 합병증이 초래되는 하나의 질환 증후군으로 만성 B형 간염, 만성 C형 간염, 자가면역성 간염 등이 의 원인에 의해 발병한다. 간암은 양성종양과 악성종양으로 나눌 수 있다. 양성종양으로서 혈관종, 양성 증식성 결절, 선종 등이 있다. 악성종양은 원발성과 전이성으로 구분되며 원발성 악성종양으로서 간세포암과 담관암이 있다.

　　간질환 환자들은 피로감 및 위약감, 식욕감퇴 및 구역질, 소화불량, 상복부 불편감, 가려움증 같은 증상들을 나타낼 수 있다. 그러나 간질환에만 특이적인 소견이 아니기 때문에 이것만으로 간질환을 의심할 수는 없으며, 간기능 검사를 통하여 감별진단을 해야 한다.

　　A형 및 E형 간염바이러스에 감염되는 것을 예방하기 위해서 오염된 음식이나 식수를 청결하게 해야만 한다. B형 간염바이러스에 감염되는 것을 예방하기 위해서는 문화생활 및 위생환경을 향상시키고, 예방접종을 하는 것이 좋다. C형 간염바이러스는 아직 예방백신이 개발되어 있지 않으며, 항 면역글로불린도 없기 때문에 C형 간염바이러스에 노출되었을 경우 감염을 예방하기는 어렵다. 그러나 C형 간염바이러스는 대부분 주사, 침, 수혈, 성행위 등을 통해서 전파되기 때문에 생활환경의 개선을 통해서 차단할 수 있다.

　　간질환을 예방하기 위해서는 장기간의 과도한 음주는 피하고 규칙적인 생활과 적절한 운동과 휴식을 취하는 것이 좋다. 그리고 충분한 수면을 취하고 스트레스와 과로를 피하는 것이 좋으며, 비위생적인 생활습관을 바꾸어야 한다. 만성간염 환자의 식사는 충분한 열량으로 균형있게 하며, 고단백식이 필요하지만 고기류를 과식하는 것은 바람직하지 않으며, 가능하면 싱겁게 먹도록 노력하고 염분의 섭취를 철저히 제한해야 한다.

10. 백내장, 녹내장 및 기타 안질환

　　백내장 특히 노인성 백내장은 눈 속의 맑고 투명한 수정체가 나이가 들면서 뿌옇게 흐려지고 혼탁이 생겨 시력이 떨어지는 질환이다. 백내장의 치료는 혼탁해진 수정체 내용물을 제거하고 남은 수정체 낭 속에 인공수정체를 끼워 넣는 수술방법과 약물치료방법이 있다. 이러한 백내장을 예방하기 위해서는 강한 햇빛이나 자외선으로부터 눈을 보호하고, 장기간의 설사 등으로 인한 탈수가 일어나지 않도록 해야 한다.

녹내장은 눈속의 압력(안압)이 높아져 눈의 신경이 파괴되는 질병으로, 그 원인은 뚜렷하지 않은 경우가 많으나 나이가 많아짐에 따라 발생률도 높아진다. 근시가 있거나 가족중에 녹내장이 있거나 과거 눈외상, 당뇨, 또는 심한 출혈 등이 있었던 사람들 중에서 더 많이 발생한다. 녹내장은 완치될 수 없고 평생 약물, 레이저 치료, 수술 등의 방법으로 안압을 조절하여 시신경의 장애를 최소화해야 한다. 대개 만성이므로 먼저 약물요법을 실시하고 약물효과가 적은 환자에는 레이저와 수술 요법을 시행하게 된다. 녹내장은 완전한 예방법이 없으므로, 조기에 발견해서 철저히 관리하는 것이 필요하다.

안구건조증은 눈물의 생산이 줄어들거나 눈물 성분의 조화가 깨지면서 심하면 각막에 상처가 나게 되는 질환이다. 이를 치료하기 위해서는 수술요법과 인공눈물을 자주 그리고 규칙적으로 눈에 넣어주는 방법이 있으며, 가습기로 습도를 올려 주어 눈물의 증발을 막는 방법으로 약물치료와 병행한다.

결막염은 눈의 급격한 충혈과 함께 이물감, 가려움, 눈꺼풀의 부종 등이 나타나며 턱 아래의 임파선이 붓거나 진덕진덕한 안 분비물이 자주 나오게 된다. 이러한 결막염을 막기 위해서는 ① 외출 후에는 반드시 손을 씻거나 그렇지 못한 경우 되도록 손으로 눈을 비비거나 손에 의한 눈의 접촉 혹은 자극은 피하는 것이 좋으며, ② 눈병을 앓고 있는 경우에도 눈꺼풀이나 눈썹에 붙어 있는 분비물은 손으로 직접 닦거나 만지지 말아야 하며, ③ 수건, 컵 같은 것은 가족이라도 개인용품을 사용하는 것이 바람직하다.

11. 당뇨병

당뇨병은 췌장에서 분비되는 인슐린이 부족하거나 제대로 작용하지 못하여 혈액 속의 혈당이 에너지로 이용되지 않고 혈액 속에 쌓여 고혈당을 유발하고 소변으로 당이 배설되는 질병으로, 눈, 신장, 신경 및 혈관에 여러 가지 합병증을 유발한다. 당뇨병을 일으키는 원인은 폐경, 흡연, 음주, 활동부족, 칼슘섭취 부족, 유전적 요인 등이다. 인슐린 결핍에 의한 전형적인 증상과 징후는 다뇨(多尿), 다음(多飮), 다식(多食)이다. 특별한 자각증상이 없으므로 5~10년 정도 방치하게 되면 당뇨병 자체보다는 망막증, 신부전증, 관상동맥질환, 뇌졸중, 말초혈관질환, 족부궤양 발기부전, 치매 등의 합병증을 유발한다. 당뇨병은 특별한 예방법이 없으므로, 유산소 운동을 꾸준히 하는 것이 바람직하며, 사탕, 청량음료 등의 단순 당질의 섭취를 피하며, 식이요법과 인슐린 주사 등으로 치료를 병행해야 한다.

12. 갑상선질환

갑상선은 목의 앞 쪽에 위치한 15~20g 정도의 무게를 지닌 나비 모양의 내분비 기관으로, 갑상선 호르몬은 태아의 성장, 발육, 특히 뇌와 뼈의 발육에 필수적인 일을 한다. 이러한 갑상선 호르몬의 기능이 지나쳐 기능 항진이 되면 심장이 마구 뛰고 대사가 지나쳐 더위를 못 참게 되고 밥맛은 좋아져 먹기는 많이 먹는데 몸무게가 줄어든다. 반대로 기능이 저하되면 더위를 못 참고 식욕도 줄고 기운도 빠져 무력하게 된다. 갑상선 항진증의 치료를 위해서는 항 갑상선제라는 약물 복용과 방사성 동위원소인 요오드 투여 그리고 수술이라는 세 가지 방법이 있다. 갑상선 기능 항진증 환자는 신진대사의 증가로 심하게 배가 고프므로 식욕을 만족스럽게 채우기 위해서는 하루 6회 정도의 식사가 필요하다. 물론 많이 먹어도 체중은 줄게 된다. 따라서 영양은 풍부하고 균형 있게 음식을 섭취하도록 하고 단백질, 당질, 비타민B 복합체, 무기질을 충분히 섭취하여 준다. 장운동을 증가시켜 설사를 일으킬 수 있는 양념이 많은 음식이나 양이 많은 음식, 섬유소가 많은 음식은 제한하여 주는 것이 좋다.

갑상선 기능 저하증을 일으키는 원인은 매우 다양하지만, 크게 나누어서 갑상선 자체에 문제가 생겨서 나타나는 일차성 기능 저하증, 뇌에 문제가 생겨서 발생하는 이차성 기능 저하증으로 나눌 수 있다. 갑상선 기능저하증의 종류에 따라 다르지만, 대개 추위에 예민해지고 무기력해지며 피부와 머리카락이 거칠고 마르며 건망증이 심해지고 우울증이 오며 체중이 증가하게 된다. 쉽게 피로를 느끼며, 기운이 없고, 근육통 혹은 관절통이 나타나고 손발이 저리기도 한다. 갑상선 기능 저하증의 치료는 원인에 관계없이 부족한 갑상선 호르몬을 보충하여 증상을 완화시켜 주고 다른 장기 특히 심장이나 동맥으로 합병증이 진행되는 것을 막는 것에 중점을 둔다. 처음에는 소량씩 시작하여 점차로 유지량을 늘려 가는데, 갑상선 호르몬 수치가 안정적으로 유지될 때까지 4~6주 간격으로 기능 검사를 주기적으로 해야 한다. 대부분 수술이 필요 없으나 갑상선 호르몬 제재를 투여함에도 불구하고 갑상선이 계속 커질 때, 또는 혹이 나타날 때에는 수술을 고려해야 한다.

13. 중풍 및 뇌혈관질환

뇌혈관과 관련된 가장 대표적인 질환인 중풍(中風) 또는 뇌졸중(腦卒中)은 뇌에 혈액을 공급하는 동맥에 장애가 생겨 일시적 혹은 지속적인 혈액공급 부족이나 출혈로 인하여 발생하며 뇌가 손상됨에 따라 언어장애, 운동장애 등 뇌의 손상된 부위에 의해 조절되는 신체 기능에 이상이 생기는 질병이다. 뇌졸중은 크게 동맥경화 등으로 뇌의 혈관이 막혀서 특정 부위에 혈액순환이 안 되어 나타나는 허혈성 뇌졸중(뇌경색)과 고혈압 등에 의해 뇌혈관이 터져 발생하는 출혈성 뇌졸중으로 분류된다. 뇌졸중을 일으키는 원인은 고령(高齡), 성별(특히 남성), 유전적 요인, 흡연, 비만, 고혈압, 고지혈증, 당뇨, 심장병, 동맥경화, 알콜 등이다.

뇌졸중의 경고 신호로는 ① 신체의 한쪽에 갑작스런 감각 손실, 저리는 느낌, 또는 얼굴, 팔, 다리의 근육이 약해지는 느낌이 있거나, ② 갑작스런 혼돈, 말하거나 이해하는 것이 어렵거나, ③ 갑작스럽게 한쪽 또는 양쪽 눈이 잘 보이지 않거나, ④ 갑작스럽게 걷는 것이 어렵고, 현기증, 균형이나 신체를 조절할 수 없거나, ⑤ 이유를 알 수 없는 갑작스럽고 심한 두통이 있거나, ⑥ 갑작스럽게 구역질이 나고, 열이 나거나 ⑦ 의식을 상실하거나 저하되는 경우 그리고 ⑧ 간질 발작을 보이는 경우이다. 뇌졸중은 의학적인 응급상황이므로, 뇌졸중 첫 경고 신호가 있을 때 119로 즉시 전화하여야 한다. 뇌졸중이 일어난 후 처음 3시간에서 6시간 안에 응급 치료를 받으면 장애를 피하거나 감소시킬 수 있기 때문이다. 응급처치가 이루어진 이후로 수술, 혈전 용해제, 항응고제, 혈소판 제제 및 혈류 개선제 등을 복용함으로써 적극적으로 치료해야 한다.

14. 심장질환

심장과 관련하여 나타나는 다양한 질환 중에서 협심증(狹心症)은 심장 근육이 일시적으로 충분한 혈액을 공급받지 못하여 흉부압박감 또는 흉통을 느끼는 것으로 심장에 혈액을 공급하는 관상동맥이 부분적으로 좁아져 발생하는 관상동맥질환의 하나이다. 가장 흔한 원인은 동맥경화증이며 정신적 스트레스, 심한 추위나 더위, 과중한 식사, 흡연 등으로 유발되기도 한다. 협심증의 증상은 가슴이 조이고 짓누르는 듯한 통증이 주된 증상이며, 팔, 어깨, 턱에 통증을 느끼기도 한다. 이러한 통증을 경감하기 위해서는 혀밑에 니트로글리세린정을 투여할 수 있다. 협심증을 앓고 있는 환자들은 다음과 같은 생활수칙을 따르는 것이 좋다.
① 담배를 피우지 말아야 한다.
② 커피나 홍차와 같이 카페인을 함유한 음료를 줄여 마시도록 한다.
③ 비만인 경우에는 체중을 조절해야 한다.
④ 심한 운동, 흥분, 과식, 무례한 사우나, 갑작스런 추위에의 노출 등은 피해야 한다.
⑤ 가슴에 통증이 발생했거나 갑자기 빈도가 늘어난 경우에는 반드시 안정을 취하고 적

절한 치료를 받아야 한다.
⑥ 운동을 하기 전에 반드시 준비운동을 해야 하며 운동 중에 힘들어 지거나 흉통이 생기게 되면 즉시 중단하고 쉬어야 한다.

심근경색증은 심장근육에 혈액을 공급하는 혈관이 막혀서 심장 근육조직이 죽게되는 질병을 말한다. 즉, 심근경색이라는 말은 심장의 근육이 산소부족으로 죽어간다는 의미가 된다. 주된 증상은 곧 죽을 것 같은 심한 가슴 통증, 발한, 오심, 호흡곤란 등을 동반한다. 수분 이내에 가라앉는 협심증의 통증과는 달리 심근경색증의 통증은 30분에서 수 시간 동안 지속된다. 심근경색증은 동맥경화에 의해서 주로 일어나며, 고지혈증, 고혈압, 흡연, 당뇨, 가족력, 비만, 운동부족, 폐경 등이 위험요인으로 작용한다. 급성 심근경색증의 경우 치명적인 부정맥 증상이 나타난 이후 1시간 이내에 나타날 확률이 높고 증상 발현 후 3시간 이내에 적절한 치료가 이루어질 경우 생존율이 높아지므로 신속한 치료가 필요하다. 심근경색증 환자가 따라야 하는 생활수칙은 다음과 같다.

① 담배를 피운다면 끊어야 한다.
② 포화지방산과 소금이 적은 음식을 섭취한다.
③ 적절한 운동을 하고 신체의 상태를 고려하여 운동시간과 강도를 조절한다.
④ 비만일 경우 체중을 줄인다.
⑤ 당뇨나 고혈압이 있을 경우 이를 조절한다.

15. 기관지염, 천식

기관지염이란 호흡기의 안쪽을 차지하는 기관지에 생기는 염증을 말하는데, 대부분의 경우 기관지염의 원인은 감기이다. 감기는 코, 입, 목 등의 상기도 부분에 바이러스가 침투하여 염증이 생기는데 비해, 증세가 심해지면서 그보다 더 깊은 곳에 있는 하기도 부분에 염증이 생기는 것이 기관지염이다.

급성기관지염은 열과 함께 감기와 같은 증상이 나타나다가 처음에는 가래가 없는 기침이 나오지만 목소리가 거칠어지고 쉿소리가 나며 조금 지나면 가래가 나온다. 만성 기관지염이란 기관이나 기관지 내에 기침을 일으킬 정도로 매우 많은 양의 점액이 생산되는 태로, 의학적으로는 기침, 가래가 1년에 3개월 이상 나오고, 그것이 최소한 2년 이상 지속되는 경우를 말한다. 가래는 묽은 경우도 있고 진하고 누런 경우도 있으며, 기침은 지속적이고 대개 가래가 끓는 기침을 하는데, 대게의 경우에 담배를 많이 피우는 사람들에게 나타난다.

감기에 걸리지 않게 보온을 잘하고 체력을 단련해야 하며, 감기의 증세가 나타나면 바로 안정과 영양 섭취를 하고 대증 치트를 받는다. 만성 기관지염의 경우 담배를 끊고 기관지의 일반적인 위생 상태를 좋게 하는 것이 좋다. 가정에서는 적절한 습도 유지 및 수분 섭취는 기관지를 보호하고 가래를 배출하는데 도움이 된다. 만성 기관지염을 가진 사람은 독감이나 폐구균성 폐렴에 걸릴 경우 합병증이 많이 발생하며, 사망할 가능성도 높아진다. 따라서 만성 기관지염이 있는 사람은 독감 예방주사와 폐렴 예방주사를 맞는 것이 좋다. 기관지염에 좋은 식품으로는 당근 생즙, 감귤의 껍질, 미나리 수프, 은행, 백합 뿌리, 연근, 구운 치자 열매, 검은콩과 수세미 달인 물, 해파리냉채 등이 있다.

16. 귀질환(노인성 난청)

난청은 생리적인 노화과정으로 나타나며, 청각기관의 결함으로 인하여 소리를 잘 못 듣는 현상으로 나이가 들면서 점차 청력이 쇠퇴하는 현상이다. 초기에는 일상 회화 음역은 장애를 받지 않으므로 일상생활에는 지장이 없으나 고주파수 영역에서 자음의 구별이 어려워지게 되고 점차 진행하면서 어은 분별이 안돼서 사람이 많은 곳이나 소음이 많은 환경에서 음의 구별이 어렵게 된다. 노인성 난청의 원인은 식이, 대사, 동맥경화증, 소음, 스트레스와 유전적 요인 등과 관계가 있다. 감소된 청력을 근본적으로 복구시킬 수 있는 치료는 없으며 다만 소음 등에 의한 난청을 방지할 수 있는 방안을 찾는 것이 좋으며, 방치하지 말고 전문가와 상담하는 것이 좋다.

17. 피부질환

노인에게서 가장 흔히 관찰되는 피부질환은 몸이 가려운 피부소양증이다. 피부소양증의 원인은 만성 신장질환, 갑상선 기능항진증, 약품의 부작용, 그리고 감정적 장애 등이며, 노인에게서 가장 흔한 원인은 피브건조이다. 즉, 너무 잦은 목욕이나 거친 피부, 심한 마찰, 냉방기 사용, 건조한 열이 원인이 될 수 있다. 그러므로 피부가 건조하지 않게 하는 것이 중요하며, 질병이나 약물, 감정적 장애로 인한 경우는 그 치료가 병행되어야 한다.

Ⅲ. 노년기 정신질환의 이해와 수발

노년기에는 심리적 노화, 사회적 상실 등에 의하며 정신기능이 저하되고, 치매, 우울증 등의 주요 정신질환에 이환될 가능성이 높다. 이에 다음에서는 수면장애 중 불면증, 치매와 우울증을 중심으로 하여 노년기의 정신질환에 대해 논의해 보고자 한다.

1. 불면증

불면증이란 잠들기 어렵거나, 지속적으로 수면을 유지하는 것이 어렵거나, 새벽에 일찍 깨어 다시 잠을 이루지 못하는 경우를 말한다. 이러한 불면증을 유발하는 원인은 생활리듬의 변화, 우울과 불안 등의 심리적인 요인, 소화기 궤양, 호흡기질환, 만성 통증, 빈뇨와 요실금, 고혈압과 심장질환, 치매 등의 신체 및 정신질환, 약물, 급격한 환경변화나 불빛, 소음, 실내온도 등의 부적절한 수면환경 등이 있다. 그리고 일시적으로 스트레스를 과도하게 받거나, 카페인, 알코올, 다른 물질을 과도하게 섭취한 경우에 불면증이 유발될 수 있다. 이러한 불면증을 예방 또는 완화할 수 있는 생활수칙은 다음과 같다(www.hp.go.kr).

① 수면에 방해가 되는 빛, 소음을 차단한다.
② 잠들기 전 카페인, 알코올과 수분섭취를 피하고, 잠들기 전에 소변을 본다.
③ 금연한다.
④ 저녁식사 전 규칙적으로 운동하되, 잠들기 직전에 운동하는 것은 피한다.
⑤ 잠자기 한 시간 반 에서 2시간 전에 따뜻한 물에 목욕한다.
⑥ 잠자는 시간과 일어나는 시간을 규칙적으로 한다.
⑦ 잠자리에 누운 후 15분에서 20분 후에도 잠들 수 없다면, 잠자려고 노력하지 말고 책을 읽거나 조용한 활동을 한다.
⑧ 낮 동안에 수면을 취하거나 누워있는 시간을 줄인다.
⑨ 침실은 비교적 시원하고, 통풍이 잘 되게 한다.
⑩ 불면증이 심한 경우에는 의사의 지시에 따라 약물을 복용한다.

2. 치매

치매(dementia)는 뇌의 병변(病變)에 의하여 기억장애, 사고장애, 판단장애, 지남력(식별력)장애, 계산력장애 등과 같은 인지기능과 고등정신기능이 감퇴되고, 정서장애, 성격변화, 일상생활 동작능력 장애 등이 수반됨으로써 직업, 일상적 사회활동 또는 대인관계에 장애를 초래하는 노년기의 대표적인 기질성 정신장애이다(권중돈, 1995). 치매를 유발하는 원인질환은 내과, 신경과 및 정신과 질환 등 60~100가지 정도에 이를 정도로 다양한데, 전체 치매의 절반 정도는 그 원인이 정확히 밝혀지지 않고 있다. 그러나 앞으로 치매의 분자생물학적 발생기전이 밝혀지면서 점점 더 그 수가 증가할 것으로 보인다. 현재까지 밝혀진 치매의 주요 원인으로는 알쯔하이머병, 픽병, 파킨슨병, 헌팅톤병, 루이소체 치매, 진행성 핵상마비 등의 퇴행성 질환, 뇌혈관성 질환, AIDS, 크로이츠펠트-야곱병, 헤르페스성 뇌염, 뇌막염 후유증, 신경매독, 뇌종양, 경막하혈종, 정상압뇌수종, 내분비장애, 요독증(만성신부전), 저혈당, 거산소증, 갑상선 기능저하증, 비타민 B12 결핍, 엽산결핍, 약물중독, 알콜중독, 중금속 중독, 교통사고나 산업재해 등이 있다.

이러한 치매는 기억력, 추상적 사고능력, 판단력 및 충동 자제능력, 언어기능 등의 저하와 성격변화, 신체적 기능의 변화로 인하여 직업, 일상적 사회활동, 대인관계 등에 상당한 침해를 받게 된다. 그러나 치매의 초기 증상은 매우 모호하여 정상적 노화과정으로 잘못 알고 있는 경우가 많이 있으며, 치매라고 하여 다 같은 증상을 보이는 것도 아니며, 원인에 따라 나타나는 증상이나 문제행동 역시 다양하다.

치매의 원인이 매우 다양하고 아직까지 정확한 원인이 밝혀지지 않은 치매가 절반 이상을 차지하고 있기 때문에 확실한 치매예방법은 찾기 어렵다. 그렇지만 다음과 같은 예방적 조치를 꾸준히 실행하게 되면 일부 치매는 예방이 가능하며, 그렇지 않은 경우에는 치매의 발병을 최대한 지연시킬 수 있다. 이러한 치매의 예방에 도움이 되는 방법을 제시하면 다음과 같다(권중돈, 2004).

○ 나이가 들수록 책을 읽고, 쓰고, 이야기하는 등 머리를 많이 쓰고 적극적으로 살아간다.
○ 항상 새로운 정보를 접하고 무언가를 배운다.
○ 지나친 음주나 흡연을 삼가 한다.
○ 젊어서부터 꾸준히 운동을 하고, 적정 체중을 유지한다.
○ 우울증은 치료 받고, 많이 웃으며 밝게 살도록 노력한다.
○ 기억장애, 언어장애가 있을 때는 빨리 검사를 받는다.
○ 매일 일기를 쓰는 것이 큰 도움이 된다.
○ 스포츠와 같이 신체적, 정신적 긴장과 이완이 반복되는 취미생활을 즐긴다.
○ 혼자서 지내기보다는 친구를 많이 만들어 놓고 자주 만나서 즐겁게 지낸다.
○ 고혈압, 당뇨병, 동맥경화증, 고지혈증, 심장질환, 갑상선 기능저하증 등 성인병을

제 2 부   독거노인 지원서비스

　　　사전에 관리하고 적극적으로 치료한다.
○ 성병에 걸리지 않도록 한다.
○ 어떤 일을 할 때 주의를 집중해서 하는 습관을 들이고, 반복해서 기억하도록 한다.
○ 중요한 약속이나 일들은 메모하거나 기록해두는 것이 유용하다.
○ 걷고 손을 많이 쓰는 일은 뇌를 자극하여 뇌의 위축을 방지하는 효과가 있다.
○ 소리를 내서 노래를 부르거나 다른 사람과 대화를 하는 것이 좋다.
○ 균형 있는 영양섭취와 노화방지에 도움이 되는 음식을 섭취하되, 먹을 수 있는 양의 80% 정도만 섭취하고, 충분한 수분을 섭취하는 것이 도움이 된다.
○ 스트레스가 누적되지 않도록 한다.
○ 추운 겨울이나 새벽운동, 환절기에 급격한 기온변화를 피한다.
○ 깊게 심호흡을 하여 폐활량을 늘리는 것이 심신의 안정에 도움을 준다.
○ 안전운전과 방어운전을 하며, 공사장 등에서의 안전사고에 유의한다.
○ 실내공해나 환경오염지역 등에서 독성물질에 오래 노출되지 말아야 한다.
○ 여성일 경우 폐경기 이후 필요하다면 호르몬 치료를 받는 것도 도움이 된다.
○ 적당량의 비타민제, 은행잎 추출제와 아스피린을 복용하는 것이 도움이 될 수 있다.
○ 여러 가지 약을 동시에 복용하는 것은 피한다.
○ 충분한 수면을 취하고, 열심히 일한다.
○ 알루미늄, 아연, 구리 등의 금속이 많이 들어있는 음식이나 공기 등을 장기간 섭취·흡입하지 않는 것이 좋다.
○ 난청과 시력장애가 있으면 치매로 오인 받을 수 있으므로 적절한 치료를 받는다.
○ 외부활동에 적극적으로 참여한다.

이러한 예방 노력에도 불구하고 치매는 정확한 원인이 밝혀지지 않은 치매들이 많이 있으므로, 치매 발생 자체를 예방하는 것은 매우 어렵다. 그러므로 조기에 치매를 발견하여 조기 치료를 하는 것이 바람직한데, 가정에서 활용할 수 있는 치매선별척도는 다음 <표 3-2>와 같다(권중돈, 2004).

치매의 치료를 위하여 수술이나 약물치료를 실시할 수 있는데, 치매에 효과적인 것으로 알려진 약물로는 엑셀론, 아리셉트 등이 있다. 이들 약물은 치매 초기와 중기에 어느 정도 효과가 있는 것으로 알려지고 있으나, 아직 이들 약재가 치매에 확실한 효과가 있다는 정확한 연구는 없는 상태이다. 그외에 비타민 E와 셀레질린(Selegiline) 등의 황산화제, 항소염제, 여성호르몬제재, 각종 항정신성 약물, 항불안제, 항우울제, 수면제 등이 치매증상을 완화하는데 도움이 되는 것으로 알려지고 있다. 치매 치료에 있어서 이러한 약물들은 효과에 한계가 있으므로, 음악요법, 작업요법, 미술요법, 원예요법 등의 다양한 재활요법과 대체의학적 요법들이 활용되고 있다. 그리고 치매는 치료(cure)보다는 간호와 수발(care)을 더 요구하는 정신장애이므로, 치매환자의 간호법에 대해서도 알아두어야 한다.

〈표 3-2〉 하세가와 치매척도(Hasegawa Dementia Scale)

검사일	년 월 일		검 사 자	
성 명		생년월일	년 월 일	연 령	세
성 별		교육년수	년	검사장소	
1	나이는 몇 살입니까?(2년까지의 오차는 정답)			0 1
2	오늘은 몇 년 몇 월 며칠입니까? (년월일, 요일이 정답이면 각각 1점씩)		년 월 일 요일	0 1 0 1 0 1 0 1
3	우리가 지금 있는 곳은 어디입니까? 자발적으로 답할 수 있으면 2점, 5초 후에 "집입니까? 병원입니까? 시설입니까?" 라고 물어서 올바르게 선택하면 1점			0 1 2
4	지금부터 하는 말을 따라 하세요. 나중에 물어보니까 잘 기억하고 계세요 (아래의 계열중의 하나를 선택하며 채용한 계열에 ○표 한다) 1: ⓐ 진달래 ⓑ 고양이 ⓒ 전차 2: ⓐ 무궁화 ⓑ 개 ⓒ 자동차			(a) 0 1 (b) 0 1 (c) 0 1
5	100에서 7을 순서대로 빼주세요. 100-7은? 그리고 거기서 또 7을 빼면? 라고 질문한다. (첫 번째 답이 틀리면, 거기서 중지)		(93) (86)	0 1 0 1
6	지금부터 말하는 숫자를 거꾸로 말해주세요. 6-8-2, 3-5-9-3을 거꾸로 시킨다. 첫 번째 답이 틀렸으면 중지한다.		2-8-6 2-9-5-3	0 1 0 1
7	4번에서 검사자가 선택했던 말을 다시 한 번 말해 주세요. 자발적인 회답이 있으면 각 2점, 만약 회답이 없을 시 아래와 같은 힌트를 주어 정답이 나오면 1점. ⓐ식물 ⓑ동물 ⓒ타는 것			(a) 0 1 2 (b) 0 1 2 (c) 0 1 2
8	지금부터 5가지의 물건을 보여 드린 후, 그 물건을 숨길 테니까 무엇이 있었는지 말씀해주세요(시계, 열쇠, 숟가락, 펜, 동전 등 반드시 서로 무관한 것).			0 1 2 3 4 5
9	알고 있는 야채의 이름을 가능한 많이 말해 주세요. 대답한 야채의 이름을 아래에 기입한다. 도중에 약 10초간 기다려도 대답이 없으면 중지한다.			5:10개 4: 9개 3: 8개 2: 7개 1: 6개 0: 0-5개
합계 점수				
판정 등급	1. 비치매(24.45± 3.60) 2. 경 도(17.85± 4.00) 3. 중등도(14.10± 2.83) 4. 고 도(9.23± 2.83) 5. 최고도(4.75± 2.95)			

3. 우울증

우울증은 슬픔, 정신운동 저하, 의욕상실 등이 특징인 기분이나 감정상태를 말한다. 우울증의 주된 증상은 슬픔, 절망, 비관, 자기비하, 자기비난, 식욕감퇴, 수면장애 등의 증상과 아울러 일상생활의 보람·흥미가 감소 또는 상실되고, 열정·활력이 감소되며 사고·행동이 느려지는 등의 증상이 나타난다. 이러한 우울증은 대뇌의 호르몬 분비 이상, 퇴직 등 사회·경제적 능력의 상실, 가까운 사람(배우자, 자손, 친구 등)의 사망, 신체기능의 저하, 자녀와의 불화 등이 원인이 된다. 우울증 치료를 위해서는 정신치료와 전기충격요법이 사용되기도 하며, 항우울제 약물을 사용함으로써 증상의 개선을 도모할 수 있다. 이러한 우울증을 조기에 발견하기 위하여 사용할 수 있는 우울증 선별도구는 <표 3-3>과 같다(정인과 외, 1998). 그리고 우울증을 예방하기 위한 생활수칙은 다음과 같다(www.hp.go.kr).

① 감정을 억누르고 말없이 참지 않는다.
② 스트레스를 줄이는 노력을 해야 한다.
③ 즐거운 생각을 하도록 노력해야 한다.
④ 사회적으로 고립되지 않도록 해야 한다.
⑤ 자신의 기분을 좋게 하는 활동에 참여한다.
⑥ 정신과를 방문하거나 항우울제 등의 치료약 복용을 두려워하지 말아야 한다.
⑦ 현재에 할 수 있는 일과 문제가 생겼을 때 해결책을 찾는 적극적인 태도를 갖는다.
⑧ 자신을 사랑하고 다른 사람을 용서하는 태도를 기른다.

〈 표 3-3 〉 한국형 노인우울 척도

어르신의 요즈음 기분 상태	예(1점)	아니오(0점)
쓸데없는 생각들이 자꾸 떠올라 괴롭다		
아무 것도 할 수 없을 것처럼 무기력하게 느낀다		
안절부절하고 초조할 때가 자주 있다		
밖에 나가기 보다는 주로 집에 있으려 한다		
앞날에 대해 걱정할 때가 많다		
지금 내가 살아있다는 것이 참 기쁘다*		
인생은 즐거운 것이다*		
아침에 기분 좋게 일어난다*		
예전처럼 정신이 맑다*		
건강에 대해서 걱정하는 일이 별로 없다*		
내 판단력은 여전히 좋다*		
내 나이의 다른 사람들 못지않게 건강하다*		
사람들과 잘 어울린다*		
매사에 자신이 없다		
즐겁고 행복하다*		
내 기억력은 괜찮은 것 같다*		
미치지 않을까 걱정된다		
별일 없이 얼굴이 화끈거리고 진땀이 날 때가 있다		
농담을 들어도 재미가 없다		
예전에 좋아하던 일들을 여전히 즐긴다*		
기분이 좋은 편이다*		
앞날에 대해 희망적으로 느낀다*		
사람들이 나를 싫어하는 것 같다		
나의 잘못에 대하여 항상 나 자신을 탓한다		
전보다 화가 나고 짜증이 날 때가 많다		
전보다 내 모습(용모)이 추해졌다고 생각한다		
어떤 일을 시작하려면 예전보다 힘이 많이 든다		
무슨 일을 하든지 곧 피곤해진다		
요즈음 몸무게가 많이 줄었다		
이성에 대해 여전히 관심이 있다		
*채점: * 표시항목은 '아니오'를 1점으로 채점 *판정: 합산 점수를 기준으로 14~18점은 경계선 우울 및 경도 우울증, 19~21점은 중등도 우울증, 22점 이상은 중증의 우울증		

Ⅳ. 노년기의 영양관리

1. 노년기의 영양문제

노년기에는 미각, 후각, 시각 등의 감각기능의 저하와 소화기계의 기능 저하 그리고 식품의 구입, 조리 등의 곤란으로 인하여 여러 가지 영양문제가 초래될 수 있으며, 건강을 해치는 경우도 많이 있다. 노인이 되면 침의 분비가 부족해지고 맛을 잘 느끼지 못하여 입맛이 떨어지기 때문에 식사량이 줄어들 수 있다. 또한 후각이 둔화되어 식품에 대한 관심이 줄어들고 식사를 거르기가 쉬워지며, 치아결손으로 인하여 음식물을 씹는데 있어 불편을 느끼기도 하며 의치를 한 경우에는 미각의 둔화도 일어날 수 있다. 시력과 청력의 저하는 음식을 조리하는데 불편함을 초래하며, 위장운동과 소화기능이 저하되어 섭취한 음식을 소화하고 흡수하는 기능이 이전보다 떨어진다. 또한 신체기능의 저하와 질병 등으로 인하여 음식재료를 구입하는데 있어서 불편을 느끼거나 적절히 구입하지 못하는 경우가 있으며, 혼자 살거나 경제적으로 어려운 경우나 가족의 보살핌이 부족할 경우 영양문제를 일으키기 쉽다.

2. 노인 영양섭취기준

노화가 진행됨에 따라 활동량이 감소하고 기초에너지 대사가 줄어듦에 따라 1일 영양섭취기준은 젊은이들에 비해 상대적으로 낮아진다. 한국영양학회(2006)에서 제시한 영양섭취기준에 근거해 보면, 남성노인(체중 59.2Kg 기준)의 1일 에너지 평균 필요량은 2,000Kcal이며, 여성노인(체중 50.2Kg)은 1,600Kal이다. 이러한 필요에너지를 섭취함에 있어서 탄수화물은 필요에너지의 55~70%, 지방은 15~25% 그리고 단백질은 10~20%를 섭취할 것을 권장하고 있다. 65세 이상 노인이 균형 있는 영양 상태를 유지하기 위하여 섭취해야 할 영양기준을 영양소별로 제시해보면 <표 3-4>와 같다.

그러나 노인의 영양섭취기준 대비 평균섭취비율을 보면, 필요에너지는 기준의 93% 정도만을 섭취하고 있는 반면 단백질, 인, 철, 나트륨은 기준보다 많은 양을 섭취하고 있으며 나트륨은 기준치의 4배 이상 섭취하는 것으로 나타났다. 이에 반해 칼슘, 칼륨, 비타민 A, 티아민, 리보플라빈, 나이아신, 비타민 C는 섭취기준보다 적은 양을 섭취하고 있는 것으로 나타나, 다수의 노인들이 불균형한 식사로 인한 영양문제를 경험하고 있다는 것을 알 수 있다(보건복지부·한국보건산업진흥원, 2006. 7.).

〈표 3-4〉 65-74세 노인의 영양소별 1일 섭취기준

영양소	평균필요량		권장섭취량		충분섭취량		상한섭취량	
	남	여	남	여	남	여	남	여
단백질(g)	40	35	50	40				
식이섬유(g)					24	22		
수분(mL)					2,100	1,700		
칼슘(mg)	580	580	700	800			2,500	2,500
인(mg)	580	580	700	700			3,500	3,500
나트륨(g)					1.2	1.2		
염소(g)					1.8	1.8		
칼륨(g)					4.7	4.7		
마그네슘(mg)	295	235	350	280			350	350
철(mg)	8	7	10	9			45	45
아연(mg)	7.1	6.0	9	7			35	35
구리(μg)	600	600	800	800			10,000	10,000
불소(mg)					3.0	2.5	10	10
셀레늄(μg)	42	42	50	50			400	400
망간(mg)					3.5	3.0	11	11
요오드(μg)	95	95	150	150			3,000	3,000
비타민C(mg)	75	75	100	100			2,000	2,000
비타민B1(티아민)(mg)	1	0.9	1.2	1.1				
비타민B2(리보플라빈)(mg)	1.3	1	1.5	1.2				
나이아신(mg)	12	11	16	14			35	35
엽산(μg)	320	320	400	400			1,000	1,000
비타B12(μg)	2	2	2.4	2.4				
비타민A(μg)	500	430	700	600			3,000	3,000
비타민D(μg)					10	10	60	60
비타민E(mg)					10	10	540	540
비타민K(μg)							75	65

* 자료: 한국영양학회(2006). 한국인의 영양섭취기준.

3. 노년기의 올바른 식습관과 식사지침

노년기에 건강을 유지하기 위해서는 적절한 식사가 필수적이다. 올바른 식습관의 기본은 음식을 제때에, 골고루, 알맞게 세끼 식사를 하는 것과 한두번의 간식을 먹는 것이다. 제때에 규칙적인 식사를 하려면 세끼 식사를 5~6시간 간격으로 하고 간식을 하루에 한두 번 정도 일정한 시간에 먹는다. 결식하지 않기 위해서는 아침에 산책이나 가벼운 운동으로 입맛을 회복하는 것이 좋으며, 가족이나 친구들과 함께 식사를 하는 것도 좋은 방법이 된다. 간식은 식사 후 2~3시간이 지난 후에 먹으며 과자나 사탕 종류보다는 감자, 고구마, 과일,

우유를 즐기는 것이 좋다. 음식을 골고루 먹으려면 인스턴트식품, 분식, 중식보다는 반찬을 조금씩 만들어 매일 다른 반찬을 먹는 것이 좋다. 또한 고기는 상추, 양파, 당근 등 채소와 함께 먹는다. 알맞게 먹으려면 하루의 식사, 활동량, 휴식과 수면이 삼박자를 이루도록 하고 식사를 거르거나 한 번에 많이 먹지 않고 천천히 먹으며 단 음식과 짠 음식을 줄이도록 한다. 체중 과다나 비만인 경우에는 1주일에 0.5kg 감량을 목표로 체중조절을 하는 것이 좋은데, 이를 위해서는 하루에 500Kcal 정도(예: 밥 한 공기, 육류반찬 1가지, 과일 1접시 정도) 적게 먹고 세끼 식사는 규칙적으로 하되 식사량과 간식량을 줄여야 한다. 이에 반해 저체중인 경우에는 식사를 조금씩 자주하여 섭취량을 늘리고, 혼자 먹지 않으며, 고기나 생선 등 동물성 단백질을 충분히 먹는다. 그리고 식물성 기름으로 조리한 나물, 채소 반찬으로 지방을 적당량 섭취한다. 이러한 노년기의 식습관을 종합하여, 노년기 식생활 실천지침을 제시하면 다음과 같다(권중돈, 2007; 건강매거진, 2007.1; www.hp.go.kr).

① 세끼식사를 꼭 하되 하루에 30가지 이상의 식품을 골고루 섭취한다.
② 규칙적 생활, 적절한 운동과 식사(정량의 80%)를 통해 정상체중을 유지한다.
③ 짠 음식은 피하고, 싱겁게 먹는다.
④ 지방과 콜레스테롤을 적게 섭취한다.
⑤ 생야채, 녹황색 채소를 매일 섭취한다.
⑥ 칼슘을 충분히 섭취하여 골질환을 예방한다.
⑦ 철분(콩, 녹색채소, 고기)을 충분히 섭취한다.
⑧ 채소, 해조류 등에 많은 식물성 섬유을 충분히 섭취하여 변비, 대장암을 예방한다.
⑨ 비타민, 무기질을 충분히 섭취한다.
⑩ 충분한 영양섭취를 하되, 활발하게 움직여 비만을 예방한다.
⑪ 금연과 절주를 한다.

4. 노인성 질환을 위한 식사요법

특별한 질병을 앓고 있거나 사전에 예방하기 위해서는 식사요법을 병행하는 것이 좋은데, 다음에서는 특정 질환별 식사요법에 대해 살펴보고자 한다(www.hp.go.kr; www.healthpark.or.kr).

1) 골다공증 예방을 위한 식사요법

골다공증을 예방하기 위해서 젊은 시절에 충분한 칼슘을 섭취하여 뼈에 칼슘을 저장하여야 하며, 노년기에 식욕이 저하되어 식사량 부족이나 칼로리 섭취 부족으로 인해서 칼슘섭취가 저하되는 경우가 있으므로 충분한 음식물 섭취를 해야 합니다. 칼슘은 가능한 한 식품으로 섭취하는 것이 도움이 되며 식품으로 칼슘 섭취가 부족할 경우에 칼슘 제제를 복용해야 한다. 그리고 비타민 D는 칼슘 흡수에 중요한데, 비타민 D는 자외선에 의해 피부에서 합성되므로 햇볕을 쪼여서 비타민 D의 결핍을 예방하여야 한다. 골다공증을 앓고 있는 노인의 경우에는 우유, 치즈, 요쿠르트, 메밀국수, 율무, 콩, 팥, 두부, 들깨, 아몬드, 호두, 생선통조림, 멸치, 명태, 뱀장어, 미꾸라지, 생선어묵, 조개, 꽃게, 새우, 김, 다시마, 미역, 갓, 고사리, 고추 잎, 근대, 냉이, 달래, 도라지, 무말랭이와 무청, 토란대, 쑥, 비름나물, 상추, 케일, 파슬리, 브로콜리 등이 도움이 되는 것으로 알려지고 있다. 그러나 카페인이 많이 든 음료와 커피는 칼슘의 흡수를 방해하고 과음도 칼슘대사에 영향을 주므로 과다한 섭취를 피해야 한다.

2) 심장 및 혈관질환 예방을 위한 식사요법

고혈압, 고지혈증, 동맥경화, 심근경색 등의 심장 및 혈관계 질환의 예방을 위한 식사의 원칙은 콜레스테롤, 포화지방, 트랜스지방, 설탕과 소금의 섭취를 줄이고 식이섬유, 콩 제품, 오메가 지방산의 섭취를 늘이되, 영양학적으로 균형있는 식사를 하는 것이다. 이를 위해서 실천에 옮겨야 하는 식사지침은 다음과 같다.

① 껍질 벗긴 닭고기, 기름기 적은 쇠고기, 돼지고기를 선택하고 참치, 고등어, 연어와 같이 오메가지방산이 많은 생선을 선택한다.
② 무지방, 저지방 우유나 요구르트를 즐긴다.
③ 다양한 종류의 콩 제품을 즐긴다.
④ 식이섬유가 많고 항산화제가 많이 함유된 과일과 채소를 충분히 즐기되 가능하면 생으로 먹는다.
⑤ 밀이나 옥수수, 쌀 등을 전곡의 형태로 많이 먹는다.
⑥ 고기류에 함유된 지방성분을 피하며 눈에 보이는 기름기는 조리할 때 떼어버린다. 특히 삼겹살 구이 섭취를 줄인다.
⑦ 조리법도 지방 섭취를 줄일 수 있는 찜, 무침, 구이 등으로 제한한다.
⑧ 식품을 구입할 때 포장지의 영양표시를 확인하고 저지방, 무지방 제품을 구입한다.
⑨ 술은 피할 수 없으면 아주 조금만 건배 정도로만 한다.
⑩ 음식의 간은 싱겁게 하고 가능하면 식탁에서 추가로 소금이나 간장을 치지 않으며 국물을 다 마시는 습관을 고친다.

3) 빈혈을 위한 식사요법

빈혈을 예방하고 관리하기 위한 식사요법은 다음과 같다.

① 달걀, 우유, 육류, 콩제품(두유, 두부), 생선 등에 포함된 양질의 동물성 단백질을 충분히 섭취한다.
② 체내 흡수율이 좋은 철분이 많이 함유된 식품(간, 고기, 창자, 달걀 노른자, 말린 과일, 땅콩 등)을 섭취한다.
③ 비타민 C, 엽산 등이 풍부한 채소와 과일을 섭취한다.
④ 식사 전·후에는 카페인 음료를 마시지 않는다.
⑤ 가능한 금주한다.
⑥ 기름진 식품의 섭취를 줄인다.
⑦ 위산이 충분히 분비되도록 꼭꼭 씹어서 먹는다.
⑧ 하루 세끼의 식사를 규칙적으로 한다.
⑨ 편식을 피하고 다양한 식품을 골고루 섭취한다.

4) 당뇨병 관리를 위한 식사요법

당뇨병의 식사요법은 음식을 무조건 제한하거나 금지하는 것이 아니고 각자의 필요량에 맞게 음식의 양, 종류 및 식사시간 등을 적절히 조절함으로써 혈당을 정상범위로 유지하는 것이다. 당뇨병 환자가 하루에 필요로 하는 칼로리는 표준체중{(키-100)X 0.9}(Kg) X 30(Kcal)이다. 당뇨병 환자들이 자유롭게 먹을 수 있는 식품으로는 ① 양배추, 오이, 양파, 버섯, 시금치 등 채소류, ② 미역, 김, 다시마 등 해조류, ③ 곤약, 한천, 채소국, 차류 등이다. 그러나 너무 달거나 기름이 많이 들어간 음식(튀김, 중국요리 등)은 되도록 피하는 것이 좋으며, 배가 많이 고플 때는 외식을 하지 않는 것이 좋으며, 칼로리가 적은 음식(맑은국이나 차 등)을 먼저 먹은 후 음식을 먹는 것이 좋다. 그리고 당뇨병 관리를 위하여 지켜야 할 식사원칙을 제시하면 다음과 같다.

① 매일 일정한 시간에 정해진 분량의 식사를 규칙적으로 한다.
② 매일 6가지 식품군을 골고루 섭취한다.
③ 설탕이나 꿀 등 단순당의 섭취를 피한다.
④ 동물성 지방 및 콜레스테롤의 섭취량을 줄인다.
⑤ 섬유소가 풍부한 식사를 한다.
⑥ 술은 되도록 삼간다.
⑦ 지나치게 짠 음식은 피하고 되도록 싱겁게 먹는다.

⑧ 운동을 규칙적으로 하고, 적정 체중을 유지한다.

5) 변비를 위한 식사요법
변비를 예방하고 완화하기 위한 식생활 지침을 제시하면 다음과 같다.
① 섬유소를 하루에 최소 20~35g 이상을 섭취해야 한다.
② 식사에 채소, 과일, 해조류, 콩류와 견과류의 섭취량을 높인다.
③ 과일과 채소, 해조류 등은 생 것을 섭취한다.
④ 정제되지 않은 식품을 이용하며, 빵 대신 잡곡밥을 먹으면 더 효과적이다.
⑤ 우유나 발효된 유제품(요구르트, 치즈 등)을 섭취한다.
⑥ 식사시 인스턴트식품이나 패스트푸드 식품 위주는 피하는 것이 좋다.
⑦ 수분은 충분히 섭취한다.
⑧ 카페인 음료의 섭취를 제한한다.
⑨ 매일 아침마다 한 잔의 찬물을 마신다.
⑩ 규칙적인 식사를 한다.

6) 위장질환을 위한 식사요법
위장 관련 질환으로는 소화불량, 위염, 장염, 소화성궤양 등 매우 다양하므로, 각 질환별로 별도의 식사요법이 요구되지만, 위장질환 전반에 적용될 수 있는 식사요법은 다음과 같다.
① 식사는 규칙적으로 해야 하며, 거르는 일이 없도록 해야 한다.
② 자극성이 있는 음식(지나치게 차갑거나 뜨거운 음식)을 피한다.
③ 거친 음식, 딱딱한 음식, 기름기가 많은 음식을 피하며, 섬유소가 많은 식품은 먹지 않는다.
④ 균형 있는 식사를 하고, 음식을 한꺼번에 많이 먹지 않는다.
⑤ 취침 2시간 전에는 음식을 먹지 않고, 술과 알코올 음료, 카페인, 탄산음료 등은 제한한다.
⑥ 과중한 스트레스를 피하고, 수면과 휴식을 충분히 취해야 한다.
⑦ 흡연을 최대한 자제한다.

7) 비만 예방을 위한 식사요법
비만은 각종 질병의 원인이 될 수 있으므로, 이를 예방하기 위해서는 다음과 같은 식사원칙을 따르는 것이 좋다.
① 끼니를 거르지 말고 하루 세끼를 먹되 평소 식사량의 80%만 먹는다.
② 밥 빨리 먹기와 텔레비전 보면서 군것질하기, 스트레스를 먹는 것으로 풀기 등 나쁜 습관을 버린다.
③ 고섬유질과 자연식품 위주로 식사한다.
④ 간식을 하고 싶으면 생채소, 저지방 유제품, 약간의 과일 가운데 선택한다.
⑤ 볶거나 튀기는 대신 찌고 굽고 데치는 요리법으로 바꾼다.
⑥ 신진대사에 중요한 물을 기상 직후 또는 식사 사이 등에 하루 6~8컵 정도 마신다.
⑦ 저녁 식사 이후는 되도록 먹지 않는다.
⑧ 외식은 가능한 줄인다.
⑨ 많이 걷고 하루 두 번 20~30분 동안 지속적인 운동을 하는 습관을 들인다.
⑩ 열량이 적은 맑은 고기국물, 푸른잎 채소, 오이, 김, 미역, 곤약 등을 적절히 이용한 저칼로리 식사를 한다.

MEMO

MEMO

제 4 장 일상생활 동작능력과 수발기술

학 습 목 표
□ 일상생활 동작능력의 기본 개념을 이해한다. □ 일상생활 동작능력의 평가와 서비스 계획수립 방법을 이해한다. □ 일상생활 지원을 위한 수발기술을 이해하고 습득한다.

I. 일상생활 동작능력의 개념

일상생활 동작능력(activity of daily living; ADL)이란 개인의 자기유지(self-maintenance)와 독립적인 지역사회 활동을 하는데 필요한 활동을 의미한다. Katz(1983)는 이동성(mobility), 기본적인 개인보호과업과 관련된 활동(basic ADL), 수단적 일상생활 동작능력(instrumental ADL)으로 구분하고 있다. Barthel은 신체적 일상생활 동작능력(physical ADL)과 수단적 일상생활 동작능력(IADL)로 구분하고 있다(Mahoney and Barthel, 1965). 그리고 미국 노인연구·서비스(OARS) 프로젝트에서는 노인들의 일상생활 동작능력을 ① 화장실 이용, 옷입기, 식사, 체위변경, 용모단장 등의 기본적 자기보호활동, ② 목욕, 보행, 가사, 식사준비, 쇼핑, 외출 등의 중간적 자기보호 활동, 그리고 ③ 자금관리, 전화사용, 투약 등의 복잡한 자기관리 활동으로 구분하고 있다(Fillenbaum, 2001). 우리나라에서는 2008년 시행될 노인장기요양보험제도의 요양등급평가에서는 옷 벗고 입기, 세수하기, 양치질하기, 목욕하기, 식사하기, 체위변경하기, 일어나 앉기, 옮겨 앉기, 방밖으로 나오기, 화장실 사용하기, 대변조절하기, 소변조절하기라는 12개 일상생활 동작능력 항목에 대해 측정한다.

이상과 같이 일상생활 동작능력의 개념 규정은 학자마다 다르긴 하지만 일반적으로 일상생활 동작능력은 신체적 일상생활 동작능력(PADL)과 수단적 일상생활 동작능력(IADL)을 포함하는 개념으로 규정한다. 이때 신체적 일상생활 동작능력은 개인위생, 옷입기, 식사하기, 화장실 이용, 보행능력 등의 기본적인 자기 관리 능력을 의미하며, 수단적 일상생활 동작능력은 외출 및 대중교통 이용, 은행 및 관공서 이용, 사회적 관심 등의 독립적 생활을 영위하는데 필요한 도구적 활동능력을 의미한다. 이러한 일상생활 동작능력은 만성질환 유무와 함께 건강상태를 평가하는 주요한 지표가 되고 있으며, 특히 노인의 자립적 생활능력을 평가한다는 점에서는 만성질환보다 더 중요한 의미를 지닌다고 할 수 있다.

Ⅱ. 일상생활 동작능력의 측정과 서비스 계획 수립

노인들의 일상생활 동작능력을 평가하기 위한 도구로는 Katz, Barthel 등이 개발한 신뢰성과 타당도가 높은 다양한 도구가 있다. 그러나 2008년 시행될 노인장기요양보험제도에서는 일상생활 동작능력 중 신체적 동작능력 12개 항목으로 노인의 일상생활 동작능력을 평가할 계획이므로 다음에서는 노인장기요양보험제도에서 활용하는 신체적 동작능력 평가도구의 측정방법에 대해 살펴보고자 한다. 그러나 일상생활 동작능력은 신체적 동작능력의 측정만으로는 한계가 있으며 노인돌보미가 노인의 전반적 일상생활을 지원하기 위해서는 도구적 일상생활 동작능력의 평가도 필수적이므로, 다음에서는 한국형 일상생활 동작능력 척도(K-ADL) 중 도구적 동작능력의 측정도구에 대해서도 동시에 논의하고자 한다.

1. 신체적 일상생활 동작능력의 측정

노인장기요양보험제도에서는 <표 4-1>에서 보는 바와 같이 옷 벗고 입기, 세수하기, 양치질하기, 목욕하기, 식사하기, 체위변경하기, 일어나 앉기, 옮겨 앉기, 방밖으로 나오기, 화장실 사용하기, 대변조절하기, 소변조절하기라는 12개 항목의 신체적 일상생활 동작능력을 조사한다. 각 항목의 조사방법을 살펴보면 다음과 같다(보건복지가족부 요양보험제도과, 2006.3.).

〈 표 4-1 〉 신체적 일상생활 동작능력의 평가도구

항 목	기 능 자 립 정 도		
옷 벗고 입기	□ 1. 완전 자립	□ 2. 부분 도움	□ 3. 완전 도움
세수하기	□ 1. 완전 자립	□ 2. 부분 도움	□ 3. 완전 도움
양치질하기	□ 1. 완전 자립	□ 2. 부분 도움	□ 3. 완전 도움
목욕하기	□ 1. 완전 자립	□ 2. 부분 도움	□ 3. 완전 도움
식사하기	□ 1. 완전 자립	□ 2. 부분 도움	□ 3. 완전 도움
체위변경하기	□ 1. 완전 자립	□ 2. 부분 도움	□ 3. 완전 도움
일어나 앉기	□ 1. 완전 자립	□ 2. 부분 도움	□ 3. 완전 도움
옮겨 앉기	□ 1. 완전 자립	□ 2. 부분 도움	□ 3. 완전 도움
방밖으로 나오기	□ 1. 완전 자립	□ 2. 부분 도움	□ 3. 완전 도움
화장실 사용하기	□ 1. 완전 자립	□ 2. 부분 도움	□ 3. 완전 도움
대변조절하기	□ 1. 완전 자립	□ 2. 부분 도움	□ 3. 완전 도움
소변조절하기	□ 1. 완전 자립	□ 2. 부분 도움	□ 3. 완전 도움

1) 옷 벗고 입기

정의	• 내복, 외투를 포함한 모든 옷을 옷장이나 서랍, 옷걸이에서 꺼내 챙겨 입고 단추나 지퍼, 벨트를 채우는 것 등 일상적으로 착용하는 의복에 대한 행위가 가능한지를 평가하는 항목이다.
측정기준	1. 완전자립 • 도움 없이 혼자서 옷을 옷장에서 꺼내어 입을 수 있고, 단추를 채우고, 지퍼를 올리고, 벨트를 채우는 일 등을 혼자서 할 수 있는 경우 • 보조구를 사용하여 혼자 할 수 있는 경우도 포함 2. 부분도움 • 옷을 꺼내 입고 벗는 행위에 어떤 도움을 주거나 지켜봐야 경우 • 상의(하의)는 입을 수 있으나 하의(상의)는 혼자서 못 입는 경우 3. 완전도움 • 전적으로 다른 사람의 도움에 의존한다. 다른 사람이 옷을 옷장에서 꺼내주고 입혀주고 벗겨주어야 하는 경우

2) 세수하기

정의	• 수건 준비, 수도꼭지 돌리기, 물 받기, 얼굴 씻기, 옷이 젖는지의 확인, 수건으로 닦기 등의 행위가 가능한지를 평가하는 항목이다.
측정기준	1. 완전자립 • 위의 (일련의) 행위를 도움 없이 혼자서 하는 경우 2. 부분도움 • 위의 행위 중 한 가지 이상의 행위에 도움을 주거나 지켜봐야 하는 경우 3. 완전도움 • 전적으로 다른 사람의 도움에 의존하는 경우

3) 양치질하기

정의	• 칫솔과 헹굼용의 물을 준비하고 치약을 칫솔에 바르는 것, 칫솔질하는 것, 가글하는 것 등의 행위가 가능한지를 평가하는 항목으로, 틀니를 빼고, 씻고, 헹구는 등의 행위도 포함된다.
측정기준	1. 완전자립 • 위의 (일련의) 행위를 도움 없이 혼자서 하는 경우 • 틀니세척을 도움 없이 혼자 할 수 있는 경우 2. 부분도움 • 위의 행위 중 한 가지 이상의 행위에 도움을 주거나 지켜봐야 하는 경우 3. 완전도움 • 양치질 또는 틀니 청결유지를 전적으로 다른 사람의 도움에 의존하는 경우 • 노인이 양치한 부분을 전부 수발자가 다시 해주는 경우

4) 목욕하기

정의	• 욕조에 들어가서 목욕하거나, 욕조에 들어가지 않고 물수건으로 때밀기, 샤워 등이 모두 가능한지를 평가하는 항목이다. 단, 머리감기, 세수하기는 포함하지 않는다.
측정기준	1. 완전자립 • 샤워, 때밀기(등 부위 제외), 욕조목욕을 혼자서 할 수 있는 경우 • 욕조에서 목욕할 경우에는 혼자서 욕조에 들어가고 나오는 것이 가능해야 함 2. 부분도움 • 샤워는 혼자하나 때밀기나 욕조목욕은 혼자 하지 못하는 경우 • 몸의 일부(등 밀기 제외)를 닦을 때 도움을 받는 경우 • 혼자서 목욕을 할 수 있으나 욕조에 들어갈 때와 나올 때 도움을 주거나 켜봐야 하는 경우 3. 완전도움 • 목욕을 전적으로 다른 사람의 도움에 의존하는 경우 • 목욕하기 전에 수발자에 의해 전신에 피부약을 바르거나 분비물을 빼내야 하는 경우

5) 식사하기

정의	• 음식이 차려졌을 때 도구를 사용하여 스스로 섭취하는 것이 가능한 지를 평가하는 항목이다.
측정기준	1. 완전자립 • 음식을 차려주면 도움 없이 식사할 수 있는 경우 • 젓가락을 사용하지 못해도 포크나 숟가락을 사용하여 식사할 수 있는 경우 • 경관영양을 하고 있지만 준비를 포함해 일련의 행위를 스스로 하고 있는 경우 • 시각장애인으로 상차림에 반찬 종류와 배열을 알려주면 스스로 섭취하는 경우 2. 부분도움 • 밥은 떠 먹지만 생선을 발라먹거나 음식을 잘라주어 먹기 좋게 도와주어야 하는 경우 • 타인의 식사를 먹지 않도록 지켜봐야 하는 경우 3. 완전도움 • 식사할 때 전적으로 떠 먹여주어야 하는 경우 • 경관영양을 하고 있으며 준비, 주입, 정리 등의 행위 모두를 도움 받는 경우 • 경정맥 수액을 통해 전적으로 영양분을 공급받는 경우

6) 체위변경하기

정의	• 제대로 돌아눕기, 엎드리기, 옆으로 눕기 등의 행위가 가능한지를 평가하는 항목이다.
측정기준	1. 완전자립 • 도움 없이 혼자서 체위를 바꿀 수 있는 경우 • 무엇인가 붙잡고 혼자 체위를 바꿀 수 있는 경우 2. 부분도움 • 다른 사람의 도움을 일부 받아야 체위를 바꿀 수 있는 경우 3. 완전도움 • 전적으로 수발자가 체위를 바꾸어 주어야 하는 경우

7) 일어나 앉기

정의	• 누운 상태에서 상반신을 일으켜 앉을 수 있는지 평가하는 항목이다.
측정기준	1. 완전자립 • 누운 상태에서 도움 없이 혼자서 일어나 앉는 경우 • 무엇인가를 붙잡고 혼자 일어나 앉는 경우 • 보장구를 착용한 상태에서 가능한 경우 2. 부분도움 • 수발자가 도움을 일부 주거나 지켜봐야 하는 경우 3. 완전도움 • 전적으로 수발자가 몸을 일으켜 앉히는 경우 • 경직, 마비 등으로 누운 자세와 서 있는 자세밖에 할 수 없는 경우

8) 옮겨 앉기

정의	• 「침상에서 휠체어로」, 「의자에서 휠체어로」, 「휠체어에서 침상으로」, 「휠체어에서 의자로」 등 이동하는 것이 가능한지 평가하는 항목이다.
측정기준	1. 완전자립 • 도움 없이 침상(이부자리)에서 휠체어로, 의자에서 휠체어로, 휠체어에서 침상으로, 휠체어에서 의자 등으로 혼자 이동하는 경우 2. 부분도움 • 혼자서 몸을 옮길 수는 없지만 다른 사람이 손을 잡아주거나 휠체어 등을 잡아 주면 가능한 경우 3. 완전도움 • 수발자가 전적으로 온 몸을 사용하여 휠체어나 의자로 옮겨 주어야 하는 경우

9) 방밖으로 나오기

정의	• 기거나 앉거나 서거나 그 방법에 상관없이 노인이 문턱을 넘어 방에서 밖으로 나올 수 있는지 평가하는 항목이다.
측정기준	1. 완전자립 • 도움 없이 혼자서 방둔 밖으로 나올 수 있는 경우 • 워커(walker)나 보행기, 휠체어 등 보조도구를 사용해 스스로 나올 수 있는 경우 2. 부분도움 • 부축하거나 도움을 주면 방밖으로 나올 수 있는 경우 • 수발자가 휠체어를 문턱에서 밀어주거나 대상자의 몸을 지탱해주어야 가능한 경우 3. 완전도움 • 혼자 이동하지 못하여 이동용 침대로 실어 나르거나 휠체어에 태워 밀고 가야하는 경우 • 의료상의 필요로 인해 이동을 금지하고 있는 경우

10) 화장실 사용하기

정의	• 배뇨·배변의 의지를 가지고 화장실까지 이동하여 변기 위에 앉아 일련의 행동(하의벗기→배설→닦고 옷입기)을 마치고 뒤처리(변기에 물을 내리는 동작, 휴대용 변기 등의 청소)하는 등의 행동을 평가하는 항목이다.
측정기준	1. 완전자립 • 도움 없이 혼자서 화장실에 가서 대소변을 본 후에 닦고 옷을 입을 수 있는 경우 • 기저귀를 사용하거나 인공항문, 인공 요루(Urostomy) 등을 하고 있어도 스스로 준비, 뒤처리 등을 하는 경우 • 휴대용 변기(요강 포함)을 사용하여도 변기를 혼자서 비울 수 있는 경우 2. 부분도움 • 화장실에 가거나 변기 위에 앉는 동작, 대소변 후에 닦는 동작, 대소변 후에 옷을 입는 동작, 휴대용 변기를 비우는 동작 중 한 가지 이상의 행위에 도움을 주거나 지켜봐야 하는 경우 • 인공항문, 인공 요루(Urostomy) 등을 하고 있으며 준비, 뒤처리 등을 도움을 일부 주거나 지켜봐야 하는 경우 3. 완전도움 • 도움을 받아도 화장실에 가지 못하거나 휴대용 변기도 사용하지 못하는 경우 • 기저귀를 사용하고 있으며 준비, 뒤처리 등을 스스로 할 수 없는 경우 • 인공항문, 인공 요루(Urostomy) 등을 하고 있으며 준비, 뒤처리 등 모두 도움을 받는 경우

11) 대변 조절하기

정의	• 장운동의 통제능력을 평가하는 항목이다.
측정기준	1. 완전자립 • 대변을 지리거나 흘리지 않고 자력으로 조절할 수 있는 경우 • 인공항문을 하였어도 대변양상이 평상시와 같은 경우 2. 부분도움 • 대변을 주1회 정도 조절하지 못하고 실패하는 경우 • 인공항문을 하고 있으며 최근 2주간 대변횟수나 양상이 평상시와 다른 경우 (횟수 증감, 불규칙, 설사나 변비 등) 3. 완전도움 • 대변조절이 불가능하여 항상 성인용 기저귀를 착용하여야 하는 경우 • 항상 관장으로 해결하는 경우(일시적인 변비로 인한 관장은 제외) • 인공항문을 하고 있으며 준비, 뒤처리 등 모두 도움을 받는 경우

12) 소변 조절하기

정의	• 방광의 배설 조절기능을 평가하는 항목이다.
측정기준	1. 완전자립 • 소변을 지리거나 흘리지 않고 자력으로 조절할 수 있는 경우 • 인공요루(Urostomy)를 가진 경우 2. 부분도움 • 소변을 하루1회 정도 조절하지 못하고 실패하는 경우 3. 완전도움 • 소변조절이 불가능하여 항상 성인용 기저귀를 착용하여야 하는 경우 • 유치도뇨관을 가지고 있는 경우 • 수발자나 간호사에 의해 단순도뇨가 이루어지고 있는 경우

※ ▶ 인공요루(urostomy) : 정상적인 경로로 소변을 배출하지 못할 때 요관에서 복부까지를 연결하여 복부에 개구부(stoma)를 내어 소변을 배출하게 하는 기관
  ▶ 단순도뇨(single catherterization) : 소변을 제거할 목적으로 방광 내로 도뇨관을 삽입하여 소변을 제거한 후 바로 빼는 것. 대부분 검사를 위한 경우와 수술 후에 일시적으로 사용함
  ▶ 유치도뇨(foley catheterization) : 요도의 괄약근의 이상으로 수의적으로 소변조절이 불가능할 때 소변을 제거할 목적으로 장기간 도뇨관을 삽입하는 것. 장기간 유치도뇨를 하면 요도를 통한 이차감염의 위험이 높아지는 위험이 있음

2. 도구적 일상생활 동작능력의 측정

도구적 일상생활 동작능력을 평가하기 위하여 우리나라에서 사용되고 있는 도구는 다양한 것들이 있지만, 다음에서는 한국형 도구적 일상생활활동 측정도구(K-IADL)를 중심으로 하여 측정방법을 살펴보고자 한다.

1) 몸단장

정의	• 빗질, 화장, 면도, 손/발톱깎기 등을 포함한다.
측정기준	질문: "어르신께서는 머리빗질이나 손발톱 깎는 것, 화장(여자), 면도(남자)를 남의 도움 없이 혼자서 하십니까?" 1. (기구만 준비되어 있으면) 다른 사람의 도움 없이 혼자서 빗질, 화장 혹은 면도, 손/발톱 깎기를 혼자서 한다. 2. (기구가 준비되어 있더라도) 빗질, 화장 혹은 면도, 손/발톱 깎기 중 한 두 가지는 다른 사람의 도움을 받아야 한다. 3. (기구가 준비되어 있더라도) 다른 사람의 도움을 받지 않고는 빗질, 화장 혹은 면도, 손/발톱 깎기 등을 모두 하지 못한다.

2) 집안일

정의	• 실내청소, 설거지, 침구정리, 집안 정리정돈을 말한다.

측정기준	질문: "어르신께서는 집안의 일상적인 청소나 정리정돈, 침구정리, 설거지 등을 다른 사람의 도움 없이 혼자서 하십니까?"
	1. 도움 없이 혼자서 집안일을 한다.
	2. 집안일을 할 때 부분적으로 다른 사람의 도움을 받는다.
	3. 집안일을 할 수 없어서 다른 사람의 도움에 전적으로 의존한다.
	4. 집안일을 하지 않는다. (▶ 추가질문으로)
	추가질문: 다음 중 대상자에게 맞는 것을 고르시오.
	  1. 집안일을 할 수 있는데도 하지 않는다.
	  2. 집안일을 해본 적이 없다.

3) 식사준비

정의	• 음식재료를 준비하고, 요리하고, 상을 차리는 것을 말한다.

측정기준	질문: "어르신께서는 식사준비(음식재료를 준비하고, 요리를 하고, 밥상을 차리는 일)를 다른 사람의 도움 없이 혼자서 하십니까?
	  1. 도움 없이 혼자 밥과 반찬을 하고 상을 차린다.
	  2. 식사준비에 부분적으로 다른 사람의 도움을 받는다.
	  3. 식사준비를 할 수 없어서 전적으로 다른 사람의 도움에 의존한다.
	  4. 식사준비를 하지 않는다. (▶ 추가질문으로)
	추가질문: 다음 중 대상자에게 맞는 것을 고르시오.
	  1. 식사준비를 할 수 있는데 하지 않는다.
	  2. 식사준비를 해본 적이 없다.

4) 빨래하기

정의	• 손으로 직접 하거나 세탁기를 이용하여 빨래를 하고 세탁한 후 널어 말리는 것을 포함한다.

측정기준	질문: "어르신께서는 빨래(손으로 빨든 세탁기를 이용하든 상관없이)를 다른 사람의 도움 없이 혼자서 하십니까?"
	  1. 도움 없이 혼자서 빨래를 한다.
	  2. 빨래를 할 때 부분적으로 다른 사람의 도움을 받는다.
	  3. 빨래를 할 수 없어서 전적으로 다른 사람의 도움에 의존한다.
	  4. 빨래준비를 하지 않는다. (▶ 추가질문으로)
	추가질문: 다음 중 대상자에게 맞는 것을 고르시오.
	  1. 빨래를 할 수 있는데 하지 않는다.
	  2. 빨래를 해 본 적이 없다.

5) 근거리 외출

정의	• 교통수단을 이용하지 않고 가까운 상점, 관공서, 병원, 이웃 등을 다녀오는 것을 말한다.
측정기준	질문: "어르신께서는 걸어서 갔다 올 수 있는 상점이나 이웃, 병원, 관공서 같은 가까운 곳의 외출을 다른 사람의 도움 없이 혼자서 하십니까?" 1. 도움 없이 혼자서 근거리 외출을 한다. 2. 혼자서는 외출을 못하지만 도움을 받아 외출을 한다. 3. 도움을 받아도 외출을 전혀 하지 못한다.

6) 교통수단 이용

정의	• 버스, 전철, 택시 등의 대중교통수단을 이용하거나 직접 차를 몰고 먼 거리를 다녀오는 것을 말한다.
측정기준	질문: "어르신께서는 버스나 기차, 택시 혹은 승용차를 타고 외출을 할 때 남의 도움 없이 혼자서 하십니까? 또는 직접 운전을 하고 다니십니까?" 1. 도움 없이 혼자서 모든 교통수단을 이용하거나 직접 차를 운전한다. 2. 버스나 기차를 이용할 때는 다른 사람의 도움을 받는다. 3. 택시나 승용차를 이용할 때도 다른 사람의 도움을 받는다. 4. 다른 사람의 도움을 받아도 교통수단을 전혀 이용할 수 없거나 남의 등에 업히거나 들것에 실려야만 교통수단을 이용할 수 있다.

7) 물건사기

정의	• 상점에 들어갔을 때 필요한 물건을 결정하고, 사고 또 돈을 지불하는 능력 (상점까지 가거나, 산 물건을 들고 오는 것은 고려하지 말 것)을 말한다.
측정기준	질문: "어르신께서는 사고 싶은 물건을 사려고 상점에 갔을 때 다른 사람의 도움 없이 혼자서 구입하십니까?" 1. 도움 없이 혼자서 필요한 물건을 모두 구입한다. 2. 한두 가지 물건은 혼자서 구입할 수 있으나, 여러 가지 물건을 살 때는 다른 사람의 도움이 필요하다. 3. 어떠한 물건을 사든지 다른 사람이 동행해 주어야 한다. 4. 쇼핑을 전혀 할 수 없으며, 다른 사람이 필요한 물건을 대신 사다주어야 한다.

8) 금전관리

정의	• 용돈, 통장관리, 재산관리를 하는 것을 말한다.
측정기준	질문: "어르신께서는 용돈이나 통장, 재산관리 같은 금전관리를 남의 도움 없이 혼자서 하십니까?" 1. 도움 없이 혼자서 모든 금전관리를 한다. 2. 용돈정도의 금전관리는 할 수 있으나, 큰 돈 관리는 다른 사람의 도움을 받는다. 3. 금전관리를 할 수 없어서 전적으로 다른 사람의 도움에 의존한다. 4. 금전관리를 하지 않는다. (▶ 추가질문으로) 추가질문: 다음 중 대상자에게 맞는 것을 고르시오. 1. 금전관리를 할 수 있는데 하지 않는다. 2. 금전관리를 해 본적이 없다.

9) 전화사용

정의	• 전화번호를 찾고, 걸고 또 받는 것의 정도를 말한다.
측정기준	질문: "어르신께서는 전화를 걸고 받는 일을 다른 사람의 도움 없이 혼자서 하십니까?" 1. 혼자서 전화번호를 찾고 또 전화를 걸 수 있다. 2. 알고 있는 전화번호 몇 개만 걸 수 있다. 3. 전화는 받을 수 있지만 걸지는 못한다. 4. 전화를 걸지도 받지도 못한다.

10) 약 챙겨 먹기

정의	• 제 시간에 정해진 양의 약 먹기 정도를 말한다.
측정기준	질문: "어르신께서는 약을 다른 사람의 도움 없이 혼자서 잘 챙겨 드십니까?" 1. 제시간에 필요한 용량을 혼자서 챙겨먹을 수 있다. 2. 필요한 양의 약이 먹을 수 있게 준비되어 있다면, 제 시간에 혼자 먹을 수 있다. 3. 약을 먹을 때마다 다른 사람이 항상 챙겨주어야 한다.

3. 일상생활 동작능력의 평가와 서비스 계획수립

이상의 노인장기요양보험제도의 신체적 일상생활 동작능력 평가도구와 한국형 일상생활 동작능력 평가도구에 의한 도구적 일상생활 동작능력에 대한 평가에서 독거노인의 일상생활 동작능력 수준이 파악되면, 다음의 <표 4-2>의 일상생활 동작능력 사정 및 결과를 현재 기능 수준과 필요한 도움의 내용에 구체적으로 기록하고, 이에 근거하여 어떻게 도울 것인지를 서비스 계획에 기입한다.

〈 표 4-2 〉 일상생활 동작능력 평가 및 서비스 계획 수립

구분		기능 수준과 필요한 도움	서비스 계획
신체적 동작 능력	옷 벗고 입기		
	세수하기		
	양치질하기		
	목욕하기		
	식사하기		
	체위변경하기		
	일어나 앉기		
	옮겨 앉기		
	방밖으로 나오기		
	화장실 사용하기		
	대변조절하기		
	소변조절하기		
도구적 동작 능력	몸단장		
	집안일		
	식사준비		
	빨래하기		
	근거리 외출		
	교통수단 이용		
	물건 사기		
	전화사용하기		
	약 챙겨 먹기		

Ⅲ. 일상생활 지원을 위한 수발기술

노인돌보미는 직접 노인에게 수발하는 인력은 아니나 응급상황시 응급처치를 하여야하며 독거노인의 생활을 교육해야 하므로 기본적으로 수발방법에 대한 이해가 필요하다.

앞에서 논의한 일상생활 동작능력의 측정을 바탕으로 필요한 도움의 내용을 구체적으로 기록하고, 서비스 계획을 수립한다. 이에 근거하여 어떻게 일상생활 지원을 할 것인지를 수발영역별로 수발기술을 살펴보고자 한다(한국재가노인복지협회, 2002a, 2002b; 이해영·안향림, 2000; 권중돈, 2007; 농촌자원개발연구소, 2006).

1. 식사수발

- 식사를 준비한 후 노인에게 식사시간을 알린다.
- 식사 전에 화장실에 다녀오게 하고, 반드시 손을 씻게 한다.
- 편안한 자세로 식사를 할 수 있도록 하고, 가급적 허리를 편 자세로 식사를 하게 한다.
- 노인이 원하는 음식을 직접 먹을 수 있도록 하되, 편식하지 않도록 다양한 음식을 먹도록 권하고 옆에서 반찬 등을 얹어준다.
- 수건이나 휴지를 준비하여 음식물을 옷에 닦지 않도록 한다.
- 식사 중에 음식을 흘리고 다소 지저분하게 먹더라도 무안해 하지 않도록 배려한다.
- 너무 적게, 너무 많이 먹지 않도록 권한다.
- 식사 후 양치질을 할 것을 권하고, 복용할 약을 먹게 하고, 소화가 잘 되는지 점검한다.

2. 주방위생 및 설거지

- 남은 음식을 보관할 때에는 냉동실과 냉장실로 분류하여 보관하되, 자주 꺼내먹는 것을 앞쪽에 넣어둔다.
- 식중독이나 설사 등을 예방하기 위해 오래된 남은 음식은 노인에게 알리고 버린다.
- 식탁을 정리할 때는 기름기가 묻은 식기, 비린내가 나는 식기, 양념이 많이 묻은 식기는 따로 분류하고, 휴지로 먼저 닦은 다음 설거지한다.
- 도마와 행주는 깨끗하게 씻고 빨아서 햇볕에 말려 소독한다.

- 음식물 쓰레기는 집에 두지 말고 지정된 장소에 버린다.
- 싱크대 위와 바닥의 물기를 닦아준다.
- 수도가 완전히 잠겼는지, 가스레인지 밸브가 완전히 잠겼는지를 확인한다.
- 사용하지 않는 전열기구(커피포트, 전기 후라이펜 등)의 플러그를 뽑아둔다.

3. 의복관리

- 밀린 빨래가 있으면 세탁하고, 다림질까지도 해준다.
- 노인이 입을 옷을 정하게 하고, 옷장을 함부로 뒤지지 않는다.
- 단추가 떨어지거나, 찢어진 옷은 수선한다.
- 제 철에 입어야 할 옷은 꺼내 입기 쉽게 정리하여 두고, 계절이 지난 옷은 세탁하여 깊은 곳에 수납한다.
- 노인 혼자서 옷을 갈아입을 수 있는 경우에는 옷을 갈아입을 때 자리를 피해준다.
- 옷 갈아입는데 어려움이 있는 경우는 노인 스스로 옷을 갈아입을 수 있도록 하고 지켜보면서 도움이 필요할 때만 도와준다.
- 귀찮더라도 속옷은 매일 갈아입게 한다.
- 옷을 갈아입지 않으려는 노인은 너무 다그치지 말고 옷을 갈아입어야 하는 위생상의 이유를 설명하고 기다린다.
- 못 입는 옷을 버리고자 할 때는 노인에게 물어보고 버린다

4. 침구관리 및 침상정리

1) 침구를 관리하는 방법
- 침구는 보온력, 내구력, 중량, 취급의 간편함 등을 고려해 선택하여, 청결을 유지하기 쉽게 한다.
- 침대의 경우 시트는 3~5일에 1회 이상 교환하며, 더러워졌을 때는 바로 교환한다.
- 침구는 날씨가 좋을 때 햇빛이 넣어 건조와 소독을 함께 해준다.
- 온돌에 이불을 까는 경우에는 방수성이 있는 매트를 사용하면 좋다.
- 장기간 누워서 지내는 노인의 경우에는 체위를 바꾸어서 눕히고, 돗자리와 같은 것을 이용해 공기를 잘 통하도록 한다.

2) 침상 주변 정리를 하는 방법
- 노인의 생활습관을 존중하며, 도우미의 일방적인 판단으로 처리하지 않는다.
- 침상 주변을 매일 정리 정돈하여 활기 있는 생활이 되도록 한다.
- 주변을 정리정돈한 후에 물건을 제자리에 둔다.
- 환기는 공기의 오염상태에 따라 노인에게 미리 의견을 물은 뒤 시간마다 한다.
- 자립을 위한 분위기를 유지하기 위해 시계, 달력 등 시일을 알 수 있는 물건을 배치해 놓도록 한다.
- 침상 주위에 가족사진, 그림, 작품 등을 놓아두되, 머리 쪽에는 무거운 물건이나 떨어질 위험이 있는 것은 두지 않는다.

5. 화장실 이용

1) 화장실을 혼자 이용하기 어려운 경우
- 화장실내에 미끄러지지 않는 신발을 준비하며, 손잡이를 사용하기 쉬운 위치에 설치한다.
- 화장실에 들어가서 벽에 기대게 하거나, 손잡이를 잡게 한 뒤 하의를 내린다.
- 노인의 양팔을 도우미의 방향으로 돌려 부둥켜 앉은 상태로 변기에 앉힌다.
- 배설할 때 재촉하지 말고, 편안한 기분으로 배설하도록 한다.
- 배변이 끝난 것을 확인한 뒤, 허리를 약간 구부린 자세를 취하게 하여 음부를 앞에서 뒤로 닦는다.
- 노인의 다리를 조금 뒤로 뺀 후 양팔을 도우미의 목에 걸치게 하여 일어서게 한 뒤 하의를 올린다.

2) 변비가 있는 경우
- 규칙적인 식생활을 할 수 있게 하고, 수분과 섬유질 섭취를 많이 하도록 한다.
- 규칙적인 배변 습관을 기르도록 한다.
- 복부 마사지를 하여 배변을 할 수 있도록 돕는다.
- 심한 경우는 관장을 한다.

3) 설사를 하는 경우
- 몸과 마음의 안정과 보온에 주의를 기울인다.
- 소화가 잘 되고, 장에 자극이 적은 음식을 섭취할 수 있도록 유동식을 준비한다.

- 배변 후 항문 주위를 청결하게 유지시킨다.

4) 실금(失禁)이 있는 경우
- 실금이 자주 발생하는 시간, 간격이 어느 정도인지 파악한다.
- 여성의 경우에 웃거나 기침할 때, 무거운 것을 들 때 실금을 하는 경우가 있는지 여부를 확인하여 의사의 진단을 받도록 한다.
- 시간을 정하여 화장실이나 휴대용 변기에 배뇨할 수 있도록 유도하며, 야간에는 방수천을 침구 위에 깔도록 한다.
- 골반을 싸고 있는 근육이나 항문 주위 근육을 강화하는 체조를 지도하여, 실금을 줄일 수 있도록 한다.
- 실금이 심한 경우에는 실금팬티를 입도록 하고, 조금 더 심한 경우에는 천으로 된 기저귀를 사용하고, 실금하는 양이나 빈도가 많을 경우 수발의 어려움을 덜기 위해 종이 기저귀를 사용한다.

6. 목욕과 샤워

- 주기적으로 샤워나 목욕을 하도록 권하되, 너무 자주 하는 것은 피부에 좋지 않으므로 삼가도록 한다.
- 체온, 안색, 기분, 부종, 상처 등 신체 상태를 점검하여, 몸 상태가 좋지 않은 경우에는 목욕을 피한다.
- 공복 시, 식사나 음주 직후에는 목욕을 피하도록 한다.
- 탈의실 및 욕실의 실내온도를 24℃ 정도로 유지한다.
- 욕실 등에서 미끄러지지 않도록 매우 조심해야 한다.
- 욕탕의 물은 38~40℃ 정도로 갖추되, 온도계가 없는 경우에는 팔꿈치로 물 온도를 감지한다.
- 목욕시간은 평균 10~15분 정도로 하며 피로를 느끼는 정도를 파악하여 시간을 조절하도록 한다.
- 하반신부터 따뜻한 물을 부어 적셔 주고 피부 중 겹쳐진 부위(귀, 목, 관절, 손가락 사이, 음부 등)를 세심하게 닦아준다.
- 목욕을 할 때 때수건으로 너무 세게 밀지 말아야 한다.
- 샤워기를 이용할 경우에는 물의 양과 온도를 조절하되, 갑작스럽게 찬물이나 뜨거운

물이 나오게 해서는 안 된다.
- 아무리 친한 사이라도 옷을 벗고 목욕을 한다는 것은 수치스러울 수 있으므로, 노인의 이런 마음을 이해하고 자존심을 지키기 위해 노력해야 한다.
- 노인이 스스로 씻을 수 있는 경우에는 스스로 씻게 한다. 특히 생식기 부위는 스스로 씻게 하는 것이 좋다.
- 목욕 후에 커다란 수건으로 물기를 닦고, 체온을 유지할 수 있도록 해야 한다.
- 씻는 것보다 더 중요한 것은 물기를 말리는 것이므로, 세심하게 물기를 닦고 피부가 마른 뒤 옷을 입힌다.
- 목욕을 마친 뒤 수분을 공급해 줄 수 있는 차나 주스 등 노인의 기호를 배려한 음료를 제공한다.

7. 머리 감기기

- 머리를 감는 동안에 노인이 편안한 자세를 유지할 수 있도록 배려한다.
- 와상노인이 침대를 사용하는 경우에는 머리를 침대 가장자리에 오게 하며, 이불을 사용하는 경우에는 머리가 반쯤 이불에서 나오게 한 후 덧이불을 접어둔다.
- 방석으로 어깨와 머리 부분을 높게 하고, 어깨 밑에 비닐을 깔아 물에 젖지 않도록 하며, 눈과 귀에 물이 들어가지 않도록 눈가리개와 귀마개를 사용할 수 있다.
- 머리를 헹굴 때 미지근한 물을 주전자에 넣어 사용한다.
- 젖은 머리를 수건으로 건조할 때, 머리카락을 비비지 말고 큰 수건으로 머리 전체를 감싸서 가볍게 두드려 물기를 제거하도록 한다.
- 드라이기를 사용하여 머리카락을 건조할 때에는 머리로부터 10cm 이상 떨어뜨려 사용한다.

8. 구강관리

1) 양치질
- 하루 세 번 식후 20분 이내에 3분씩 양치질을 하도록 격려하되, 한번을 하더라도 제대로 닦도록 한다.
- 혼자 하지 못하는 경우에는 마치 칫솔을 노인이 잡고 하는 것처럼 방향을 잘 맞추어서 양치질을 해야 한다.
- 윗니는 잇몸과 치아 사이에 칫솔을 대고 잇몸을 누르듯이 마사지 하면서 위에서 아래

로 쓸어내리기를 반복하며 한쪽 방향으로 닦는다.
- 아랫니는 윗니와 마찬가지로 치약을 묻힌 칫솔을 잇몸을 누르듯이 대고 마사지를 하면서 아래서 위로 쓸어 올리기를 반복하며 한쪽 방향으로 닦는다.
- 혓바닥도 약간 힘을 주어 긁듯이 닦아준다.
- 양치질을 할 때 치약 거품을 삼키지 않도록 한다.
- 미지근한 물로 입안을 헹구고, 입 가장자리를 깨끗이 닦아준다.
- 칫솔에 세균이 번식하지 않도록 잘 말린다.

2) 의치 관리
- 장기간 틀니를 착용하여 턱관절에 문제가 생길 수 있는데, 이때는 치과를 방문하게 한다.
- 최소한 하루에 8시간은 틀니를 빼놓아 잇몸의 압박을 줄인다.
- 틀니를 끼고 있던 잇몸을 하루에 최소한 한 번씩은 깨끗이 닦고 마사지해 주는 것이 좋다.
- 빼낸 틀니는 뜨겁지 않은 미지근한 물로 깨끗이 헹군다.
- 칫솔에 치약을 묻힌 다음 안과 밖을 고루 닦거나, 세정액에 담가 소독한다.
- 틀니를 다시 끼워주기 전에 물로 입안을 깨끗이 헹구도록 한다.
- 아래위 틀니를 다 끼운 후에는 입을 다물게 해서 제대로 맞물리는지를 확인한다.
- 틀니를 끼우지 않을 경우에는 틀니 통에 찬물을 넣고 담가 두도록 한다.

9. 손발톱 위생관리

- 목욕이나 손발을 씻은 후에 자르는 것이 바람직하다.
- 비누를 푼 따뜻한 물에 손과 발을 담가 불린다.
- 물에 불어 부드러워진 손발톱을 너무 깊게 잘라서 염증이 생기지 않도록 몇 번에 나눠서 조금씩 자른다.
- 발뒤꿈치 등의 각질은 각질제거기를 이용하여 벗겨내되, 너무 깊게 벗겨내어 피부에 상처를 내서는 안 된다.
- 손발톱의 가장자리 피부가 각질이 일어나는 경우 로션이나 크림을 발라준다.
- 여성 노인들에게 가끔씩 매니큐어를 발라주어 기분을 전환시키는 것도 좋다.
- 잘라진 손톱이나 발톱이 방바닥에 남아있지 않도록 잘 치운다.

10. 피부 관리와 욕창예방

1) 일반적인 피부 관리
- 겨울철에는 가습기 등으로 집안의 습도를 잘 조절한다.
- 피부가 건조하면 가렵고 화끈거릴 수 있으므로 자극이 적은 보습로션이나 크림을 발라주어 피부를 건조하지 않게 한다.
- 가려운 증상이 있으면 씻을 때 비누를 많이 사용하지 않도록 한다.
- 가렵다고 너무 세게 긁게 되면 염증이 생기고 2차 감염이 발생할 수 있으므로 주의시킨다.
- 여름철에는 땀이 많이 흐르므로, 깨끗이 씻게 한다.
- 피부에 작은 염증이 생겼을 때 방치하지 말고, 의사나 약사와 상의하여 연고를 바르는 등의 치료를 한다.
- 집에 있는 너무 오래된 피부질환 연고를 사용하지 않도록 권한다.

2) 욕창의 예방
- 욕창 예방을 위해서는 압박의 제거, 혈액의 촉진, 피부의 건조가 필수적이다.
- 욕창이 발생하기 쉬운 마비, 부종이 있는 환자의 경우에 최소 두 시간에 한번 체위를 바꾸어주고, 관찰과 예방을 통해 조기에 발견할 수 있도록 주의를 기울인다.
- 목욕을 자주하여 혈액순환을 돕고, 물기가 없도록 마른 수건으로 잘 닦아준다.
- 침구류의 주름을 펴주며 깨끗한 것으로 교환하고, 비닐시트나 고무시트 등 바람이 잘 통하지 않는 것을 바닥에 깔지 않는다.
- 피부가 붉어지거나 욕창이 생긴 경우에는 물로 닦고 수건으로 습기를 가볍게 흡수시킨다.
- 욕창에 대해서 어떠한 약품이라도 의사의 지시 없이는 사용하지 않는다.

11. 보행 보조

- 도우미는 노인의 위치에서 약간 비스듬히 뒤쪽에 선다.
- 이때 노인의 불편한 쪽에서 수발하는 것이 원칙이며, 상체를 바로 해서 걷도록 유도한다.
- 지팡이는 항상 건강한 다리 쪽의 손으로 사용하며, 손잡이가 붙어있는 것을 이용하고 필요가 없을 때는 손목에 걸게 한다.
- 천천히 일어나서 보행을 시작하도록 하는데, 지팡이를 한발 앞에 짚고 다음에 불편한 쪽의 다리를 내딛게 한다. 그리고 건강한 쪽의 다리를 불편한 쪽의 다리에 나란히 하

거나, 반 발자국 앞으로 내딛도록 한다.
- 계단을 오를 경우에는 건강한 쪽의 다리부터, 내려갈 경우에는 불편한 쪽의 다리부터 내놓는다.
- 계단을 내려갈 때에는 난간을 잡고 아픈 쪽의 다리를 먼저 한 계단 내려가고, 그 다음 건강한 쪽의 다리를 내려딛게 한다.

12. 휠체어로의 이동

- 노인이 앉아 있는 자세에서 일으켜 세울 때에는 노인의 아프거나 손상되지 않고 남아 있는 능력을 이용하되, 아프지 않은 쪽 손과 발에 힘을 넣게 한다.
- 노인을 침대 한쪽으로 앉게 하고, 마비되거나 아프지 않은 쪽으로 20~30도 정도의 각도를 두고 놓은 뒤 브레이크를 걸어둔다.
- 노인의 손을 도우미의 목에 걸고, 다리는 도우미의 양 무릎에 끼워 넣은 후에 90도 각도로 회전하여 휠체어로 옮긴다.
- 휠체어에 노인이 깊게 앉을 수 있도록 노인의 몸을 뒤에서 당긴다.
- 노인의 발을 휠체어의 발걸이에 반듯하게 얹는다.
- 이동 중에 바퀴에 옷이 걸리거나 팔걸이에 물체가 걸리지 않도록 주의한다.

13. 버스 승하차

1) 버스에 타는 방법: 한쪽에 마비가 있는 경우
- 건강한 쪽의 발을 발 디딤판에 올리고, 난간을 단단히 잡도록 한 뒤에 불편한 쪽을 끌어올린다.
- 이때 노인이 앞뒤로 넘어지지 않도록 조심해야 한다.
- 버스가 진행하는 방향에 노인의 건강한 쪽의 손이 오도록 하여 손잡이를 잡고, 양다리를 벌리고 서게 한다.
- 운전기사에게 노인이 몸이 불편한 것을 알리고 노인을 좌석에 안전하게 앉힌 후, 기사에게 출발해도 좋다는 신호를 보낸다.

2) 버스에서 내리는 방법: 한쪽에 마비가 있는 경우
- 운전기사에게 미리 내린다는 것을 알린다.

- 버스가 정지하면 내리는 문으로 다가가서 난간을 단단히 잡도록 한다.
- 도우미가 먼저 내려 노인의 아픈 쪽에 서서 넘어지지 않도록 한다.
- 버스에서 내릴 때 건강한 쪽 손으로 손잡이를 단단히 잡도록 하고, 불편한 쪽 발부터 내리도록 한다.

3) 휠체어로 버스 타고 내리기
- 승차시 운전기사에게 휠체어를 이용하는 노인이 탄다는 것을 미리 알린다.
- 휠체어에서부터 노인을 안아서 중앙의 넓은 문으로 승차한다.
- 휠체어를 접어, 차내 지정된 장소에 고정시키던지 좌석에 놓아둔다.
- 내릴 때는 휠체어를 먼저 내려 펼친 뒤 타기 쉬운 곳에 위치해놓고 브레이크를 건다.
- 노인을 안고 중앙의 넓은 문으로 내려 휠체어로 이동하여 앉힌다.

14. 실내 청소

- 청소를 하기 전에 창문을 열고 환기를 시킨다.
- 바닥에 있는 이부자리나 물건을 정리하고, 버려야 할 물건은 밖에 내놓되, 버릴 때는 노인의 동의를 구해야 한다.
- 높은 곳에서 낮은 곳의 순서로 먼지를 먼저 털고 닦은 후, 청소기나 빗자루 등으로 청소를 한다.
- 전기청소기가 먼지도 나지 않고 진드기도 어느 정도 제거할 수 있어 효과적이다.
- 빗자루로 청소하는 경우에는 먼지가 날리지 않도록 하여야 하는데, 빗자루에 물을 조금 묻혀서 사용하는 것도 좋다.
- 더러움의 원인이 무엇인지(기름, 곰팡이, 단백질 등)를 고려해 알맞은 세제를 사용한다.
- 물걸레로 청소를 할 때 물기가 많으면 미끄러지므로 걸레는 꼭 짜서 사용하고, 사용 후 깨끗이 빨아 햇빛에 건조시킨다.
- 실내에 화초가 있으면 물을 주는 주기를 확인하고, 물을 준다.
- 서랍 등은 노인 스스로 정리하게 하는 것이 좋다.
- 실내의 장식물이나 물건을 정리하거나 위치를 이동시킬 때에는 노인의 의사를 반드시 물어야 한다.
- 욕실이나 화장실을 청소한 후에는 바닥에 물기가 남아있지 않도록 물기를 제거하여 미끄러지지 않게 해야 한다.
- 청소용구는 사용 후에 청결하게 정리한 뒤 보관한다.

15. 수납

- 마음대로 물건을 옮기거나 집어넣고 꺼내서 노인의 사생활을 침해하거나 자존심을 상하게 하지 않는 것이 수납보다 더 중요하다.
- 집안에 있는 가구나 물건의 위치를 바꾸는 등의 수납을 하기 전에 노인과 수납에 대해 상의하고 동의를 구한다.
- 수납하기 전에 물건이 어느 정도이며, 무엇을 보관할 것이며, 어디에 둘 것인지, 어떤 방법으로 정리할 지 등에 대해 미리 수납계획을 세운다.
- 물건의 용도를 고려하여 사용하기 편리한 곳에 수납한다.
- 수납한 물건들이 잘 보이도록 정리한다.
- 자주 사용하는 물건은 꺼내기 쉬운 곳에 두어야 한다.
- 자주 안 쓰는 물건을 너무 깊숙이 넣어두면 다음에 꺼낼 때 불편하므로, 수납장소를 잘 고려해야 한다.
- 수납한 물건이 떨어지거나 넘어지지 않도록 하여야 한다.

16. 난방설비 점검

1) 연탄가스 중독 예방을 위한 점검
- 연탄가스 냄새 나지 않는가?(특히 날씨가 궂은 날)
- 보일러와 배출구 사이 틈새에 있는 파이프가 벌어져 있지 않은가?
- 아궁이 쪽 벽이나 방바닥에 틈이 가 있지는 않은가?

2) 보일러 점검
- 전원공급이 잘 되고 있는지 확인한다.
- 물 보충이 필요한 경우 물을 보충해준다.
- 가스보일러로 통하는 가스밸브를 열어준다.
- 가스배출구나 방바닥에 틈이나 금이 가지 않았는지 확인한다.
- 고장 시 서비스센터에 연락하여 신속한 수리를 부탁한다.

17. 심부름하기

- 심부름 시킨 내용을 정확히 알아야 하며, 혹시 잘 못 들었을 경우에는 다시 물어 그 내용을 확인한다.
- 노인이 사다 달라고 한 것만 사고, 다른 물건을 추가로 사지 않는다.
- 약 구입 심부름을 받았을 때에는 노인에게 정확한 증상을 묻고, 노인이 어떤 약을 사 달라고 주문했더라도 다시 한 번 약사에게 증상에 맞는 약을 처방해줄 것을 요청해야 하며, 노인돌보미 자신의 경험이나 판단으로 약을 구입해서는 안 된다.
- 관공서에 서류를 떼러 갈 경우에는 필요한 서류가 무엇인지 정확히 파악하고, 관공서의 행정직원과 상담하여 더 필요한 서류가 없는지 확인하여 빠뜨리지 않고 서류를 발급받는다.
- 구매한 내용의 영수증과 잔돈을 노인에게 확인시킨 후 돌려주어야 한다.

18. 병원 동행

- 병원에 전화하여 미리 예약하는 것이 좋으며, 예약한 경우에는 예약일시를 확인한다.
- 건강보험카드, 진료비 등 준비물을 챙긴다.
- 미리 준비하여 진료시간에 여유 있게 도착하도록 집을 나선다.
- 의사의 진료를 받을 때 노인이 자신의 증상을 구체적으로 설명하지 못하는 경우에는 보충하여 증상에 대해 설명해준다.
- 의사의 치료와 관련된 지시사항을 꼼꼼히 기록해 둔다.
- 약복용에 대해 약사에게 자세히 물어서 정확한 약복용법을 노인이 알게 한다.
- 집에 돌아와서는 노인에게 약복용법과 앞으로의 질병 관리방법, 다음 예약진료 일정에 대해 상세히 알려준다.
- 진료비 영수증과 거스름돈을 확인시키고 돌려드린다.

19. 약복용 지도

- 약의 유효기간을 확인하고 유효기간이 지난 약은 노인에게 알리고 버린다.
- 어디에 쓰이는 약인지 확인을 하고, 확인이 어려우면 동네 약국에 가서 약의 종류를 확인한 다음, 약 봉투에 이름과 복용법을 기록해 둔다.

- 무슨 약인지 잘 모르는 약은 버리는 것이 좋다.
- 약은 서늘하고 햇볕이 들지 않는 곳에 보관한다.
- 약효를 좋게 하려고 처방된 양보다 과다하게 복용하지 못하게 한다.
- 약 복용시간과 복용법을 확인하여 먹게 한다.
- 약을 먹지 않으려 할 경우 약복용에 대한 효과를 얘기하고 기다려준다.
- 약복용 후 부작용이나 이상증상이 나타나면 즉시 서비스관리자에게 연락하고, 병의원에 데리고 간다.

20. 마사지와 온찜질

1) 마사지 방법
- 노인의 손발이나 어깨를 주물러 주는 것만으로도 마사지가 주는 효과를 거둘 수 있다.
- 마사지의 시간은 국소의 경우 5~10분 정도, 전신의 경우 20~25분 정도로 한다.
- 마사지는 항상 몸 가장자리에서 중심으로 몸의 끝 쪽에서부터 심장 쪽으로 쓰다듬어 올라가는 것이 알맞다.
- 손바닥을 피부에 직접 대고 손발의 끝에서 신체 중심을 향해 한쪽 방향으로 가볍게 10~20회 정도 문지른다.
- 엄지 또는 세 번째 손가락으로 근육을 누르고, 원형 또는 나선형 모양으로 주무른다. 이때 한곳을 2~3회 정도 주무르는 것이 적당하다.
- 가볍게 주먹을 쥐고 새끼손가락으로 두드리거나 전체 손바닥을 사용하여 가볍게 두드리는 것이 적당하다.

2) 온찜질 방법
- 핫 팩(hot pack)을 전자레인지나 뜨거운 물에 덥힌다.
- 피부의 뜨거운 물의 허용온도는 45~55℃이므로 이보다 뜨거우면 식히거나 수건으로 감싸야 한다.
- 전기 찜질기를 이용할 경우에는 저온 화상을 입지 않도록 주의를 기울인다.
- 전기담요를 사용할 때에는 실금이 없으면 모포를 까는 것이 좋다.
- 동네 찜질방이나 사우나를 이용할 경우에는 너무 오랜 시간 이용하지 않도록 알려준다.
- 장시간 사용 시에는 탈수증상에 주의하도록 한다.

21. 응급처치

1) 응급상황의 행동지침
- 핸드북이나 노인의 집안에서 잘 보이는 곳에 가족연락처, 서비스관리자 연락처, 서비스 제공기관 담당자 핸드폰 번호를 적어둔다.
- 국번 없이 119로 전화한 후, 주소지와 응급상황을 설명하고, 집의 위치와 찾아오기 쉬운 길을 안내한다.
- 응급상황을 의사 등에게 설명해야 하는 경우가 많으므로 같이 동행하는 것이 좋다.
- 응급상황에 적절히 대처한 후에는 반드시 가족에게 알리고 자세하게 응급상황의 배경, 대처과정 그리고 결과를 설명해야 한다.

2) 응급처치의 기본기술
- 부상을 당해 의식이 없을 경우에 기도가 막혀 있는지 여부를 확인하여 질식을 막고, 호흡이 끊겨 있을 때는 인공호흡을 실시한다. 또한 맥박이 있는지, 혈액순환이 정상인지 여부를 확인한다.
- 출혈이 심하면 지혈을 하고 쇼크에 대비해 적절한 조치를 한다.
- 기도확보
  - 한손을 이마에 대고, 다른 한손은 목덜미에 대서 머리를 뒤로 젖힌 뒤 기도를 연다.
  - 혀가 안으로 말려 들어가면 기도가 막혀 호흡이 되지 않으므로 주의한다.
- 인공호흡
  - 기도를 열어 코를 잡고, 가슴의 움직임을 보며 충분히 숨을 불어 넣는다.
  - 가슴이 부풀어 오르면 입을 떼고 숨을 내쉬는 지를 확인한 뒤에 가슴이 원상태가 되면 두 번째 숨을 불어 넣는다.
- 심장마사지
  - 손바닥을 아래 부분에 대고 다른 한손을 잡고, 명치에서 3cm 정도 윗부분에 압박을 가한다.
  - 팔꿈치를 펴서 규칙적으로 아래쪽을 압박하는데, 이때 심장마사지는 1분간 80~100회의 리듬으로 누르도록 한다.

3) 호흡 곤란 시 응급처치
- 가능한 안정을 취하게 하고 몸을 움직이지 않도록 한다.

- 몸을 반 정도 일으킨 자세, 또는 반쯤 누운 자세를 취하도록 한다.
- 이물질을 삼켜 질식했을 때는 입 안에 손가락을 넣어 꺼내주거나, 몸을 엎어놓고 등을 쳐서 토해낼 수 있도록 하며, 이물질이 제거되지 않았을 경우에는 즉시 의사에게 연락한다.
- 연기 등을 마셨을 경우에는 공기가 잘 통하는 곳에 반듯이 눕히고, 옷을 느슨하게 풀어주며, 호흡이 멈췄을 때에는 인공호흡을 실시한다.
- 천식발작의 경우에는 앉은 자세를 취하게 하고 베개를 안은 후, 심호흡을 하도록 하며, 처방되어진 약이 있을 경우에는 흡입을 도와준다. 여전히 가라앉지 않았을 때는 의사에게 연락을 한다.

4) 피를 토할 때의 응급처치
- 토혈
  - 토혈은 위와 소화기의 출혈이고, 각혈은 폐와 기관지의 출혈을 말한다.
  - 토한 물질을 오물로 인식하는 일이 없도록 하고, 오른쪽을 아래로 하여 옆으로 눕혀 토한 물질을 제거한 뒤에 머리를 약간 뒤로 젖히고 기도가 막히지 않게 한다.
- 각혈
  - 안정을 취하게 하고, 질식하지 않도록 얼굴을 옆으로 하여 눕힌다.
  - 등을 쓰다듬거나, 고인 혈액을 토하게 하여 편안해질 수 있도록 한다.
- 보온에 유의하면서 토혈 시에는 위 부분에, 각혈 시에는 가슴 부분에 얼음주머니를 대고 음식섭취를 금한다.
- 토하는 증세가 진정되면 식염수로 양치질을 시키며, 갈증이 심할 경우에는 입술에 물을 적셔주거나 얼음을 입안에 넣어준다.
- 토한 물질이나 혈액은 버리지 말고 의사에게 보인다.

5) 하혈을 하는 경우의 응급처치
- 음식섭취를 금하고 안정을 취하도록 하며, 항문 부위를 깨끗이 한다.
- 선홍색이 있는 경우에는 항문 가까운 소화기계에 출혈이 있는 것이며, 검은색 변의 경우에는 위와 십이지장의 상부 소화기계에 출혈이 있는 것이다.
- 혈액이 들어있는 혼합물을 꼭 의사에게 보인다.

6) 골절 시 응급처치
- 상태를 관찰하여 외관적인 변형, 발적, 부종, 아픔이 있으면 골절로 본다.
- 골절된 부위가 움직이지 않도록 받침목으로 고정한 뒤 붕대, 수건, 삼각천 등으로 조이지 않을 정도로 고정시킨다.
- 출혈이 있을 때는 지혈을 하고, 통증이 심할 경우에는 얼음주머니로 차게 한다.
- 의사에게 연락을 한다.

7) 탈구시 응급처치
- 탈구는 관절에서 뼈가 빠진 상태로, 염증에 의해 주위 피부조직이 붓거나 발적되며, 턱과 팔꿈치, 어깨 등에 일어나기 쉽다.
- 환부를 차갑게 하고, 편한 위치에서 삼각천, 붕대로 움직이지 않도록 고정시킨다.
- 무리하게 되돌리려 하지 말아야 하며, 시간이 지나면 되돌리기 어려우므로 즉시 의사에게 연락한다.

8) 타박상을 입은 경우의 응급처치
- 몸에 무엇인가에 부딪쳐 상처를 입은 것으로 머리, 가슴, 배를 세게 부딪쳤을 때는 통증이나 별다른 증상이 나타나지 않아도 반드시 의사에게 연락한다.
- 의사전달이 가능한 노인의 경우에는 부딪친 부위와 통증에 대해 자세히 확인한다.
- 손, 발 부위
  - 물로 식히다가 냉찜질을 하고, 타박 부위를 심장보다 높게 하여 통증이 가시고 편해지도록 한다.
  - 열이 있고 아플 때는 차게 하고 열이 없어지면 따뜻하게 하고, 부종이 심하고 통증이 심할 경우 즉시 의사의 치료를 받도록 한다.
- 머리, 가슴
  - 머리를 부딪쳤을 경우에는 코, 귀, 입에서 출혈여부 및 기절, 구역질 등이 있는지 확인한다.
  - 가슴을 부딪쳤을 경우에는 늑골이 부러질 수 있으므로 주의를 하고, 머리와 상반신을 높인 후 가슴에 얼음주머니 등을 놓아 차게 한다.
  - 노인을 안정시킨 뒤 의사의 조치를 받도록 한다.
- 복부
  - 배 부위가 부딪친 즉시에는 건강해 보이지만 잠시 후 안색이 푸르게 되며, 식은땀이 나고

원기가 없어지며 구역질 등을 일으킨다. 내장을 상하게 한 것이 아닌가를 의심한다.
- 수평으로 누이고 양 무릎을 세운다. 이때 무릎 아래로 베개를 놓는다.
- 토할 때는 얼굴을 옆으로 보게 하고, 음료수는 절대 주지 않는다.
- 몸을 따뜻하게 유지시키며 즉시 의사의 치료를 받도록 한다.

9) 화상을 입은 경우의 응급처치
- 가능한 빨리 냉수로 열을 식혀주고, 상처에 직접 물을 대지 않는다.
- 화상 부위를 가능한 빨리 청결하게 하며, 화상 부위에 붙어있는 것을 함부로 떼지 않는다.
- 화상을 입은 부위에 탈지면을 대지 않고, 기름과 연고를 바르지 않으며, 반창고로 싸지 않는다.

MEMO

MEMO

MEMO

제 5 장 노인과의 의사소통과 상담

학 습 목 표
□ 의사소통의 개념과 과정, 유형, 기본적 기술을 이해하고 습득한다. □ 노인과의 효과적인 의사소통 방법과 기술을 이해하고 습득한다. □ 노인과의 상담방법과 기술을 습득한다.

I. 의사소통에 대한 이해

1. 의사소통의 개념과 과정

사회적 동물인 인간이 사회적 관계를 맺고 타인과 상호작용하기 위한 수단은 의사소통(communication)이다. 의사소통은 두 사람 또는 그 이상의 개인들 사이에서 정보를 전달하는 체계이며, 개인들간의 관계를 형성하는 기반이 되는 축적적인 상호교환 과정이다(권중돈·김동배, 2004). 두 사람 또는 그 이상의 사람들 사이의 의사소통을 통하여 상호작용과 사회적 의사소통의 기반이 되는 사회적 경험을 공유하게 되므로, 의사소통은 인간관계를 공유(sharing)하고 상호보완하는 과정이다.

인간이 의사소통을 하는 목적은 매우 다양하다. 인간은 ① 타인을 이해하고 대인관계에서 자신의 지위를 확인하기 위하여, ② 타인을 설득하기 위하여, ③ 권력을 획득하고 유지하기 위하여, ③ 자신을 방어하기 위하여, ⑤ 타인으로부터의 반응에 대응하기 위하여, ⑥ 타인에게 인상을 남기기 위하여, ⑦ 대인관계를 맺고 유지하기 위하여 의사소통을 한다(김종옥·권중돈, 1993).

의사소통은 두 가지 방법으로 이루어진다. 하나는 언어를 통한 의사소통으로 이는 인간이 하는 의사소통의 30% 정도를 차지한다. 또 다른 의사소통의 방법은 침묵, 얼굴표정, 입을 씰룩거림, 어깨를 으쓱거림, 공식적 연설, 웃음 또는 눈물 등과 같은 비언어적 의사소통이다. 그리고 의사소통의 내용과 의미를 곧바로 인식할 수 있는 직설적 의사소통(digital commmunication)과 직설적 의사소통에 질적인 의미를 부여하는 유추적 의사소통(analogical communication)이 있다. 예를 들면, 할머니가 "내가 한다니까"라고 말할 때 표정이 굳어져 있고 말꼬리가 올라간다면 이는 상대방이 하는 행동이 마음에 안들어서 자신이 직접 하겠다는 의미이다. 그러나 얼굴표정에 미안한 기색이 있고 말꼬리가 내려간다면 이는 도움 받는 것에 대한 미안함과 감사함을 표현하는 내용이 된다. 그러므로 의사소통을 함에 있어서는 직설적 의사소통도 중요하지만, 그보다 더 중요한 것은 유추적 의사소통이다. 유추적 의사소통은 주로 비언어적으로 표현되는 경우가 많으므로 의사소통에서 언어적 의사소통과 비언어적 의사소통 모두를 잘 이해해야 하며, 두 가지 의사소통이 일치할수록 바람직한 의사소통이라 할 수 있다.

의사소통은 상대방에게 의미를 전달하기 위하여 상징을 사용하는 일련의 과정이다. 의사소통은 ① 송신자가 개인의 지각, 사고 및 감정을 언어로 부호화(encoding)하고, ② 이러한 상징이나 언어를 전달(transmission)하고, ③ 수신자가 전달된 상징이나 언어를 해독(decoding)하고, ④ 환류(feedback)하는 4단계를 거쳐 이루어지며, 각 단계마다 의사소통을 방해 또는 왜곡하는 요인들이 게재되기도 한다. 이러한 의사소통의 과정을 도식화하면 [그림 5-1]과 같다.

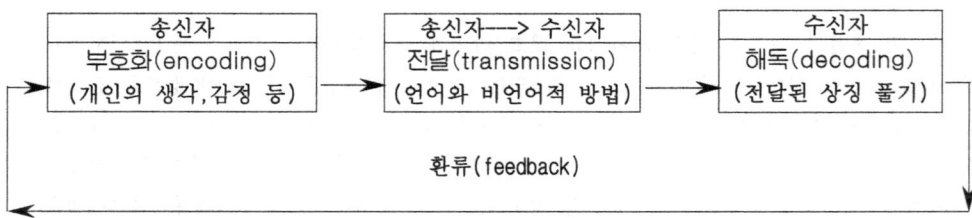

〔 그림 5-1 〕 의사소통의 과정

송신자가 자신의 생각이나 감정 등을 언어나 비언어적인 상징으로 부호화하여 언어와 비언어적 방식으로 수신자에게 전달하게 되면, 수신자는 오감을 통해 정보를 받아들인다. 그리고 수신자는 받아들인 정보를 과거 경험이나 학습한 것을 바탕으로 의미를 부여하게 되고, 부여된 의미에 따라 긍정 또는 부정의 감정이 발생하게 되고 이를 지각하게 된다. 그리고 송신자의 의사소통에 어떻게 반응할 것인지를 생각하고 이를 다시 부호화하여 송신자에게 반응하게 됨으로써 하나의 의사소통이 이루어지게 된다.

이러한 의사소통 과정에서 방해 또는 왜곡을 일으키는 요인으로는 먼저 선별적 지각 (selective perception)이 있을 수 있다. 선별적 지각이란 메시지를 보내거나 받는 송신자와 수신자가 자신의 신념체계에 맞게 그 메시지에 특정한 의미를 부여하는 것으로, 부호화 과정(말하기)과 해독과정(듣기)에서의 방해요인으로 작용한다. 두 번째 방해요인으로는 송신자와 수신자가 겉으로 드러난 메시지의 의미와는 다른 숨겨진 의미(hidden meaning)를 갖고 있을 때 나타나는 의사소통 수준의 불일치이다. 세 번째 방해요인은 강세, 방언 등과 같은 언어적 장벽, 청각장애나 소음과 같은 수신과정에서의 방해요인들이 있을 수 있다. 이러한 의사소통의 방해와 왜곡을 방지하기 위해서는 의사소통이나 행동의 내용을 수신자가 지각한 그대로 표현하고, 메시지를 받자마자 송신자에게 반응을 보이고, 공격적이라는 느낌이 들지 않는 방식으로 환류를 해주는 것이 바람직할 것이다.

2. 의사소통의 유형

의사소통의 유형을 구분하는 기준은 의사소통의 수단, 방법, 내용 등에 따라 다양하게 구분할 수 있지만, 가장 대표적인 것은 Satir(1972)의 의사소통 유형분류이다. 이에 대해 살펴보면 다음과 같다.

회유형은 자신의 가치나 감정은 무시한 채, 다른 사람의 감정을 건드리지 않기 위해 비위를 맞추려 하는 의사소통 유형이다. 비난형은 회유형의 정반대 유형으로, 자신이 틀리거나 약해서는 안 된다는 굳은 신념하에 다른 사람이나 상황을 비난하려 하는 의사소통 유형이다. 초이성형은 자신이나 다른 사람을 과소평가하려 하며, 지나치게 합리성을 중요시하기 때문에 상황과 기능적인 측면에만 초점을 맞추고, 자료의 객관성과 논리성 유무를 따지기를 좋아하는 의사소통 유형이다. 산만형은 초이성형과 정반대의 유형으로, 생각과 말과 행동 등 모든 차원에서 부산스러우며, 자신뿐만 아니라 다른 사람에게도 초점을 맞추지 못하고, 상황에 대처하는 것도 매우 부적절하여 주위를 혼란스럽게 하는 의사소통 유형이다. 일치형은 건강한 의사소통 유형으로 자신의 개성과 독특성을 인정하고, 자기를 보호하기 위해 지나치게 방어적이지 않으며, 자기 자신과 다른 사람을 사랑하고 신뢰하며 수용하는 의사소통 유형이다.

노인돌보미들은 다음 <표 5-1>의 의사소통 유형 검사지를 작성하여 자신의 의사소통 유형을 확인하고, 자신의 의사소통 유형을 바꾸기 위한 노력을 기울일 필요가 있다. 특히 회유형은 타인과 상황뿐만 아니라 자기를 돌볼 수 있도록 노력해야 하고, 비난형은 타인을 배려하는 연습을 해야 한다. 또한 초이성형은 자기와 타인을 모두 배려할 줄 아는 마음을 갖도록 훈련해야 하며, 산만형은 현실을 인식할 수 있는 능력을 키울 필요가 있다.

〈 표 5-1 〉 의사소통 유형 검사도구

번호	의사소통 방식	응답
★ 다음 글을 읽고 자신에게 해당하는 문항에는 괄호 안에 V 표시 하시오.		
1	나는 상대방이 불편하게 보이면 비위를 맞추려고 한다.	( )
2	나는 일이 잘못 되었을 때 자주 상대방의 탓으로 돌린다.	( )
3	나는 무슨 일이든지 조목조목 따지는 편이다.	( )
4	나는 생각이 자주 바뀌고 동시에 여러 가지 행동을 하는 편이다.	( )
5	나는 타인의 평가에 구애받지 않고 내 의견을 말한다.	( )
6	나는 관계나 일이 잘못되었을 때 자주 내 탓으로 돌린다.	( )
7	나는 다른 사람들의 의견을 무시하고 내 의견을 주장하는 편이다.	( )
8	나는 이성적이고 차분하며 냉정하게 생각한다.	( )
9	나는 다른 사람들로부터 정신이 없거나 산만하다는 소리를 듣는다.	( )
10	나는 부정적인 감정도 솔직하게 표현한다.	( )
11	나는 지나치게 남을 의식해서 나의 생각이나 감정을 표현하는 것을 두려워한다.	( )
12	나는 내 의견이 받아들여지지 않으면 화가 나서 언성을 높인다.	( )
13	나는 나의 견해를 분명하게 표현하기 위해 객관적인 자료를 자주 인용한다.	( )
14	나는 상황에 적절하지 못한 말이나 행동을 자주 하고 딴전을 피우는 편이다.	( )
15	나는 다른 사람이 내게 부탁을 할 때 내가 원하지 않으면 거절한다.	( )
16	나는 사람들의 얼굴 표정, 감정, 말투에 신경을 많이 쓴다.	( )
17	나는 타인의 결점이나 잘못을 잘 찾아내어 비판한다.	( )
18	나는 실수하지 않으려고 애를 쓰는 편이다.	( )
19	나는 곤란하거나 난처할 때는 농담이나 유머로 그 상황을 바꾸려하는 편이다.	( )
20	나는 나 자신에 대해 편안하게 느낀다.	( )
21	나는 타인을 배려하고 잘 돌보아 주는 편이다.	( )
22	나는 명령적이고 지시적인 말투를 자주 사용하기 때문에 상대가 공격받았다는 느낌을 받을 때가 있다.	( )
23	나는 불편한 상황을 그대로 넘기지 못하고 시시비비를 따지는 편이다.	( )
24	나는 불편한 상황에서는 안절부절 못하거나 가만히 있지를 못한다.	( )
25	나는 모험하는 것을 두려워하지 않는다.	( )
26	나는 다른 사람들이 나를 싫어할까 두려워서 위축되거나 불안을 느낄 때가 많다.	( )
27	나는 사소한 일에도 잘 흥분하거나 화를 낸다.	( )
28	나는 현명하고 침착하지만 냉정하다는 말을 자주 듣는다.	( )
29	나는 한 주제에 집중하기보다는 화제를 자주 바꾼다.	( )
30	나는 다양한 경험에 개방적이다.	( )
31	나는 타인의 요청을 거절하지 못하는 편이다.	( )
32	나는 자주 근육이 긴장되고 목이 뻣뻣하며 혈압이 오르는 것을 느끼곤 한다.	( )
33	나는 나의 감정을 표현하는 것이 힘들고, 혼자인 느낌이 들 때가 많다.	( )
34	나는 분위기가 침체되거나 지루해지면 분위기를 바꾸려 한다.	( )
35	나는 나만의 독특한 개성을 존중한다.	( )
36	나는 나 자신이 가치가 없는 것 같아 우울하게 느껴질 때가 많다.	( )
37	나는 타인으로부터 비판적이거나 융통성이 없다는 말을 듣기도 한다.	( )
38	나는 목소리가 단조롭고 무표정하며 경직된 자세를 취하는 편이다.	( )
39	나는 불안하면 호흡이 고르지 못하고 머리가 어지러운 경험을 하기도 한다.	( )
40	나는 누가 나의 의견에 반대해도 감정이 상하지 않는다.	( )

> ※ **의사소통 유형 검사도구의 채점과 판정**
>
> ▷ 의사소통 유형별 질문항목번호
>   - 회유형: 질문번호 1, 6, 11, 16, 21, 26, 31, 36
>   - 비난형: 질문번호 2, 7, 12, 17, 22, 27, 32, 37
>   - 초이성형: 질문번호 3, 8, 13, 18, 23, 28, 33, 38
>   - 산만형: 질문번호 4, 9, 14, 19, 24, 29, 34, 39
>   - 일치형: 질문번호 5, 10, 15, 20, 25, 30, 35, 40
> ▷ 의사소통 유형별 합계점수: V표시가 된 항목은 1점, V표시가 안된 항목은 0점
>   - 회유형(점) 비난형(점) 초이성형(점) 산만형(점) 일치형(점)
> ▷ 상황이나 대상에 따라 다른 의사소통 유형을 사용할 수 있지만, 의사소통 유형별로 합산한 점수가 높을수록 자신이 주로 쓰는 의사소통유형 방식이다.
> ▷ 일치형으로 결과가 나온 사람은 혹시 너무 나만을 위주로 행동하는 것은 아닌지 한번 점검해 볼 필요가 있다.

Ⅱ. 효과적 의사소통의 기술

의사소통의 과정은 상징의 부호화, 전달, 해독 및 환류라는 네 단계로 나누어질 수 있으나, 이를 단순화하면 듣기와 말하기라는 2가지 요소로 나눌 수 있다. 이에 다음에서는 듣기와 말하기와 관련된 효과적 의사소통 기술을 살펴보고자 한다.

1. 듣는 기술

의사소통을 잘한다는 것은 말을 잘하는 것이 아니라 잘 듣는 것인데, 상대방의 말을 잘 들어야 그에 걸맞는 일치적 의사소통을 할 수 있기 때문이다. 이에 다음에서는 상대방의 이야기를 들을 때의 자세, 잘 듣는 것을 방해하는 요인, 듣기의 기본 기술에 대해 살펴보고자 한다.

1) 듣는 자세
의사소통에서 노인돌보미가 독거노인의 말을 잘 듣기 위해 갖추어야 할 자세를 살펴보면 다음과 같다(김영애, 2006).

① 올바른 신체적 자세를 취해야 한다.
- 눈을 적절하게 맞추면서 듣는다. 상대방의 눈을 마주치지 않거나, 상대방 눈을 지나치게 뚫어지게 쳐다본다던가 하는 것은 적절하지 않다.
- 몸은 약간 앞으로 굽혀 상대방을 향하고 상대방이 얘기할 때 머리를 가볍게 끄덕이거나 '음 -, 아 그러셨구나'의 의성어를 넣어 주어, 귀담아 듣고 있음을 보여준다.

② 자신의 내면을 자각하고 열린 마음으로 듣는다.
- 되도록 상대방의 말을 비판하지 않으면서 듣는다.
- 동시에 자신의 내면에서 일어나는 것을 자각하여, 자신의 편견이나 감정에 따라 듣지 말고 상대방의 대화내용을 객관적으로 파악하려고 노력한다.
- 자신과 의견이 다르다고 해서 상대방의 말을 듣지 않는 것은 좋지 않으며, 상대방의 의견을 존중하여야 한다.

③ 말하는 내용의 일치성을 확인하면서 듣는다.
- 상대방의 이야기 중에서 내용이 잘 파악되지 않는 부분에 대해서는 질문을 통해 명확하게 이해해야 한다.
- 상대방이 얘기한 내용이 일관성이 있는지 잘 파악하여야 한다.
- 언어적 표현과 비언어적 표현이 일치하는지를 확인하며 들어야 한다.

④ 비언어적 메시지의 의미를 파악하여야 한다.
- 얼굴 표정, 몸의 자세와 동작을 잘 파악한다.
- 목소리의 크기, 속도, 명확한 발음, 억양을 주의 깊게 살펴본다.
- 공간적 간격도 적절히 유지해야 하는데, 친밀한 관계가 아닌 데도 지나치게 가까이 다가가는 것은 부적절한 느낌을 줄 수 있다.

2) 듣는 것을 방해하는 요인

다른 사람의 말을 항상 잘 듣는다는 것은 에너지가 소모되는 일이기 때문에, 때로는 상대방의 얘기를 잘 듣지 못한다. 상대방의 말을 들을 때 잘 듣는 것을 방해하는 걸림돌을 살펴보면 다음과 같다(김영애, 2006).

① 비교하기 : 자존감이 낮은 사람은 지속적으로 남과 비교하려 한다. 눈으로는 이야기하는 상대방을 쳐다보면서 마음속으로는 비교하는 생각을 한다면 상대방의 말을 제대로 들을 수 없다.

② 짐작하기 : 상대방의 말을 전체적인 맥락 속에서 이해하려 하기보다는, 자기의 생각에 맞는 단서만 찾아내서 그것을 근거로 자신의 생각을 확인하는 것을 말한다.

③ 대답할 말 준비하기 : 말 그대로 다음에 할 말을 생각하기에 바빠서 상대방의 말을 제대로 듣지 못하는 것을 의미한다.
④ 걸러내기 : 걸러내기는 듣고 싶지 않은 말에 대해 귀를 막아 버리는 것을 말한다. 그래서 상대방의 말을 듣긴 하지만 온전하게 듣지 못하는 것이다.
⑤ 판단하기 : 판단하기는 상대방에 대해 부정적인 딱지를 붙임으로써 그의 말을 듣지 않거나 왜곡해서 듣는 것을 말한다.
⑥ 딴 생각하기 : 상대방의 말을 직면하기 싫을 때 다른 생각을 함으로써 그 상황을 회피하려는 것을 말한다.
⑦ 조언하기 : 다른 사람의 문제를 해결해 주고자 하는 욕구가 지나치게 강한 사람에게서 나타나는 걸림돌로, 상대방의 말을 충분히 듣지 않은 상태에서 성급하게 끼어들어 사사건건 충고하는 것을 말한다.
⑧ 언쟁하기 : 상대방의 말을 반박하고 논쟁하기 위해서만 그의 얘기에 귀를 기울이는 것이다.
⑨ 옳아야만 하기 : 자신의 잘못을 받아들이려 하지 않고 잘못된 자존심을 내세우며 고집을 피우는 것이다.
⑩ 슬쩍 넘어가기 : 상대방의 얘기가 마음에 들지 않거나 위협적으로 느껴질 때 주제를 바꾸거나 농담을 함으로써 대화를 피하려 하는 것이다.
⑪ 비위 맞추기 : 상대방을 위로하기 위해서 혹은 두려움 때문에 너무 빨리 그의 말에 동의하는 것을 뜻한다.
⑫ 동일시하기 : 상대방의 말을 나 자신의 경험에 비추어서 듣는 것을 말한다.

3) 듣기의 기본 기술

상대방의 말을 잘 듣는 것을 상담에서는 적극적 경청(active listening)이라 하는데, 이러한 경청의 세가지 기술을 살펴보면 다음과 같다(김영애, 2005).
① 다시 말하기 : 상대방이 뭔가 중요한 것을 말할 때는 상대방에게 충분히 이야기할 시간을 준 다음, 마음속으로 혼자 해석하지 말고 상대의 말을 자신의 말로 다시 한 번 말해 본다.
② 명료화하기: 상대방의 말의 내용에서 중요한 부분을 다시 자신의 말로 표현하고, 길고 혼란스럽게 표현하는 것을 정확하게 요약하고, 불분명한 부분에 대해 내가 이해하는 것이 맞는지 확인하고, 잘 듣지 못한 것은 질문을 하면서 상대방의 말을 정확하게 이해하였는지를 들려주는 것이다.

③ 공감적 피드백(대답하기) : 말하는 사람을 판단하면서 얘기하는 것이 아니라, 단순히 자신이 들은 내용을 명료화하면서 다시 말하고, 상대방이 말하는 내용에 대한 자신의 내적 경험을 함께 나누는 것이 좋으며, 즉각적이고, 일치적이고, 지지적인 태도로 임해야 한다.

2. 말하기 기술

효과적인 의사소통이 되기 위해서는 상대방의 말을 귀기울여 들은 후 자신이 전하고자 하는 메시지를 적절한 방식으로 전달할 수 있어야 한다. 그러기 위해서는 말하기의 기본 기술과 말하기의 방해요인을 알아야 하는데, 이에 대해 살펴보면 다음과 같다(김영애, 2006).

1) 말하기의 기본 기술
상대방에게 자신이 전하고자 하는 메시지를 잘 전달하기 위해서 사용할 수 있는 기술을 다음과 같은 것들이 있다.
- ① 나 진술(I-message) 사용하기 : 부정적인 감정을 느끼는 경우에도, 그 감정은 자신의 것이기 때문에 자신이 적절하게 다루어야 한다. 나 진술은 상대에게 직접적으로 어떤 일의 원인을 돌리지 않는다. 즉, 상대를 비난하지 않고 자신의 마음을 표현하는 진술 방식인 것이다.
- ② 자신의 감정에 정직해지기 : 때로 자신의 감정, 특히 부정적인 감정을 솔직하게 표현하기 힘들기 때문에 진술을 숨기거나 거짓말을 하고자 하는 유혹을 받는다. 그러나 상대방에게 진실한 감정을 표현하지 않는다면, 그것은 상대방만 속이는 것이 아니라 자신도 속이는 것이다.
- ③ 수용적이고 일치적인 신체적 언어 사용하기 : 신체적 표현은 자신이 상대방과의 대화에 얼마나 마음이 열려 있는지를 그대로 보여 준다. 건강한 의사소통을 위해서는 말할 때, 상대방을 수용하는 신체적 언어를 사용할 필요가 있다. 자기 내면의 상태와 일치하도록 신체적 언어를 사용해야 한다는 것이다.
- ④ 적절하게 자기개방하기 : 자기개방이란 자신에 대한 정보를 상대방에게 제공하는 것이다. 적절한 자기개방은 자신과 타인이 불편하지 않을 정도로 적절한 경계선을 유지하면서 자신을 노출하는 것이며, 감정이나 생각, 기대, 열망을 모두 포함한다.
- ⑤ 분명하게 말하기 : 은연 중에 암시하거나 질문을 가장한 비난이 아니라 분명하게 자

신의 감정과 생각과 기대를 말해야 한다.
⑥ 전체적으로 표현하기 : 의사표현을 할 때 상황에 대한 서술적 표현, 관찰, 사고, 감정, 기대의 네 요소가 모두 포함되도록 해야 분명하고 친밀한 대화가 이루어진다. 이 네 요소 중 하나 이상을 뺀 상태로 메시지를 전하면 심각한 오해를 초래할 수 있다.
⑦ 비판적인 단어 사용하지 않기 : 상대방의 흠을 잡는 단어를 쓰지 않는다.
⑧ 일반화된 이름 붙이지 않기 : 어떤 특정한 행동만 지적하는 것이 아니라 인간성에 초점을 맞추어서 상대방을 비난하는 표현은 쓰지 않는다.
⑨ 과거의 일 들추지 않기 : 명확한 의사소통은 당면한 문제에만 초점을 맞춘다.
⑩ 부정적인 비교 하지 않기 : 좋은 의사소통은 상대방에게 상처를 주기 위한 것이 아니라 도움을 주기 위한 것이다. 부정적인 비교는 상대방을 처벌하고 공격하며 자책감을 갖게 만들고 자존감을 손상시키기 때문에 피해야 한다.
⑪ 위협하지 않기 : 상대방에게 상처를 주려는 의도를 담은 비난의 메시지는 관계를 손상 시키기가 쉽다.
⑫ 감정적으로 공격하지 않기 : 감정적으로 공격한다는 것은 감정을 무기처럼 사용해서 상대방을 고통스럽게 한다는 말이다. 분명한 의사소통을 하려면 목소리와 억양을 최대한 정상적으로 유지해서 자신의 감정을 적절한 말로 표현해야 한다.

2) 말하기의 걸림돌

좋은 의사소통을 하는 것을 방해하는 개인의 내면에 숨겨진 의도는 다음에서 살펴보는 바와 같다(김영애, 2006). 그러므로 마음을 터놓고 상대방과 의사소통을 하기 위해서는 다음과 같은 요인을 최대한 줄여나가기 위한 노력이 필요하다.

① 나는 좋은 사람이다 : 어떤 사람들은 자신이 좋은 사람이라는 것을 끊임없이 내세운다. 이러한 걸림돌을 사용하는 사람의 얘기를 계속 듣다 보면 쉽게 지루해질 수도 있고 거부감을 가질 수도 있다.
② 나는 강한 사람이다 : 자신이 심리적으로나 신체적으로 힘이 있는 사람임을 드러내고자 하는 의도를 갖고 대화하는 사람이 있다. 이들이 정말 원하는 것은 다른 사람들로부터 칭찬을 듣거나 아니면 적어도 비난을 받지는 않으려는 것이다.
③ 나는 모든 것을 다 안다 : 자신이 아는 것을 주제로 삼아 이야기를 끌고 가려는 사람이 있다. 이들이 의도하는 것은 다른 사람들에게 유익한 정보를 제공하려는 것이 아니라 자신이 얼마나 많은 것을 알고 있는가를 증명하려는 것이다.
④ 나에게는 잘못이 없다 : 상황이 잘못되어 갈 때 그 원인을 외부에서 찾으려 하는 사

람들이다. 이들은 대화를 하면서 다른 사람의 잘못을 지적하고 비난함으로써 자신의 책임을 전가하거나 자신이 항상 옳다는 것을 증명하려 한다.

⑤ 너는 잘하는데 나는 부족하다 : 주로 자존감이 낮고 우울한 사람들이 이러한 태도를 보인다. 때로 이들은 상대방이 화를 내지 못하게 하거나 불편한 요구를 하지 못하게 하려는 목적으로 이러한 태도를 취하기도 한다.

⑥ 나는 불쌍한 피해자이다 : 자신이 처한 상황을 벗어날 수 없을 것 같을 때, 그 환경 자체에 초점을 맞춤으로써 자신이 지금 얼마나 불쌍하고 고통스러운지 증명하려는 태도이다. 거기에는 그 상황에 대한 자신의 책임을 회피하고 상대방의 도움을 유도하려는 의도가 숨어 있다.

⑦ 나는 약해서 보호받아야 한다 : 자신이 얼마나 많이 다른 사람들에게 상처를 받았고 피해를 입었는지 끊임없이 얘기하는 사람들이 있다. 그들이 전달하고자 하는 것은 나는 현실을 직면하기에는 너무도 약해서 특별한 보호가 필요하다고 말하는 것이다.

Ⅲ. 노인과의 효과적 의사소통 기술

노년기에는 청력과 시력이 저하되고, 감정을 표현하지 않으려 하며, 경직성과 내향성이 강해지며, 언어적 능력 또한 저하되는 경향이 있으므로, 의사소통하는데 여러 가지 장애를 갖게 된다(권중돈, 2007). 이러한 의사소통의 방해요인을 갖고 있는 노인과 의사소통하기 위하여 일반적으로 따라야 하는 원칙과 특수한 장애나 질환을 갖고 있는 노인과의 의사소통 방법에 대해 살펴보면 다음과 같다.

1. 일반적인 노인과의 의사소통 원칙

노인과의 원활한 의사소통을 하기 위해서 지켜야 할 일반적 원칙을 살펴보면 다음 <표 5-2>와 같다.

〈 표 5-2 〉 노인과의 의사소통 원칙

- 얼굴을 마주보고 눈높이를 맞춰 얘기한다.
- 가까운 곳에서 말한다.
- 천천히 이야기하되, 너무 높은 소리로 크게 이야기 하지 않는다.
- 노인들이 알아 듣기 쉬운 말로 명확하게 이야기 한다.
- 말로만 대화하지 말고, 사진, 문자와 같은 비언어적 의사소통을 같이 활용해야 한다.
- 스킨쉽(skinnship)과 몸으로 하는 언어(body language)를 적극적으로 사용하여야 한다.
- 노인의 주장에 반대하거나 가치관을 고치려 들지 말아야 한다.
- 자신의 고집을 부리지 말고, 노인의 고집을 꺾으려 하지 말아야 한다.
- 노인의 신상에 관한 비밀을 철저히 보호해야 한다.
- 노인의 평소 생활 습관이나 심정에 대해서 잘 이해하고 있어야 한다.
- 노인의 청력이 나빠 못 들을 수도 있으므로, 이야기를 듣고 있는 지 확인한다.
- 노인의 속마음을 알려 하기 건에, 먼저 마음의 문을 열고, 속마음을 털어 놓는다.
- 노인의 이야기를 귀담아 들어주고 이야기에 공감해 주어야 한다.
- 노인으로 하여금 말할 기회를 많이 부여하고, 귀담아 들어야 한다.
- 이야기를 잘 하거나 좋은 행동을 할 때 칭찬하는 것에 인색하지 말아야 한다
- 노인의 평소 생활 습관이나 심정에 대해서 잘 이해하고 있어야 한다.
- 표정은 밝게 하고, 자주 웃고 유머감각을 잃지 말아야 한다.
- 다투거나, 말싸움하지 말고, 비교하지 말고, 반말하지 말고, 욕하지 말아야 한다.
- 이야기를 하다가 계속 흥분하거나 화를 내면 상황이나 말을 전환시키는 것이 좋다.
- 칭찬을 많이 하되, 두리뭉실한 칭찬을 하지 말고 잘한 행동이나 좋은 태도 등 구체적인 것을 두고 칭찬하라.
- 나쁜 행동을 할 때 위험한 행동이 아니라면 못 본 척 하는 것이 좋다.
- 대화에 방해가 되는 소음이나 소란한 환경에서는 대화하지 않는 것이 좋다.
- 복잡한 질문은 하나씩 끊어서 묻는 것이 좋다.
- 노인이 질문에 대답하지 않는다고 하여 서두르지 말고 기다리는 것이 좋다.
- 노인과 비슷한 점을 찾아내어 이를 활용하라.
- 자신의 감정을 솔직히 표현하되, 부정적 감정은 가급적 표현하지 않는 것이 좋다.
- 자신의 이야기에 틀린 부분이 있으면 즉시 잘못된 부분을 인정하라.
- 못하는 것은 못한다고 하되, 시간을 두어가며 노인을 충분히 납득시키는 것이 좋다.
- 약속한 것이 있으면 반드시 지키고, 지키지 못할 약속은 하지 말아야 한다.

2. 장애나 질병이 있는 노인과의 의사소통

노인들 중에서 청각장애나 시각장애를 갖고 있거나, 치매와 같은 정신장애를 갖고 있는 경우에는 원활한 의사소통이 어렵다. 그러므로 장애노인이나 치매노인과 의사소통할 경우에는 특별한 의사소통 기술과 태도가 요구된다.

1) 청각장애노인과의 의사소통

청각장애노인과 의사소통을 할 때 지켜야 할 자세와 의사소통 방법은 다음과 같다.

- 청각에 장애가 있다고 하여 의사소통이 불가능하다는 생각을 버려야 한다.
- 청각장애노인들에게 몸짓 및 얼굴 표정은 매우 중요하므로, 색안경, 커다란 챙모자로 얼굴을 가리는 것은 오해를 살 수 있다.
- 과장된 얼굴표정과 몸동작을 보일 필요는 없다.
- 청각장애노인이 오래 이야기할 때는 고개를 끄덕이고 몇 마디 말을 하여 여전히 경청하고 있음을 알려준다.
- 청각장애노인의 말을 완전히 이해할 때까지 듣고, 함부로 추측하지 말아야 하며, 모르면 물어야 한다.
- 적당히 크고 일정한 소리로 약간 느린 속도로 분명하고 간략하게 이야기 한다.
- 입술모양을 정확하게 하여 청각장애노인이 얘기를 볼 수 있게 해야 한다.
- 말끝을 흐리지 않도록 유의해야 한다.
- 한 문장을 말하고 약간 쉰 후 다음 문장을 말한다.
- 새로운 주제에 대해 이야기하고자 할 때 얼마간 시간을 두고 이야기한다.
- 이야기 도중 다른 상황(예: 전화벨이 올린 경우)이 벌어진 경우 이를 설명해준다.
- 말, 글 뿐 아니라 지도, 도표, 그림 등을 이용하는 것이 도움이 된다.
- 글로 의사소통을 할 때는 글자를 휘갈겨 쓰지 말고 정자(正字)로 써야 한다.
- 글로 의사소통을 할 때, 청각장애노인이 내용을 읽고 있는 동안 그의 표정을 관찰하여 내용을 이해하는지 확인해야 한다.

2) 시각장애노인과의 의사소통

시각장애노인과 의사소통을 할 때 지켜야 할 자세와 의사소통 방법은 다음과 같다.

- 여러 명이 있는 곳에서 시각장애인은 자신에게 말하고 있는지 혹은 다른 사람에게 말하는 것인지 확신하지 못하는 경우가 있으므로, 이름을 먼저 부르고 얘기를 한다.
- 시각장애노인의 바로 앞에 서서 말을 건네는 것이 좋다.
- 시각장애노인과 대화를 시작할 때 자기가 누구인지를 먼저 소개한다.
- 시각장애노인들은 만지고, 냄새 맡고, 듣는 것을 통해 상황을 인식한다는 사실을 기억하고 있어야 한다.
- 시각장애노인에게 주변 환경이나 상황을 자세히 설명해주는 것이 좋다.
- 대화할 때 너무 큰 소리로 이야기 하지 않는 것이 좋다.
- 유머를 사용하여 대화분위기를 편안하게 하는 것이 좋다.

3) 언어장애노인과의 의사소통

언어장애노인과 의사소통을 할 때 지켜야 할 자세와 의사소통 방법은 다음과 같다.

- 언어장애에도 불구하고 말로써 의사소통을 한다는 것을 기억하여야 한다.
- 언어장애노인의 대화 속도는 비장애인만큼 빠르지 않으며 청각장애를 함께 지닌 경우 상대방의 대화를 이해하는데 더욱 시간이 걸림을 인식하여야 한다.
- 얼굴, 눈을 바라보고 대화에 충분한 주의를 기울여야 한다.
- 소음이 있는 곳에서는 가까이 앉아서 이야기 한다.
- 장애인의 말이 확실히 끝날 때까지 기다린 다음 적당하게 천천히 말을 한다.
- 장애인이 오랫동안 이야기 할 때는 고개를 끄덕이고 몇 마디 말을 하여 여전히 경청하고 이해하고 있음을 알린다.
- 언어장애인이 말하는 것이 힘들어 보일지라도 그가 말하고자 하는 것을 끝마칠 때까지 기다린다.
- 말을 완전히 이해할 때까지 귀담아 듣고, 함부로 추측하지 말아야 한다.

4) 치매노인과의 의사소통

치매노인은 인지기능의 저하 뿐 아니라 언어장애까지 동반되므로 일반적인 사람들과는 다른 의사소통방법을 활용해야 한다. 이러한 치매노인과의 의사소통 방법을 소개하면 다음과 같다(권중돈 외, 2002; 권중돈, 2004).

- 대화를 하기 전에 먼저 주의를 집중시키는 것이 좋다.
- 환자의 말을 경청하고 존중하여야 한다.
- 환자가 혼자 있게 내버려 두지 말고 자주 대화를 나누되, 환자의 페이스에 맞추도록 한다.
- 소란스럽거나 산만한 분위기에서 대화를 하지 않는 것이 바람직스럽다.
- 얼굴을 마주보고 눈접촉을 유지하며, 언어 이외에 문자, 그림, 사진 등의 상징을 이용하거나 피부접촉(skinship)을 통하여 의사를 전달하는 것도 좋은 방법이다.
- 발병 이전에 환자가 자주 사용하던 용어를 사용하고, 환자가 쉽게 알아들을 수 있는 말을 사용한다.
- 공격성이 없는 경우에는 1m 이내의 가까운 거리에서 대화를 한다.
- 수발자 자신을 소개하고 환자의 이름이나 존칭을 부름으로써 대화를 시작하고, "저를 알겠어요"라는 식의 기억력 테스트를 하는 듯한 대화를 피한다.
- 과거를 회상하도록 하되, 시간, 장소 등 기본적인 현실상황을 인식시킨다.
- 배고픔, 배변이나 배뇨 욕구 등 기본적인 생활상의 욕구가 충족되지 않아 불안해 하는지를 잘 관찰하고 이를 충족시켜야 한다.
- 짧고 분명하며 익숙한 단어를 사용하고, 정보는 간단한 문장으로 전달하고, 천천히 그리고 낮은 목소리로 부드럽게 얘기하여야 하며, 명령조로 얘기해서는 안된다.
- 환자와 대립하기 보다는 먼저 인정하고 받아들이는 것이 좋다. 즉, 환자가 어떤 실수나 문제행동을 했을 때 화를 내거나 말다툼을 하기보다는 가벼운 웃음으로 넘길 수 있어야 한다.
- 환자가 위축되어 있거나 초조한 징후를 보이면 대화를 중단하는 것이 좋다.
- 한 번에 한 가지씩 질문하거나 지시하며, 환자에게 질문을 한 경우에는 대답을 기다리고, 반응이 없을 경우에 다시 반복하여 질문한다.
- 천천히 움직이고, 환자의 주의를 집중시키기 위하여 얼굴표정이나 손동작을 활용한다.
- 환자에게 얘기할 수 있는 충분한 시간을 주고, 환자와 수발자가 교대로 얘기하는 것이 바람직스럽다.
- 환자가 적합한 단어를 생각해내지 못하는 경우에는 비슷한 말을 하거나 관련된 단서를 제공하는 것이 좋다.
- 언어적 칭찬과 같은 즉각적인 보상을 해주거나 재확인을 할 필요가 있다.
- 환자의 말이 사실과 다르더라도 환자가 표현한 감정을 수용하고 중시하여야 한다.
- 환자와의 약속은 꼭 지켜야 하며, 혹시 잊어버렸을 경우에는 사과를 하여야 한다.

Ⅳ. 노인상담의 방법과 기술

1. 노인상담의 필요성과 현상

노년기에 이르게 되면 신체, 심리, 사회적 노화의 결과로 인하여 자립적 일상생활 능력이 감퇴되며, 노인과 가족 및 사회적 관계망과의 정서적 유대감의 약화로 인하여 노인들은 고독과 소외를 경험할 가능성이 높아지게 된다. 그러므로 노인들은 심리적 욕구를 적절히 충족시키지 못하고, 여러 가지 심리사회적 문제에 직면할 가능성이 높아지고 있다. 따라서 노화과정에서 나타나는 부정적인 영향을 최소화하고, 노년기의 심리적 욕구충족과 문제해결 및 노후생활에 대한 적응을 도모하며 노년기의 삶의 질을 제고하기 위한 전문적 노인상담이 보다 확대되어야 할 필요가 있다. 특히 노인상담은 소외된 노인들에게 1차적 사회적 관계망으로서의 역할을 할 뿐 아니라 노인의 숨겨진 욕구나 문제를 탐색하여 이를 해결할 수 있도록 지원하고, 노후생활에 필요한 정보와 지지를 제공해주며, 노인을 부양하는 가족에 대해서도 필요한 지지와 서비스를 제공해줄 수 있기 때문에 그 필요성은 더욱 크다 할 수 있다.

이러한 필요성에도 불구하고 노인과 그 부양가족에 대한 임상적 개입은 노인복지정책이 지니고 있는 한계보다도 더 많은 한계를 지니고 있다. 실제 상담이나 심리치료를 포함한 임상분야에서는 아동, 청년, 성인과 그 가족들이 경험하는 문제에 대한 개입이 주류를 이루었으며, 노인과 그 가족을 위한 상담과 임상적 개입은 거의 이루어지지 않고 있는 실정이다(김태현, 2000). 설령 노인이나 부양가족을 위한 상담을 실시한다고 할지라도 다른 서비스를 제공하기 위한 접수면접(intake) 또는 기본적인 사정에 그치는 경우가 많으며, 노인상담을 통해 다루는 주된 문제 또한 취업, 복지시설 정보, 건강, 고부간의 갈등 등에 국한되어 있는 실정이다(한국노인의 전화, 2006; 서병진, 2003).

이와 같이 노인복지현장에서 노인상담이 활성화되지 못하고 있는 이유는 문화적 특성, 노인이 지니고 있는 특성 그리고 노인상담체계의 미흡 등으로 요약될 수 있다(현외성 외, 2000). 먼저 체통을 중시하고 가족주의 의식이 강한 한국 문화에서는 개인이 문제에 직면했을 때 외부의 도움을 요청하기 보다는 감추려고 하는 성향이 강하고, 상담을 받음으로써 자녀에게 폐가 될 수 있다는 점 때문에 상담을 기피하는 경향이 있다. 둘째, 노인들의 경우 노인상담에 대한 정보가 제한되어 있고 상담기관에 대한 접근성이 낮기 때문에 전문상담을 받을 수 있는 기회를 갖기가 어렵다. 셋째, 노년기에 다양한 심리사회적 문제를 경험할지라도 '늙으면 다 그렇다' 또는 '죽을 병도 아닌데 뒤늦게 무슨...' 과 같은 방식으로 문제를 인식함으로써 상담의 필요성 자체를 못 느끼는 경우가 많다. 넷째, 노인상담에 관한 이론과 기법의 개발이 미흡하고, 노인들이 이용할 수 있는 상담센터가 매우 제한되어 있으며, 노인상담 전문가가 부족한 것과 같은 노인상담체계의 미성숙이 노인상담의 활성화를 제한하는 또다른 요인이 되고 있다.

2. 노인상담의 개념과 특성

노인상담이란 '도움을 필요로 하는 노인이 상담자와 전문적 원조관계를 형성하여 은퇴문제, 개인 및 가족문제, 경제 및 건강상의 문제를 해결하고, 감정, 사고, 행동 측면의 성장을 도모하여, 성공적인 노후생활을 영위하기 위하여 노력하는 과정'이라고 할 수 있다(김태현, 2000). 이와 같은 정의에 의하면, 노인상담은 ① 도움을 필요로 하는 노인과 노인문제를 경험하고 있는 가족이나 가족원이 주요 대상이 되며, ② 전문적인 교육과 훈련을 받은 전문가가 주체가 되며, ③ 노인 자신과 가족의 제반 문제를 해결하고 이들의 심리사회적 기능을 증진하려는 궁극적 목적을 위해, ④ 전문적인 관계하에 이루어지는 일련의 구체적이고 실제적인 서비스의 과정(현외성 외, 2001)이라는 네 가지 특성을 함축하고 있다.

Burlingame(1995)에 의하면, 노인상담은 ① 문제해결이나 치료보다는 노인의 삶에 대한 지지를 더욱 강조하고, ② 상담과정에서 이루어진 성과를 실제 생활에 적용하는 것을 더욱 중시하며 ③ 노인의 체면을 손상시키지 않기 위해 방어기제와 전이를 비교적 관대하게 다루며, ④ 노인은 돌아가시거나 살던 집을 떠나 시설로 들어가면서 상담관계가 비계획적으로 종결되는 경우가 다른 연령층에 비해 높기 때문에 종결과정에서 에너지가 더 투입된다는 점에서, 일반상담과 차이가 있다.

3. 노인상담의 영역과 목적

노인의 심리·사회적 욕구 충족, 노인문제의 예방과 해결을 지원하고 노후생활적응을 도모하기 위한 노인상담은 일반적인 상담이나 정신치료와 마찬가지로 노년기의 4고(四苦) 중에서 심리적 고독과 사회적 소외의 예방과 해결에 중점을 둔다. 하지만 노인상담의 목표가 성공적 노후생활 적응이라는 점을 고려해 볼 때, 노인상담의 영역은 다음의 <표 5-3>에서와 같이 노년기의 네 가지 주된 문제가 되어야 할 것이다(권중돈, 2000).

노인상담은 노인의 성장을 지원하고, 노년기에 직면하는 다양한 문제를 해결하여 성공적인 노후생활을 영위할 수 있도록 하는데 기본적인 목적을 두고 있다. 이러한 노인상담의

〈 표 5-3 〉 노인상담의 주요 영역

상담영역	주요내용
정서적 영역 (고독)	• 배우자 상실, 자녀와의 애정적 교류 단절 • 노인의 가족내 지위하락, 가치관 및 생활양식 변화에 따른 세대간 갈등 　(예: 고부갈등) • 성격특성의 변화문제 : 우울성향, 완고성, 내향성 및 수동성, 조심성, 　친근한 사물이나 사람에 대한 애착증가, 의존성 증가, 유산을 남기려 　는 성향 등 • 이성교제 또는 노년기 성생활에 관한 문제 • 정서서비스(예: 말벗 파견 등)의 문제
경제적 영역 (빈곤과 일)	• 은퇴 전·후의 재정관리에 관한 문제 • 소득감소 또는 상실로 인한 생계유지와 경제지원 문제 • 사회보장제도의 정보 제공 • 유산배분의 문제 • 경제활동 지원(취업알선, 부업알선 등)
건강 영역 (질병과 부양)	• 노년기 건강 유지 및 질병 예방에 관한 상담 • 질병 치료 및 의료비 지원 상담 • 사회복지시설, 노인전문 의료시설에 관한 상담 • 가족부양 체계 조성 상담 • 부양가족의 부담 경감을 위한 지원상담
사회참여영역 (소외와 무위)	• 종교활동, 사회단체 및 비공식 모임 참여문제 • 노년기 친구 및 이웃관계 문제 • 가족내 역할 부적응에 관한 문제 • 은퇴 이후의 사회적 관계 유지 문제 • 법률 및 복지제도에 대한 정보 상담

목적과 관련하여, Thorman(1995)은 노인상담의 목표를 ① 자아존중감의 증진, ② 문제해결 능력의 향상, ③ 상실에 대한 대처, ④ 위기상황의 해결, 그리고 ⑤ 스트레스의 감소와 대처능력 제고라고 하였다. 그리고 Burlingame(1995)은 노년기 발달과업을 근거로 하여 노인상담의 목적을 다음과 같이 여덟 가지로 제시하고 있다.

첫째, 필요한 의료적, 사회적, 정서적 지원을 효과적으로 동원하고 이용하도록 원조하는 것이다. 노인상담과정에서 상담자는 필요한 경우 노인이 의료적 검사나 치료 및 필요한 서비스를 받을 수 있도록 도와야 하며, 가족이나 친척, 친구, 이웃 등과 같은 사람들로부터 정서적인 지원을 받을 수 있도록 원조해야 한다.

둘째, 신체적인 강점을 강화하고 건강 약화에 적응하도록 원조하는 것이다. 개인차가 있지만 노년기에는 신체적인 기능이나 건강이 약화되고, 이러한 변화로 인해 그동안 가능했던 활동들이 어려워질 수도 있다. 따라서 이러한 변화 가운데서도 정신적으로 건강하고 적절한 자기보호를 유지하기 위해서는 변화나 변화로 인한 상실에 적응하거나 필요한 권리를 주장하도록 도와야 한다.

셋째, 노년기의 신체적, 재정적 변화와 관련하여 노인의 보호 및 주거시설에 대한 욕구가 충족되도록 원조하는 것이다. 노인이 자신이 살던 정든 집을 떠나 요양원이나 병원과 같은 시설에 들어가야 할 경우에는 노인에게 시설생활에 대한 정보를 제공하거나 정서적으로 지원하여 위축되지 않도록 배려한다.

넷째, 지역사회에서 새로운 역할을 가질 수 있도록 원조하는 것이다. 노년기에는 지역사회에서 모범을 보일 수 있는 어른의 역할이나 그동안의 직업인 역할을 대체할 수 있는 새로운 역할이 요구된다. 이를 위해 상담자는 노인이 지역사회에 기여할 수 있는 새로운 방법을 찾고, 자신이 생산적이고 가치있는 존재로 느끼며, 외부세계와 교류할 수 있도록 원조해야 한다.

다섯째, 손자녀, 친척 및 지역사회와의 관계를 조정하도록 돕는 것이다. 여기서 중요한 점은 성인 자녀와 노부모의 역할에 위계가 필요하며, 상담자는 매개자로서의 역할을 수행할 수 있다. 하지만 노인이 신체적으로 허약한 경우에는 가족이나 다른 사람들에게 보다 의존적이 되도록 노인의 태도를 변화시키는 것이 중요하다.

여섯째, 배우자나 친구 등 중요한 사람들의 상실에 적응하도록 원조하는 것이다. 노년기에는 가족이나 주변 사람들과 사별할 가능성이 높아지는데, 친밀한 사람의 죽음에서 오는 슬픔은 남아있는 사람의 인생에 지속적으로 영향을 미칠 수 있는 중요한 사건이다. 이런 경우 상담자는 노인이 친밀한 사람과의 사별을 현실로 받아들일 수 있고 슬픔에서 오는 고통을 극복하도록 원조해야 한다.

일곱째, 은퇴와 재정적인 변화에 대처하도록 원조하는 것이다. 이를 위해 여가를 의미있게 보낼 수 있는 방법, 부부관계에서의 적응, 새롭게 찾아오는 소외감을 극복하는 문제 등을 중요하게 다루어야 한다. 또한 상담자는 수입의 감소와 관련하여 필요한 경우 노인의 경제적인 문제에 도움이 될 수 있는 일자리를 연결하는 데에도 관심을 가져야 한다.

여덟째, 노인이 자신의 삶에서 주도권을 갖고 중요한 결정들을 할 수 있도록 원조하는 것이다. 이를 위해 상담자는 노인에게 필요한 정보를 제공하며 중요한 의사결정에 필요한 대안들을 제시하여야 한다.

4. 노인상담의 원조관계와 상담자의 태도

　노인상담에서 노인 클라이언트와 촉진적 원조관계를 형성함에 있어서 지켜야 할 원칙과 상담자의 태도는 다른 일반적 상담과 크게 다르지 않다. 일반 상담에서와 마찬가지로 상담자는 클라이언트와의 논쟁, 과도한 관여, 지속적인 편들기, 다른 사람을 대신해서 말하기 등의 행동을 하지 말아야 하며, 모든 클라이언트를 존중해야 한다. 노인상담에서 상담자가 따라야 하는 원칙은 일반적인 상담의 원칙과 대동소이하므로, 다음에서는 Biestek이 제시한 원조관계의 주요 원칙에 노인의 특성을 고려하여 노인상담에서의 원조관계 형성의 원칙을 제시해 보고자 한다(장인협, 1996).

　첫째, 개별화의 원칙이다. 노인이라고 해서 같은 노인이 아니므로, 노인의 특성이나 상황에 따라 다르게 처우해야 하며, 노인을 범주화해서 다루지 말아야 한다. 그리고 노인이나 노화에 대한 편견이나 선입관을 가져서는 안 되며, 면접장소와 시간 등을 결정함에 있어서 노인에 대한 세심한 배려와 함께 상담을 통해 얻은 개인적 정보에 대한 비밀을 유지해야 한다.

　둘째, 의도적 감정표현의 원칙이다. 상담자는 노인들이 가족 또는 사회관계에 대해 갖고 있는 부정적 감정을 의도적으로 표현하여 이를 긍정적 감정으로 전환시키기 위하여, 시간 및 정서적으로 여유를 가짐으로써 스스로가 긴장하지 말아야 한다. 그리고 상담과정에서 허용적 태도를 갖고 경청하여야 하며, 비현실적 보장이나 성급한 판단을 삼가함으로써 노인을 두 번 실망시키는 일을 해서는 안 된다.

　셋째, 통제된 정서적 관여의 원칙이다. 상담자는 객관적 입장에서 노인의 심정을 감정이입적으로 이해하고, 노인의 감정을 수용할 수 있어야 한다. 그리고 좋은 감정은 물론 부정적 감정을 표현할 경우에도 노인에 대한 긍정적 태도를 바꾸어서는 안된다. 상담자는 노인과의 상담에서 감정적으로 동요되지 않고 객관적인 입장에서 노인의 감정을 충분히 이해하고 사회적으로 바람직한 형태로 표출될 수 있는 방안을 모색해야 한다.

　넷째, 수용의 원칙이다. 상담자는 노인의 인간적 존엄성을 존중하여 노인의 장점과 약점, 바람직한 성격과 그렇지 못한 성격, 긍정적 또는 부정적 감정과 행동 등 노인이 지닌 특성을 현재 있는 그대로의 모습으로 받아 들여야 한다.

　다섯째, 비심판적 태도의 원칙이다. 상담자는 노인의 사고와 감정에 대해 결코 심판적이어서는 안 되며, 문제해결에 노인이 공동 참여할 수 있도록 해야 한다. 이를 위해 상담자는 노인의 문제에 대해 노인을 비난하거나 어느 정도의 책임이 있는가를 판단하고 따져서는 안 된다. 노인의 감정, 행등, 태도, 가치관 등을 객관적으로 평가하되, 심판의 목적

보다는 이해의 목적에서 행해야 한다.

여섯째, 자기결정의 원칙이다. 상담자는 노인의 자유의사를 존중하여 노인 자신의 능력과 자원에 맞는 목적을 설정하고 이를 달성할 수 있도록 지원해야 한다. 이를 위해 상담자는 노인을 대신하여 문제를 해결해 주는 것이 아니라 노인이 원하고, 노인 자신의 능력에 맞게 목표를 설정하고, 문제를 스스로 해결할 수 있는 능력을 고양시켜야 한다.

일곱째, 비밀보장의 원칙이다. 상담자는 상담과정에서 획득한 노인이나 그 가족에 대한 사적인 비밀을 외부에 제공하여서는 안되며, 철저하게 비밀을 지켜야 한다.

여덟째, 죽음에 대한 대비의 원칙이다. 상담과정에서 노인들이 죽음에 대한 불안에 대처하고 남은 인생을 바람직하게 보낼 심리적 준비를 할 수 있도록 자아통합의 기회를 제공하여야 한다. 이를 위해 상담자는 노인의 삶에 대한 긍정적 회고를 할 수 있는 기회를 부여하고, 상담자는 죽음을 긍정적으로 수용할 수 있도록 유도하여야 한다.

모든 상담자는 전문적 자질(든 사람)과 인간적 자질(된 사람)을 동시에 갖추어야 한다. 즉, 상담자는 '든 사람'인 동시에 '된 사람'이기도 해야 한다(조학래, 2002). 이러한 상담자로서의 자질에 대해 논의하기에 앞서, 상담자들이 범하기 쉬운 오류에 대해 먼저 살펴보고자 한다. 노인 상담자들이 범하기 쉬운 잘못 중 하나는 노인이 겪는 심리적 고통과 그 고통을 겪는 노인을 별개로 생각하는 것이다. 이런 생각을 가진 상담자들은 자기 자신을 문제해결 전문가라 자칭하면서, 적절한 상담방법을 잘 적용하기만 하면 노인의 문제를 깨끗이 해결할 수 있다고 믿는다. 하지만 상담방법이나 기법만으로는 문제의 해결을 기대하기가 어렵다. 내담자인 노인을 이해하지 않고서는 노인이 겪는 문제의 의미와 성질을 제대로 파악하기 어려우며, 노인의 문제해결 의지와 노력을 이끌어내지 못하면 그 문제가 해결되지 않는다. 따라서 상담자는 노인에게 인간적 신뢰감을 주고, 노인을 존엄한 존재로 존중할 수 있어야 하며, 공감적 이해와 수용의 자세를 갖추어야 한다.

노인 상담자가 범하기 쉬운 또 하나의 잘못은 '인간으로서의 상담자'와 '전문가로서의 상담자'를 분리해서 생각하는 것이다. 상담자는 단순한 기법가나 기능인(technician)이 되어서는 안 된다. 상담자는 자신을 이해할 수 있는 만큼만 노인을 이해할 수 있고, 자신의 문제를 해결할 수 있는 만큼만 노인의 문제를 해결할 수 있으며, 자신이 성장할 수 있는 만큼만 노인을 성장시킬 수 있다. 상담자 자신이 인간으로서 겪을 수 있는 여러 문제들과 콤플렉스에 대해 어느 정도 자유롭지 못하는 한 노인을 객관적으로 이해하는 데에는 한계가 있다. 따라서 노인에 대한 이해와 그가 가진 문제의 해결, 그리고 노인의 인간적 성장의 촉진 등은 상담자가 가진 전문적 지식이나 기법의 범위를 넘어서서 상담자 자신의 인간 됨됨이와 삶에 대한 태도, 그리고 끊임없이 자기를 향상시키려는 노력에 바탕을 두고 있는 것이다. 이런 의미에서 인간으로서의 상담자는 그가 가진 전문적 지식 및 경험과 더불어 상담에서 가장 중요한 치료적 도구들 중의 하나인 셈이다.

또한 상담에서 노인은 어느 정도 상담자에게 의존을 하게 되는 데, 이런 관계 속에서 노인은 상담자에게 도움을 요청한다. 이 때 노인이 받아들이는 것은 상담자가 제공하는 문제해결 방법이나 과정뿐만 아니라 상담자의 가치관, 삶의 태도와 생각, 그리고 경험에 대한 개방성 등을 관찰하고 마음에 새기게 된다. 자녀들이 부모를 모방하듯이, 노인도 부지불식간에 상담자로부터 다양한 인간적 영향을 받게 되는 것이다. 이렇게 볼 때, 상담자는 자신이 노인에게 하나의 본보기 역할을 할 수 있음을 충분히 인식하여야 한다. 또한 본보기로서 자신이 어떠한지를 끊임없이 점검해야 하며, 나아가 자신을 성장시키는 노력을 게을리해서는 안 된다.

따라서 노인과의 상담을 실시하는 상담자는 노인에 대한 존중감을 바탕으로 하여 노인에 대한 즉각적인 효과나 보상을 유보하고 끈기 있게 기다릴 수 있는 자세를 가져야 하며, 노인의 특성을 정확히 이해하고, 노인의 장점과 자원을 발견하고 고양시켜야 하며, 노인의 비언어적 의사소통을 활용할 수 있는 능력을 갖추어야 한다. 그리고 상담과정에서는 다음과 같은 태도를 갖추어야 한다.

첫째, 상담자가 수용적 태도와 심리적 지지를 해줌으로써, 노인 스스로가 자신을 수용할 수 있게 해주어야 한다.

둘째, 노인의 단점이나 문제보다는 장점을 발견하여 강조함으로써, 자기결정의 선택폭을 넓히고 남은 인생에 대한 자신감을 가질 수 있게 해야 한다.

셋째, 노인 스스로가 자신의 문제를 해결할 수 있도록 지원하여 자립과 성장에 대한 희망을 갖게 해야 한다.

넷째, 상담자가 노인문제에 대해 전적으로 책임지고 노인에게는 부차적 역할을 담당하게 함으로써 의존성을 조장하고 자립능력을 훼손하여서는 안 된다.

다섯째, 노인의 욕구를 도외시하고 전문가의 판단이라는 미명하에 노인이 원하는 것과는 다른 방향으로 노인을 이끌고 가서는 안되며, 직·간접적으로 조종해서는 안 된다.

5. 노인상담의 과정

노인상담은 일반적인 상담과 마찬가지로 접근방법에 관계없이 접수 및 관계형성, 자료수집 및 사정, 개입, 평가와 종결이라는 4단계로 이루어져 있다(권중돈, 2007).

1) 접수 및 관계형성 단계

접수 및 관계형성(intake and engagement) 단계에서는 클라이언트인 노인이 상담에 대한 초기 불안과 거부감을 해소하고 상담의 핵심적 요소가 되는 전문적 원조관계를 형성하여야 한다. 접수 및 관계형성 단계에서는 다음과 같은 내용들이 포함된다. 첫째는 친화관계(rapport)를 형성하는 것이고, 둘째는 내담자인 노인의 문제를 제대로 이해하는 것이며, 셋째는 상담의 구조화 즉, 진행방식에 대해 합의를 이루는 것이다.

접수 및 관계형성단계의 핵심요소인 친화관계 형성을 위해서 첫 대면에서 상담자는 노인에게 친절하고, 호감이 가고, 명랑한 느낌을 주며, 노인에게 적극적인 관심을 보여야 한다. 일반적으로 친화관계를 형성하는 데 필요한 상담자의 자세와 태도로는 ① 끊임없이 노인을 이해하려는 진지한 자세, ② 모든 것을 노인의 입장에서 생각해보려는 내담자 중심적인 태도, ③ 비난하거나 비판하기보다는 수용하고 존중하는 허용적인 자세, ④ 어떤 가식도 하지 않는 진솔한 태도, ⑤ 노인을 도와주고자 하는 인간적 자세 등이 요구된다.

어느 정도 긴장이 풀리고 나서 노인이 자신의 문제를 이야기할 준비가 되어 있는지를 확인한 다음에는 상담을 하러 온 동기를 파악한다. 먼저 상담자는 '어떻게 해서 오시게 됐습니까?' 또는 '제가 어떤 점을 도와 드렸으면 좋겠습니까?' 등과 같은 질문을 하고 노인의 대답을 경청함으로써 노인이 도움을 요청하는 직접적인 이유와 동기를 파악하여야 한다. 다음으로는 현재 경험하는 문제가 어떤 배경에서 나오게 되었는지를 확인함으로써, 상담에서 실제로 초점을 맞춰야 할 문제와 증상을 보다 명확하게 할 필요가 있다. 다음으로 그런 문제들이 과거에는 어떠했으며, 그 때 당시에는 그것을 어떻게 처리 또는 해결했는지 등을 알아보는 것이 도움이 된다. 그리고 노인의 문제해결 의지와 동기를 확인하여야 한다. 성공적인 문제해결을 위해서는 내담자인 노인의 적극적인 참여와 협조가 필수적이다. 따라서 노인에게 상담이 어떤 것인지, 상담을 통해 무엇을 할 수 있고, 그것이 노인 자신에게 어떤 도움이 될 수 있는지, 그리고 상담을 활용해서 해결하고 싶은 다른 문제는 없는지에 관한 이야기를 충분히 나누는 것이 필요하다.

일반적인 대화와는 달리, 상담은 일정하게 정해진 방식대로 진행되는 것이 바람직하며, 또 그렇게 구조화되어야 소기의 성과를 얻을 수 있다. 상담의 구조화(structuring)란 상담이 진행되는 방식이나 절차, 그리고 상담에서 바람직한 내담자 행동과 태도 등에 대해 노인에게 자세히 안내하고 이에 대한 동의를 구하는 것이다. 이와 같은 상담의 구조화에는 비밀보장, 상담기간과 시간, 클라이언트인 노인의 상담과정에서의 역할 등에 대한 안내가 포함된다.

2) 자료수집 및 사정단계

자료수집과 사정(data gathering and assessment)은 이 단계에서만 이루어지는 것은 아니며 전체 상담과정을 통하여 이루어지지만, 원조관계가 형성된 이후에 본격적인 자료수집과 사정이 이루어진다. 자료수집 및 사정단계에서 노인의 문제를 규정하기 위해서는 노인이 처한 상황과 노인의 강점과 제한점을 모두 파악해야 한다. 자료수집 및 사정단계에서 문제를 규정함에 있어서는 노인의 문제가 무엇이며, 어느 정도 심각하며, 문제로 인해 야기되는 결과나 상황들이 어떠한지 자세히 탐색한 다음에 상담과정에서 다룰 문제를 규정하여야 한다. 그리고 노인의 제한점뿐만 아니라 강점과 자원에 대해서 깊이 있는 사정이 이루어져야 한다. 따라서 의도적으로 노인의 행동, 개인적 특성, 자원의 측면에서 노인의 강점을 파악하고 격려해야 하는데, 이러한 강점의 강조는 치료적 효과까지도 갖는다.

사정과정에는 전반적으로 노인의 신체적, 심리적, 사회적 기능이 포괄적으로 고려되어야 한다. 노인의 신체적 기능을 사정할 때는 전반적인 건강상태와 일상생활 수행능력에 초점을 두며, 심리적 기능 사정에서는 노인의 성격과 인지 및 정서 기능에 초점을 둔다. 그리고 사회적 기능 사정에서는 노인이 주고받는 사회적 지원과 노인의 재정상태 및 사회활동 참여정도, 그리고 주거환경에 대해 사정해야 한다. 또한 사정에는 이러한 요소들간의 상호 연관성과 한 가지 영역의 기능 저하가 다른 기능에 영향을 미칠 수 있는 가능성도 고려해야 한다.

노인의 자원에 대한 사정에는 문제해결능력, 필요한 자원과 한계, 성격 등의 측면에서 강점과 취약점을 균형있게 조사하는 것이 중요하다. 또한 환경에 대한 사정은 노인의 가족은 물론 친구, 친척, 이웃 등을 포함하는 사회지지체계의 적절성과 부적합성, 긍정적 측면과 취약한 측면이 사정내용에 모두 포함된다. 이런 사정에서는 상담자의 경험과 직관에 의존하기보다는 객관적인 자료수집을 위해 기존에 개발되어 있는 임상평가 도구를 노인에 맞게 적절히 수정해 사용하여야 하며, 노인의 경우 전반적인 노화가 진행되기 때문에 다차원적인 평가가 이루어져야 한다.

이와 같이 노인에 대한 문제규정과 사정의 결과를 바탕으로 하여, 상담의 목표와 개입계획을 수립하여야 한다. 상담의 목표는 구체적이고 명확해야 하며, 현실적으로 달성 가능한 것이어야 하며, 문제들의 공통 요인들을 중심으로 목표와 개입계획을 설정해야 한다.

3) 개입단계

개입(intervention) 단계는 문제해결의 계획을 구체적인 행동으로 실천하는 단계이며, 문제해결단계이다. 이러한 개입활동의 적절성과 효과를 검토하기 위해 상담자는 개입과 동시에 개입과정을 평가하여야 하며, 개입으로 유도된 변화를 지속시키는 노력을 수행하여야 한다.

앞서 설정한 상담의 목표를 달성하기 위해서는 그러한 목표에 도달하기까지 어떤 중간 통과지점을 지나야 하는데, 이러한 중간지점을 상담의 과정적 목표라고 한다. 노인상담은 하나의 큰 목표를 한꺼번에 달성하는 과정이라기보다는, 큰 목표를 달성하기 위해 반드시 필요한 일련의 하위 목표들을 순차적으로 달성해나가는 과정으로 이해하는 것이 바람직하다. 이렇게 할 때 목표를 달성하기 위한 구체적인 개입방법의 선택이 용이하며 문제해결과 목표의 달성 가능성 또한 높아진다. 그러나 과정적 목표로 무엇을 설정해야 할지는 상담의 초기단계에서 설정한 목표가 무엇이냐에 따라 크게 달라진다. 따라서 상담자는 상담에서 궁극적으로 달성하고자 하는 목표들에 대해 해박한 지식과 경험을 가지고 있어야 하며, 이를 바탕으로 구체적인 과정적 목표를 설정하고 이에 대한 해결 노력을 기울일 수 있어야 한다.

노인의 습관적 사고, 감정 및 행동유형을 변화시키기 위하여 개입하는 과정에서 노인의 저항에 직면하는 경우가 많다. 따라서 상담자로서는 노인의 저항을 보다 줄일 수 있는 상담방법들을 고안해야 한다. 일반적으로 노인의 입장을 고려하지 않는 상담자의 일방적인 지시나 통제, 노인을 배려하지 않는 비우호적인 상담 분위기, 미처 준비도 되지 않은 노인에게 너무 급격한 변화의 압력을 가하는 상담자의 행위 등이 노인의 강한 저항을 불러일으키는 주요 요인들이다. 따라서 상담자는 이러한 경우들이 발생하지 않도록 조심하면서 노인의 변화 동기를 고취시키는 방향으로 문제해결 노력을 기울여야 할 것이다.

개입활동으로 인해 야기된 새로운 행동패턴과 태도 등이 노인의 일상적인 패턴으로 자리 잡을 때까지 일시적으로 혼란상태에 놓이게 된다. 따라서 상담자는 개입으로 인해 나타난 변화가 고정되고 지속될 수 있도록 계속적으로 평가하면서 도움을 제공하여야 한다.

4) 평가 및 종결단계

개입과정은 개입에 대한 최종 평가와 상담자와 노인간의 전문적 원조관계를 종결시킴으로써 끝나게 된다. 먼저 종결 시기를 결정함에 있어서 노인이 처음에 호소했던 문제가 현저히 완화 내지는 해결되었다고 해서 곧바로 상담을 종결해서는 곤란하다. 종결(termination)은 급격히 이루어지기 보다는 일정한 과정을 거쳐 서서히 이루어지는 것이 바람직하다. 이러한 점진적인 종결과정을 거치면서 얻게 되는 이득 가운데 가장 큰 것은 상담 성과를 상담과 거리를 둔 상태에서 현실 생활에 적용해보고, 그 과정에서 어떤 문제점이 얼마나 발생하는지를 평가할 수 있는 기회를 가지게 된다. 이런 의미에서 점진적인 종결과정은 실제 생활 적응훈련과정으로 볼 수도 있다.

　상담을 종결할 시기가 되면 일반적인 인간관계와 마찬가지로 노인은 그동안 정들었던 상담자와 헤어지기 섭섭해 하고, 상담자의 도움 없이 스스로 자신의 일을 잘 해결할 수 있을까 하는 걱정과 의구심이 생기기도 한다. 만약 노인에게서 이런 불안감이 느껴지면 상담이 완전히 종결되기 전에, 이 점에 대해 충분한 논의를 진행해야 한다. 즉, 상담과정의 여러 단계에서 일어난 변화의 종류와 내용들을 재음미하고 요약하는 과정을 통해, 종결에 대한 노인의 불안을 비롯하여 부정적인 정서반응을 다루는 과정이 필요하다. 이런 과정을 제대로 거칠 때 노인은 비로소 상담자로부터 진정한 심리적 독립을 달성할 수 있게 된다. 이와 함께 노인의 '심리적 이유(離乳)'를 촉진하기 위해서는 노인의 자율적인 판단과 결정을 허용하고 격려하는 상담자의 태도와 자세가 중요하다. 즉, 사소하거나 중요하거나 간에 노인 스스로의 판단과 결정에 의해 일을 해결해 나가도록 격려해야 한다는 것이다. 이런 과정을 점진적으로 거쳐나가면서 노인은 상담자의 도움 없이도 독자적으로 적응적인 삶을 영위해나갈 수 있게 될 것이다.

　노인을 다른 기관이나 전문가에게 의뢰할 경우, ① 필요한 기관·서비스에 대한 정보를 글로 써서 노인에게 전달하고, ② 의뢰할 기관에 노인의 욕구에 대해 개괄적으로 정리한 글을 보내고, ③ 노인이 떠나기 전에 의뢰기관에 연락하여 노인과 만날 약속시간을 정하고, ④ 노인이 의뢰기관에 가는 것을 꺼려할 경우에는 노인과 동행하고, ⑤ 의뢰기관에 대해 객관적인 정보를 제공하여 비현실적인 기대를 갖지 않도록 한다.

　종결 이후에 몇 개월 동안 지속되는 추후면접은 상담자와 노인 모두에게 이득을 제공한다. 즉, 노인은 종결 이후에도 발전을 계속하며, 상담자는 노인의 이득을 인정해 주고, 이러한 노력이 계속되도록 지지한다. 이처럼 추후면접은 노인에 대한 상담자의 계속적인 관심을 보여줌으로써, 노인으로 하여금 종결에 대한 충격을 완화하는 작용을 할 뿐만 아니라 상담자로 하여금 노인의 기능수행상의 악화를 예방할 수 있는 적시의 원조를 마련할 수 있다.

6. 노인상담의 기술

　어떤 상담모델을 선택하느냐에 따라 서로 다른 상담기법이나 기술들이 활용된다. 그리고 여러 가지 모델의 기법이나 기술들을 절충 또는 통합적으로 활용할 수도 있으며, 일반적인 상담이나 정신치료에서 사용하는 다양한 기법들을 모두 사용할 수 있다. 이러한 노인상담의 기법과 기술을 간략히 제시하면 다음과 같다(권중돈, 2007).

1) 주의집중과 경청

효과적인 의사소통과 상담이 이루어지기 위해서는 클라이언트의 관심사에 집중하여야 한다. 이를 위해서 상담자는 시선을 내담자의 넥타이 매듭-눈 사이에서 이동하고, 몸은 앞으로 약간 숙이고, 팔다리를 꼬지 않는 태도를 보이며, 내담자의 보이지 않는 정서에 귀를 기울여야 하며, 제 3의 귀 즉, 눈으로 적극적으로 관찰하여야 한다.

이러한 주의집중 기술과 함께 상담자는 클라이언트의 의사소통을 경청하여야 하는데, 경청을 위해서는 1·2·3의 원칙을 따르는 것이 바람직하다. 즉, 1분 동안 상담자가 얘기하고, 2분 동안 클라이언트의 의사소통을 귀담아 듣고, 3분 동안 클라이언트가 한 말의 의미를 깊이 되새기며 어떻게 반응할지에 대해 깊이 있게 생각해야만 적절한 경청이 이루어질 수 있다. 이러한 경청에는 지지적 언어반응, 언어의 재구성, 지지적 반응, 명료화, 비언어적 단서탐색, 도전, 자기노출 등이 포함된다(권중돈·윤경아·배숙경, 2002).

지지적 언어반응은 "아- 예", "알겠어요" 등과 같은 단순한 말 한마디로 클라이언트의 말에 동의하거나 클라이언트의 말을 이해하고 있다는 것을 전달하여 클라이언트가 계속 이야기하도록 격려하는 것이다. 언어의 재구성은 클라이언트가 말한 것을 다른 단어를 사용하여 재구성하는 기법으로, 클라이언트의 의도를 파악하고 클라이언트에게 자신이 한 말에 대해 잠시 생각해 볼 수 있는 시간을 주며, 클라이언트가 말한 것을 경청하고 있다는 것을 보여주기 위해 사용한다. 지지적 반응은 "...는 정상적인 것입니다"와 같은 반응을 통해 수용과 격려를 보여주기 위해 사용한다.

명료화란 클라이언트의 말 중에서 모호한 점에 대해 좀더 자세히 설명해 달라고 요구하는 상담기법이다. 이 기법은 클라이언트에게 자신이 말한 것을 좀더 분명하게 인식시키고 동시에 상담자 자신의 이해를 분명하게 하기 위한 목적으로 사용된다. 비언어적 단서탐색은 비언어적인 단서의 의미에 대해 묻는 것으로, "제가 보기에는 ..." 혹은 "제가 듣기에는 ..."와 같이 표현한다.

도전이란 클라이언트의 ① 말들간의 불일치, ② 말과 행동간의 불일치, ③ 언어적인 행동과 비언어적 행동의 불일치, 그리고 ④ 둘 이상의 사람들간의 불일치에 대해 직접적으로 지적하는 것이다. 따라서 도전은 상대방에게 부정적이거나 적대적인 반응을 일으킬 수 있다. 하지만 도전을 통해 주요 문제와 클라이언트의 욕구 및 강점, 그리고 현재의 감정에 대해 탐색하고 명확히 할 수 있다.

자기노출은 상담자 자신의 개인적인 관찰, 경험, 생각을 클라이언트와 함께 이야기하는 기법이다. 자기노출은 클라이언트의 상황에 적합하고 짧고 간결해야 하며 클라이언트에게 도움이 되는 한도에서 행해져야 한다.

2) 질문기법

노인 상담과정에서 질문을 할 때 지켜야 할 원칙은 일반상담과 동일하다. 노인상담에서 활용될 수 있는 해결중심 단기치료의 다양한 질문기법으로는 초점질문, 해결중심질문, 순환질문, 기적질문, 대처질문 등이 있다(권중돈·윤경아·배숙경, 2002).

초점질문은 구체적 사항을 묻는 것으로 클라이언트를 특정 사항에 집중하게 하는 기법으로, "문제가 무엇입니까?" "문제가 생긴 지 얼마나 오래되었습니까?" 등과 같은 질문을 예로 들 수 있다. 해결중심질문은 해결에 초점을 두어 클라이언트의 생각이 문제보다는 해결방안 쪽으로 변화될 수 있게 하는 질문으로, "문제가 다소 좋아지는 때는 언제입니까?" "이러한 예외적인 일이 좀 더 일어나기 위해 어르신께 필요한 것은 무엇입니까?" 등의 질문을 예로 들 수 있다. 순환질문은 클라이언트로 하여금 문제나 문제해결과 관련된 부분들의 상호연관성을 파악하게 하는 질문으로, "친구 분이 그렇게 할 때, 어르신께서는 무얼 하셨습니까?" 등의 질문을 예로 들 수 있다.

기적질문은 클라이언트로 하여금 미래지향적 사고를 갖게 할 목적으로 사용하는데, "기적처럼 어르신의 문제가 해결되었다면, 무엇이 달라지겠습니까?"와 같이 질문할 수 있다. 대처질문은 고통스러운 상황에서 생존하기 위해 클라이언트가 하고 있는 일이 무엇인지에 초점을 맞추게 하기 위한 것으로, "지금까지 힘들었을 때 가장 도움이 되었던 것은 무엇입니까?"와 같은 질문을 할 수 있다.

3) 인지적 행동수정 기법

지나친 일반화, 자기비하, 타인에 대한 비현실적인 요구, 자신에 대한 비현실적인 기대, 자신의 중요성에 대한 과장 등과 같은 노인의 비합리적이고 왜곡된 인지과정은 노인의 부정적 감정과 행동을 유발할 수 있다. 이러한 비합리적 인지를 재구조화하는 기법으로는 인지 재구조화기법, 인지적 자기지시, 인지적 심상기법 등이 있으며, 체계적 둔감화, 사고중단, 이완기법 등과 함께 사용된다.

인지적 재구조화 기법은 Mahoney(1974)가 개발한 기법으로 내담자의 사고에 내포되어 있는 잘못된 논리를 표현하게 하고, 불합리한 사고과정을 논리적이고 합리적인 사고유형으로 대치하는 기법이다. 이러한 인지적 재구조화기법은 먼저 내담자의 사고나 신념의 근거가 되는 비합리적 가정을 조사하고, 대안적 가정을 만들게 하고, 현실 상황에서 대안적 가정을 검증할 수 있는 행동을 하게 하고, 이러한 논리에 대해 환류를 제공함으로써 부적응적 행동의 원인이 되는 내담자의 잘못된 논리를 변화시키게 된다. 그리고 인지적 자기지시(cognitive self-instruction)기법은 Meichenbaum(1977)이 개발한 기법으로 내적 대화

(internal dialogues)와 겉으로 드러나지 않은 자기진술을 하게 함으로써, 어려운 생활사건에 대처하고 행동문제를 해결하게 하는 기법이다. 예를 들면 불안하여 "나는 할 수 없어"라고 말하는 클라이언트에게 "나는 최선을 다해 그걸 해 볼테야"라는 말을 마음속으로 반복하게 함으로써, 부적응적 행동의 원인이 되는 자기패배적 사고에서 벗어나게 하는 경우가 있을 수 있다.

인지적 심상기법(cognitive imagery techniques)은 공포나 불안을 야기시키는 사건에 대한 비생산적 반응을 소거하기 위한 기법으로 홍수기법(flooding)과 내파기법(implosion)이 있다. 내파기법은 두려운 사건이나 자극 중에서 가장 두려웠던 경우를 상상하게 함으로써, 실제 두려운 상황에 직면하였을 때 이를 극복할 수 있도록 원조하는 기법이다.

홍수기법은 클라이언트에게 사건 중에서 가장 두려웠던 순간을 상상하게 하는 것이 아니라 실제로 두려움을 느끼는 상황을 상상하게 한다는 점에서 내파기법과 다르다. 그리고 Lazarus(1971)의 합리적 심상기법(rational imagery)은 불안이나 두려움을 느끼는 상황에서 즐겁고 유쾌한 상황이나 사건을 상상하게 하는 기법으로 불합리한 신념이나 가정에 도전할 수 있게 하고 불안을 야기시키는 상황에 효과적으로 대처할 수 있게 해준다.

4) 회상요법

인생회고(life review) 또는 회상(reminiscence)은 과거의 사건이나 경험을 기억해내는 과정을 통해 과거를 돌아보고 지나온 생을 정리하는 특성을 가진 노인들에게 적합한 상담방법이다. 이러한 회상을 통해 노인들은 ① 과거 자신의 긍정적인 자아상과 현재를 동일시함으로써 자아성취감, 충족감, 생의 의미를 발견하게 되고, ② 심리적 상실감을 극복하고 자아통합을 성취하며 우울이 감소하고, ③ 자신의 과거를 미화시키거나 합리화시킴으로써 죄의식과 갈등을 극복할 수 있지만, ④ 자신의 생애를 완전한 실패로 회고할 경우에는 외로움, 우울 및 죄의식이 심화될 수도 있다(전시자, 1989). 회상은 개별노인이나 노인집단 모두를 대상으로 행해질 수 있지만 대개 집단과정을 통해 이루어진다. 집단회상방법은 개별노인에 대한 회상보다 비용이 적게 들고, 기억공유과정을 통해 소속감이 증진되며, 다른 노인들의 경험과 자신의 경험을 비교함으로써 개인적 정체성과 인간적인 가치감이 강화되고, 외로움과 소외감을 줄일 수 있는 장점이 있다. 집단상담 상황에서 활용할 수 있는 회상요법으로는 다음과 같은 것들이 있다(한국청소년개발원, 1996).

(1) 생애도표 기법

생애도표기법은 과거의 자신을 그대로 수용하고 이해함으로써 앞으로의 생애를 더욱 알차게 살게 하기 위한 집단상담기법이다. 이 프로그램을 운영하는데는 1시간에서 1시간 30분 정도가 소요되며, 필기도구와 16절지, 음악테잎 등이 필요하며, 과거를 되돌아볼 수 있는 차분한 분위기를 조성하여야 한다. 이 프로그램의 진행절차는 다음과 같다(한국청소년개발원, 1996).

① 다음 글을 읽어 주면서 잠시 명상에 잠기도록 한다.

"태어나서 이 자리에 오기까지 지나간 순간순간 애써서 살아오면서 기뻤던 일 슬펐던 일, 고통스러웠던 일 모두에서 최선을 다해 살아왔습니다. 힘들었을 때 그 누가 건네준 말 한마디, 고통스러웠을 때 손 한 번 잡아줌이 얼마나 힘이 되었는지, 내가 슬퍼할 때 같이 해준 친구 등 모든 이들을 잊을 수 없습니다. 이렇게 크고 작은 일들 속에서 만났던 사람들-가정에서 식구들, 학교에서 선생님과 친구들, 이웃에서 (교회) 어른들과 형·아우들-을 생각하면서 인생살이의 각각 10년의 세월 속에 머물러 보십시오."

② 다음 그림에 지나온 세월을 10년 단위로 구분해서 일직선상에 점을 찍어 표시한다.
  ○ 먼저 현재 자신의 나이에 해당하는 칸에 성공과 실패의 정도를 고려하여 적당한 지점에 점을 찍고, 출생부터 지금까지 살아온 인생을 10년 단위로 성공과 실패감을 점으로 표시한다.
  ○ 각각의 연령대에 찍은 점을 연결하여 그린다.

	출생	10세	20세	30세	40세	50세	60세	70세	80세
성공									
0									
실패									

③ 가장 성공했던 시기와 그때의 상황, 가장 힘들고 실패했던 시기와 그때의 상황 그리고 도움을 준 사람에 대해 자세히 회상하고, 기록한다.
④ 기록한 것을 서로 발표하고, 자신의 생애곡선을 참가자들에게 보여 준다.

⑤ 도움을 준 사람들을 기억하고 계속 관심을 기울였는지를 되돌아보고 반성하고, 앞으로 어떻게 살아갈 것인지에 대해서도 발표한다.
⑥ 발표가 끝난 후 서로의 느낌을 나눈다.
(2) 감사한 사람들
① 다음 글을 읽어 주면서 잠시 명상에 잠기게 한다.
"세상에 태어나서 지금 여기 오기까지 힘들게 살아온 날들 속에서 정말 다행스럽게도 자기 자신을 지키며 살 수 있었던 것은 많은 사람들이 건네 준 말 한마디, 한 번의 손잡음으로 인해 가능했습니다."
② 특별히 생각나는 감사한 사람 다섯 사람을 적고, 그 사람과 관계있는 힘들었던 사건 세 가지를 적는다.
③ 또는 특별히 인상에 남는, 닮고 싶어했던 사람 세사람을 적는다(간접 체험으로 책 속의 주인공, 영화의 주인공도 허용한다).
④ 될 수 있는 대로 간단하고 명료하게 서술하도록 한다.
⑤ 감사 항목을 기재하고, 그 내용을 발표한 후 느낌을 교환한다.
⑥ 자신은 누구에게 인상적이었을까 생각해 보고, 앞으로의 다짐도 발표해 본다.

5) 인정요법

인정요법 또는 정당화요법(validation therapy)은 치매노인과 같이 인지기능이 저하된 노인들에게 효과적인 개입방법으로, 비정상적인 행위일지라도 모든 행위 이면에는 어떤 논리가 존재한다는 전제를 근거로 한다. 인정요법은 현실에 대한 정확한 인식을 갖게 하는 것이 목표가 아니고, ① 개인행동의 배후에 있는 개인적 의미를 이해하고, ② 클라이언트의 감정과 표현을 의미 있는 것으로 받아들이고, ③ 노인의 과거 갈등을 해결할 수 있도록 도움으로써 클라이언트의 불안과 스트레스를 줄이고, ④ 위엄과 안위, 자아존중감을 증진시킬 수 있는 접근방법이다. 이러한 인정요법의 치료목표는 인지기능이 저하된 노인의 ① 불안 감소, ② 원활한 의사소통, ③ 노인의 내면세계로의 침거 방지, ④ 과거의 해결되지 않은 갈등 해결, 그리고 ⑤ 가족이나 상담자의 소진 예방이라 할 수 있다.

인정요법에서 사용하는 기술은 집중(centering), 반복(rephrasing) 그리고 모방(mirroring)이 있다. 집중기법은 의심하거나 비난하는 노인 클라이언트와 상담할 때 상담자가 자신의 현재 감정을 솔직히 인정하고 심호흡을 하고 한 곳을 집중하여 쳐다보는 등의 방법으로 문제가 되는 감정을 해결하는 기법이다. 반복은 인지기능이 저하된 노인은 자신이 말한 내용을 다른 사람을 통해 듣게 되었을 때 종종 편안함을 느끼므로, 목소리 톤, 말의 속도 등을 똑같이 하여 노인 클라이언트가 한 말을 반복하는 기법이다. 모방기법은 반복적 행동 즉, 상동증(常同症)이 있는 노인 클라이언트의 동작을 똑같이 따라 함으로써, 클라이언트의 신뢰를 얻는 기법이다

6) 기타의 상담기법

이상에서 제시한 상담기법이나 요법 이외에 일반 상담이나 치료에서 자주 활용되는 기법들을 노인상담에서 활용할 수 있다. 먼저 역할전환기법은 클라이언트가 상대방의 역할을 수행해 봄으로써 상대방의 입장을 이해하게 하는 기법이다. 예를 들어 시어머니와 며느리 사이에 갈등이 있을 때, 상담자가 며느리가 되고, 클라이언트가 시어머니의 역할을 한 후 역할을 바꾸어서 수행해 봄으로써 서로의 입장을 더욱 빨리 이해할 수 있게 된다. 이러한 역할전환기법은 언어적 대화보다는 행동적 기법이 치료의 진행과 결과에 더욱 효과적인 경우가 많다.

재정의(reframing) 또는 긍정적 의미부여(positive connotation) 기법은 클라이언트로 하여금 다른 시각에서 문제를 볼 수 있도록 하는 일종의 역설기법이다. 상담자가 문제나 관련된 상황을 긍정적 의미로 재해석하여 문제와 관련된 클라이언트의 정서를 변화시킨다. 이 기법은 세대 간 단절이나 고부갈등에 유용한데, '노부모를 자주 찾아오지 않는 아들'을 '사회적으로 성공한 자녀'로 재해석하여 의미를 전환시키는 경우를 예로 들 수 있다.

지시(directive)나 과제부여 기법은 클라이언트에게 상담시간이나 가정에서 수행할 수 있는 과제를 부여함으로써, 문제 상황을 직접 확인하거나 가정으로 상담자를 데려간 것과 같은 효과를 얻기 위한 기법이다. 상담자는 상담시간 중에 언어로 설명만 하기보다는 그때의 상황을 재현해 보도록 하거나, 잘못된 의사소통 양식을 지적하고 개선 및 향상 방법을 지시하거나, 새로운 의사소통 방법을 교육하거나, 새로운 규칙을 따르도록 명령을 내리는 기법이다. 이러한 지시나 과제를 부과할 때 유의해야 할 사항은 과제는 수행 가능한 쉬운 문제부터 시작하여 작은 변화를 일으켜 체계의 변화를 유도해야 한다. 그리고 명확하고 구체적인 것을 과제로 부과하여야 하며, 전체 가족이 참여하는 과제를 부과하고, 일상생활과 밀접한 과제를 부과하되 가족의 동의를 얻어야 하며, 과제를 부과한 이후에는 과제를 재검토하게 해야 하며, 과제를 이행하지 않았을 경우에는 반드시 유감스러움을 표현해야 한다.

장점활용 기법을 활용하여 노인 클라이언트 스스로 문제를 정확히 인식하고, 합리적인 문제해결방안을 찾을 수 있도록 도와주어야 한다. 상담자는 현재 상태에서 클라이언트가 생각하고 있는 방법이나 대안을 질문하고, 과거에 문제해결을 위하여 시도한 방법을 파악하여, 문제해결에 장애가 되는 요인들을 찾아보고, 극복방안을 제시해 보도록 한다. 그리

고 상담자는 클라이언트의 문제나 단점에 초점을 둔 면접보다는 클라이언트가 자신의 장점, 개인적 및 주변 자원, 잠재력 등을 확인하여 이를 확대시켜 나갈 수 있도록 지지하여 노인 클라이언트의 독립적 생활능력을 강화해 나가야 한다.

역설적 기법은 노인 클라이언트의 저항이 심할 때 변화를 일으키는 치료기법으로 처방, 제지 등이 있다. 처방(prescription)은 증상을 지속하게 하거나, 과장하게 하고, 자의(自意)로 증상을 통제할 수 있도록 하는 기법이다. 제지(restraint)는 소극적 노력을 하는 클라이언트에게 재발을 예측하여 경고하거나, 변화의 속도가 지나치게 빠르다고 지적하는 기법이다.

세대분화기법은 가족체계내의 세대 간 정서적 융합을 줄이기 위한 방법으로, 부분화, 편들기, 충성심 표출, 면죄부 기법 등이 있다. 먼저 부분화(partiality) 기법은 상담자가 확대 가족, 사망한 가족성원 등 가족과 관련된 모든 부분의 입장을 대변해줌으로써 가족의 주관적 인식을 바꾸고, 가족신념체계에서 분화시키는 기법이다. 편들기(siding) 기법은 가족성원 한명 한명에게 돌아가면서 감정이입하고, 그의 말을 경청해 주는 반면 다른 사람에게는 적대적으로 대하여 분화를 촉진하는 기법이다. 충성심 표출(loyalty framing) 기법은 가족 내의 충성심 존재 여부, 충성심이 존중되게 된 과정, 다세대에 걸친 전수과정 등을 탐색하여 충성심의 윤곽을 제시하는 기법이다. 면죄부(exoneration) 기법은 성원들이 가족에 충성을 다하지 못함으로써 느끼게 되는 죄의식이나 자기비난 등의 문제를 해결하기 위하여 특정 생활사건이 지니는 의미와 이 사건에 대해 개인적으로 갖고 있는 지각, 애도과정 등을 명확화해 주는 기법을 말한다.

애완동물 기법은 노인들의 삶에 대한 애착 증진, 생활에 대한 책임감과 규칙적 생활의 유지를 도모하기 위한 기법이다. 애완동물과의 동반외출, 애완동물 쓰다듬기 등의 활동은 노인의 사회적 활동과 고독의 감소에 기여한다. 상담자는 노인이 좋아하는 애완동물을 직접 선택하여 키우도록 권유하고, 애완동물을 키우는 것에 대해 지속적 관심을 기울여야 한다.

자원연결기법은 노인 클라이언트가 문제해결을 위해 활용할 수 있는 사회적 자원에 관한 정보를 제공하거나 직접 연결하는 기법이다. 노인상담에서는 상담실에서의 의사소통 교환 행위와 아울러 노인에게 도움이 되는 직접적 서비스가 같이 병행되어야 한다는 점을 특히 유념해야 할 것이다. 즉, 효과적 노인상담을 위해서는 전문상담 이전에 노인에 대한 존경과 이의 행동적 표현이 바탕이 되어야 하며, 상담실에서의 '말'의 교환행위가 아닌 질병 치료, 생활비 지원 등의 직접적 서비스를 제공하는 '움직이는 상담' 즉, 사회적 자원 연결이 매우 중요하다. 따라서 노년기의 사회적 관계망을 유지하고, 이들 관계망으로부터 다양한 차원의 지지를 유도해 낼 수 있는 사회적 자원 동원기법을 활용해야 할 것이다.
　그 외에 노인상담에서는 전통적 의미의 상담과 치료에서 활용되는 기법 이외에, 음악치료, 미술치료, 작업치료, 원예치료, 문예요법 등의 다양한 재활치료적 접근방법의 세부적인 기법과 기술들이 활용될 수 있다

MEMO

MEMO

MEMO

제 6 장 독거노인의 주거생활과 안전관리

학 습 목 표
□ 노년기 주거환경의 중요성과 노인 주택 설계 및 개조지침을 이해한다. □ 독거노인의 가정내 안전사고와 사고방지를 위한 예방수칙을 이해한다. □ 독거노인 안전확인을 위한 방법과 기기의 조작법을 이해한다.

Ⅰ. 노년기 주거환경과 주택설계·개조 지침

1. 노년기 주거환경의 의미와 주거문제

주거환경은 인간에게 가장 필수적인 생활환경이며, 삶의 질을 결정하는 가장 중요한 요인이다. 노인에게 있어서의 주거환경이 갖는 의미는 다른 세대와 다르지 않지만, 노년기에는 생활영역의 축소, 환경에 대한 적응능력의 약화로 인하여 그 중요성이 더욱 높아진다. 노년기에는 신체적 기능과 일상생활 동작능력의 저하로 인하여 독립적 일상생활에 제한을 받는 경우가 많기 때문에, 이를 보완할 수 있는 주거환경을 갖추어야 할 필요가 있다. 그리고 노년기에는 퇴직 등으로 인하여 사회적 관계망이 위축되고 이로 인해 심리적 고독감과 사회적 소외를 경험할 가능성이 높기 때문에, 이를 유지 또는 보완할 수 있는 주거환경과 지역사회 환경의 구축은 더욱 중요하다(권중돈, 2007).

이와 같은 중요성을 지닌 노년기의 주거환경은 노후생활에 매우 중요한 의미를 지닌다(이연숙, 2000). 첫째, 노년기에는 주된 생활영역이 가정환경으로 축소되는 경향이 있기 때문에, 노년기의 주택은 중요한 삶의 터전이 됨과 동시에 노후생활 안정의 가장 중요한 요소가 된다. 둘째, 우리나라와 같이 주택가격이 비싼 상황에서는 주택의 소유가 중요한 노후 소득보장의 주요 도구가 될 수 있으며, 자가를 소유한 노인의 경우 추가적인 주거비용에 대한 부담이 줄어들게 되므로 안정적 경제생활을 할 수 있게 된다. 셋째, 동일 주택에서 지속적으로 거주할 경우 친구나 이웃 등과 같은 사회적 관계망을 유지하고, 지역사회 내에서 웃어른으로 대접받는 등 사회적 지위의 유지가 가능해진다. 넷째, 인간으로서의 존엄성을 유지할 수 있는 사생활의 자유를 공간적으로 확보할 수 있게 된다. 다섯째, 이전부터 생활해온 주택에서 계속해서 살게 될 경우 일생에 걸친 추억과 경험의 연속성을 유지할 수 있게 된다. 여섯째, 노인들의 생활에 적합하도록 계획된 주거공간을 확보함으로써 신체

기능 및 일상생활 기능 저하를 보완하고 수용하며, 안전생활을 보장하는 물리적 환경의 확보가 가능해진다. 이와 같이 노년기의 주거환경은 노인들의 삶의 질과 노후생활 적응을 결정하는 중요한 요인이 되고 있다.

노년기의 주거환경이 중요한 가치를 지님에도 불구하고, 노년기의 주거문제는 노인 스스로 또는 가족의 힘으로 해결해야 한다는 사회적 인식이 주류를 이루고 있기 때문에, 노년기의 주거환경에 대한 학술적 논의나 정책적 대안마련은 매우 미흡한 상황이다. 노년기의 주거문제와 주거보장에 대한 관심의 부족과 함께, 노년기의 경제 및 건강수준의 약화, 가족의 동거부양기능 약화 그리고 높은 주택가격 등으로 인하여 노인들은 심각한 주거문제를 경험하고 있다. 노년기에는 신체적 기능과 일상생활 능력의 약화로 인하여 주거환경의 개선에 대한 욕구는 높아진다. 그러나 경제적 기반이 확고하지 못한 관계로 주택구입, 증·개축, 수리 등에 필요한 주거비용을 마련하는데 어려움이 있고, 성인 자녀들과 별거하는 경향이 확산되고 있으며, 국가의 미흡한 주거보장제도로 인하여 노인들은 심각한 주거문제를 경험하고 있다(박신영, 2003; 이경락, 2003).

2. 노인을 위한 주거환경 계획의 원칙

대부분의 노인들은 자신이 태어나고 성장하여 오랫동안 생활해온 지역과 주택에서 생활하려 성향이 강하다. 하지만 주택의 구조가 생활에 많은 불편을 초래하고, 안전사고나 건강을 저해할 우려가 있을 경우 노인들이 생활하기에 편리한 주거환경을 구축할 필요가 있다. 즉, 노화로 인한 기능 저하를 보완하면서 노인들의 독립적이고 안전한 생활을 보장하고, 사생활을 유지하면서 원만한 사회적 관계를 맺을 수 있도록 특별히 계획된 주거환경을 갖추어야 할 것이다.

그럼에도 불구하고 우리나라에서 공급되는 주택의 구조나 시설, 가구 등은 젊은 세대의 기호에 맞추어져 있는 관계로 대부분의 노인들은 주거생활에 불편을 경험하고 있다. 따라서 노인의 신체·심리·사회적 특성을 고려한 주거환경이 계획되어져야 할 필요가 있다. 노인들의 삶의 질을 고양하기 위한 주거환경을 계획함에 있어서는 다음과 같은 원칙을 따르는 것이 바람직하다(Valins, 1988; 상형종, 1992; 건축자료 연구회, 1998; 이관용, 2003).

① 이사 등과 같은 주거환경의 변화를 최소화하여, 주거의 연속성을 보장한다.
② 생활의 의존성을 최소화시키고 독립성을 조장한다.
③ 일상생활 동작능력에 맞는 생활수단과 방법을 검토하여 기능적인 환경을 만든다.
④ 안전한 주거환경을 조성한다.

⑤ 생물학적 쾌적성을 유지하고, 건강을 지원할 수 있어야 한다.
⑥ 필요한 동작이나 이동이 편리한 장애가 없는(barrier-free) 물리적 환경을 갖춘다.
⑦ 공간조직과 동선(動線)을 단순화, 직선화하며, 설비의 혼동이 이루어지지 않게 하여 방향감각과 이해력을 향상시킨다.
⑧ 노인의 사생활을 보호할 수 있어야 한다.
⑨ 사회적 상호작용과 사회참여를 자극하고, 지역사회 서비스에 대한 접근성을 최대화한다.

3. 노인 주거시설의 설계지침 및 개조기준

노화로 인한 기능 저하를 보완하면서 노인들의 독립적이고 안전하면서도 편리한 생활을 보장하기 위해서는 노년기의 특성을 고려하여 특별히 설계된 주거환경을 갖추어야 한다. 산업자원부 기술표준연구원(2006)에서는 노인을 배려한 주거시설을 계획함에 있어서 따라야 할 설계지침을 작성하여 한국산업규격(KS : Korean Industrial Standards)으로 고시(告示)하였다. 앞으로 노인 주택이나 시설을 신축함에 있어서는 이 설계지침에 의거하여 건축되겠지만, 기존 주택의 경우에는 노인의 생활편의를 고려하여 설계된 경우가 드물기 때문에 주택개조가 필수적이다. 이에 건설교통부에서는 '노인 주택개조기준'을 제정하여 고시하였는데, 그 주요 내용은 다음과 같다(건설교통부, 2005).

1) 각 실(室) 공통 개조기준
① 단차(턱)
  ○ 각 실 상호간에는 단차가 없도록 개조하는 것을 원칙으로 한다.
  ○ 현관 및 욕실/화장실 등에서 단차를 없애기가 곤란한 경우 3cm 이하(휠체어 사용자를 위해서는 1.5cm)가 되도록 개조하되, 단을 낮추기가 곤란한 경우에는 단의 양면에 완만한 경사판을 설치한다.
② 램프 스위치
  ○ 각 실에는 작동하기 쉽고, 점등 시 위치를 알 수 있는 조작판이 넓은 램프 스위치를 설치한다.
  ○ 램프 스위치는 벽모서리에서 0.5m를 띄우고 바닥에서 0.8m 이상 0.9m 이하의 높이에 설치한다.
③ 보조발판
  ○ 현관에 단차를 줄이기 어려운 경우 발 디딤판용 보조발판을 설치한다.

○ 부엌/식당에서 작업대 및 상부 수납장을 사용하기 위한 보조발판을 설치한다.
④ 비상연락장치
○ 침실, 욕실/화장실에는 비상연락장치(비상벨, 인터폰 등)를 설치한다.
⑤ 콘센트
○ 침실, 거실, 욕실/화장실, 부엌/식당에는 플러그를 꽂고 빼기 쉬운 형태의 콘센트를 필요한 위치마다 설치한다.
○ 콘센트는 벽 모서리에서 0.5m를 띄우고 바닥에서 0.4m 이상 0.9m 이하의 높이에 설치한다.
○ 물을 사용하는 공간에는 습기로 인한 감전방지 장치가 부착된 콘센트를 설치한다.
⑥ 온수시설
○ 욕실/화장실, 부엌/식당에는 온수시설을 설치한다.
○ 온수시설을 설치하기 곤란한 경우 순간온수기를 설치한다.
⑦ 문 잠금장치는 날씨나 주·야간의 변화에 구애받지 않고 사용하기 편리한 것을 설치하도록 유도한다.
⑧ 문손잡이는 사용하기 쉬운 고리형이나 누름판형 또는 레버형으로 교체하도록 유도하되, 바닥에서 0.8m 이상 0.9m 이하의 높이에 설치한다.
⑨ 욕실/화장실, 부엌/식당의 손잡이는 작동하기 쉬운 레버형으로 하고, 냉온수가 일체로 된 형태를 설치한다.
⑩ 인터폰, 조명스위치
○ 침실, 거실, 부엌/식당에는 외부인의 방문을 인지하고 응대하기 위하여 인터폰 설치하도록 유도하되, 벽모서리에서 0.5m를 띄우고 바닥에서 1.2m 높이에 설치한다.
○ 침실의 조명스위치는 침실 입구와 침대 머리쪽에 설치하고, 거실의 조명스위치는 거실 입구와 그 반대편에 설치하며, 부엌의 조명스위치는 부엌 입구와 그 반대쪽 또는 다용도실/발코니 쪽에서 점등이 되게 설치하도록 유도한다.
○ 조명스위치는 벽 모서리에서 0.5m를 띄우고 바닥에서 0.8m 이상 0.9m 이하의 높이에 설치한다.

2) 현관 개조기준
① 경사로
○ 경사로 유효 폭은 1.2m 이상으로 한다. 다만, 유효 폭을 확보하기 곤란한 경우 0.9m 이상으로 한다.

○ 경사로 시작과 끝에는 1.5m × 1.5m 이상의 활동공간을 확보한다.
○ 경사로 기울기는 1/12 이하로 한다. 다만, 1/12 이하의 기울기를 확보하기 곤란한 경우 1/8 이하까지 할 수 있으며 이 경우 경사로의 측면에 안전손잡이를 설치한다.
○ 경사로 바닥은 미끄럽지 않은 재질을 사용하거나 미끄럽지 않게 처리한다.
○ 경사로 양 측면에는 5cm 이상 높이의 추락 방지 턱을 설치한다.

② 안전손잡이(handrail)
○ 현관에서 실내로 진입하는 공간을 안전하게 오르내리기 위한 안전손잡이를 설치하도록 유도한다.
○ 안전손잡이는 길이를 0.6m 이상으로 하고, 봉의 지름은 3.2~3.8cm로 하여, 바닥에서 0.75m 높이에 수직으로 세워 설치한다.

③ 벽 부착용 의자
○ 현관에 앉아서 편하게 신발을 신거나 벗을 수 있게 의자를 설치하도록 유도하되, 의자는 바닥에서 0.4m 이상 0.45m 이하의 높이에 설치한다.
○ 실내공간이 협소한 경우, 간이의자를 벽에 부착시켜 사용할 수 있도록 유도한다.

④ 현관 외부 연결로
○ 계단의 발 디딤 면은 미끄러지지 않은 재질로 28cm 이상, 단(챌판)높이는 18cm 이하로 한다. 이때 발 디딤면 넓이와 단(챌판) 높이의 치수는 각각 일정하게 조정한다.
○ 계단의 각도가 완만하게 유지되도록 발 디딤면과 단(챌판)을 조정한다.
○ 난간은 바닥에서 0.7m 이상 0.9m 이하의 높이에 설치한다.
○ 난간은 계단의 경사가 45도 미만일 때는 한쪽만 설치하여도 되나, 45도 이상일 때는 양쪽에 설치한다.
○ 현관 등에 단차가 있는 경우 식별을 쉽게 하기 위한 국부조명을 설치하거나 바닥재의 재질 또는 색깔을 달리하여 마감 처리한다.

3) 침실 개조기준
○ 침대를 배치할 수 있는 공간계획이 되도록 유도하되, 침대(매트리스 포함) 높이는 바닥에서 0.4m 이상 0.45m 이하로 한다.
○ 침대 주변에 0.5m 이상(휠체어 사용자의 경우는 1.2m)의 활동 공간을 확보하도록 유도한다.

4) 거실 개조기준
- 소파 및 의자를 배치하여 입식생활이 가능하도록 유도한다.
- 소파 및 의자는 안전을 고려하여 팔걸이가 있는 것으로 모서리가 날카롭지 않고 부드러운 재질인 것을 선택한다.
- 소파 및 의자는 사용하기 편하게 좌판이 지나치게 푹신하고 등판의 각도가 많이 벌어진 것을 피하도록 한다.
- 소파 및 의자 앉는 판은 발이 바닥에 편안하게 닿을 수 있게 바닥에서 0.4m 이상 0.45m 이하의 높이로 한다.

5) 욕실·화장실 개조기준
① 욕조 및 욕실 바닥
- 욕조는 옮겨 앉을 수 있는 좌대가 있는 욕조로 한다.
- 욕조는 0.4m 이상 0.45m 이하의 높이로 한다.
- 욕조 바닥은 물에 젖어도 미끄럽지 않은 고무패드 등을 부착한다.
- 욕실 바닥은 물에 젖어도 미끄럽지 않은 재질로 마감한다.
- 욕실 바닥의 기울기는 50분의 1이하, 욕조바닥의 기울기는 30분의 1이하로 한다.

② 욕실 문
- 욕실 문은 비상시 밖에서 열 수 있는 구조로 한다.
- 욕실 문 안팎에 문의 개폐에 따른 유효공간을 확보할 수 없는 경우, 미닫이 문을 설치한다.
- 욕실 출입문의 통과 유효폭은 0.8m 이상이 되도록 유도한다.

③ 욕조 주변 안전손잡이(핸드레일)
- 욕조 주변에는 안전손잡이(수평형, 수직형, 경사형, L자형)를 설치한다.
- 안전손잡이가 없는 욕조인 경우, 시중에 판매하는 안전손잡이를 기존의 욕조에 부착하여 사용한다.

④ 양변기 주변 안전손잡이(핸드레일)
- 양변기 주변에 안전손잡이를 설치할 경우, 양변기 중심에서 벽까지 0.45m의 공간을 확보한다.
- 수평손잡이는 바닥에서 0.6m 이상 0.7m 이하의 높이에 설치하고, 한쪽 손잡이는 변기 중심에서 0.45m 되는 지점에 고정하고 다른 손잡이는 회전식으로 할 수 있으며, 좌우 손잡이의 간격은 0.7m로 한다.

○ 수직손잡이는 길이를 0.9m 이상으로 하고, 하단이 바닥에서 0.6m 높이에 설치한다.
○ 수평손잡이와 수직손잡이를 연결한 L자형 안전 손잡이는 모서리 부분이 변기의 전면에서 0.2m 이상 0.25m 이하 떨어진 앞쪽 벽에 설치한다.
○ 경사형 손잡이는 변기에서 편하게 이용할 수 있는 각도와 위치를 고려하여 설치한다.

⑤ 목욕용 의자
○ 목욕용 의자를 비치하여 앉아서 목욕할 수 있게 한다.
○ 목욕용 의자는 안전을 고려하여 의자 다리에 고무로 댄 것을 선택한다.
○ 욕조의 양 측면에 걸칠 수 있는 좌대를 설치하여 앉아서 목욕할 수 있게 한다. 이 때, 욕조의 높이는 바닥에서 0.4m 이상 0.45m 이하로 한다.
○ 목욕용 의자 및 좌대는 목욕 시 앉은 자세에서 필요한 설비(수전, 샤워기)와 물품을 이용할 수 있는 곳에 설치한다.

⑥ 양변기
○ 재래식 변기는 양변기로 교체하도록 유도하되, 양변기 좌면은 바닥에서 0.4m 이상 0.45m 이하의 높이에 설치한다.
○ 양변기 세정장치는 광 감지식, 누름 버튼식 또는 레버식 등 사용하기 쉬울 것으로 교체하도록 유도한다.
○ 양변기의 유효 바닥면적은 폭 1m 이상, 깊이 1.8m 이상(휠체어를 사용하는 경우 양변기의 유효바닥 면적은 좌측 또는 우측에 0.75m 이상, 전면에 1.2m 이상의 공간을 확보)이 되도록 설치를 유도한다.

⑦ 휴지/수건걸이
○ 휴지걸이는 변기에 앉은 자세에서 접근할 수 있도록 손이 닿을 수 있는 위치와 높이에 설치하도록 유도한다.
○ 수건걸이는 세면대에서 가까운 위치이고 바닥에서 1m 높이에 설치하도록 유도한다.

⑧ 샤워기 걸이는 높이 조절이 가능한 것을 설치하도록 유도하되, 샤워기 걸이는 하단이 바닥에서 1m 이상이 되고, 상단이 1.8m 이하가 되도록 설치한다.

⑨ 샤워실
○ 욕실이 좁은 경우에 욕조를 제거하고 샤워실을 설치하도록 유도하되, 샤워실 바닥은 물에 젖어도 미끄럽지 않은 재질로 마감 처리한다.
○ 샤워실에는 미세기문, 접이문 또는 샤워커튼을 설치하도록 유도한다.
○ 샤워실의 유효바닥 면적은 0.9m× 0.9m 또는 0.75m× 1.3m 이상이 되도록 유도한다.

○ 샤워실 바닥면의 기울기는 30분의 1 이하가 되도록 유도한다.
○ 샤워실에는 신체의 일부를 지지할 수 있도록 수평 또는 수직손잡이를 설치하도록 유도한다.
○ 샤워실은 벽 부착용 접이식 의자를 바닥에서 0.4m 이상 0.45m 이하의 높이에 설치하거나, 높이나 위치의 조정이 가능한 의자를 설치하도록 유도한다.

⑩ 세면대
○ 세면대는 상단이 바닥에서 0.85m 이하, 하단은 0.65m 이상의 높이에 설치하도록 유도한다.
○ 세면대 하부는 무릎 및 휠체어의 발판이 들어갈 수 있도록 유효공간을 확보하도록 유도한다.
○ 사용시 물이 세면대 밖으로 튀지 않게 큰 세면대를 설치하도록 유도한다.
○ 세면대에 안전 손잡이를 설치한다.
○ 세면대 거울은 하단이 바닥에서 0.9m의 높이에 설치하고, 크기는 세로 0.65m 이상이 되도록 유도한다.
○ 휠체어를 사용하는 경우, 거울이 앞쪽으로 15도 정도 경사지게 조절할 수 있도록 유도한다.

6) 부엌·식당 개조기준

① 가스안전밸브는 바닥에서 1.2m 높이에 설치하고, 가스안전밸브의 손잡이는 조작이 용이한 막대 형태로 교체한다.
② 주택용 화재경보기 및 가스경보장치를 설치한다.
③ 부엌 작업대
○ 부엌작업대는 바닥에서 0.8m 이상 0.85m 이하(휠체어를 사용하는 경우바닥에서 0.75m 이상 0.8m)의 높이에 설치한다.
○ 부엌에는 의자를 비치하여 작업시 이용한다.
④ 상부 수납장은 하단이 바닥에서 1.3m 이상 1.6m 이하(휠체어를 사용하는 경우 1.2m 미만)의 높이에 설치한다.
⑤ 부엌작업대와 상부 수납장 사이에 선반을 설치하도록 유도하여 수납공간이 부족한 경우 사용하도록 한다.
⑥ 부엌 수납장 손잡이
○ 부엌 수납장 손잡이는 손이 닿을 수 있는 문 하단에 설치하도록 유도한다.

○ 부엌 수납장 손잡이는 가로막대 형 손잡이로 하거나, 문짝의 하단이나 상단 부분에 홈이 파여 있는 형태 또는 누르면 열리는 형태로 교체하도록 유도한다.
⑦ 개수대 하부 수납장
○ 개수대 하부 수납장은 휠체어 또는 의자에 앉아서 작업할 수 있도록 수납장 문을 제거하거나 접이식 문으로 하거나, 문을 열면 수납장 안쪽으로 문이 들어 갈 수 있게 개조하도록 유도한다.
○ 지지대로 활용할 수 있게 문이 열리는 쪽의 벽에 수직손잡이 지지대를 설치하도록 유도하되, 수직손잡이 지지대의 길이는 0.6m로 하고 하단은 바닥에서 0.75m 높이에 설치한다.

7) 다용도실·발코니 개조기준
○ 발코니와 실내 공간 사이의 단차를 없애기 위하여 바닥을 높이는 경우 하중을 고려하여 가벼운 재료를 사용한다.
○ 바닥은 미끄럽지 않은 재질을 사용하거나 미끄럽지 않게 처리한다.

노인돌보미는 위의 노인주택 개조기준에 근거하여 노인의 주거시설과 설비가 어느 정도 편리하고 불편한지를 점검한다. 그리고 노인 주택을 생활하기에 편리하도록 개조함에 있어서는 가능한 범위내에서는 위의 기준을 따르도록 해야 한다.

4. 효율적 주거공간 활용을 위한 수납계획

노년기에는 성격변화로 삶의 추억과 의미가 담긴 물건에 대한 애착이 강해지므로 쓰지 않는 물건들을 보관하는 경향이 있다. 그러므로 심각한 수납문제가 발생하게 되고, 심지어는 잘못된 수납으로 인하여 생활공간까지 침범당하여 실제 사용가능한 주거공간이 부족해지는 문제가 발생한다. 뿐만 아니라 부적절한 수납은 가정내 안전사고와도 직결될 수 있으므로, 노인돌보미는 노인들의 효과적이고 효율적인 수납을 지도할 수 있어야 하는데, 이때 따라야 할 기본 원칙은 다음과 같다(농촌자원개발연구소, 2006).
첫째, 공간을 사용하는 사람의 신체적 조건에 맞춘 수납공간의 크기 및 위치에 따른 수납공간이 마련되어야 한다.
둘째, 수납을 할 때에는 처음 사용할 위치에 수납하여 물품이 필요한 공간 주위에 정리됨으로써 동선(動線)을 보다 효율적으로 연결해야 한다.

셋째, 가시성과 접근성을 높여야 한다. 수납한 각 물건들이 잘 보이도록 식별성을 높일 수 있게 정리해야 한다. 그리고 자주 사용하는 물건을 꺼내기 쉬운 편리한 높이에 두어야 한다. 이를 위해서는 물건들을 얼마나 자주 사용하는가를 분석해야 하며 이에 따라 물건들을 체계적으로 정리해야 한다. 이것은 물건의 크기와는 상관이 없으며 얼마나 일상생활에 긴밀하게 필요한가에 따라 달라진다.

넷째, 사용의 편리성과 보관성을 고려해야 한다. 수납을 편리하게 하는 방법 중의 하나가 물품의 깊이에 따라 수납장소를 정하는 일이다. 매일 사용하는 생활용품은 사용이 편리한 곳에 수납하고, 자주 쓰지 않는 것은 보관을 잘해야 하지만 너무 깊은 것에 넣어두면 그 다음 쓸 때에 불편하므로 수납장소를 잘 정해주어야 한다.

이러한 수납원칙에 의거하여 수납계획을 수립할 때에는 다음 각 단계의 질문에 대한 답을 찾아야 한다(농촌자원개발연구소, 2006).

① 1단계: 물건이 어느 정도 있는가? 합리적인 수납을 위해 먼저 생각해야 할 것은 집 안에 얼마만큼의 물건이 있는가이다. 이것은 버릴 물건과 보관해야 할 물건이 어느 정도인지를 파악해야 하는 것을 의미한다.

② 2단계: 무엇을 보관할 것인가? 이 단계는 공간과 물건을 어떻게 조화시키느냐를 고려해야 한다. 이를 위해 우선 집 안에 있는 물건의 목록을 만들어보자. 물건을 품목별로 분류해 보면 어디에 어떻게 정리해야 할 것인지를 알 수 있다. 수납물품에 대한 목록을 작성하면 여러 각도에서 생활을 체크할 수 있다는 효과가 있다.

③ 3단계: 어디에 둘 것인가? 보관해야 할 수납물품이 설정되면 물건의 크기를 고려해서 수납공간을 결정해야 한다. 가능한 한 많은 물건을 사용하기 쉽게 수납하려면 물건의 크기에 맞춰 수납가구와 장소를 선택하는 것이 바람직하다. 또한 수납장소를 정할 때 사용자의 인체치수와 동선을 고려하는 것이 좋다.

④ 4단계: 어떤 방법으로 정리할 것인가? 물건을 사용하는 장소 가까이에 포개놓지 말고 나란히 정리하는 것이 중요하다. 수납은 사용하는 장소 가까이에, 잘 보이는 형태로, 넣고 꺼내기 쉽게 정리하는 것이 원칙이다.

Ⅱ. 독거노인 안전사고와 예방법

1. 주거환경과 가정내 안전사고 실태

노년기의 주된 생활공간은 가정이지만, 현재 노인들이 거주하고 있는 주거설비나 시설들은 노인의 특성을 배려하지 못하고 있으므로 각종 안전사고가 일어날 수 있다. 이러한 가정 내 안전사고의 대부분은 노인의 신체적 특성 등을 고려하지 않은 주택의 구조와 설비 및 물품, 노인들의 부주의, 잘못된 시설물 및 물품의 이용에 기인한다.

한국소비자보호원(2003)이 2002년 1월부터 2003년 8월까지 소비자위해정보시스템에 접수된 노인 안전사고 건수를 분석한 결과에 의하면, 총 428건의 안전사고 중에서 주택의 구조, 설비 등 시설물 또는 생활용품 등으로 인한 가정내 안전사고가 132건으로 전체의 30.8%를 차지하고 있으며 크고 작은 안전사고가 해를 거듭할수록 증가하고 있는 것으로 나타나고 있다. 가정내 안전사고를 당한 노인의 특성을 보면 여성노인이 남성노인의 3배 정도에 이르며, 75~79세 노인에게서 가장 많은 사고가 발생하는 것으로 나타났다.

사고유형별로는 문턱에 걸려 넘어지는 사고를 당한 경우가 44% 정도이며, 바닥재질이나 물기 등으로 인한 사고를 당한 경우가 35% 정도, 계단, 옥상, 침대나 의자에서 떨어지는 사고를 당한 경우가 11% 정도로 이 세 가지 유형의 사고가 가정내 안전사고의 89% 정도를 차지하는 것으로 나타났다. 그 외에 부딪히는 사고를 당한 경우가 4% 정도, 끼이거나 긁히는 사고 등의 기타 사고를 당한 경우가 7% 정도에 이르고 있는 것으로 나타났다.

사고발생 장소별로는 방이나 침실에서 사고를 당한 경우가 42%, 욕실이나 화장실이 27% 정도, 계단이 14% 정도 등인 것으로 나타났다. 넘어지는 사고는 방, 욕실, 계단, 마당에서 주로 일어나며, 미끄러지는 사고는 방, 욕실에서 주로 일어나고, 떨어지는 사고는 방, 계단에서 주로 발생하는 것으로 나타났다. 이처럼 노인의 가정내 안전사고는 방, 욕실과 화장실, 계단에서 주로 발생한다는 것을 알 수 있다.

사고의 원인을 제공하는 시설물을 보면, 욕실과 화장실의 경우에는 바닥이 미끄럽거나 물기로 인해 넘어지거나 미끄러지며, 방이나 침실에서는 장판 등의 바닥재로 인해 미끄러지거나 문턱에 걸려 넘어지는 경우가 대부분이다. 그리고 계단의 경우에는 가파르거나 발판이 고르지 못한 계단의 구조적 문제와 발을 헛디디는 등의 부주의에 의해 발생하는 사고가 대부분인 것으로 나타났다. 사고 원인을 제공하는 생활물품으로는 침대(48.0%), 의자(16.0%), 이불, 청소기 및 기타 생활용품(36.0%)인 것으로 나타났다.

2. 가정내 안전사고 예방을 위한 안전수칙

가정내에서 발생하는 넘어짐, 미끄러짐, 떨어짐과 같은 안전사고를 당하지 않기 위해서는 앞서 제시한 노인 주택 및 주거시설 설계지침과 개조기준에 적합한 주거설비와 시설을 갖추는 것이 바람직하다. 그러나 현재 노인들이 거주하고 있는 주택은 노인의 생활을 배려한 설비나 시설이 갖추어져 있지 않으므로, 주어진 주거환경의 여건하에서 최대한 안전사고를 방지하기 위한 노력을 기울일 필요가 있다. 따라서 노인돌보미는 가정내 안전사고를 예방하기 위하여 노인이 다음과 같은 안전수칙을 따를 수 있도록 지도해야 한다(한국산업안전공단, 2002; 한국소비자보호원, 2003).

1) 일반적 안전수칙
- 모든 생활공간의 단차를 없앤다.
- 계단, 지하, 현관, 화장실, 욕실 등에 안전손잡이를 설치한다.
- 조명은 밝게 하고, 조명의 눈부심 현상이나 빛이 반사되지 않도록 한다.
- 전기스위치나 콘센트는 조작하기 편하도록 낮은 곳에 설치한다.
- 이동통로에 발에 걸려 넘어질 물건(예: 장식품, 화분 등)을 두지 않는다.
- 욕실이나 바닥은 미끄러짐을 방지할 수 있는 마감 재료로 설치하고, 미끄러지기 쉬운 양말이나 슬리퍼는 신지 않는다.
- 회전의자와 같은 불안정한 물건 위에 올라가지 않는다.
- 벽, 기둥 등의 모서리 부분은 충돌을 방지할 수 있는 안전장치를 부착한다.
- 주택 내부의 설비나 장치들은 노인이 조작하기 쉬운 것으로 설치한다.
- 사고 발생 시 응급처치를 신속히 할 수 있도록 비상연락장치를 설치한다.

2) 욕실·화장실의 안전수칙
- 욕실의 깔판·매트는 미끄럼 방지 처리가 된 제품을 사용한다.
- 욕실 바닥은 물에 젖어도 미끄러지지 않은 재질로 마감한다.
- 욕실 바닥의 높이를 일정하게 한다.
- 욕실 문은 비상시 밖에서 열 수 있는 구조로 한다.
- 욕실·화장실 내부는 정리 정돈을 잘해 뾰족한 모서리나 날카로운 물건 등을 없앤다.
- 욕조나 변기 이용시 노인이 쉽게 잡을 수 있는 위치에 안전손잡이를 설치한다.
- 화장실이 가까운 곳에 노인의 생활실을 배치하는 것이 좋다.
- 침실에서 욕실까지의 통로에는 장애물이 될 만한 물건은 두지 않는다.
- 긴급 상황 발생시에 대비해 비상연락장치를 욕실에 설치한다.
- 입구에는 턱이나 계단이 없어야 한다.
- 스위치는 어둠속에서도 찾기 쉽도록 출입구 바깥에 설치한다.
- 젖은 손으로 전기제품이나 조명시설을 만지지 말아야 한다.

3) 계단의 안전수칙
○ 계단의 각도는 완만하게 유지하고, 발 디딤면은 넓게, 단 높이는 낮게 하되, 미끄러지지 않도록 해야 한다.
○ 동일 계단간에 높이 차이를 없애고 발 디딤면을 굴곡없이 고르게 해야 한다.
○ 계단 발 디딤면과 가장자리가 잘 보이도록 조명을 밝게 한다.
○ 난간은 계단 양쪽 모두 설치하는 것이 좋다.
○ 계단에 카페트를 깔 때에는 혹실하게 고정시킨다.
○ 계단코를 설치하지 않도록 하고 계단코가 있는 계단은 이를 없애도록 한다.

4) 부엌의 안전사고
○ 미끄럼을 방지할 수 있는 바닥 마감 재료로 마감하도록 한다.
○ 불가피하면 부엌에 마른 걸레를 두고 수시로 물기를 닦는다.
○ 가스레인지는 항상 중간밸브를 잠그고 가스누설 자동 차단장치를 설치한다.
○ 가스레인지 근처에 타월걸이나 커튼이 있으면 다른 곳으로 옮기거나 커튼을 떼어낸다.
○ 선반이나 높은 곳에 있는 물건을 꺼낼 때는 받침대가 안전한지를 확인한다.
○ 부엌 특히 준비대와 조리대의 조명은 밝게 한다.
○ 부엌의 전선과 전기 제품은 싱크대나 열이 발생하는 곳에서부터 일정 거리를 둔다.

5) 방·거실의 안전사고
○ 전등스위치는 노인의 잠자리 가까운 곳으로 한다.
○ 이부자리나 침대 근처에는 라이터·재떨이 등 화재를 일으킬 수 있는 물품을 두지 않는다.
○ 소파 및 의자는 팔걸이가 있는 것으로 모서리가 날카롭지 않은 것을 배치한다.
○ 벽에는 무거운 물건을 걸지 않는다.
○ 바닥은 표면이 미끄럽지 않은 것으로 처리한다.
○ 침대의 높이는 침대에 앉았을 때 발바닥이 닿는 정도의 높이가 적당하다.
○ 카페트나 깔개는 끝이 말리지 않는 것으로 깐다.
○ 작은 힘에도 넘어질 수 있는 가벼운 가구는 방에 두지 않는다.
○ 전기담요를 접거나 담요 위에 이불을 덮어 두지 않는다.
○ 긴급한 상황 발생시에 쉽게 전화를 걸고 받을 수 있도록 전화기를 잠자리 가까이 두거나 비상연락장치를 설치한다.

6) 창문·발코니의 안전사고
○ 창문 보호대나 난간을 반드시 설치한다.
○ 침대나 가구를 창문 가까이에 배치하지 않는다.
○ 발코니의 바닥은 미끄럽지 않은 재질을 사용하거나 미끄럽지 않게 처리한다.

3. 낙상 사고의 예방

넘어지거나 떨어져서 다치거나 또는 그로 인한 상처를 의미하는 낙상사고는 노인의 가정 내 안전사고 중에서 그 빈도가 가장 높다. 65세 이상의 노인에서 약 30%가 매년 추락을 경험하며, 나이가 증가할수록 빈도도 높아져서 80세 이상에서는 약 40%에 이르고 있다 (www.hp.go.kr). 이러한 낙상사고를 예방하기 위해서는 다음과 같은 행동수칙을 따르는 것이 바람직하다.

○ 뼈와 근력을 강화시키기 위하여 규칙적으로 운동을 한다.
○ 뒷굽이 낮고 폭이 넓으며 미끄러지지 않는 편안한 신발을 착용한다.
○ 정상보행이 어려울 경우 보행기나 지팡이 등을 사용한다.
○ 무거운 물건이나 큰 물건을 들지 않으며, 앉고 일어설 때 천천히 움직인다.
○ 실내 조명을 밝게 한다.
○ 방이나 마루에 걸레나 장난감이 널려 있는 것은 치운다.
○ 미끄러운 바닥, 손잡이 없는 목욕탕 시설 등을 점검하고 개선한다.
○ 주로 생활하는 공간에는 충격을 적게 발생하게 하는 코르크나 두터운 카페트 등을 사용한다.
○ 카페트의 가장자리는 테이프를 바닥에 붙여 고정한다.
○ 목욕탕에는 타일 때문에 미끄러지지 않도록 미끄럼 방지매트를 깔아준다.
○ 세면대와 목욕탕 가까이에 노인의 방을 배치한다.
○ 적당한 영양식을 섭취하여 적절한 체중을 유지한다.
○ 넘어져도 부상을 방지할 수 있는 적절한 보호 패드를 착용한다.

4. 화재 예방과 대처

노년기에는 전자기기, 가스기기 등의 조작 미숙으로 인하여 화재사고를 당할 가능성이 높아진다. 그리고 화재가 나더라도 후각의 약화로 인하여 민감하게 감지하지 못하고, 하지

기능 저하와 보행능력의 약화로 인하여 신속하게 대피하지 못하는 경우가 많아 생명을 위협당하는 경우가 많다. 그러므로 노인돌보미는 화재예방과 화재예방시 대피요령을 노인에게 숙지시켜야 하는데, 화재예방수칙과 대피요령, 화상을 당한 경우의 응급처치방법은 다음과 같다(한국산업안전공단, 2002).

1) 화재 예방수칙
   ○ 전기기구를 사용하지 않을 때에는 스위치를 끄고 플러그를 뽑아둔다.
   ○ 가정용 배전판의 휴즈는 규격품을 쓰고, 철사로 감아서는 안된다.
   ○ 누전차단기를 설치하고 한달에 1-2회 작동 여부를 점검한다.
   ○ 한개의 콘센트에 여러 가지 전기기구를 한꺼번에 꽂지 않는다.
   ○ 전기기구의 전선이 꼬이고 접히지 않도록 해야 한다.
   ○ 가스 등의 인화성 물질이 있는 장소나 잠자리에서는 담배를 피우지 않도록 한다.
   ○ 불씨가 튀지 않도록 재떨이에 물을 약간 부어 놓는다.
   ○ 난방기구 사용 중에 기름을 넣어서는 안되며, 난로를 켠 채 이동하지 말아야 한다.
   ○ 잠자리에 들 때에는 가급적 난방 기구를 끄고 잔다.
   ○ 가스의 차단밸브를 잠가 두며, 외출시나 취침시에는 반드시 밸브를 확인한다.
   ○ 쓰레기통에 담배꽁초나 성냥을 버리지 않는다.
   ○ 사용하지 않는 쓰레기를 쌓아두지 말고 버린다.
   ○ 보일러나 난방 기구에 이상이 있을 경우에는 즉시 수리해서 사용한다.
   ○ 열기구 주변에는 가연성 물질을 놓아두지 말아야 한다.

2) 화재시 대피요령
   ○ 화재를 발견한 비상벨을 울리거나 즉시 큰소리로 주변사람들에게 알린다.
   ○ 가스밸브를 잠그고 전기를 차단한후 진화작업을 한다.
   ○ 소방서에 신고하되, 위치와 주소를 정확히 말하고 묻는 말에 침착하게 답변한다.
   ○ 옷에 불이 붙었을 때에는 두 손으로 눈과 입을 가리고 바닥에서 뒹군다.
   ○ 방안으로 연기가 들어오면 옷에 물을 적셔 입과 코를 막고 숨을 쉰다.
   ○ 방문을 열 때에는 손잡이가 뜨거운지를 확인하여 뜨거우면 문을 열지 않고 다른 대피방법을 찾는다.
   ○ 엘리베이터는 절대 이용하지 않도록 하며 계단을 이용해 대피한다.
   ○ 아래층으로 대피가 불가능한 때에는 옥상으로 대피한다.

○ 대피할 때에는 불길의 반대편으로 대피한다.
○ 연기속에서는 젖은 수건을 입에 대고 자세를 낮추고 대피한다.
○ 밖으로 나온 후에는 절대 안으로 다시 들어가지 않는다.
○ 건물 밖으로 대피하지 못한 경우에는 밖으로 통하는 창문이 있는 방으로 들어가서 구조를 기다린다.

3) 화재사고의 응급처치
○ 화상 부위를 찬물에 담근다.
○ 수돗물로 씻겨낼 경우에는 수압으로 수포가 터지지 않도록 화상부위에 깨끗한 수건이나 천을 대고 물을 흘려보낸다.
○ 광범위한 화상인 경우 옷을 벗기는 시간을 허비하기 보다는 위에서 물을 흘려서 차갑게 하고, 빨리 병원으로 옮긴다.
○ 화상부위를 깨끗한 천으로 가볍게 덮는다.
○ 된장이나 연고, 기타 민간요법은 사용하지 않는다.

5. 가스 안전사고

독거노인의 경우 가스기기 조작 미숙 등으로 인하여 화재나 안전사고를 당할 가능성이 있으므로, 노인돌보미는 가스안전사고를 예방하기 위한 다음의 행동수칙을 노인에게 숙지시켜야 한다(한국산업안전공단, 2002).
○ 가스불을 켜기 전에 새는 곳이 없는지 가스냄새를 맡아 확인한다.
○ 가스를 연소하는데는 많은 공기가 필요하므로 창문을 열어 실내를 환기시킨다.
○ 가스레인지 주변에는 가연성 물질을 가까이 두지 않는다.
○ 불을 켤 때에는 불구멍을 자세히 보고 확실히 불이 붙었는지를 확인한다.
○ 파란 불꽃이 올라오도록 공기조절기를 조절하여 사용한다.
○ 가스 사용 후에는 점화콕크와 중간밸브를 반드시 잠근다.
○ 가스가 새는 경우에는 점화콕크와 중간밸브, 용기밸브까지 잠근다.
○ 창문과 출입문을 열어 환기시키며, 빗자루나 방석, 부채 등으로 가스를 쓸어낸다.
○ 가스가 새고 있는 경우에는 전기기구를 조작하지 말아야 한다.
○ 비누나 세제로 거품을 내어 배관, 호스 등의 연결부분을 수시로 점검하여 가스가 새는지를 살펴야 한다.

○ 가스레인지는 항상 깨끗이 청소하여 버너의 불구멍이 막히지 않도록 한다.
○ 취침전에는 반드시 점화코크와 중간밸브를 잠궜는지 확인한다.
○ 실내에서는 휴대용 가스레인지를 사용하지 않는다.
○ 다 쓴 휴대용 가스용기는 남아있는 가스를 제거하고, 구멍을 내어 버린다.
○ 사용하는 그릇이나 용기가 휴대용 가스레인지보다 넓이가 좁은 것으로 사용한다.
○ 휴대용 가스레인지를 여러 대 연결하여 사용하지 않는다.

III. 독거노인 안전확인 방법과 기기 활용법

1. 독거노인 안전확인 업무 수행방법

노인돌보미가 수행해야 할 업무는 독거노인 안전확인, 생활교육 프로그램 운영, 지역보건복지서비스 연계 지원 및 점검 등이지만, 가장 핵심적 업무내용은 독거노인의 안전확인이다. 노인돌보미는 독거노인의 연령, 건강상태, 생활실태 등을 종합적으로 고려하여 선정된 안전확인 대상자에 대하여 직접 방문 또는 전화 등의 간접적 방법에 의하여 독거노인의 안전확인을 하여야 한다. 노인돌보미는 대상노인 1인당 주 1회 이상 노인 가정을 직접 방문하여 안전을 확인하여야 한다. 직접 방문을 하지 못하는 경우에는 전화 등을 통하여 간접적 안부확인을 주 2회 이상 실시하여야 한다. 그리고 안전확인 결과를 방문일지 등을 작성하여 서비스관리자에게 통보하여야 한다. 만약 독거노인의 안전에 이상이 있는 경우에는 서비스관리자에게 즉시 통보하고, 노인 가정을 신속히 방문하고 소방서나 경찰서, 응급의료기관 등에 연결하여 긴급구호나 응급처치를 위한 조치를 취해야 한다. 이러한 안전확인 업무수행과정에서의 지역자원 연계방안에 대해서는 다음 제 16장의 서비스 연계방안에서 상세히 논의하고자 한다.

2. 독거노인 안전 확인을 위한 기기의 활용

독거노인의 안전확인을 위하여 사용되고 있는 기기로는 무선페이징시스템(wireless paging system)과 U-안심폰(安心 phone)이 있는데, 이들 기기의 사용방법을 살펴보면 다음과 같다.

1) 무선페이징 시스템 활용법

무선페이징시스템이라 함은 독거노인이 위급상황에서 휴대용 발신기 또는 수혜자용 단말기 버튼을 누르면 소방서 119 상황실에 자동신고 되고, 119 상황실에는 사전에 입력된 수혜자 정보가 상황실 모니터에 나타나 신고자 정보를 확인하고 신고자와 가장 가까운 곳에 위치한 구급대를 출동시켜 신속히 구조할 수 있도록 설치된 기기 및 운용프로그램을 말한다.

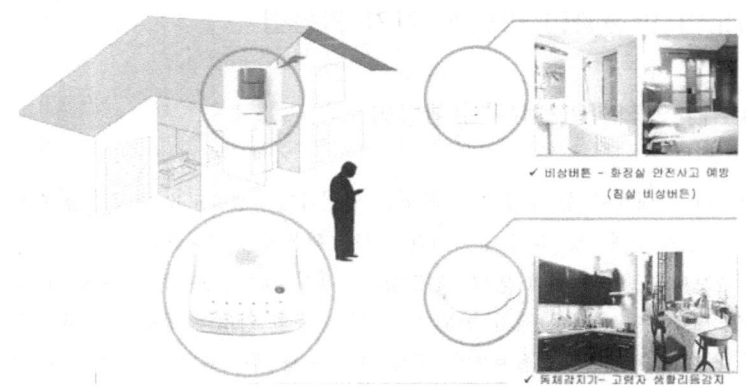

〔 그림 6-1 〕 무선페이징시스템의 구성도

무선페이징시스템의 보급대상자는 국민기초생활보장 수급노인과 시·도지사가 보급이 필요하다고 인정된 자이며, 수시로 추가 보급된다. 그러므로 독거노인이 기초생활보장 수급자가 아닌 경우에는 구청이나 동사무소에 추천을 의뢰하거나, 노인돌보미나 서비스관리자가 직접 추천을 하여야 한다. 보급대상자의 우선순위는 ① 고령자로 부양의무자가 없고 질병을 앓고 있거나 거동이 불편한 경우, ② 고령자로 부양의무자가 없는 장애인인 경우, ③ 고령자로 부양의무자가 없거나 부양을 받을 수 없는 경우, ④ 기타 무의탁 국민기초생활보장 수급 노인으로 규정되어 있으므로, 무선페이징시스템 보급 신청을 함에 있어서는 노인의 상태를 사전에 정확히 파악하여야 한다.

독거노인이 위급상황에 처하게 되는 경우 본체의 긴급신고 또는 비상버튼을 누르거나, 손목이나 목에 차고 있는 휴대용발신기(리모컨)의 버튼을 누르면 집안 전화를 이용, 소방본부 119 상황실에 자동 신고 된다. 그러나 무선페이징시스템 제조 회사에 따라 조금씩 다른데, 특정 회사 제품의 경우에는 독거노인이 일정시간 이상 움직임이 없는 경우에 자동으로 비상 통보되는 경우도 있다. 그러므로 노인돌보미는 독거노인 가정에 설치된 무선페이징 시스템의 사용설명서를 면밀히 읽고 사용법을 정확히 알아 두어야 한다.

그리고 무선페이징시스템의 경우 노인의 조작 미숙이나 기기의 불량으로 인하여 오작동하는 사례가 많이 발생하고 있다. 그러므로 소방서에서는 월 1회 이상 무선페이징시스템의 정상작동 여부를 점검하고 있으므로, 노인돌보미는 시스템 점검여부를 독거노인에게 확인하고 점검이 이루어지지 않은 경우 소방서에 점검을 의뢰하여야 한다. 그리고 기기의 고장이나 분실, 파손 및 배터리 소모에 따른 작동 불능 상태에 대비하여 소방서에서는 예비기기를 보유하고 있으므로, 소방서로 고장 또는 오작동 신고를 하면 수리를 받거나 예비 기기로 교체가 가능하다. 또한 독거노인의 건강이나 연락처에 변동이 생기는 경우에도 그 변동사항을 소방서로 신고하여 독거노인에 대한 최신의 정보가 관리될 수 있도록 하여야 한다.

2) U-안심폰 활용법

U-안심폰(U-安心 phone)은 위성 위치 확인 시스템(GPS; global positioning system)이 내장된 전화단말기로, 휴대하고 있다가 위급 상황이 발생하면 긴급 버튼을 누르면, 이동통신사의 통신망을 거쳐 119구조대나 지역 사회복지사에게 연결되는 시스템이다. 안심폰 단말기는 전화번호를 누를 수 있는 숫자 번호판이 없는 휴대전화로서, 비상시 단말기 중앙에 있는 긴급버튼 또는 119가 표기된 버튼을 누르기만 하면 된다.

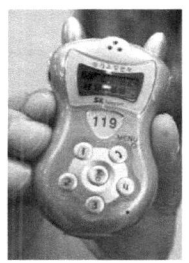

[그림 6-2] 안심폰

경기도 지역에 보급되어 있는 U-안심폰은 독거노인이 긴급버튼을 누르게 되면 119 구조대나 지역 사회복지사에게 통보된다. 사회복지사나 구조대원들이 노인과 직접 통화를 통하여 긴급상황의 내용을 확인하고 필요한 응급조치나 서비스를 신속하게 준비하여 출동할 수 있는 이점이 있다. 그리고 안심폰은 전화번호를 누를 수 없는 대신 4~5개의 단축키를 지정해 가족이나 친척 등의 긴급 연락 전화번호를 입력할 수 있도록 되어 있다. 긴급한 상황이 발생했을 때 본인이 누르거나 출동한 소방서 구급대원들이 눌러 멀리 떨어진 가족들에게 상황을 설명할 수도 있다. 다만 안심폰의 경우에는 월 60분의 무료 통화가 제공되지만, 월 12,000원의 이용료를 납부하여야 하므로, 독거노인에게 경제적 부담이 되는 단점도 있다.

MEMO

MEMO

제 7 장 노인 인권과 노인학대의 이해

> **학습목표**
>
> □ 노인 인권의 개념과 주요 권리, 노인 차별주의(ageism)를 이해한다.
> □ 노인학대의 유형과 학대행위의 세부 기준을 이해한다.
> □ 노인 자살의 현황과 자살예방법을 숙지한다.

Ⅰ. 노인 인권과 차별주의에 대한 이해

1. 노인 인권에 대한 이해

인권이란 사전적 의미로는 인간이 자연인으로 누려야 할 당연한 권리를 의미한다. 세계인권선언에서는 인권은 인간의 권력(rights of man)를 넘어 인간이 되기 위한 권리, 인간이 가져야 할 당연한 권리로 보고 있다. 그러므로 인권은 인간이기 때문에 갖는 당연한 권리이며, 누구에게도 양보할 수 없으며, 침해당해서는 안되는 절대적 권리이며, 헌법과 법률이 보장하는 국민의 기본적 권리를 의미하는 기본권과 동일시하여도 무방하다.

노인 역시 다른 연령집단과 다름없이 헌법과 법률, 국제인권조약 등이 보장하는 인권을 보장받고 향유할 수 있는 주체이며, 노인의 인권은 일반적 기본권, 자유권적 기본권, 생존권적 기본권에 포함된 모든 권리를 포괄한다. 그러나 노인의 특성과 사회적 환경을 고려하여 노인의 인권을 보다 구체적으로 개념화할 필요가 있다. 이러한 노인의 특성을 고려하여, 국가인권위원회의 국가인권정책기본계획 권고안(2006. 1.)에서는 노인의 주거권, 건강권, 사회복지권이라는 세 가지 권리 보장을 노인 인권 증진의 목표로 규정하고 있다. 밝은 노후(2004)는 권리의 주체로서의 노인, 자기결정의 원칙, 자신의 잔존능력을 존중받고 그것의 활용, 노인이 가치와 존엄의 확보라는 인권사상을 기반으로 하여, 노인의 권리영역을 주거권, 고용보장의 권리, 건강권, 교육권, 소득보장권, 기타의 권리라는 5개 영역으로 구분하고 있다. 김미혜(1999) 역시 위와 같은 인권사상을 기반으로 하여 ① 의식주 등을 보장받을 권리, ② 수발을 요구하고 받을 권리(수발청구권), ③ 적절하고 충분한 의료를 보장받을 권리, ④ 적절한 노동과 이에 상응하는 소득을 보장받을 권리, ⑤ 재산상의 관리, 보호를 보장받을 권리, ⑥ 정치 및 정책에 참여할 권리, ⑦ 문화적 생활을 누릴 권리, ⑧

권리구제를 요구할 권리라는 8가지를 노인 인권의 영역으로 규정하고 있다.

한국보건사회연구원과 국가인권위원회(2002.12.)는 시설 생활노인의 인권을 자유권(신체의 자유권, 사생활에 관한 자유권, 정신적·경제적 활동의 자유권)과 생존권(인간다운 생활을 할 권리, 정서적 지원을 받을 권리, 방임과 자기방임으로부터 보호받을 권리)으로 구분하고 있다. 보건복지가족부(2006. 5.)의 노인복지시설 인권보호 및 안전관리지침에서는 시설 생활노인의 권리를 ① 존경과 존엄한 존재로 대우받고, 차별, 착취, 학대, 방임을 받지 않고 생활할 수 있는 권리, ② 개인적 욕구에 상응하는 질 높은 수발과 서비스를 요구하고 제공 받을 권리, ③ 안전하고 가정과 같은 환경에서 생활할 권리, ④ 시설 내·외부 활동에 신체적 구속을 받지 않을 권리, ⑤ 개인적 사생활과 비밀 보장에 대한 권리, ⑥ 우편, 전화 등 개인적 통신을 주고받을 권리, ⑦ 문화적, 종교적 활동에 제약을 받지 않고 자유롭게 참여할 권리, ⑧ 개인 소유 재산과 소유물을 스스로 관리할 권리, ⑨ 비난이나 제약을 받지 않고 시설운영과 서비스에 대한 개인적 견해와 불평을 표현하고 이의 해결을 요구할 권리, ⑩ 시설 내외부에서 개인적 활동, 단체 및 사회적 관계에 참여할 권리, ⑪ 시설 입·퇴소, 일상생활, 서비스 이용, 제반 시설활동 참여 등 개인의 삶에 영향을 미치는 모든 부분에서 정보에 접근하고 자기결정권을 행사할 권리라는 11가지 권리로 규정하고 있다.

이상에서 살펴본 인권의 개념과 노인인권에 대한 기존 연구를 종합하여 보면, 노인 인권은 ① 신체적 자유권과 사생활에 관한 자유권, 정치·문화·종교활동의 자유권, 차별과 학대를 받지 않을 권리를 포함하는 자유권적 기본권, ② 건강권, 환경권, 소득보장권, 국가와 사회로부터 부양받을 권리, 교육문화권, 노동기본권, 복지수급권, 서비스 청구권이 포함되는 생존권적 기본권으로 규정할 수 있다(권중돈, 2006b).

이러한 노인인권의 보장은 적극적 의미로는 자유권, 생존권 등의 기본권 전체를 보호함을 의미하지만, 실제적으로는 노인 차별이나 학대와 일반적 기본권과 자유권적 기본권 침해로부터의 보호라는 소극적 의미에서 이루어지고 있다. 1981년 노인복지법 제정 이후 지금까지의 노인복지제도는 최저한도 이상의 생활을 보장하는 생존권적 기본권을 충족시키고, 사회적 불이익이나 침해로부터 자유권적 기본권을 방어하는데 매우 소극적이었다. 노인복지정책이나 실천영역뿐 아니라 학술연구부문에서도 노인 인권의 '보장' 보다는 노인 인권의 '침해'가 중심 주제가 되고 있는 실정이다.

노인의 자유권과 생존권을 보장하기 위한 사회적 노력이 바로 노인복지제도이다. 1981년 노인복지법이 제정된 이후 다양한 노인복지발전계획이 추진되면서 노인의 생존권 보호수준이 점진적으로 높아지고 있는 것은 분명한 사실이다. 그럼에도 불구하고 현행 노인복지정책은 노인의 인권을 적극적으로 보장하는데 많은 한계를 보이고 있는 것은 사실이다. 이러한 문제점을 인식하고 노인차별이나 학대와 같은 인권침해문제의 해결보다는 노인인권을 보호하기 위한 국가의 보다 적극적 개입을 요구하는 목소리가 증가하고 있다. 이에 반응하여 국가인권위원회에서는 노인인권 보장을 2006년도 10대 정책과제 중의 하나로 선정하였으며, 보건복지가족부에서는 노인복지시설 생활노인의 인권보호를 위한 지침을 마련하는 등 노인인권 보호를 위한 진일보한 대책들을 제시하고 있다. 하지만 우리 사회 전반에 걸쳐 노인인권에 대한 관심과 인식 수준이 낮고, 국가가 보다 적극적 의미의 노인인권 보호 대책을 제시한 것이 매우 최근의 일이므로 구체적이고 실질적인 효과가 나타나지는 못하고 있다.

이와 같은 노인의 인권을 보다 적극적으로 보장하기 위해서는 ① 노인 인권에 대한 체계적 연구와 논의의 활성화, ② 노인, 시민 그리고 노인복지종사자를 대상으로 한 노인인권에 대한 교육과 홍보의 강화, ③ 성년후견에 관한 법률, 차별금지법의 입법 등을 통한 법적 기반의 구축, ④ 문제 중심 또는 욕구중심의 관점에서 벗어나 인권관점(right-based perspective)에 근거한 노인문제와 노인복지정책, 노인복지실천을 재조명·재설계, ⑤ 노인권익옹호사업의 강화와 인권네트워크의 구축과 같은 다양한 대응방안이 모색되어야 할 것이다(권중돈, 2006b).

2. 노인 차별주의에 대한 이해

노인은 각기 다른 사회경제적 지위를 지니고 있음에도 불구하고, 노인들은 모두 가난하고 쇠약하며, 사회에 의존하고 원조를 받지 않으면 안 된다는 사회적 고정관념에 의해 차별적 대우를 받는 경우가 많다. 즉, 노인들은 자신의 의지와는 상관없이 노인에 대한 사회적 편견과 차별의 희생물이 되게 하는 특징들로 인하여 사회내에서 종속적 지위를 부여받는다(권중돈, 2007).

이러한 노인에 대한 차별은 노인에 대한 고정관념(stereotype), 편견(prejudice), 차별(discrimination), 그리고 연령차별주의(ageism)라는 용어가 사용되고 있다. 이러한 용어 중에서 편견은 특정 집단에 대한 부정적 느낌의 정서적·평가적 요소를 말하며, 인지적 요소는 고정관념, 그리고 행동적 요소는 차별이라고 할 수 있다. 이 중에서 연령차별주의라는 용어는 Butler가 1969년 처음 사용한 것으로, 특정 연령층에 대한 일방적 편견을 갖거나 이에 상응하는 차별적 행위를 의미한다. 따라서 연령차별주의는 사회적 차별 또는 사회적 불평등, 억압의 한 형태(Atchley, 2000)이지만, 대체로 노인을 대상으로 한 차별이 보편적이므로 노인차별주의라고 부르는 경우가 많다.

노인차별의 원인적 요인은 사회적, 문화적, 이념적, 심리적 측면으로 구분할 수 있다. 노인차별을 야기하기 되는 사회적 요인으로는 급속한 산업화와 경제성장과정에서 교육기회의 제한으로 인한 지식과 기술이 낙후되고 생산성이 낮은 고령자를 노동시장에서 분리시키고, 이러한 분리와 함께 부(富)의 분배에서도 주변적 지위로 밀려나게 된 점을 들 수 있다. 문화적 또는 이념적 측면에서는 젊은이 중심의 문화가 확산되고, 개인의 자율성을 중시하며, 사회경제적 경쟁을 중시함에 따라 노인들이 갖고 있는 보수적 가치관과 문화는 현대 사회의 가치지향이나 문화와는 일치하지 않게 됨으로써 노인에 대한 차별이 심화되게 되었다. 심리적 측면에서 보면 완고성, 경직성, 우울성향의 증가, 과거에 대한 회상의 증가와 같은 심리적 노화로 인하여 노인들이 지닌 장애는 부각되는 반면 노인들이 지닌 장점은 무시되게 되고, 이로 인해 노인에 대한 고정관념과 편견이 더욱 강화되게 되었다. 특히 TV, 신문 등의 언론매체들에서 노인들을 부정적으로 묘사하는 것이 사회의 노인에 대한 편견이나 차별을 더욱 고착화시키는 경향이 있다.

현재 우리나라의 노인차별에 관한 연구는 주로 노인에 대한 태도, 노인에 대한 고정관념과 편견, 노인에 대한 이미지 등에 국한되어 있는 관계로, 우리나라에서 노인차별이 어느 정도 수준에 이르고 있는지를 정확히 파악하기는 어렵다. 그러나 우리 사회는 노인차별 현상이 광범위하게 나타나고 있어 대다수의 노인들이 사회생활과 일상생활을 함에 있어서 노인차별을 지각하거나 경험하고 있으며, 차별의 유형은 다를지라도 전체적인 차별정도는 미국이나 캐나다 등의 구미 선진국과 크게 다를 바가 없다. 심지어는 노인복지정책 형성과정에서의 노인 배제, 의료기관의 불친절이나 부적절한 처치, 각종 공적부조제도에서의 차별, 고용기회의 차별, 여가장소의 부족, 교통수단 이용에서의 차별, 노인문화에 대한 경멸적 태도, 노인교육기회에서의 차별 등과 같은 공공부문에서의 다양한 노인차별이 존재한다. 이러한 차별에 대응하여 노인들은 자신들의 권리를 요구하기 보다는 노인 자신도 "노인이니까, 노인이면 누구나"와 같은 차별적 사고에 젖어들어 사회적 불평등과 차별에 적응되어 있는 양상을 보이는 것으로 나타났다.

이러한 노인차별의 예방, 완화 및 해결을 위해서는 노인 스스로의 적극적 노력과 함께 이의 해결은 위한 사회적 관심과 적극적인 지지가 요구된다고 할 수 있다. 보다 구체적으로는 노인 자신의 활기찬 노후생활(active aging) 영위를 위한 노력을 지원할 수 있는 프로그램과 서비스의 개발, 노인복지정책의 강화, 유아교육에서 고등교육 더 나아가 평생교육의 과정에서 지속적인 노화와 노인에 관한 교육의 실시, 여러 세대가 동시에 참여하는 세대공동 프로그램의 실시, 노인에 대한 차별을 개선하는 법 및 제도적 장치의 마련, 노인차별 현상에 대한 보다 심층적이고 실험적인 연구의 강화 등이 이루어져야 할 것이다.

Ⅱ. 노인 학대의 이해와 대응방안

1. 노인학대의 유형과 행위기준

노인학대를 의미하는 용어로는 학대(abuse), 유기(abandonment), 방임(neglect), 부적절한 처우(maltreatment), 착취(exploitation) 등이 사용되고 있다. 최근 들어서는 '부적절한 처우'라는 용어가 적합하다는 주장이 있긴 하지만, 아직 상위개념의 학대는 '노인학대'라는 용어로 그리고 하위개념으로서의 학대는 특정 학대유형을 지칭하는 말과 함께 사용되는 경향이 강하게 남아 있다.

노인학대를 정의하는 기준은 사회문화적 차이로 인하여 국가와 학자에 따라 다양하게 정의되고 있으나, 노인학대에 대한 통일된 정의는 내려지지 않고 있다. 노인학대의 개념은 단순히 누군가가 의도적으로 노인에게 위해를 가하는 소극적이고 협의적인 개념에서부터 노인의 인권보호를 전제로 하는 적극적이고 광의의 개념에 이르기까지 매우 다양하다. 이와 같이 현재까지 노인학대에 대한 학자들간의 개념적 합의가 이루어지지 않고 있지만, 광의의 개념을 따르는 것이 시대적 추세가 되고 있다. 따라서 노인학대를 '노인 자신, 노인의 가정이나 전문노인시설의 모든 관계에서 발생되는 노인에게 해가 되거나 장애를 일으킬 수 있는 일회성이거나 반복적 행동 또는 적절한 행동의 부족'으로 정의하는 것이 바람직할 것이다(권중돈, 2007). 노인학대의 하위유형은 다음 <표 7-1>과 같다(보건복지가족부, 2007. 2).

〈표 7-1〉 노인학대의 유형과 정의

유형	정의
신체적 학대	물리적인 힘 또는 도구를 이용하여 노인에게 신체적 혹은 정신적 손상, 고통, 장애 등을 유발시키는 행위
언어·정서적 학대	비난, 모욕, 위협 등의 언어 및 비언어적 행위를 통하여 노인에게 정서적으로 고통을 주는 행위
성적 학대	성적 수치심 유발 행위 및 성폭력(성희롱, 성추행, 강간) 등의 노인의 의사에 반하여 강제적으로 행하는 모든 성적 행위
재정적 학대 (착취)	노인의 자산을 노인의 동의 없이 사용하거나 부당하게 착취하여 이용하는 행위
방임	부양의무자로서의 책임이나 의무를 의도적 거부, 불이행 혹은 포기하여 노인의 의식주 및 의료를 적절하게 제공하지 않는 행위 (필요한 생활비, 병원비 및 치료, 의식주를 제공하지 않는 행위)

유형	정의
자기방임	노인 스스로가 의식주 제공 및 의료 처치 등의 최소한의 자기보호 관련행위를 의도적으로 포기 또는 비의도적으로 관리하지 않아 심신이 위험한 상황 또는 사망에 이르게 하는 행위
유기	보호자 또는 부양의무자가 노인을 버리는 행위

노인학대의 하위유형별로 학대에 해당하는 구체적 행위, 나타나는 징후 그리고 세부 학대행위의 분류는 다음과 같다(보건복지가족부, 2007. 2.).

① 신체적 학대 (Physical Abuse)

구체적 행위	나타나는 징후	학대 세부내용 분류
▪ 때린다. ▪ 세게 친다. ▪ 꼬집는다. ▪ 물건을 사용하여 때린다. ▪ 강하게 누른다. ▪ 찌른다. ▪ 밀친다. ▪ 강하게 흔든다. ▪ 강하게 붙잡는다. ▪ 난폭하게 다룬다. ▪ 무리하게 먹인다. ▪ 신체 구속한다. ▪ 감금(가둠)한다. ▪ 의자나 침대에 묶어둔다. ▪ 불필요한 약물 투여한다. ▪ 담배 등으로 화상 입힌다. ▪ 도구를 사용하여 위협한다.	▪ 설명 할 수 없는 상처 ▪ 설명과 일치하지 않는 상처 ▪ 치료를 받지 못한 상처 (잘린 상처, 찔린 상처, 생채기, 출혈, 골절 등) ▪ 신체부상 (얼굴, 목, 가슴, 복부, 골반, 팔, 다리) ▪ 외관상 나타나지 않는 (옷이나 신체의 일부분에 의해 가려진) 상처 ▪ 머리카락이 뽑힌 흔적이나 머리 부분에 출혈한 흔적 ▪ 화상(담배불이나 질산 혹은 로프나 체인의 마찰로 야기된 화상 등) ▪ 영양부족 상태 또는 질병과 관계없는 탈수상태 ▪ 이상한 체중 감소 ▪ 행동이나 활동 수준의 변화	☑ 외상없음 ☑ 흉기로 위협 ☑ 물건던짐 ☑ 부종 ☑ 멍듦 ☑ 할큄 ☑ 꼬집힘 ☑ 물어뜯김 ☑ 찢김 ☑ 경미한 출혈 ☑ 머리카락 뽑힘 ☑ 목졸린 흔적 ☑ 묶은 흔적 ☑ 유해한 약물투여 흔적 ☑ 감금 ☑ 뻼(접질림) ☑ 골절 ☑ 탈골 ☑ 인대손상 ☑ 고막파열 ☑ 화상 ☑ 복부출혈 ☑ 호흡곤란 ☑ 두개골 골절 ☑ 경뇌막 혈종 ☑ 신체떨림(수전증) ☑ 뇌손상 ☑ 의식장해 ☑ 뇌사 ☑ 사망 ☑ 기타

② 언어·정서적 학대 (Verbal·Emotional Abuse)

구체적 행위	나타나는 징후	학대 세부내용 분류
▪ 말로 욕을 퍼붓는다. ▪ 노인에게 고함을 지른다. ▪ 말로 혐오스럽게 한다. ▪ 말로 (양로원 등의 시설로 보내겠다) 협박한다. ▪ 노인에게 쓸모없는 늙은이라고 하는 등 자존심을 상하게 하는 말을 한다. ▪ 신체적 저하로 인한 노인의 실수를 비난하고 꾸짖는다. ▪ 노인이 수치심을 느끼게 하는 모욕적인 말을 한다. ▪ 유아처럼 다룬다. ▪ 고령자를 가족과 친구로부터 격리한다. ▪ 외출시키지 않는다. ▪ 노인을 보지 않는다. ▪ 노인에게 말을 걸지 않는다. ▪ 무시하고 대답하지 않는다. ▪ 노인만 따로 식사를 먹게 한다. ▪ 창피를 준다. ▪ 비웃거나 조소를 한다. ▪ 재앙을 가져오는 사람으로 취급한다. ▪ 위협적으로 무례한 태도를 취한다. 노인의 친구나 친지 등이 방문하는 것을 싫어한다. ▪ 노인의 일상적인 사회활동이나 종교활동을 노골적으로 방해한다.	▪ 무반응, 무표정 ▪ 무기력 ▪ 질문을 해도 '네', '아니오' 라는 짧은 답변 외에는 응답 없음 ▪ 정서상태 : 우울, 공포, 혼돈, 부정, 분노, 흥분, 수동성 ▪ 말하기를 꺼려하거나 주 저함 ▪ 고개를 숙임 ▪ 웃는 모습이 아님 ▪ 걱정되는 듯한 모습 ▪ 눈이 쑥 들어가 있음 ▪ 눈물을 머금거나 움. ▪ 절망이나 동요를 보임 ▪ 대화에 참여하지 않음 ▪ 가족의 안색을 살핌 ▪ 가족을 피함 ▪ 집에 돌아가려 하지 않음	☑ 무관심 ☑ 소리지름 ☑ 비하된 언어 ☑ 이유 없는 짜증과 화 ☑ 심한욕설 ☑ 대꾸안함 ☑ 무시 ☑ 모멸감 ☑ 고의적 따돌림 ☑ 언어적 협박 및 위협 ☑ 과대한 요구 ☑ 기물파손 ☑ 사회적 활동 제한 ☑ 사용공간 제한 ☑ 생활기구 사용 제한 ☑ 쫓아냄 ☑ 집 못 들어오게 함 ☑ 나가지 못하게 함 ☑ 기타

③ 성적학대 (Sexual Abuse)

구체적 행위	나타나는 징후	학대 세부내용 분류
▪ 노인이 성적수치심을 갖게 하는 성관련 언어 표현 및 행위를 한다. ▪ 성 관련 언어, 시각적 자료, 행동으로 성적 굴욕감을 유발하는 행위를 한다. ▪ 폭행한 후 강제적으로 성행위 및 강간하는 행위를 한다. ▪ 물건이나 흉기를 사용하여 강제적으로 성폭행을 행한다. ▪ 원치 않는 성행위 및 강간을 행한다. ▪ 성적 수치심을 유발하는 환경(남녀 구별 필요공간에 구별 없는 경우, 탈의실, 화장실 개방 등)을 조성한다.	▪ 걸을 때 혹은 앉을 때의 어려움 ▪ 속옷이 찢어짐 ▪ 외부성기 부분이나 항문 부위의 타박상이나 하혈 ▪ 성병 ▪ 우울, 사회관계의 단절 ▪ 수면장애 ▪ 분노 또는 수치심	☑ 성적 수치심 유발 행위 ☑ 성적 수치심 유발 환경 ☑ 성희롱 ☑ 성추행 ☑ 성폭행 ☑ 강간 ☑ 강제추행 ☑ 기타

④ 재정적 학대 (Financial Abuse/ Exploitation)

구체적 행위	나타나는 징후	학대 세부내용 분류
▪ 노인의 유언장을 허위로 작성하거나 노인이 작성한 유언장을 노인의 동의 없이 수정한다. ▪ 노인의 허락 없이 노인의 이름을 사용해서 계약을 한다. ▪ 노인의 허락 없이 부동산(재산)을 사고팔거나, 빌린다. ▪ 노인의 허락 없이 노인 명의의 증서를 변경한다. ▪ 노인의 허락 없이 노인 재산을 증여한다. ▪ 노인의 허락 없이 노인 금전에서 돈을 빌려준다. ▪ 노인의 허락 없이 노인 명의의 은행계좌에서 돈을 인출한다. (돈을 훔친다, 돈을 악용한다. 연금을 가로채서 사용 한다 등) ▪ 노인의 허락 없이 노인 명의의 은행계좌를 해약한다. ▪ 노인의 소득(연금, 임대료 등)을 가로챈다. ▪ 대리권을 악용한다. ▪ 노인에게서 빌린 돈이나 물건을 돌려주지 않는다. ▪ 노인의 값나는 물건을 빼앗는다.	▪ 자신의 생활이나 보호를 위한 충분한 돈을 가지고 있지 않음 ▪ 필요한 물건을 살 수 없음 ▪ 체납된 공과금 및 세금서가 발견 ▪ 은행계좌의 현저한 혹은 비적절한 거래 ▪ 노인의 서명이 아닌 노인의 서명과 유사하게 서명된 수표나 서류 존재 ▪ 개인 소지품이 없어졌음 ▪ 노인의 재산이 타인의 명의로 갑자기 전환	☑ 인감도용 ☑ 연금 및 생계급여 등 수입에 대한 착취 ☑ 강제적인 명의변경 ☑ 부양전제 증여 후 부양의무 불이행 ☑ 은행계좌 무단 인출 ☑ 현금갈취 ☑ 동산갈취 ☑ 부동산갈취 ☑ 재산권사용제한 (예. 근저당) ☑ 유언장 허위 작성 ☑ 의사표현 능력이 없는 노인의 재산 갈취 ☑ 불완전한 의사표시 상태에서 노인의 재산 갈취 ☑ 신용카드 명의도용 및 도용 ☑ 노인임금 채무 불이행 ☑ 기타

⑤ 방임 (Neglet)

구체적 행위	나타나는 징후	학대 세부내용 분류
▪ 식사와 물을 주지 않는다. ▪ 약물을 불충분하게 투여한다. ▪ 치료를 받게 하지 않는다.(병원에 데리고 가지 않는다) ▪ 청결유지를 태만히 한다.(옷 갈아입히기, 기저귀교환, 손톱 깎기, 산발, 목욕 등) ▪ 노인에게 필요한 기구를 제공하지 않는다.(안경, 의치, 보청기 등) ▪ 거동이 불편한 노인을 장기간 혼자 있게 둔다. ▪ 노인 방만 청소하지 않는다. ▪ 와상 시 몸의 위치 변경을 태만히 한다. ▪ 노인이 사고를 당할 수 있는 위험한 상황에 처하게 한다.	▪ 오물, 대소변 냄새, 노인 주변 환경에 있어서 건강이나 안전에 관련되어 위험한 증후가 있음 ▪ 머리, 수염, 손톱 등이 자라서 지저분해져 있음 ▪ 욕창이 있음 ▪ 땀띠, 염증, 이(기생충)가 있음 ▪ 악취가 남 ▪ 의치, 보청기, 안경 등이 없거나 부수어져 있음 ▪ 식사를 거르고 있음 ▪ 영양실조나 탈수상태에 있음 ▪ 필요한 의료를 받지 않거나 필요한 약을 먹지 않고 있음 ▪ 의복을 착용하지 않았음 ▪ 언제나 같은 의복이나 더럽고 찢어진 옷 또는 계절에 맞지 않는 의복을 입고 있음 ▪ 오물로 침대나 이불이 더렵혀져 있음 ▪ 기저귀가 교환되지 않고 있음 ▪ 전기, 가스, 전화, 수도가 단절되어 있음	☑ 의료적방임 (치료 받아야 하는 상황) ☑ 보장기구(보청기, 의치 등) 제공거부 ☑ 필수생활비, 생계비 지원 단절 ☑ 비위생 거주 환경 ☑ 개인위생 방치(와상, 치매등 거동 불가능 노인) ☑ 난방, 전기, 가스, 수도 단절 ☑ 주거환경 안전사고 위험 ☑ 거동 불가능 노인에게 충분치 못한 식사 제공 ☑ 영양실조 ☑ 탈수상태 ☑ 연락두절 ☑ 왕래두절(1년이상) ☑ 노인의 배회 ☑ 신변 위험 상태 방치 ☑ 죽게 내버려 둠 ☑ 가출 후 찾지 않음 ☑ 기타

⑥ 자기방임

구체적 행위	나타나는 징후	학대 세부내용 분류
▪ 노인 스스로 할 수 있음에도 불구하고 신변의 청결, 건강관리, 가사 등을 포기하거나 관리하지 않아 심신의 문제가 발생한다. ▪ 자기의 신변청결, 건강관리, 가사 등을 본인이 할 능력이 부족하거나 어떤 이유로 노인도 모르는 사이에 심신의 문제가 발생한다.	▪ 스스로 식사와 수분을 섭취하지 않음. ▪ 필요한 치료와 약복용을 중지 또는 이로 인한 건강상태 악화 ▪ 의도적으로 죽고자 하는 모든 행위	☑ 의도적으로 신변 청결 및 기본생활 회피 ☑ 의도적으로 식사거부 ☑ 의도적으로 기본적인 보호 거부로 건강문제 발생 ☑ 치료 행위 거부로 생명에 위험 초래 ☑ 자해 ☑ 자살기도 ☑ 사망(자살) ☑ 기타

⑦ 유기학대

구체적 행위	나타나는 징후	학대 세부내용 분류
▪ 노인을 낯선 장소에 버린다. ▪ 노인을 다른 주거지에 기거하게 하고 연락을 두절한다. ▪ 거동이 불편한 노인을 시설에 맡기고 연락을 두절한다. ▪ 노인을 강제적으로 반 감금 형태 시설에 보내 집으로 돌아오지 못하게 한다.	▪ 노인이 낯선 장소에서 오랜 시간 배회하며 자신의 주거지 및 연락처를 알지 못함. ▪ 주거지가 아닌 장소에서 불결한 신변상황이나 식사를 제대로 하지 못한 상태로 방치 ▪ 자녀들이 전혀 연락이 되지 않으며, 주거지를 옮기거나, 이민 갔음 ▪ 노인의 신상에 대한 정보를 전혀 알 수 없음	☑ 노인을 길, 시설, 낯선 장소에 버림 ☑ 반 감금 형태의 시설에 입소시킴 ☑ 사망 ☑ 기타

학대발생의 장소에 따라서 노인학대의 유형을 구분하여 보면, 가정내 학대, 시설내 학대, 자기방임의 세 가지로 분류할 수 있다. 가정에서의 노인학대는 피해노인과 특별한 관계에 있는 성인 자녀, 배우자, 친지, 친구 등의 부양자가 행하는 학대로서, 우리나라에서는 노인학대의 대부분을 차지한다. 시설에서의 노인학대는 국가의 보조나 노인으로부터 직접적으로 보호비용을 수납하여 전문적 서비스를 제공하는 의료기관, 장기보호시설, 노인복지시설이나 기관 등에서 이루어지는 노인에 대한 부적절한 처우라고 할 수 있다.

2. 노인학대의 위험요인

노인학대의 위험요인 즉, 학대의 원인을 설명할 수 있는 이론들로는 상황적 모델, 사회교환이론, 상징적 상호작용이론, 여권주의모델, 생태학적 모델 등이 있으나, 학대와 관련된 개인이나 사회구조적 특성을 기준으로 학대의 원인을 분류하기도 한다. 노인학대에 관한 선행연구를 종합하여 보면, 노인학대의 위험요인은 크게 ① 노인의 특성과 기능요인, ② 가족요인, ③ 사회문화적 요인으로 구분된다. 이러한 노인학대 위험요인에 관한 기존 연구의 결과를 살펴보면 다음과 같다.

1) 노인의 특성과 기능요인

기존 연구에 의하면 노인학대를 유발하는 미시체계 관련 변인 즉, 노인 개인의 특성변인으로는 성, 연령, 결혼상태, 교육수준, 의존성, 자아존중감 등으로 밝혀지고 있다. 노인의 인구사회학적 특성과 관련하여서는 기존 연구에서 여성노인이 남성노인에 비하여 학대를 받는 경우가 더 많으며, 그것도 고령독신여성이 학대에 노출되는 빈도가 더 높은 것으로 알려지고 있다(김미혜, 2001; 한은즈·김태현, 2000). 일반적으로 여성노인의 평균수명이 길고, 배우자와 사별하여 홀로될 가능성이 높고, 자녀에게 제공할 자원이 남성노인에 비해 상대적으로 부족하며, 고령으로 인한 신체 및 정신적 의존성이 높아짐에 따라 가족으로부터 학대를 받을 위험성이 더 많아진다고 할 수 있다. 그리고 교육수준에 따라서는 교육수준이 낮은 노인이 학대에 노출될 위험이 더 많은 것으로 나타났는데, 이는 노인의 교육수준이 낮을수록 경제적 상황, 대처자원의 인지능력 등이 상대적으로 낮기 때문이라 할 수 있다(한은주·김태현, 2000).

노인학대는 노인의 의존성이 높을수록 발생가능성이 더 높아지는 것으로 나타났다. 많은 연구(한동희, 1996; 권중돈, 2004b)에서 신체적 질병, 치매와 같은 인지 장애, 일상생활 동작능력의 제한, 우울증과 같은 정신장애 등을 앓고 있는 노인의 높은 의존성과 간호를 어렵게 하는 증상이나 특이행동으로 인하여 학대에 노출될 가능성이 높음을 지적하고 있다. 이러한 노인의 의존성 증가는 독립적으로 노인학대를 유발하는 요인이 되기도 하지만 대개 부양자의 스트레스나 과중한 부양부담을 촉발시키는 요인으로 작용하고, 그 결과로 노인학대로 이어지는 경우가 많다.

노인의 특성과 의존성 이외에 노인 개인의 심리적 특성도 노인학대의 촉진요인이 될 수 있다. 노인이 학습된 무기력(learned helplessness)에 익숙해질수록 문제 해결을 위한 노력을 기울이지 않게 됨으로써 학대에 노출될 가능성이 높아지게 된다. 자신의 일생을 실패로 규정하고 그 실패의 책임을 타인에게 돌리고 불평을 하게 될 경우 다른 사람을 탓하게 됨으로써 타인의 분노나 학대행위를 유발하게 된다. 그리고 자아존중감이 낮은 노인은 가정내에서 심각한 문제를 일으키거나 무기력해질 가능성이 높기 때문에, 이로 인해 학대를 받을 가능성이 높아지는 것으로 나타났다(한은주·김태현, 2000; 권중돈, 2004b).

2) 가족요인

노인학대의 원인으로 작용할 수 있는 중간체계 변인 즉, 가족과 관련된 원인적 요인으로는 주거사항, 부양자의 특성 변인, 자녀와의 관계 변인 등이 있다. 먼저 노인이 부양자와 같이 살고 있는 경우에는 신체적 학대와 심리적 학대에 노출될 가능성이 상대적으로 높아지는 반면 별거할 경우에는 방임이나 유기라는 학대유형에 노출될 가능성이 높아지는 것으로 알려지고 있다. 부양자의 인구사회학적 특성과 관련하여서는 노인 부양자의 경우 자녀와 노부모를 부양해야 하는 샌드위치(sandwich)세대에 속한 경우가 많기 때문에 노부모를 부양하는 것 자체가 부담으로 작용할 수 있다. 특히 연령이 낮고 경제적 여유가 없는 부양자일수록 그 부담은 커질 수 있으므로 노인을 학대할 가능성이 높아진다(이성희·한은주, 1998).

부양자의 성격 또한 노인학대의 유발요인이 될 수 있다. 무절제하고 충동적인 성격일 경우 노인을 학대할 가능성이 높아지며, 알콜중독, 마약중독 등의 물질중독, 정서장애, 정신장애의 문제가 있을 경우 노인을 학대할 가능성이 높아진다. 그리고 기존 연구에서 부양자의 자아존중감 수준이 낮고 자아개념이 부정적일수록 노인을 학대할 가능성이 높아지는 것으로 나타나고 있다.

노인의 지나친 부양기대는 자녀에게 부양부담을 유발할 뿐만 아니라 자녀와의 기대수준의 불일치를 가져와 상대적인 학대 경험을 높게 하고 노인의 심리건강에 부정적인 영향을 미치는 것으로 나타났다. 학대받는 노인과 가해자들은 오랫동안 감정적 대립관계가 축적되어 있는 경우가 많으며, 과거에 좋지 못했던 세대간의 관계는 현재의 친밀한 가족유대를 어렵게 하고, 이러한 낮은 관계의 질이 미래의 잠재적인 학대 문제들의 지표가 될 수 있다. 노인이 배우자나 아들, 딸 등 자녀와의 관계에 만족할수록 노인의 학대경험이 낮으며, 노인들은 자녀와 접촉하는 양이 많을수록 학대 경험이 낮은 것으로 나타났다. 즉 별거 자녀와의 잦은 접촉은 노인에게도 도움이 되지만, 부양자에게 부양에 따른 부담감을 해소시켜 줄 수 있는 자원이 될 수도 있기 때문에 학대경험을 좀 더 낮게 하는 것으로 해석되고 있다. 그러나 별거자녀와 부양자사이의 관계가 나쁠 경우에는 별거자녀와의 잦은 접촉이 노인학대를 유발할 가능성을 높아지게 만드는 요인이 될 수도 있다.

가정폭력의 경우 대개 한명의 성원에게만 폭력이 행해지는 것이 아니라 동시에 여러 명에게 폭력이 가해지는 점을 고려할 때 가정내 다른 폭력이 존재할 경우 노인학대가 일어날 가능성이 높다. 그리고 사회학습이론에 의하면 부양자가 이전에 노인으로부터 학대를 당한 경험이 있는 경우에 노인을 학대할 가능성이 높아진다고 보고 있다.

3) 사회문화적 요인

다른 사회문제와 마찬가지로 노인학대 역시 사회문화적 변인과의 상관성이 매우 높다. 노인학대를 유발할 수 있는 거시체계 변인 즉, 사회문화적 변인으로 선행연구에서 밝혀진 변인으로는 노인의 사회적 고립, 사회적 서비스 체계의 인지 및 이용, 노인차별주의, 가족주의를 들 수 있다(한은주·김태현, 2000). 먼저 노인과 부양자가 사회적으로 고립될 경우 노인학대가 발생할 확률이 높아진다. 그 이유는 노인이나 부양자가 이웃, 친구, 친척 또는 전문가의 도움을 필요로 하는 상황에서도 활용할 수 있는 사회적 지지망이 없을 경우 노인은 의존적 욕구의 충족에 실패하게 되고 부양자의 부양부담 수준이 높아지게 되어 비효과적인 부양을 하게 만들거나 학대를 일으키는 원인이 된다(한국형사정책연구원, 1995). 노인학대를 예방하거나 학대문제를 해결할 수 있도록 지원하는 사회적 서비스 체계의 발전은 노인학대를 경감시키는 주요한 대처자원이 될 수 있다. 이와 같이 사회적 서비스 체계가 노인학대의 억제요인으로 기능을 하지만, 우리나라에서는 이러한 체계의 미비로 인하여 노인학대 예방·경감효과를 기대하기 어려운 실정이다.

우리 사회는 앞서 지적한 바와 같이 노인공경 의식이 낮아지고 있으며 노인차별주의가 일반화되어 가고 있는 추세인 관계로, 노인은 사회적으로 열등한 지위에 처하게 되고 부적절한 처우를 당할 가능성이 높아지고 있다. 실제로 김한곤(1993)의 연구에 의하면 노인학대의 원인이 가해자나 사회에 있기 보다는 자신에게 있다고 생각하는 경향이 높건 하지만 조사대상자의 약 1/5이 사회풍조를 노인학대의 원인으로 생각하고 있는 것으로 나타나 노인차별주의가 노인학대의 주요 원인이 되고 있다는 점을 뒷받침해주고 있다.

강한 가족주의의식이 노인학대의 은폐와 반복적 발생을 촉진하는 요인이 될 수 있다. 가족주의의식으로 인하여 노인들은 학대가 발생하여도 이를 은폐하는 경향이 농후하며, 자녀인 학대자에 대해 학대로 인한 부정적 감정과 아울러 자녀에 대한 사랑이라는 긍정적인 감정을 동시에 갖게 된다. 그리고 노인학대는 1회적 사건으로 끝나기 보다는 만성질환과 같이 시간의 경과에 따라 점진적으로 강화되고 지속적으로 재발되는 특성을 갖고 있다. 이러한 문화적 요인과 학대의 특성이 결합되어, 가해자가 학대를 하여도 사회적 비난을 받지 않을 가능성이 높아지기 때문에 노인이 잠재적 학대상황에 지속적으로 노출되어 있는 결과를 가져오게 된다. 이와 같이 가족주의의식이 강한 문화적인 특성으로 인하여 노인학대의 위험이 지속적으로 높아지게 된다.

3. 노인학대의 실태

노인학대에 관한 연구는 매우 많지만, 조사대상이나 지역에 따라 각기 다른 결과를 보이고 있으므로 노인학대 발생률을 정확히 파악하는 데는 한계가 있다. 한국보건사회연구원(1999)이 전국 6개 대도시의 노인(종합)복지회관을 이용하는 노인을 대상으로 한 조사에 의하면, 8.22%가 자녀나 가족으로부터 학대를 받은 것으로 나타났다. 까리따스방배종합사회복지관(2000)에서 서울시 서초구 거주 노인을 대상으로 조사한 바에 의하면, 3.7% 정도가 학대를 경험한 것으로 나타났다. 한국형사정책연구원(1995)에서 서울시 재가노인 중 형법상의 유기죄 및 학대죄의 구성요건에 해당하는 학대를 경험한 비율은 26.5%인 것으로 나타났다. 그리고 국가인권위원회(2002. 12.)의 재가노인을 대상으로 한 연구에 의하면, 약 5% 정도가 학대를 받고 있는 것으로 조사되었으며, 언어적 학대, 정서적 학대를 받는 비율이 상대적으로 높게 나타났다. 최근 노인학대의 개념을 광의로 해석하는 학문적 흐름을 반영하여 자기방임을 학대의 유형에 포함시킨 권중돈(2004b)에 의하면, 신체적 학대를 당한 경험이 있는 노인이 1.6%로 나타났으며, 심리적 학대는 5.5%, 재정적 학대는 6.0%, 방임은 10.0%, 자기방임은 21.6%로 나타나 전체적으로 노인의 30.8%가 학대를 받고 있는 것으로 나타났다.

노인복지시설의 생활노인에 대한 학대실태를 한국보건사회연구원과 국가인권위원회의 조사(2002)에 의거하여 살펴보면, 강제노동을 당한 경험이 있는 노인이 4.2%, 노인의 동의 없이 자신의 수입이나 재산을 이용당한 경험이 4.9%, 시설 종사자에 의해 폭언이나 폭행을 당한 경험이 7.0%, 아픈데도 종사자가 적절한 조치를 취해주지 않은 경우가 16% 등으로 조사되었다. 그리고 다른 노인에 의한 폭언이나 폭행을 목격한 경험이 있는 비율이 40% 가까이에 이르고 있는 점을 근거로 하여 볼 때, 노인복지시설에서의 학대 발생율은 매우 높은 것으로 나타나고 있다.

이와 같이 다양한 연구결과에서 노인에 대한 학대행위가 예측보다 훨씬 광범위하게 자행되고 있음을 알 수 있다. 실제 전국의 시·도에 설치되어 있는 노인보호전문기관에서 실시한 노인학대 상담건수가 2005년에 13,836건으로 전년도에 비해 219% 증가할 정도하였으며, 2006년 상반기에는 2005년 상반기에 비해 124% 증가할 것으로 나타나(보건복지가족부, 2006. 5.; 보건복지가족부, 2006. 9.), 노인학대의 문제는 그 심각성을 더해가고 있다. 학대유형별로는 학대 행위의 유형별로는 언어·정서적 학대가 44%로 가장 많고, 다음으로 방임(23%), 신체(17%), 재정(12%) 순으로 나타났으며, 자기방임은 2%에 불과하였다.

〈 표 7-2 〉 노인보호전문기관 연도별 학대 상담건수

연도별	학대 상담건수	증 감 율
2003년	3,179	-
2004년	4,333	36.3%
2005년(상반기)	13,836(7,901)	219.3%(182.3%)
2006년 상반기	9,784	123.8%(05년 상반기 대비)

* 자료: 보건복지가족부(2006.5.). 당정간담회 보고자료: 노인복지학대의 현황과 대책. 보건복지가족부(2006.9.). 06년도 상반기 노인학대 사례 분석결과 보도자료.

노인보호전문기관에서는 노인 인권의 주요 영역이자 노인학대의 또 다른 유형이라 할 수 있는 노인 교통사고와 관련된 이동권 보장이나 노인에 대한 범죄, 노인 자살 등에 대해서는 관심조차 기울이지 못하고 있는 실정이다.

4. 노인보호전문기관의 역할과 사업

노인보호전문기관은 긴급전화 설치, 신고의무 부여, 노인학대 행위자 처벌 등과 함께 노인복지법에서 규정한 노인학대 예방 및 사후관리를 위해 설치된 기관이다. 노인보호전문기관은 "학대받는 노인을 위한 전문적인 상담과 서비스 제공을 통한 노인의 권익 증진과 학대행위자 등에 대한 교육·홍보를 통하여 노인학대에 대한 인식을 개선하며, 노인학대예방사업을 통해 학대 없는 가정과 사회를 조성"하는데 있다. 이러한 목적을 달성하기 위하여 ① 노인학대 신고접수 및 현장방문, ② 노인학대 문제해결을 위한 전문적인 서비스 제공, ③ 노인학대 관련 기관 협력체계 구축, ④ 노인학대 예방 교육 사업, ⑤ 노인학대 예방을 위한 홍보, ⑥ 노인학대 인적자원 개발 및 육성이라는 6가지 부문의 사업을 전개하고 있다.

노인학대는 학대라는 단일한 문제가 아니라 가족문제, 경제적 문제, 의료적 문제, 법률적 문제 등 다양한 문제들이 복합적으로 나타나는 문제이므로, 다학제의 전문가가 참여하는 종합적 사례관리(case management)가 필수적이다. 이러한 노인학대 문제 해결을 위한 사례관리의 절차는 다음과 같다.

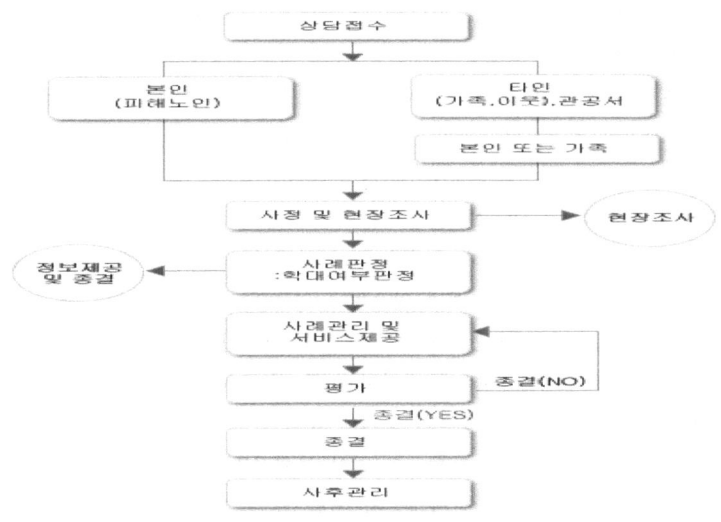

자료: www.seoul1389.or.kr

〔그림 7-1〕 노인학대 사례관리의 절차

노인학대 사례관리의 상담접수(intake)단계에서는 전화(1588-1389 또는 129), 내방(來訪), 온라인 등의 경로를 통하여 의뢰사례를 접수하며, 접수된 사례의 학대여부를 판단하고 학대의 위급성 정도를 파악하기 위한 기초 정보를 수집합니다. 이때 노인학대를 발견, 목격하거나 학대가 의심되는 경우에 노인과 가족 및 친지, 지역주민 및 이웃, 경찰서, 관공서, 보건소, 병원, 복지 관련기관 등의 관련자들이 신고 또는 상담 요청이 가능하다. 그리고 신고자가 익명을 요구할 경우 신고자 성명, 연락처 등과 같은 개인 정보가 유출되지 않으며 비밀을 보장한다. 또한 신고자가 원하는 경우 상담한 사례에 대한 결과를 통보한다.

사정 및 현장조사단계에서는 학대에 대한 체계적 사정과 현장조사가 이루어진다. 먼저 접수된 사례의 학대여부를 판단하고 학대의 위급성 정도를 파악하기 위해 상담 사례에 대한 특성, 학대의 정도, 노인에 미치는 영향 등을 포괄적으로 파악하여 지속적인 학대판정 및 노인의 안전 및 위급성 여부를 확인하고, 노인과 가족, 가해자 등에 대한 사례관리, 적절한 서비스 제공계획 수립의 근거를 마련하기 위한 정보를 수집한다. 그리고 위급한 경우나 노인의 안전이 저해되고 있다고 판단된 경우, 노인학대임의 판정이 불분명한 경우, 피해노인 본인 및 상담 의뢰자가 방문해 주기를 원하는 경우, 기타 사례회의 등에서 추가 정보수집을 위한 필요가 확인된 경우에 현장조사를 실시하며 현장조사시 학대판정 및 노인의 안전 및 위급성 여부를 확인한다.

사정과 현장조사가 마무리되면, 다양한 분야의 노인학대 전문가에 의한 수퍼비전(supervision)과 사례회의(case conference)를 통해 의뢰사례의 학대 여부를 판정하고 노인학대로 판단된 사례의 심각성 정도, 위급성 여부를 결정하며 이를 통해 사례에 적절한 개입 및 서비스의 제공을 결정한다. 그리고 이러한 개입계획에 의거하여 서비스가 제공된다. 노인학대 사례는 각각이 매우 다양할 뿐 아니라 복지, 보건, 의료, 사법 등 여러 분야에 걸친 문제를 안고 있음과 동시에 그 발생요인이나 배경이 매우 복잡하기 때문에 사례개입 시 각 사례의 개별적 특성을 충분히 고려하여 각 상황에 적절하게 개입한다. 또한 사례에 따라 긴급한 대응이 필요한 경우가 적지 않으며 노인들의 신체적 특성상 상황의 전개가 예기치 않은 경우도 많으므로 언제나 위기개입의 입장에서 신속히 대응할 수 있도록 긴급보호서비스를 제공한다. 노인학대 사례에 대해서는 한 기관이나 단편적 서비스의 제공으로는 효과를 보기가 어렵고 다양하고 복합적인 문제에 대응 기능을 가진 기관과 연계하여 ① 지속적 상담을 통한 심리 및 정서적 지지, ② 일시 보호서비스, ③ 경제지원서비스 및 의료적 처치, ④ 법률 상담 및 의뢰, ⑤ 사회복지 기관 및 서비스 연결(일시보호, 도우미, 말벗, 식사, 간병 서비스 등), ⑥ 가족지원 서비스, ⑦ 정보제공 및 타 기관 의뢰, 그리고 ⑧ 가해자 지원 및 교육 서비스를 제공한다.

서비스가 제공되는 과정 또는 서비스 종료 후 연계된 서비스 제공자, 가족 등의 의견을 수렴하여 전문상담원과 자문위원이나 사례판정위원이 학대사례의 진행정도, 개입정도, 서비스 제공의 정도를 파악하여 평가한다. 사례개입 목표달성 여부, 학대의 위험성, 재발 여부, 피해자 및 가족의 욕구충족 정도 등을 파악하며 종결 후 사후조치를 모색한다. 그리고 학대행위가 소멸된 경우, 학대 재발가능성이 희박하다고 평가된 경우, 불가피한 상황에 의하여 강제 종결되는 경우 사례를 종결한다. 사례 종결 이후에도 노인의 안전 유지 및 학대 재발 가능성 방지를 목적으로 종결된 사례를 전화, 방문 등을 통해 접촉하여 개입 효과를 지속시킨다.

이와 같은 사례관리 서비스를 제공하는 노인보호전문기관의 2006년도 상반기 사업결과를 살펴보면, 긴급전화 등을 통한 노인학대 신고접수 건수는 1,958건으로 이 사례들에 대해 9,784건의 상담을 실시한 것으로 나타나고 있다. 노인학대에 대한 인식증진을 목적으로 한 노인학대 교육은 1,175건에 35,525명을 대상으로 하여 실시되었다. 그리고 피해노인에게 제공된 전문서비스로는 상담서비스가 3/4 이상을 차지하고 있으며, 정보제공서비스가 13.8%, 복지서비스가 5.4%를 차지하고 있으며, 그 외의 전문서비스는 2% 미만의 비율을 보이고 있다.

〈 표 7-3 〉 2006년 상반기 노인보호전문기관의 서비스 실적   (단위 : 명, %)

구분	계	상담서비스	복지서비스	법률서비스	의료서비스	보호서비스	정보제공서비스
총계	8,648	6,611	465	97	81	200	1,194
비율	100.0	76.4	5.4	1.1	0.9	2.3	13.8

* 자료: 보건복지가족부(2006. 9.). 06년도 상반기 노인학대 사례 분석결과 보도자료.

5. 노인학대에 대한 대응방안

노인학대는 여러 요인들의 복합적이고 역동적인 상호작용으로 발생하므로 피학대 노인의 측면, 가해자 측면, 피해자와 가해자와의 상호작용 측면, 가정환경요인 측면, 사회문화요인 측면 등에 대한 다면적인 접근을 통해 문제를 조명하고 원인을 파악해서 종합적인 개입과 대책을 강구하는 시각이 필요하다고 하겠다(권중돈, 2002).

1) 노인 개인 차원의 대응방안

노인학대를 유발하는 노인의 특성과 관련된 요인 중에서 인구사회학적 변인은 통제가 불가능하므로 실제로 노인학대의 예방과 경감을 목적으로 하여 개입 가능한 부분은 노인의 의존성이다. 따라서 노인 스스로 의존성을 줄이고 자립능력을 제고하기 위한 노력이 이루어져야 하며, 노인 스스로가 존경받을 수 있도록 행동하고, 가족이나 사회활동에 적극적으로 참여하는 것이 바람직하다. 그리고 노인학대에 대한 교육을 통하여 노인학대를 정확히 이해하고, 가족의 부당한 처우를 당연시하고 은폐하기 보다는 이를 외부에 노출시켜 적극적인 원조요청을 할 수 있도록 노인들의 인식을 변화시키는 노력이 필요하다.

2) 가족 차원의 대응방안

가족에 대해서는 학교교육이나 사회교육 프로그램을 통해서 노인과 동거하는 가족들이 노년기 특성 및 노인의 심리적 특성에 대해서 이해할 수 있는 기회를 부여해 나가야 할 것이며, 이를 통하여 사회 전반의 노인차별주의 의식도 희박해질 수 있을 것이다. 또 가해자의 개인적 특성으로 인하여 노인학대가 일어나는 경우에 대한 대책으로는, 개인적인 성격이나 스트레스가 원인이라면 이에 대한 상담이나 치료 프로그램을 통해서 수정하고 경감시킬 수 있게 하고, 직업이 없거나 경제적 곤란에 대해서는 이에 대한 서비스를 모색해주는 접근방법이 필요하다고 하겠다.

노인학대의 가해자는 주로 직계가족, 특히 주로 아들과 며느리, 딸 등이며, 부양자인 동시에 가해자인 이들은 부양 스트레스를 경험하고 이러한 스트레스를 견뎌내기 힘든 상황에서 학대를 하는 것으로 나타나고 있다. 따라서 이들의 부양부담 경감을 위한 부양수당제도의 도입, 노인장기요양보험제도의 도입 그리고 재가노인복지서비스의 강화와 같은 가족지원서비스가 강화되어야 할 것이다.

3) 사회적 차원의 대응방안

노인학대에 대한 적극적인 사회적 대응방안이 강구되지 않고 있는 이유 중의 하나는 노인학대에 대한 일반인의 의식이 매우 낮다는 것이다. 따라서 노인학대의 문제가 단순히 개인이나 가족의 문제가 아니라 사회 전체의 문제로 인식할 수 있는 사회적 의식의 전환이 이루어져야 할 것이다. 이러한 의식의 전환을 위하여는 우선 복지, 의료 등의 노인 관련 전문가들에 대한 교육과 홍보가 1차적으로 이루어져야 할 것이며, 다음으로는 신문, 방송 등의 대중매체를 통한 사회교육과 사회이슈화의 작업이 필요하다.

우리나라에서는 2004년 1월 노인복지법 개정을 통하여 노인학대의 금지, 노인학대 예방을 위한 긴급전화의 설치, 노인보호전문기관의 설치, 노인학대 신고 및 응급조치 의무, 보조인의 선임 등의 노인학대 관련 조항을 신설하였다. 이러한 노인복지법에 근거하여 노인학대에 대한 전국 실태조사를 실시하고, 노인보호전문기관에 대한 인력 및 재정지원을 확대하고, 노인학대에 대한 시민들의 인식을 제고하기 위한 교육·홍보사업을 강화해 나가야 한다.

또한 학대의 결과로 신체 및 정신증상을 호소하는 노인들에 대한 보건의료서비스를 강화해 나가고, 상담과 심리치료 등을 통하여 심리적 안정을 도모하는 것이 필요하다. 그리고 자녀들로부터 방임된 노인을 지원하기 위해서는 부양비 구상권 제도를 적극적으로 시행해 나가야 할 것이다. 이러한 피학대 노인에 대한 서비스와 치료 뿐만 아니라 가해자에 대한 개입도 이루어져야 한다. 일반적으로 노인학대의 가해자는 패륜아 또는 극악무도한 범죄자로 규정하는 사회적 분위기로 인하여 처벌위주의 대책들이 주로 제시되고 있지만, 범법행위에 해당하는 경우에만 처벌을 하고 나머지는 스스로 태도 변화를 할 수 있도록 의무적 소양교육, 사회봉사명령, 보호관찰제도를 실시하거나 정신병리를 가진 가해자에 대해서는 치료프로그램에 참여할 수 있도록 해야 할 것이다. 이와 같은 노인학대 관련자에 대한 보호서비스가 성공하기 위하여는 사례에 따른 개별적 개입계획의 수립과 시행이 이루어져야 하며, 이를 위해서는 다분야의 전문가 팀으로 구성된 지역별 노인학대판정 및 대책위원회의 구성이 요구된다. 그리고 지역내의 노인학대 관련기관들간의 유기적인 네트웍 구축이 절대적으로 필요하다.

우리 사회에서는 노인학대를 은폐하는 경향이 강하기 때문에 학대받는 노인 사례를 조기에 발견하여 적극적으로 개입할 수 있는 방안이 마련되지 못하고 있다. 따라서 노인과 일상적으로 접하는 지역사회의 통반장이나 사회복지전문요원, 노인복지기관과 시설의 종사자, 노인돌보미, 의사, 간호사, 치료사 및 약사, 계량기 검침원이나 아파트 관리인, 경찰관 등을 노인학대 옴부즈맨(ombudsman)으로 위촉하여 이들이 노인학대 사례를 조기발견하고 전문기관에 서비스를 의뢰할 수 있는 제도를 마련해 나가야 할 것이다. 특히 노인돌보미, 가정봉사원이나 방문간호사들의 경우 수시로 노인 가정을 방문하여 재가서비스를 제공하기 때문에 노인학대나 방임 심지어는 자기방임까지도 가장 빠르게 인지할 수 있으므로, 이들을 노인학대의 파수꾼으로 활용하는 방안을 적극적으로 검토해야 할 것이다. 그리고 노인돌보미는 타인에 의해 학대를 당하거나 자기방임상태에 있는 독거노인이 있는 경우에는 지역사회의 노인보호전문기관에 신고하여 이들 노인들이 적절한 보호서비스를 받을 수 있도록 원조해야 할 것이다.

Ⅲ. 노인 자살의 이해와 예방

1. 노인 자살의 이해와 실태

자살이란 일반적으로 자발적이고 의도적으로 자신의 생명을 끊는 행위를 의미한다. 우리 사회에서는 이러한 자살을 노년기와 관계가 없는 것으로 간주해오고 있었다. 그러나 노년기에는 직업적 역할 상실과 경제적 어려움, 신체 및 정신적 능력의 장애나 질병, 사회적 관계망의 위축과 사회적 소외, 배우자의 상실, 우울증 등의 다양한 상실과 스트레스 사건으로 인하여 자살의 위험이 높아진다(Blazar and Koenig, 1996).

실제 2001년부터 2005년까지 5년 사이에 노인 자살자수는 12,826명에 이르고 있으며, 전체 자살자수 중 노인이 차지하는 비율은 2001년 20.9%, 2003년 24.4%, 2005년 27.6%로 나타나 노인 자살자가 차지하는 비중이 늘어나고 있다(통계청, 2005.7).

노인들에 대한 자살생각에 관한 조사(박준기, 2003)의 결과를 보면, 노인들 중에서도 43% 정도는 자살에 대해서 한번쯤 생각해본 적이 있으며, 4% 정도는 구체적인 자살의 방법까지도 생각해본 것으로 나타났다. 그리고 노인들이 자살 생각을 하게 되는 원인이나 상황은 건강악화로 인해 자녀에게 짐이 될 것이 두려워서, 경제적으로 어려워서, 자녀들이 속을 썩이거나 주변사람들이 관심을 가져주지 않을 때, 부부갈등 또는 형제간의 갈등 등인 것으로 나타났다. 그러나 노인들은 가족에 대한 생각, 종교적 이유, 죽음 자체에 대한 두려움, 삶에 대한 미련 등으로 인하여 실제 자살을 감행하지는 않고 있는 것으로 나타났다.

우리나라에서는 아직 자살에 대한 탐색적 연구만 이루어지고 있는 관계로 노인의 자살에 관한 연구가 매우 부족한 상황이다. 따라서 앞으로 노인자살에 대한 공식적 통계자료의 축적과 경험적 연구를 지속적으로 실시하여 노인 자살을 예방 또는 해결할 수 있는 방안을 마련할 필요가 있다.

2. 노인 자살의 예방

현재 우리나라에서는 노인 자살 예방업무를 수행하는 기관은 없으며, 한국노인의 전화, 사랑의 전화 등과 같은 전화상담센터가 운영되고 있을 뿐이다. 따라서 앞으로 노인 자살을 예방하기 위해서는 노후소득보장체계, 건강보호체계, 가족지원체계를 강화함과 아울러 선진 외국에서 실시하고 있는 노인자살예방 전용센터, 전화확인서비스, 지킴이(gatekeeper)

프로그램, 자살 예방 교육 등을 적극적으로 도입하여 실시할 필요가 있다(권중돈, 2006).

노인돌보미들은 노인의 자살을 예방하는 전화와 직접 방문에 의한 안전확인서비스 업무가 주요 업무이므로, 독거노인 자살예방의 최일선 지킴이라 할 수 있다. 그러므로 노인 자살에 대한 보다 정확한 이해를 갖추어야 한다. 노인돌보미의 자살에 대한 이해를 도모하기 위하여 자살에 대한 오해와 진실을 살펴보면 다음과 같다(www.lifeline.or.kr).

① 자살은 어떤 경고 없이 일어난다고 일반적으로 생각한다. 그러나 자살 의도를 지닌 사람의 10명 중 8명은 다른 사람은 인식하기 힘들지만 자신의 자살의도에 대한 경고신호를 보낸다.
② 자살에 대해 이야기하는 사람들은 자살을 하지 않을 것이라 생각하지만, 그렇지 않다. 자살 생각이나 시도는 간절하게 도움을 요청하는 것인데, 어느 누구도 이에 반응하지 않는다면 자살을 기도하게 된다.
③ 자살에 대해 공개적으로 언급하는 것은 자살 의도를 가진 사람들이 자살을 하게 만드는 요인이 된다고 생각하지만 그렇지 않다. 자살 의도를 가진 사람이 자살에 대해 언급하는 것은 자살에 대해 공개적으로 얘기하는 것을 허용하는 것이므로, 주변 사람들은 민감성을 갖고 보살피는 마음으로 이야기함으로써 보살펴 주며, 도와주고, 그와 함께 있다는 것을 전할 수 있어야 한다.
④ 자살하는 사람들은 모두 미쳐서, 정신병적 행동을 하는 사람이라 생각하지만 그렇지 않다. 자살을 생각하는 사람들은 어떤 특정한 시기에 고립감을 느끼며, 극심한 불행감과 외로움을 느끼는 보통 사람들이다. 그런 사람들이 생활 스트레스와 상실감을 극복하지 못하였을 때 선택하게 되는 것이 자살 생각과 행동들이다.
⑤ 특별한 사람들만이 자살을 기도하거나, 자살을 하거나 혹은 자살생각을 한다고 알고 있지만, 사실이 아니다. 자살 생각, 감정, 행동들은 어떤 사회 계층, 종교집단, 연령 혹은 사회 수준에서 누구에게 일어날 수 있다.

노인돌보미는 노인의 자살 의도나 감정을 사전에 파악하여 이를 예방하여야 하는데, 그러기 위해서는 자살과 관련하여 나타나는 단서들에 대해 알고 있어야 한다. 이러한 자살의 위험성이 높은 단서들을 살펴보면 다음과 같다(www.lifeline.or.kr).

첫째, "내가 죽으면~", "이제 아무 문제없어~더 이상 아무 것도 문제가 안 돼", "더 이상 뭘 어떻게 해볼 도리가 없네", "왜 나만 이렇게 모질고 힘들게 사나?" 등과 같은 언어적 표현을 한다.

둘째, 행동상의 변화가 나타난다. 예를 들면, 갑작스럽게 비인격적 행동을 하거나, 좋아하던 일이나 행동을 하지 않거나 물건들을 정돈하고 밀린 일을 정리하거나, 주변 사람들에게 '작별' 인사를 하거나, 음식을 먹지 못하거나 혹은 지나치게 과식하거나, 잠을 잘 자지 못하거나, 특별한 이유 없이 의사를 찾거나 하는 행동들을 한다.

셋째, 노인이 대처하기 힘든 상황적 요소들이 있다. 예를 들면, 가족과의 갈등이 극심해지거나, 자식들이 노인을 모시기를 서로 싫어하거나, 자식을 포함한 사랑하는 사람이 죽거나 삶에서 큰 실패를 한 경우, 자존감에 큰 상처를 입거나, 소중하게 생각했던 가치나 신념이 무너진 경우 자살 생각을 하고 행동으로 옮길 가능성이 높아진다.

넷째, 경제상황과 건강과 관련된 단서이다. 노인이 생활하기 어려울 정도로 빈곤한데도 주변의 도움을 전혀 받지 못하거나, 의료비 부담이 매우 크거나, 수발을 들어줄 사람이 전혀 없거나, 우울증이나 다른 정신질환을 앓고 있거나, 불치병 진단을 받거나, 알콜을 남용하거나, 이전에 자살한 경험이 있는 경우에 자살을 생각하고 이를 결행할 가능성이 높아진다.

이러한 자살의 실마리가 파악되었을 경우에, 노인돌보미는 자살할 위험이 어느 정도 큰지를 다음과 같은 네가지 영역에 걸쳐 평가하고 정보를 수집해야 한다.

① 자살계획이 얼마나 구체적이고 치명적인가?
② 독거노인이 느끼는 가장 큰 스트레스는 무엇이며, 성취할 수 없는 욕구들와 해결할 수 없는 문제는 무엇인가?
③ 이런 스트레스, 욕구, 문제와 관련된 독거노인의 마음상태(예: 회피, 무력감, 절망, 무가치감 등)는 어떤가?
④ 자식이나 이웃, 사회복지관계자, 종교인 등 독거노인을 도와줄 사람이 있는가? 있다면, 어떤 도움을 주고 있는가?

이러한 평가를 통해서 독거노인이 진정으로 원하고 있는 것이 무엇인가를 알아내야 하며, 생활지도사는 독거노인과 신뢰하고 친밀한 관계를 형성하여 독거노인의 자살을 예방하여야 한다. 독거노인이 자살 생각이나 의도를 갖고 있을 때 이를 예방 또는 극복할 수 있도록 노인돌보미들이 도움에 있어서 지켜야 할 원칙을 제시하면 다음과 같다.

① 자주 전화하고 방문하라. 특히 위에서 제시한 자살의 실마리들이 있는 경우에는 더욱 자주 전화하고 방문하여야 한다.
② 자살에 대해 얘기하는 것을 두려워하지 말라. 독거노인이 자살에 대해 얘기하는 것은 간절하게 도움을 요청하는 것이므로, 자살에 대한 얘기를 함으로써 그 간절한 도움의 내용이 무엇인지를 파악하여야 한다.
③ 귀담아 들어라. 독거노인의 말을 귀담아 듣고, 노인의 감정을 민감하게 읽어내고 그 감정에 공감을 표시하고, 진실 되게 대하고 신뢰감을 주어야 한다. 그럴 때만이 독거노인은 속마음을 털어놓을 수 있고, 그래야만 도울 수 있는 길을 찾을 수 있다.

④ 냉정함을 잃지 말아야 한다. 독거노인이 자살을 얘기할 때 긴장하고 허둥대면 자살과 관련된 상황을 정확히 파악할 수 없으므로, 감정을 안정시켜 자살과 관련된 상황이나 정보를 객관적으로 파악할 수 있어야 한다.
⑤ 비판하지 마라. 독거노인의 행동이나 감정에 대해 '어르신이 잘못 해서 그러네요'와 같은 비판적 표현을 삼가고, 노인이 말한 모든 것들을 받아들여야 한다. 설령 노인의 말에 동의할 수 없는 경우라 하더라도, 기꺼이 받아들일 수 있어야 한다.
⑥ 넓게 바라보라. 자살을 생각하는 독거노인은 자신이 처한 상황만을 부각시키고 그 상황에만 얽매여 있을 수 있다. 그러므로 노인돌보미는 독거노인이 좀 더 넓게 볼 수 있는 시야를 가질 수 있도록 도와야 한다.
⑦ 희망을 심어라. 독거노인에게 미래와 희망이 있고, 많은 가능성 있다는 것을 믿도록 하여, 자살 이외의 다른 대안을 생각할 수 있는 기회를 주어야 한다.
⑧ 현실적인 문제해결책을 찾아라. 독거노인이 고통을 당하고 있는 문제를 해결할 수 있는 가능한 해결책을 노인과 같이 찾아야 한다.
⑨ 이용할 수 있는 서비스를 찾고 연결하라. 노인돌보미가 도울 수 있는 부분은 직접 돕고, 서비스관리자와 협력하여 지역사회내에 존재하는 서비스를 연계하되, 가능하면 독거노인 인근에 살면서 언제든지 도움을 줄 수 있는 사회자원을 먼저 찾는 것이 좋다.
⑩ 방심하지 마라. 독거노인이 자살 생각을 거두고 위기상황이 어느 정도 완화되었다고 자살과 관련된 문제가 해결되었다고 생각하여서는 안 된다. 자살과 관련된 위기가 사라진 후 언제든지 자살 의도나 감정, 행위는 다시 나타날 수 있다는 점을 기억하고 독거노인에게 더 많은 관심을 기울여야 한다.

MEMO

MEMO

MEMO

제 8 장 운동요법과 레크리에이션 지도

학 습 목 표
□ 운동요법에 대한 기초 지식을 습득한다. □ 노인들에게 적용 가능한 운동요법을 익힌다. □ 레크리에이션에 대한 기초 지식을 습득한다. □ 노인들에게 적용 가능한 레크리에이션 프로그램을 익힌다.

Ⅰ. 운동요법

1. 운동요법의 개념

　운동은 건강을 유지하고 질병을 예방할 뿐 아니라 질병을 치료하는 기능까지도 지닌다. 건강한 사람이 운동을 하면, 신체 동작능력, 순환기 및 심폐기능, 대사작용이 향상되어 건강을 유지함과 아울러 질병을 예방하는 효과를 거둘 수 있다. 그리고 고혈압, 당뇨병, 고지혈증, 골다공증, 비만, 정신질환 등에는 운동이 치료적 수단으로 활용되기도 한다. 이와 같은 운동의 효과를 이용하여 개발된 물리치료의 하위요법이 바로 운동요법이다(권중돈 외, 2002).

　운동요법은 질병이나 손상 및 그 후유증의 치료수단으로 운동을 활용하는 요법이다. 이러한 운동요법은 ① 근력의 증강, ② 내구력(耐久力)의 증대, ③ 근육의 협응성(協應性) 개선, ④ 속도의 단축 또는 증가, ⑤ 관절의 운동범위의 유지 및 개선이라는 목적을 달성하기 위해 실시하는 물리치료의 하위요법이다. 운동요법에서는 ① 근육을 자유의지대로 움직일 수 없을 경우 관절의 운동범위를 유지하기 위해 실시하는 타동운동(他動運動), ② 근육의 수의적인 수축이 불충분할 때 행하는 개조자동운동(介助自動運動), ③ 동작을 수의적으로 할 수 있는 상태에서의 자동운동(自動運動), ④ 저항에 대항해서 움직여 근력의 증강을 꾀하는 저항운동, ⑤ 단축된 근육이나 기타 연부조직(軟部組織)을 늘이는 신장운동(伸張運動), ⑥ 매트운동, 평행봉, 지팡이, 의지(義肢) 등을 이용한 보행훈련 등의 기능회복운동을 치료적 목적으로 활용한다.

　이러한 운동요법은 노년기의 생물학적 노화에 따른 신체구조와 기능의 저하를 예방하고, 질병이나 손상 기능을 회복 또는 개선하는데 도움이 되는 것으로 알려지고 있다. 실제로 건강한 노인에게 6개월간 규칙적 운동을 시킨 결과 심폐기능이 향상되고, 인지기능의 손상과 치매 발병율이 낮아지고, 혈압, 당뇨, 고지혈증, 비만 등이 치료 또는 예방이 되어 혈관성 치매를 예방할 수 있는 것으로 밝혀지고 있다. 그리고 유산소운동을 할 경우 노인환자의 우울증세가 개선되며, 치매환자의 신체활동이 왕성할수록 근육의 부피가 커지고 영양상태도 좋아지는 것으로 나타났다. 또한 간호자의 도움으로 치매환자도 얼마든지 운동요법의 참여가 가능하며, 근력운동을 통하여 근력이 향상되었다는 연구 결과도 있다. 이와는 반대로 운동을 하지 않고 누워 지내는 경우에는 욕창이나 변비, 소화불량, 식욕 감소가 나타나며, 만성질환이 악화되고 폐렴, 요로 감염 등 감염성 질환에 잘 걸리게 되고, 근력이 약해지고 관절이 굳으며, 골다공증이 잘 생기며 심지어는 치매 증상도 악화된다.

따라서 신체기능을 향상시키고, 자립적 일상생활을 영위할 수 있도록 근력을 강화시키며, 낙상 등에 의한 안전사고를 예방하고, 운동을 통하여 불안과 우울증을 개선해 나갈 수 있는 운동요법은 독거노인에게 많은 도움이 될 것이다.

2. 운동요법의 효과

운동은 누구나 생활 속에서 실천해야 하는 삶의 한 부분이라고 할 수 있다. 이러한 운동은 다음과 같은 효과를 지닌다.

첫째, 노화의 속도를 늦추어 준다. 일반적으로 사람들은 나이가 들어감에 따라 활동량이 줄어들고 이로 인해 노화를 촉진시키게 된다. 그러나 규칙적으로 운동을 하게 되면, 노화의 진행을 늦출 수 있다. 특히 신체 및 정신건강의 위험에 노출되기 쉬운 노인들의 경우 규칙적인 운동은 노화를 지연시키고, 건강한 노후생활을 영위하게 해주는 필수적 요소이다.

둘째, 운동은 비만을 예방해 준다. 운동은 내분비 대사기능을 향상시켜 체지방 및 체중 감소를 가져오며 자기 몸에 적절한 몸무게를 유지할 수 있게 해준다. 적절한 체중의 유지는 심장병, 고혈압, 당뇨병, 우울증, 뇌졸중 등 성인병 관련 질병 및 관절염, 골다공증 등의 예방과 질병으로 인한 장애를 감소시킨다.

셋째, 운동은 관절연골을 강화해 준다. 운동을 할 때 무릎을 구부렸다 폈다 하면 관절액이 스며들어 골고루 영양분을 공급하고 그곳의 노폐물을 밖으로 배출한다. 운동을 하지 않으면 많은 연골 세포가 영양 부족으로 연골 표면이 일그러짐으로써 퇴행성 관절염이 발생할 가능성이 높아진다.

넷째, 운동은 폐와 심장의 기능을 강화시켜 준다. 적절한 운동은 폐의 탄성을 높여주고 흉곽의 움직임과 근력을 강화시켜 충분한 산소 공급을 받게 해준다. 또한 심장의 유해물질을 제거시키고, 산소를 잘 이용하도록 심장 근육을 단련시키므로 심장이 튼튼해진다.

마지막으로, 운동은 스트레스를 감소시키고 기분을 좋게 한다. 운동을 하면 스트레스와 긴장이 완화되며, 생활의 활기를 찾을 수 있으며, 정신건강에도 좋은 영향을 미치므로 자신감을 주며 기분을 상쾌하게 해준다.

3. 운동의 방법

노인들이 운동을 하기 전에 기본적인 운동방법을 숙지하고 시작하여야만 운동의 효과를 증대시키고, 여러 가지 사고를 예방할 수 있다. 따라서 다음에서는 운동의 효과를 높이는 방법, 운동의 강도, 지속시간, 빈도 등 기초적인 운동방법을 알아보고자 한다(최성애, 2004).

운동의 효과를 극대화시키기 위해서는 단계적인 운동프로그램을 구성하여 실시해야 한다. 즉, 자신의 신체적 능력을 정확히 측정하고, 이를 기초로 운동 프로그램을 작성한 후, 계획에 따라 운동을 해야 한다. 운동의 강도는 노인의 심폐기능에 충분한 자극을 주면서 과도한 부담이 되지 않도록 하여야 한다. 즉 운동의 유효한계와 안전한계를 결정하여 그 범위 내에서 운동하도록 하여야 한다. 운동강도를 결정할 때는 최대 심장박동 수를 고려해야 한다. 일반적으로는 최대 심박수의 60~80% 정도를 유지하는 것이 가장 적당한 수준의 운동강도이다. 심박수의 측정이 곤란한 경우에는 약간 힘들다고 느끼는 정도, 호흡의 곤란을 느끼지 않으면서 다른 사람이 알아들을 수 있게 말할 수 있을 정도로 운동하는 것이 적정한 운동 강도이다.

운동 지속시간은 운동의 종류 및 강도에 따라 결정되나 일반적으로 목표 강도에서 15~45분간 지속하는 것이 적당하다. 이러한 운동의 지속시간은 노인의 신체적인 능력에 따라 차이가 있으며, 앞에서 설명하였듯이 노인의 능력을 정확히 측정하고 평가하여 노인에게 무리가 가지 않는 범위 내에서 운동의 지속시간을 조절하는 것이 바람직하다.

운동의 빈도는 주당 3~5회 정도가 적당하며, 격일로 운동을 실시하는 것이 바람직하다. 주당 1~2회는 심폐기능의 증진을 기대할 수 없고, 매일 운동을 실시하는 것은 피로를 가중시키고 손상을 유발할 위험성이 있다. 또한 평소에 운동을 하지 않던 사람이나 체력 수준이 낮은 사람은 운동을 시작한 초기 4~8주 정도는 목표운동 강도보다 조금 낮은 강도에서 시작하고 운동시간도 10~15분 정도로 시작하여 점차 늘려가도록 하는 것이 바람직하다.

4. 노인을 위한 운동 프로그램

운동요법을 실시하기 전에 노인에게 적합한 운동을 선택하기 위해서는 우선적으로 스포츠클리닉 등 의사에게서 운동전 평가를 받는 것이 좋다. 운동전에 평가 받아야 하는 항목으로는 유산소능력, 근력, 유연성, 체성분 분석 등이 있으며, 특정 운동의 위험도와 운동부하 검사를 받은 것이 도움이 된다.

노인들이 일반적으로 실시할 수 있는 운동프로그램은 유산소운동, 근력운동, 유연성운동, 게임을 응용한 운동프로그램 등으로 구분되기도 하지만 장소 및 기구에 제약을 받지 않고 실시할 수 있는 운동프로그램을 소개하고자 한다.

1) 걷기

대표적인 유산소운동인 걷기는 허리를 바로 세우고 배를 내밀지 않은 상태에서 팔에 무리한 힘을 주지 말고 자연스럽게 움직이는 것으로, 반듯이 걷는 것이다. 걷기 운동은 심폐지구력을 적절하게 발달시키고, 인간생활에 기본적인 활동이며 안전한 운동으로 상해를 입힐 가능성이 거의 없어 노인에게 매우 적합한 운동이다.

걷기 운동을 하기 전에 가벼운 스트레칭을 통해 반드시 준비운동을 해야 한다. 걸을 때에는 등을 펴고 편안하게 걷고, 보폭은 편안하되 가능하면 넓게 걷는 것이 바람직하다. 보폭을 넓혀서 걸으면 허리 아래쪽의 근육이 많이 사용된다. 그리고 뒤꿈치부터 착지한다. 뒤꿈치부터 착지하여 발바닥 전체로 몸을 지탱하고, 차고 나가면서 맨 나중에 발끝이 떨어지도록 한다. 걷고 난 후에 곧바로 쉬게 되면 근육 곳곳에 쌓여 있는 피로 물질들로 인하여 근육의 수축과 이완기능이 떨어져 경직되는 증상이 나타나므로 반드시 정리운동을 실시한다(www.hp.go.kr).

2) 유연성체조

유연성체조는 스트레칭(stretching)이라고도 불리며, 겨울철이나 운동량이 급격히 줄어드는 노인들에게 특히 유용하다. 유연성체조는 근육, 힘줄(腱), 관절의 운동범위를 향상시키기 위해서 행하는 것으로 스트레스나 상해, 통증 없이 팔다리를 자유롭고 편안하게 움직이면서 신체 각 관절을 굽히고 펴는 동작, 근육의 수축 이완 동작을 반복하는 체조이다.

유연성체조를 하는 목적은 자신이 필요로 하는 부위의 근육을 펴서 늘리는 것이다. 그러므로 개인의 체력 수준이나 유연성 또는 훈련 정도에 따라 운동의 강약에 다소 차이는 있을 수 있으나, 중요한 것은 근육이나 힘줄을 팽팽하게 늘리면 위험성이 따르므로 운동방법을 바르게 알고 실천하는 것이 중요하다. 스트레칭을 할 때에는 가급적 몸을 편안히 놀릴 수 있을 정도의 자세를 취하고 도구를 이용하기 보다는 맨손운동이 좋다. 맨손으로 할 수 있는 유연성 체조는 다음과 같은 것들이 있다(대한간호사협회 보건간호사회, 1994).

① 어깨, 팔운동

앉거나 서서 주먹을 쥐고 팔꿈치를 구부렸다 위를 향하여 힘차게 펴는 동작을 반복한다.

② 앞으로 구부리기 운동

처음에는 약간 구부리고, 다시 발끝까지 손이 닿도록 힘을 주어 마사지 하는 식으로 동작을 반복한다.

③ 어깨 두드리기

오른손과 왼손을 번갈아 가며 반대편 목줄기와 등을 두드린다(팔꿈치를 반대편 손으로 들어 올리면 뒤쪽까지 가능하다).

④ 옆으로 틀기

양손을 우측바닥 좌측바닥에 놓으며 손끝을 보면서 어도 함께 옆으로 비튼다.

⑤ 등뼈 움직이며 복근 늘리기

책상다리로 앉아 두 손을 앞쪽 귀 옆에 대고 한쪽 팔꿈치를 높이 올리고 반대쪽으로 구부리며 반대편 팔꿈치가 구릎에 닿도록 좌우로 반복한다.

⑥ 발끝운동

한쪽 다리는 쭉 뻗고 다른 쪽 다리를 올려 뒤꿈치로 뻗은 다리 발목을 두드린다.

⑦ 발운동

허리를 쭉 펴고 팔을 크게 흔들며 무릎을 많이 높여 군인같이 힘차게 걷는다.

⑧ 전신 뻗어 구르기

누운 상태에서 손을 위로 쭉 뻗어 옆으로 구른다.

⑨ 심호흡

양손을 위로 천천히 올리며 숨을 들여 마시고 다시 손을 내리며 숨을 내쉰다.

⑩ 허수아비 자세

양쪽 팔을 수평으로 들고 한쪽 발을 들어 올려 반듯하게 선다.

실내에서 수건을 이용하여 할 수 있는 체조운동으로는 다음과 같은 것들이 있다 (www.sportskorea.net).

① 목 누르기 : 발을 어깨 넓이로 벌리고 선 자세로 수건을 머리 뒤로 두르고 앞으로 잡아당긴다.

② 목 젖히기 : 수건을 목 뒤에 걸고 손으로 잡아당기면서 목을 뒤로 젖혀준다.

③ 어깨 늘리기 : 똑바로 발을 벌리고 선 자세로 양 손으로 수건을 잡고 머리위로 들어 올려 어깨를 뒤로 젖힌다. 가슴을 뒤로 젖히면서 어깨가 충분히 늘어나게 한다.

④ 등 어깨 늘리기 : 팔을 쭉 펴서 등 뒤로, 한손은 아래, 한손은 위로하여 수건을 당겨준다. 반대쪽도 반복한다.

⑤ 앞 어깨 늘리기 : 아래쪽 팔을 구부려 등 가까이에 대고 수건을 잡아당겨준다. 반대쪽도 반복한다.
⑥ 옆구리 늘리기 : 두발을 벌리고 선 자세로 수건을 위로 한 상태에서 그대로 옆구리를 구부린다. 반대쪽도 반복한다.

⑦ 옆구리 비틀기 : 두 발을 벌리고 선 자세에서 몸 앞에서 수건을 잡은 상태로 몸을 비틀면서 수건을 뒤쪽으로 당겨준다. 반대쪽으로 반복한다.
⑧ 뒷다리·뒷 팔 펴기 : 다리를 벌리고 선 자세에서 뒤로 수건을 잡고 상체를 앞으로 구부린다. 이때 다리는 구부리지 않도록 하고 팔을 두로 높이 올린 상태로 수건을 잡아당긴다.

 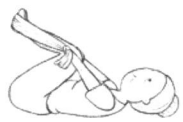

⑨ 다리 펴기 : 두 다리를 펴고 앉아 발바닥에 수건을 건 상태로 잡아당기면서 상체를 앞으로 구부린다. 가능한 한 등을 펴도록 한다.
⑩ 엉덩이 늘리기 : 누운 자세로 발바닥에 수건을 대고 두 무릎을 구부려 돔 앞으로 당겨준다. 그 자세로 등을 좌우로 둘려준다.

⑪ 다리 늘리기 : 누운 자세로 한 다리를 위로 올려 발목에 수건을 걸고 몸 앞으로 당겨준다. 반대쪽도 반복한다.
⑫ 다리 늘리기 : 누운 자세로 두 다리를 올리고 수건을 발바닥에 걸어 몸 앞으로 당겨준다.

위의 가벼운 체조보다 강도가 좀 더 높은 유연성체조에는 다음과 같은 것들이 있다. 스트레칭을 할 때에는 한 번 할 때 3분 이상, 한 동작을 3회 반복하고, 하루에 3번 이상 할 경우 효과를 볼 수 있다(대한간호사협회 보건간호사회, 1994).
① 서서 무릎 구부리기

○ 어깨 넓이로 다리를 편안하게 벌리고 선다.
○ 두 팔을 수평으로 나란히 한 후 무릎을 20~30도 정도 천천히 굽혀 20cm 쯤 내려간다.
○ 구부린 자세에서 1~2초 정도 머문 후 서서히 무릎을 펴면서 위로 올라간다.

② 앉아서 무릎 올리기
○ 의자나 소파에 허리를 펴고 반듯하게 앉는다. 단, 너무 푹신한 소파는 피한다.
○ 두 손을 가지런히 허벅지 위에 올려놓은 후 한 쪽 다리만 10~20cm 정도 들어올린다.
○ 반대쪽도 같은 방법으로 한다.
○ 다시 반듯하게 앉는다. 두 손을 가지런히 허벅지에 올려놓은 후 허벅지 부분을 의자에 고정한 채 무릎을 천천히 수평으로 편다. 펼 수 있는 만큼만 편다.
○ 무릎을 편 상태에서 1~2초간 머문 후 무릎을 구부리면서 내려온다.
○ 반대편도 동일한 방법으로 한다.

③ 바로 누워 다리 들어올리기
○ 양 팔을 30도 정도로 벌린 후 반듯하게 눕는다.
○ 한 쪽 다리를 45도로 천천히 들어 올린 후 무릎을 구부리면서 가슴 쪽으로 서서히 당긴다.
○ 당긴 상태에서 1~2초 정도 머물다 천천히 다리를 펴면서 내린다.
○ 반대편도 같은 방법으로 실시한다.

④ 옆으로 누워 다리 들어올리기
○ 옆으로 가지런히 누워 아래 쪽 팔은 팔베개를 하고, 위 쪽 팔은 몸에 붙인다.
○ 양 다리를 가지런히 겹친 상태에서 위 쪽 다리를 20~30cm(올라가는 만큼) 정도 올린 후 2~3초 정도 머물다 바닥으로 내린다.
○ 내려올 때도 올라갈 때와 같은 속도로, 반대편도 실시한다.

이상에서 소개한 스트레칭 이외에 노인들에게 도움이 되는 스트레칭 방법은 다음 [그림 8-1]에서 보는 바와 같다(www.ehealth.or.kr).

〔그림 8-1〕 노인에게 유익한 스트레칭

3) 웨이트 트레이닝

웨이트 트레이닝(weight training)은 주로 바벨, 덤벨과 같은 다양한 웨이트 기구를 사용하여 신체 각 부분의 근육을 자극, 발달시키고 근력과 힘을 향상시키는 운동이다. 특히, 웨이트 트레이닝은 근력, 힘, 근지구력을 주로 향상시키는 운동으로 근력이 급격히 약화되는 노인에게 더욱 효과적인 운동이다.

웨이트 트레이닝은 1~2kg의 가벼운 무게부터 시작하는 것이 좋다. 천천히 들어 올리고 내리며, 근육을 수축할 때 숨을 내쉬고 반대동작을 할 때 들이 마신다. 한 부위를 15~20회 정도 반복하여 실시하되, 처음은 10회 정도부터 시작한다. 일정 기간 동안 운동을 실시 한 후 근력이 향상되면 무게와 반복 회수를 늘려간다. 그러나 개인능력에 맞지 않게 지나치게 무거운 기구를 사용하거나 너무 많이 하지 않도록 한다.

5. 운동 시 유의사항

노인에게 적절하지 못한 운동계획을 실시하거나, 운동 중에 발생하는 문제를 적절하게 대처하지 못할 경우 운동으로 인해 상해를 입을 수도 있다. 따라서 노인에게 운동을 지도하는 경우 아래의 사항을 유의하여 지도하여야 한다(최성애, 2004).

1) 운동하기 전의 유의사항
① 신체의 컨디션 점검
발열, 감기증상, 설사, 피로, 숙취, 부상 시에는 운동을 삼가고, 하더라도 가벼운 체조로 그치는 것이 좋다.
② 날씨가 추울 때
추운 날씨에는 우선 옷을 두툼하게 입고 준비운동을 평소보다 많이 해야 한다. 되도록 비교적 따뜻한 오후 시간을 이용하는 것이 좋다.
③ 더울 때
매우 더운 날씨에는 운동을 피하도록 하는 것이 좋다. 인체의 체온조절 능력에는 한계가 있으므로 주로 오전이나 오후 늦게 선선할 때 운동하는 것이 좋다.
④ 식사 직후
식사 직후에는 소화를 위하여 소화기 계통에 많은 혈액이 집중된다. 만약 식후에 바로 운동을 시작하면 혈액이 신체 각 기관의 근육에 분산되어 소화에 지장을 주게 된다. 따라서 식사 후 적어도 2~3시간 경과한 후에 운동하는 것이 좋다.
⑤ 준비운동
안정 상태에서 갑작스럽게 심한 운동을 시작하면 신체 각 기관이 적응하지 못하여 통증 및 상해를 유발하게 되므로, 반드시 준비운동을 실시해야 한다. 일반적으로 준비운동은 5~10분 정도면 적당하며, 스트레칭 등의 유연성 운동과 걷기 또는 가볍게 달리기를 실시한다.

2) 운동을 할 때 유의사항
① 초기에 고통이 올 때
운동을 자주 하지 않던 사람이 갑자기 운동을 시작하면 5분 이내에 고통스러워 더 이상 운동을 할 수 없는 경우가 가끔 발생한다. 이는 신체가 적응하지 못해서 발생하는 것이므로, 일단 운동을 중지하고 휴식을 취한 후 보다 가벼운 운동을 실시하는 것이 좋다.

② 가슴 및 복부에 통증이 올 때

운동 중 가슴에 통증이 오는 경우는 그 즉시 운동을 중단하는 것이 좋다. 심할 경우에는 의사의 진단을 받아야 한다. 복부의 통증은 일시적으로 장내에 가스가 축적되어 일어날 수 있으므로 잠시 휴식을 취하여 복통이 사라진 후 다시 운동을 실시한다.

③ 근육통이 올 때

오랫동안 운동을 하지 않던 사람이 운동을 할 경우, 운동 중이나 운동 후 근육통이 발생하는 경우가 많다. 근육통은 곧 사라지며, 자신이 판단하여 1~2일 정도 운동을 중단하거나 가벼운 운동을 실시한다.

④ 상해를 입었을 때

운동 중에는 관절, 근육, 뼈 등에 상해를 입는 경우가 많다. 상해를 입었을 때에는 우선 안정을 취하고 응급처치를 하되 심한 경우 의사의 치료를 받는 것이 좋다.

3) 운동이 끝난 후의 유의사항

① 정리운동

심한 운동을 갑자기 중지하고 안정 상태를 취하면 현기증과 같은 증상이 나타난다. 이것은 운동에 의해 활성화되어 있던 신체 각 기관이 갑작스런 운동의 정지로 상호간의 기능 조화를 잃기 때문이다. 따라서 5~10분 정도 가벼운 걷기, 체조, 스트레칭 등으로 정리운동을 실시하는 것이 좋다.

② 샤워나 목욕

운동 후의 샤워나 목욕은 피부를 청결하게 하고 혈액순환을 촉진하여 기분을 상쾌하게 하며 피로회복을 촉진한다. 운동 후에는 약간 미지근한 물로 샤워하는 것이 좋으며 지나치게 뜨거운 물로 오랫동안 목욕을 하는 것은 심장에 부담을 줄 수 있으므로 삼가야 한다.

③ 운동 후의 식사

운동 직후에는 운동할 때와 마찬가지로 혈액이 운동에 사용된 근육에 분산되어 있으므로 소화에 어려움이 따른다. 따라서 식사는 충분히 휴식을 하고 난 후에 하는 것이 좋은데 최소한 30분 정도 후에 하는 것이 바람직하다.

④ 운동 후의 수면

수면은 피로회복에 가장 좋은 방법이다. 운동을 한 날 수면이 부족하면 운동의 피로가 회복되지 못하여 다음날의 일상생활에 지장을 주게 된다. 따라서 운동을 한 날에는 충분한 수면을 취하는 습관을 갖는 것이 좋다.

Ⅱ. 레크리에이션 지도

1. 레크리에이션의 이해

1) 레크리에이션의 개념과 기능

　레크리에이션(recreation)에 대한 개념은 학자들마다 차이는 있지만 일반적으로 '개인이 선택한 활동에 스스로 참여하여 만족을 느낄 수 있으며, 동시에 문화적, 사회적으로 받아들일 수 있는 건설적이고 창조적인 여가활동'이라고 정의할 수 있다. 이러한 레크리에이션은 ① 흥미를 느끼고 스스로 행하는 활동이어야 하며, ② 활동의 가치가 있어야 하고 사회적으로 인정되는 것이어야 하며, ③ 창조적 의욕을 불러일으키고, 만족할 수 있는 활동이어야 한다.

　레크리에이션은 생활을 즐겁고, 밝고, 쾌적하게 하려는 목적으로 행해지는 일체의 활동으로 생활을 풍부하게 하고 생활에 창조성과 안락함을 생기게 하는 자발적 활동이라 할 수 있다. 아울러 레크리에이션은 모든 사람이 향유할 만한 것인 동시에 모든 사람의 권리인 것이다. 즉, 레크리에이션은 모든 사람들이 보다 즐겁고 보다 풍부하고 편안한 인생을 영위하기 위해 행해지는 활동이다. 따라서 레크리에이션이 지니는 의의는 일반적으로는 '삶의 충실'이라든가, '생활의 쾌적함' 등으로 표현될 수 있으며 이와 같은 기본적인 관점은 노인에게도 적용될 수 있다고 할 수 있다.

　이러한 레크리에이션의 효과는 개인 수준의 효과와 사회 수준의 효과로 구분할 수 있다. 개인 수준의 효과는 여가선용을 통하여 심신의 피로를 회복하여 주고 사회의 한 구성원으로서 사회성과 책임성을 길러주며 또한 활달하고 명랑한 성격을 갖도록 해 준다. 집단 활동 속에서 자신감을 갖게 해주며 창의력을 개발할 수 있도록 하는 활동이다. 특히 인간관계를 원만히 할 수 있도록 하는 합리성과 중용의 도리를 배울 수 있는 기회를 부여한다.

　레크리에이션의 사회 수준의 효과는 복잡한 사회생활 속에서 여유와 긍정적인 시각을 갖게 하고, 또한 건전한 사고방식을 통해 건전한 사회기풍을 조성할 수 있다. 특히 건전한 집단의 결속을 도모하여 바람직한 사회적 성취를 가능케 하는 원동력이 될 수 있다. 한편, 사회의 각 문제에도 쉽게 접근하여 예방과 치료적인 기능으로 활용되고 있고, 문화적인 측면에서도 건전하고 창의적인 프로그램을 통하여 한 국가의 건전한 문화 창조에 공헌하기도 한다.

2) 레크리에이션의 영역과 분류

레크리에이션의 영역은 어떤 기준에 입각하여 분류하는가에 따라 그 영역이 달라질 수 있다. 그러나 일반적으로 레크리에이션은 6가지 영역으로 분류되며 각 영역별 종목을 살펴보면 아래의 <표 8-1>과 같다.

〈 표 8-1 〉 레크리에이션의 영역

영 역	종 목
지적 레크리에이션	■ 독서, 서도, 시낭송, 연설, 웅변, 수집, 지적게임(퍼즐), 퀴즈, 연구조사, 창작, 희당 등
사회적 레크리에이션	■ 담화, 게임, 캠핑, 포크댄스, 각종 파티, 축제, 봉사활동, 복지사업 등
예능적 레크리에이션	■ 미술, 문학, 음악, 연극, 재봉, 수예, 공작, 인형극, 영화감상 등
신체적 레크리에이션	■ 수렵, 낚시, 하이킹, 등산, 소풍, 골프, 각종 스포츠 등
취미적 레크리에이션	■ 장기, 바둑, 수집, 사진술, 카드놀이, 연날리기, 꽃꽂이, 당구, 도자기, 라디오, TV 등
관광적 레크리에이션	■ 명승지, 고적답사, 여행, 해수욕, 벚꽃놀이, 단풍놀이 등

2. 노인 레크리에이션 지도의 이해

1) 노인 레크리에이션 지도의 원칙

노인을 대상으로 한 레크리에이션 지도는 노인이 보다 편안하고 활기찬 노후생활을 영위하게 함으로써, 노년기의 삶의 질을 증진시키는데 목적을 두어야 한다. 노인 레크리에이션 지도는 노화의 문제를 안고 있는 대상자들의 '즐기고 싶다'는 여가활동 욕구에서 시작된다. 이런 욕구를 지닌 노인이 개인적 또는 집단적으로 주체성을 지니고 자주적·자발적으로 활동하는 능력을 개발하는 것이 노인 레크리에이션 지도의 기본 원칙이며, 다음과 같은 지도 원칙을 따라야 한다.

① 참여자간의 의사소통을 꾀함으로써 인간관계를 바람직하게 지켜 나갈 수 있게 한다.
② 여러 가지 활동을 서로 즐기며, 활동하는 즐거움을 맛보게 한다.
③ 창작적인 활동에 의해 생활의 의욕을 불러일으키게 한다.
④ 주로 협력 공동의 상황이 자연히 생기게 한다.

⑤ 우열과 승패를 포함한 폭넓은 활동을 통해서 상대를 인정하고 유연한 사회·심리적 상태를 배양하게 한다.

2) 노인 레크리에이션 프로그램의 개발

노인을 위한 레크리에이션 프로그램을 개발함에 있어서는 노인들이 적극적으로 참여할 수 있고, 참여를 통해 만족감을 높일 수 있도록 하기 위해 고려해야 할 요인들이 많다. 먼저, 노인의 신체적 조건 및 체력수준을 고려하여 에너지 소비가 많은 활동은 가급적 피하고 단체 활동 위주의 프로그램으로 구성하여야 한다. 이러한 활동을 통하여 노인은 집단속에서 행동하는 즐거움을 맛볼 수 있으며 소외감을 극복할 수 있기 때문이다. 또한 시간과 장소에 구애받지 않고 즐거움과 재미를 느끼고 규칙적으로 참여할 수 있으며, 신체기관의 기능을 정상적으로 유지시켜 노화 방지에 도움이 되는 프로그램을 적극적으로 구성하여야 한다.

노인은 대부분의 시간을 실내의 좁은 공간에서 보내는 경우가 많으므로 가급적 야외로 나가 보행하는 기회를 가질 수 있는 프로그램을 개발하는 것이 바람직하다. 야외에서 자연과 호흡하며 즐길 수 있는 프로그램을 가능한 많이 고려할 필요가 있다. 그리고 노인 레크리에이션을 개발할 때 환경의 특성에 따라 활동의 목적을 합리적이고 효율적으로 달성할 수 있는 범위 내에서 조정이 이루어져야 한다. 아울러 노인 레크리에이션의 실시는 프로그램의 강도, 프로그램의 참여시간, 프로그램의 종류에 따라 여러 가지 부상을 초래할 수 있으며 프로그램의 실시를 위한 도구나 시설의 부족도 위험요인이 되기 때문에 노인의 안전성을 최우선적으로 고려하여야 한다.

레크리에이션에 익숙하지 않은 노인들을 위해서는 매우 쉬운 프로그램으로 구성하도록 한다. 신체적으로 허약한 노인들에게 부담이 되지 않도록 전체적인 활동의 강도를 낮게 하고 신체 활동적 프로그램은 운동 강도가 점진적으로 높아지도록 단계별로 구성하여야 한다.

노인을 위한 레크리에이션 프로그램의 개발과 실행 여부는 노인 각자가 스스로 무엇을 하고 싶어 하는가에 달려있다. 노인 개인의 취미는 프로그램을 계획하는데 기초가 되고 프로그램을 계속해서 효과적으로 유지시키는 단서가 될 수 있다. 프로그램을 개발하는 과정에 노인을 참여시키기 되면 노인은 훨씬 더 많은 흥미와 열정을 보일 수 있으며, 프로그램 참여도가 높아지고 지속적인 관심을 얻을 수 있는 이점이 있다.

노인들에게 가장 인기 있는 레크리에이션 프로그램은 즐거움이나 사회성, 동료의식 등을 중요시하는 활동이다. 더 나아가 신체 움직임을 필요로 하는 활동적인 게임들은 프로그램의 필수요소가 되고 있다. 아울러 노인들은 정열적이고 자주적인 레크리에이션 프로그램에 규칙적으로 참가하는 경향이 있다.

3) 노인 레크리에이션 지도시 유의사항

노인을 위한 레크리에이션을 지도할 때 고려해야 할 일반적인 유의사항을 살펴보면 다음과 같다. 첫째, 노인 레크리에이션활동은 생활을 쾌적하게 해주는 것이므로 참여자의 '즐기고 싶다' 는 마음의 욕구를 정확히 파악하고, 여기에 부응하도록 해야 한다. 또한 레크리에이션이 목적이 되어서는 안 되며 반드시 삶의 다른 목적을 이루기 위한 하나의 수단으로 활용되어야 한다.

둘째, 노인 레크리에이션활동은 다른 사람으로부터의 강요나 강제에 의해 행해져서는 안 되며 어디까지나 개인의 자유로운 활동이라는 것이 기본이다. 그러므로 참여자들의 자발적인 참여를 유도하여야 한다.

셋째, 노인 레크리에이션활동은 단순히 휴식 또는 기분전환을 하거나, 기분을 달래기 위한 것이 아니다. 노인들은 레크리에이션활동에 열중하는 가운데 자신의 새로운 모습과 가능성을 발견하고 자기를 개발할 수 있는 기회를 얻을 수 있게 된다.

넷째, 노인 레크리에이션활동은 이 세상에 단 한 사람밖에 없는 자기 자신의 개성을 기르며 신장시키는 데 목적이 있는 것이다. 그러므로 모든 참여자에게 동일한 것만을 요구하는 것은 바람직하지 않다.

다섯째, 노인 레크리에이션활동은 본래 개인적인 것이다. 레크리에이션이 집단으로 이루어지는 경우가 많지만 집단 레크리에이션도 결국은 개개인을 위한 것이며 개인을 위해 집단을 활용하는 것에 지나지 않는다.

3. 노인을 위한 레크리에이션 프로그램

다양한 레크리에이션 프로그램들이 개발되어 보급되고 있지만, 노인들에게 적합한 프로그램은 많지 않은 편이다. 다음에 소개하는 레크리에이션 프로그램은 손쉽게 시행하고 따라할 수 있는 프로그램이지만, 노인의 능력, 장소, 상황에 맞게 지도자가 적절하게 변형하여 사용하면 될 것이다(대전광역시, 1997).

1) 안녕하세요
① 개요
처음 만난 사람들이 인사와 몸짓으로 서로의 의사를 전달할 수 있고, 파트너를 바꿀 수 있어 참가자 전원이 서로의 얼굴을 익히기에 적합하다.
② 장소와 준비물

실내 또는 실외 모두 가능하며, 경쾌한 음악(4/4박자)을 준비한다.
③ 실시방법
- 두 사람씩 얼굴을 마주보고 선다.
- 4박자 : "안녕하세요"
  ▷ 악수를 하면서 다리를 구부리고 펴면서 "안녕하세요" 인사를 한다.
- 4박자 : "누구시더라"
  ▷ 허리에 두 손을 대고 엉덩이를 흔들면서 "누구시더라"를 나눈다.
- 4박자 : "○○○입니다"
  ▷ 양손을 가볍게 쥐고 엄지와 검지를 퉁기면서 서로 자신의 이름을 나눈다.
- 4박자 : "그러세요"
  ▷ 자신의 손뼉, 상대의 오른손, 왼손의 순서로 박수를 치면서 "그러세요"를 나눈다.
- 8박자 : 오른팔 걸고 한 바퀴 돈다.
- 짝과 헤어져 다른 사람을 만나러 간다.

④ 효과
서먹한 분위기를 없애고 친밀감을 높여주며 함께 어울리는 기회를 제공할 수 있다.

2) 덩덩 덩더쿵

① 개요
고유의 탈춤장단에 맞추어 운동의 효과를 볼 수 있으며 앉아서도 실시 가능하므로 언제 어디서나 활용할 수 있다.

② 장소와 준비사항
실내외 모두 가능하며, 참여자 수준에 적합한 탈춤 민속음악을 준비한다.

③ 실시방법
- 4박자 : 어깨 두드리기
  ▷ 왼 주먹을 가볍게 쥐고 오른쪽 어깨를 두드린 후, 손을 바꾸어 진행한다.
- 8박자 : 왼 주먹을 가볍게 쥐고 오른쪽 어깨부터 팔의 위·아래를 차례로 쳐내려 오다가 마지막에 손뼉을 한번 친다(4박자). 손을 바꾸어서 진행한다.
- 팔을 앞으로 가볍게 구부려 올리고 2박자에 한 번씩 오른쪽·왼쪽으로 어깨를 흔든다.
- 8박자 : 팔을 위로 올리고 1박자에 1번씩 오른쪽·왼쪽으로 어깨를 흔든다.

④ 효과
어깨춤을 추면서 즐거움을 느끼고 팔과 어깨의 근육통·관절통을 감소시켜 준다.

3) 웃읍시다

① 개요

　원형으로 둘러앉아 고개를 오른쪽, 왼쪽으로 돌려 서로를 쉽게 익힐 수 있는 기회가 제공되고, 함께 웃으며 즐거움을 느낄 수 있다.

② 장소와 준비물

　실내외 모두 가능하며, 경쾌한 리듬(4/4박자)의 음악을 준비한다.

③ 실시방법

- 참가자가 모두 원형으로 둘러앉는다.
- 돌아가면서 웃음소리를 "헤, 호, 히" 순서로 반복한다.
- 끝번까지 다한 후 헤, 호, 히 중 한 사람부터 고개만 오른쪽, 왼쪽으로 돌리며 좌, 우 둘 중 어느 한 사람에게 자기 웃음소리를 낸다.
- 얼굴이 돌려진 쪽에 있는 사람은 다시 좌, 우 어느 한쪽으로 고개를 돌리며 자기 웃음소리를 낸다.
- 잘되면 점차 속도를 빨리 한다.
- 속도를 빠르게 하는 과정에서 준비가 안 돼 자기 웃음소리를 못 냈다든가 혹은 박자를 놓쳤을 경우 틀리게 된다.

④ 효과

　다양한 웃음소리로 함께 웃을 수 있다.

4) 신문지 자르기

① 개요

　좁은 공간에서 쉽게 즐길 수 있는 놀이이며 폐지나 휴지를 길게 잇는 과정에서 팀원들의 단합과 소속감을 향상시킬 수 있다.

② 장소와 준비물

　실내·외 모두 가능하며, 신문지 4장을 준비한다.

③ 실시방법

- 10명씩 4열로 나누고 각 팀의 선두에게 신문지를 한 장씩 나누어준다.
- 진행자가 신호를 하면 처음 사람이 손으로 신문지를 띠처럼 중간에 끊어지지 않고 길게 자르게 하되, 자르는 방법은 제한하지 않는다.
- 진행자가 5초 또는 10초 간격으로 자유롭게 시간을 주는데 이 시간이 경과하면 다음 사람에게 릴레이 한다.

○ 맨 뒤까지 릴레이 되었으면 진행자는 중지시키고, 각 팀이 만든 띠를 머리 위로 들게 하여 띠의 길이로 순위를 정한다.
④ 효과
소근육을 발달시키고, 협동심을 기를 수 있다.

5) 모셔오기
① 개요
3인 일체의 팀 놀이로서 빈자리가 생길 때마다 그 자리를 중심으로 양옆의 참가자가 파트너가 될 수 있으므로 게임 도중 서로를 익히고 친숙함을 도모할 수 있다.
② 장소와 준비물
실내외 모두 가능하며, 시계와 의자를 준비한다.
③ 실시방법
○ 원형으로 둘러앉는다.
○ 모두 앉아 있을 때 진행자는 의자 하나를 더 가져다 놓는다.
○ 빈 의자를 중심으로 양옆의 사람이 짝이 된다.
○ 시작 신호와 함께 두 사람은 그 자리에 앉힐 사람을 찾아와서 앉히면 그 사람이 앉아 있던 자리를 중심으로 또 양옆의 사람이 짝이 되어 사람을 구하러 떠난다.
○ 시간을 정하거나 노래를 불러 그 시간이 되면 끝을 알리고 빈자리 양쪽에 있는 사람이 게임에서 지게 된다.
○ 진행자는 부드럽게 이들을 불러내어 장기 자랑이나 노래를 부르도록 한다.
④ 효과
참가자 모두와 같은 편이 되는 과정에서 친밀감과 결속력이 높아진다.

6) 피노키오 종이컵 나르기
① 개요
팀 전원이 참가할 수 있는 게임으로 개인마다 물고 있는 나무젓가락을 징검다리 삼아 조심조심 한 사람씩 옮겨가는 과정에서 높이를 같게 하므로 공감대를 형성할 수 있다.
② 장소와 준비물
실내외 모두 가능하며, 종이컵, 나무젓가락을 준비한다.
③ 실시방법
○ 두 팀이 길게 정렬할 후 각각 나무젓가락을 입에 문다.

○ 맨 앞사람에게 종이컵을 각 하나씩 나누어주고 물고 있는 나무젓가락으로 종이컵을 끝까지 전달하도록 한다.
○ 컵에 손을 대거나 컵이 떨어지면 처음부터 다시 실시한다.
○ 마지막 사람에게 먼저 전달된 팀이 승리한다.
④ 효과
높낮이를 맞추기 위해 서로를 돕고 상대를 이해하게 된다.

7) 글자 찾기
① 개요
수많은 글씨 중에서 특정한 낱말만을 찾는 게임으로 노인들이 글을 잊지 않도록 하는데 도움을 줄 수 있다.
② 장소와 준비물
실내외 모두 가능하며, 신문지, 색연필, 돋보기를 준비한다
③ 실시방법
○ 5명씩 한조가 된다.
○ 제목을 정해준다. 예를 들면, "천생연분"
○ 5명이 신문지를 펴서 신문지에 써져 있는 "천", "생", "연", "분"이라는 각각의 글자를 찾으면 된다.(돋보기를 사용해도 무방하다.)
○ 글자를 찾으면 색연필로 표시를 한다.
○ 시간제한과 제목을 다양하게 하면 재미있다.
④ 효과
노인들에게 글을 잊지 않게 하고 협동심을 유발시킨다.

8) 4인 공 몰기
① 개요
사각 끈 안에서 공을 4인의 엉덩이 사이에 끼우고 게임을 진행하므로 공을 유지하기 위해 엉덩이를 최대한 마주치게 되어 팀원의 신체접촉을 기대할 수 있다.
② 장소와 준비물
실내외 모두 가능하며, 사각 끈, 공을 준비한다.
③ 실시방법
○ 4명이 1개조가 되어 사각 끈 안에 들어간다.

○ 공을 서로의 엉덩이 사이에 넣는다.
○ 신호와 함께 출발하여 반환점을 돌아오는 릴레이 경기이다.
④ 효과
팀의 협동심을 기를 수 있다.

9) 림보 릴레이
① 개요
앞으로는 쉽게 구부릴 수 있지만 뒤로 젖히는 것에는 익숙하지 않기 때문에 림보를 접하는 노인들이 흥미를 느끼며 참여 동기를 유발할 수 있다.
② 장소와 준비사항
실내외 모두 가능하고, 림보용 막대기와 지줏대, 음악을 준비하며, 참여자의 신체상태를 사전 점검한다.
③ 실시방법
○ 길이 2미터 정도의 막대기 2개를 양쪽 2미터 간격으로 세우고 또 한 개의 막대기를 그 위에 걸쳐놓는다.
○ 각 팀별로 한 줄로 선 후 음악(림보곡)에 맞추어 흥겹게 춤을 추며 막대기 밑으로 지나간다. 단, 몸을 뒤로 젖히고 통과한다.
○ 통과에 성공한 자만을 한 단계 낮추어 실시한다(두 팀이 번갈아 가면서 실시한다).
○ 갈수록 막대기의 높이를 낮추고 막대기를 건드려 떨어뜨리는 사람은 탈락된다.
○ 탈락되지 않고, 많은 사람이 남아 있는 팀이 이긴다.
④ 효과
다리와 허리의 근육을 부드럽게 하여 근육통에 도움을 줄 수 있다.

10) 움직이는 골대
① 개요
팀 전원이 한꺼번에 참가하는 게임으로써 제한된 지역에서 움직이는 바구니에 콩주머니를 넣어야 하므로 활동성이 높고 단합을 유발시킨다.
② 장소와 준비사항
실내외 모두 가능하며, 콩주머니, 등걸이가 달린 바구니를 준비한다.
③ 실시방법
○ 바구니에 멜빵을 만들어 양쪽 대표가 하나씩 멘다.

○ 제한된 시간동안 대표들은 도망을 다니고 참가자들은 상대팀 대표의 바구니에 콩주 머니를 넣는다.
○ 대표들은 도망 다니는 구역을 정해 놓는다.
○ 콩 주머니를 많이 넣은 팀이 승리한다.
④ 효과
정확성과 판단력을 높이는데 효과적이고 어린 시절 기억을 회상하며 즐거움을 느낄 수 있다.

11) 퐁당퐁당 돌을 던지자
① 개요
거리마다 양동이를 놓고 누가 더 먼 거리에 있는 양동이에 콩 주머니를 넣는 가로 승부를 겨루며 집중력과 정확성을 요구한다.
② 장소와 준비사항
실내외 모두 가능하며, 양동이 7개, 콩 주머니 7개를 준비한다.
③ 실시방법
○ 던지는 곳에 선을 긋고 그 위치에서 1m, 2m, 3m, 3.5m 4m, 4.5m, 5m 지점에 각각 번호를 붙인 양동이를 놓는다.
○ 선에서 가까운 양동이부터 순서대로 콩 주머니를 던져 넣는다(실패하면 다음 사람과 교대한다).
○ 어느 팀이 먼저 5m 지점에 있는 양동이에 콩 주머니를 넣는가 시합한다.
④ 효과
노인들로 하여금 주의집중을 하게 하여 치매를 예방할 수 있도록 한다.

12) 1분 찾기
① 개요
일상생활 속에서 1분의 개념을 잊기 쉬우므로 시간의 소중함을 상기시켜주는 놀이로 참가자에게 흥미를 유발시켜준다.
② 장소와 준비사항
실내에서 가능하며, 시계를 준비한다.
③ 실시방법
○ 진행자가 초시계를 들고 '시작'신호를 하면, 저마다 육감으로 1분이 되었다고 생각했을 때 손을 든다.

○ 1분에 가장 가까운 사람부터 차례대로 발표한다.
○ 성공자가 많을 경우에는 시간을 다시 정할 수도 있다.
④ 효과
　시간의 셈으로 정신훈련과 치매를 예방하는 효과가 있다.

13) 심청전
① 개요
　눈먼 파트너를 안내하는 게임으로 파트너의 도움 없이는 한 발짝도 움직일 수 없으며, 또한 파트너는 말을 하지 못하므로 오직 박수소리에 따라 움직여야 한다.
② 장소와 준비사항
　실내외 모두 가능하며, 눈가리개 2개를 준비한다.
③ 실시방법
○ 두 팀으로 나누어 선다.
○ 2명이 한 조가 되어 남자는 눈을 가리고 여자는 박수로 남자를 인도한다.
○ 10m 떨어진 반환점을 돌아온다.
○ 먼저 반환점을 돌아오는 팀이 승리한다.
④ 효과
　동료 간의 유대관계를 좋게 하고 소외감을 해소시킬 수 있다.

14) 캥거루 슛
① 개요
　2인 파트너 게임으로써 파트너의 등에 매단 바구니에 공을 넣어야 하므로 집중력과 협동심을 요구한다.
② 장소와 준비사항
　실내외 모두 가능하며, 배구공 또는 테니스공, 바구니 2개(어깨에 멜 수 있도록 끈을 단 것)를 준비한다.
③ 실시방법
○ 10명씩 두 팀으로 나누어 2인 1조로 되어 실시한다.
○ 한사람은 선으로부터 5m 떨어진 곳에서 어깨에 바구니를 메고, 다른 한사람은 던질 선에 위치한다.
○ 공을 한 번 튀겨서 5m 떨어진 곳에 있는 바구니에 상대 팀보다 먼저 골인시키는 팀이 승리한다.

④ 효과

파트너와의 협동과 신뢰감을 유발하며 소외감을 해소시킬 수 있다.

15) 종이 떨어뜨리기

① 개요

얼굴 근육운동이 주가 되는 게임으로 재미있는 얼굴 모습을 기대할 수 있고 서로 간에 재미와 흥미를 가져다준다.

② 장소와 준비사항

실내외 모두 가능하며, 물을 적신 종이 여러 장을 준비한다.

③ 실시방법
  ○ 진행자는 참가자의 얼굴에 둘에 적신 종이를 붙여둔다.
  ○ 참가자들은 입김이나 안면근육을 이완시켜서 종이를 떨어뜨리면 된다.
  ○ 얼굴을 흔들어 떼려 하면 진행자는 주의를 준다.

④ 효과

얼굴에 붙어 있는 종이를 떼려는 행동은 본인은 물론 다른 사람들에게 웃음을 줄 수 있다.

MEMO

MEMO

MEMO

제 9 장　작업요법과 음악요법

학습목표

- 작업요법의 개념과 특성을 이해한다.
- 노인을 대상으로 실시할 수 있는 작업요법 프로그램을 익힌다.
- 음악요법의 개념과 특성을 이해한다.
- 노인에게 적용 가능한 음악요법 프로그램을 익힌다.

Ⅰ. 작업요법

1. 작업요법에 대한 이해

노인의 인지기능 향상 등을 위한 작업요법을 실시하기 위해서는 우선적으로 작업요법에 대한 기본적 이해가 선행되어야 할 것이다. 이에 다음에서는 작업요법의 개념, 특성, 접근방법, 과정 등에 대해 간략히 논의해 보고자 한다.

1) 작업요법의 개념과 목적

작업요법(occupational therapy)을 이해하기 위해서는 우선 작업이라는 용어를 정확히 알아둘 필요가 있다. 작업요법이라고 할 때의 '작업(occupation)'이라는 용어는 우리들이 흔히 알고 있는 경제적 보상이 따르는 일터에서의 직업적 활동(vocation)과는 그 의미가 다르다. 여기서의 작업이란 활동의 대가로 따르는 보상의 유무에 관계없이 사람들이 매일 매일 살아가는데 필요한 일 즉, 일상생활상의 동작(activity of daily living)이나 운동(exercise) 또는 놀이(play)와 같은 즐거움을 가져다주는 모든 생산적 활동을 의미한다. 작업요법에서는 이러한 활동을 유목적적으로 활용하여 각 개인의 제반 기능을 향상시키고 발달을 촉진시키는 치료적 활동이다. 즉, 작업요법은 신체, 정신 또는 사회적 문제를 지닌 사람을 대상으로 기능 상태를 평가하여 개인의 특성과 상태에 적합한 의미 있는 치료목적을 달성할 수 있는 작업을 선택하고 환자가 직접 참여하여 활동을 수행하는 과정을 통하여, 건강을 유지 또는 증진시키고 증상을 개선하고 악화를 방지하며, 합병증의 예방과 잔존기능을 증진시키는 재활의료 서비스의 한 영역이다(권중돈 외, 2002).

이러한 정의에 근거하여 작업요법의 목적을 정리하여 보면, 다음과 같다(박형준·이혜경,

1995).
① 건강을 유지하고 증진시킨다.
② 질병이나 장애를 예방한다.
③ 행동이나 기능을 평가한다.
④ 신체적 장애와 심리사회적 장애를 최소한도로 감소시킨다.
⑤ 입원 기간을 단축하고 독립적 생활을 촉진시킨다.
⑥ 개인의 최적 생활로의 복귀하도록 원조한다.

2) 작업요법의 접근방법

성공적인 작업요법의 시행을 위해서는 이론적인 근거들을 조직화하고 이를 기능적으로 배치하여 임상에 적용할 수 있어야만 한다. 이에 다음에서는 작업요법의 7가지 접근방법에 대해 간략히 살펴보고자 한다(김경미, 1998).

첫째, 생체역학적 접근방법은 인체의 동작에 역학의 원리를 적용하여, 신체의 근력, 지구력, 관절가동범위와 같은 운동기능 향상과 회복에 목적을 둔 작업요법이다. 이 작업요법은 근골격계 질환, 하부운동신경장애, 척수손상 등을 가진 환자들을 대상으로 유목적적 활동과 능동 또는 수동적 운동을 통하여 조직을 신장시키고, 관절 가동범위, 근력, 지구력의 회복, 변형의 상실을 예방하여 작업적 기능을 유지·향상시키는데 목적을 두고 있다.

둘째, 재활치료적 접근방법은 완전한 치료를 할 수 없거나 불가능할 경우에 적용하는 작업요법이다. 이 요법에서는 장애를 가진 상태에서 가능한 한 독립적 생활을 할 수 있도록 기능장애를 최소화하고 신체적 제한을 보상할 수 있도록 원조하는데 치료목적을 두고 있다. 이러한 목적을 달성하기 위하여 생체역학적 또는 감각운동 접근방법을 결합하여 사용하며, 운동적, 감각통합적, 인지적 그리고 심리사회적 기능의 수행기술 및 기능을 향상시킬 수 있는 다양한 방법들을 활용한다.

셋째, 발달적 접근방법은 정상적 발달과정에서 신체 또는 정신질환, 환경적 미비, 대인관계 손상 등으로 인하여 발달에 장애를 입은 환자를 대상으로 하여 이들의 발달을 촉진시키고 생활과제의 숙련과 기대에 걸맞는 대처능력을 갖출 수 있도록 돕는 작업요법이다.

넷째, 신경발달적 접근방법은 뇌성마비와 뇌졸중 환자에 대한 치료에서 발달한 것으로 감각운동적 접근방법에 의해 신경학적 및 발달적 장애를 치료하는 작업요법이다. 이 접근방법에서 활용하는 치료방법으로는 경련성 억제, 수동적 신장, 사지 분리, 정상적 몸무게 이동, 공간에서의 자유로운 사지 움직임, 반사억제 유형 등이 있다.

다섯째, 감각통합적 접근방법은 감각 입력, 감각조정, 감각 통합의 문제와 행동문제, 언어문제, 운동문제를 가진 환자에게 다양한 감각자극을 제공하는 도구를 사용하여 이들의 학습능력, 집중력, 조직력, 자아조절능력, 추상적 사고, 자아존중감, 뇌의 감각정보 조직화 능력을 제고하는데 목적을 둔 작업요법이다.

여섯째, 인지지각적 접근방법은 중추신경계, 지각 또는 인지장애로 인하여 인지-지각능력을 상실하거나 기능장애가 있는 환자들이 움직임을 조절하는 것을 배우거나 재학습하고, 지각 또는 인지기능을 향상시킬 수 있도록 하는데 목적을 둔 작업요법이다. 이 접근방법에서는 교수-학습법에 의해 행동 조직화 능력에 영향을 주는 방법과 조절된 감각자극을 사용하여 기관(organ)의 조직화를 향상시킬 수 있는 방법들을 주로 사용한다.

일곱째, 인간작업모형은 기능장애와 사회적 불리(handicapped)를 가진 사람들에게 적용 가능한 작업요법이다. 장애인의 작업활동 참여를 동기화하고 작업수행을 돕고, 기능을 촉진하기 위하여 환경을 변화시키는 체계적 개입을 통하여 손상(impairment)으로 인하여 이들의 삶에 이차적 장애가 수반되지 않도록 돕는다. 이를 위하여 개인의 역할과 습관, 환경과 관련된 의미 있는 작업활동을 활용한다.

3) 작업요법의 치료과정

작업요법은 유목적적 치료과정으로 '초기평가→치료목표와 계획수립→치료이행→결과평가 및 종결'의 순서로 이루어진다. 초기평가 단계에서는 작업요법을 수행하기 위해 환자와 관련된 자료를 수집하고, 작업수행기술, 작업수행요인, 개인의 기능수준과 활동능력을 평가한다. 초기평가의 목적은 앞으로의 치료계획과 실행에 필요한 정보를 수집하고 조직화하기 위한 것이다. 치료사는 가장 먼저 환자의 질병 원인, 과정, 진전 정도 등이 기록된 의무기록을 검토하여, 보다 상세한 검사가 필요한지 또는 작업요법에 참여할 필요가 있는지를 결정하여야 한다. 이러한 선별검사가 이루어진 이후로는 환자와의 접수면접, 관찰 및 선택된 검사도구를 사용하여 환자의 초기면접을 실시한다. 다음으로는 종합적 평가를 위하여 구조화된 면접, 평가도구에 의한 검사, 임상적 관찰을 통하여 치료계획에 필요한 정보를 수집한다. 작업요법의 평가에 포함되어야 할 내용은 환자의 목표와 기능, 작업수행능력, 가사 및 일상생활, 직업활동, 학교생활, 그리고 여가 및 취미생활에서의 문제점이다. 각각의 영역에서 작업수행요인들은 감각통합, 심리사회적 영역, 인지통합적 영역, 일상생활 동작능력을 관찰하고 평가하여야 한다.

이러한 초기평가 자료를 분석하여 치료목표와 치료계획을 수립한다. 치료목표와 치료계획을 수립함에 있어서는 ① 가장 적합한 이론이나 치료모형은 무엇이며, ② 환자의 잠재력과 장점, 제한점은 무엇인지, ③ 치료사가 환자에게 해줄 수 있는 것은 무엇이며, ④ 장·단기 치료목표가 무엇이며, ⑤ 환자의 욕구와 능력에 맞는 목표인지, ⑥ 어떤 치료방법이 치료목표 달성에 가장 적합한지, ⑦ 치료과정에 대한 평가는 어떻게 할 것인지 등에 대해 검토하여야 한다.

이러한 평가결과와 치료계획을 토대로 하여, 치료사는 치료계획을 직접 실행에 옮긴다. 치료단계에서는 감각운동영역, 인지통합영역, 심리사회적 영역, 그리고 일상생활 동작영역과 관련된 자기관리(self-care), 일 그리고 놀이를 활용한 다양한 작업요법 프로그램들을 활용하여 환자를 치료한다. 환자가 치료에 참여하기 전에 치료사는 우선 모의실험을 통하여 환자에게 적합한 치료활동인지를 사전에 평가한 후 환자에게 치료활동에 대해 충분히 설명하고 교육하며, 치료활동을 보조한다. 치료활동을 통하여 기능수준이 회복되고 환자 스스로 치료활동을 할 수 있게 되면 환자의 자율적 훈련을 조장하고 치료자에 대한 의존성을 줄여 나가는 것이 바람직하다.

치료과정에서 치료계획의 오류와 환자의 기능 회복수준을 지속적으로 점검하고, 필요에 따라서는 치료목표와 치료계획을 수정 보완하여야 한다. 그리고 환자의 독립생활 능력이 회복되어감에 따라 공식적인 치료적 개입을 점진적으로 감소시켜 나가고, 전체 치료과정과 치료목표에 대한 평가를 통하여 치료의 종결 여부를 결정하여야 한다. 어떤 환자의 경우에는 완전한 자립이 가능한 정도로 회복되지만, 부분적 또는 전체적 의존생활이 불가피한 수준까지밖에 기능 회복이 이루어지지 않는 환자도 있을 수도 있다. 그러므로 이들에 대해서는 제한된 기능수준에서 최대의 기능을 발휘할 수 있는 치료적 방안을 모색하거나 다른 전문가에게 치료를 의뢰할 수 있다.

2. 노인을 위한 작업요법 프로그램

노인을 위한 작업요법 프로그램은 감각운동, 인지통합, 일상생활 동작능력, 심리사회적 기능 중 특정 영역의 기능을 향상시키는데 주된 목적을 두고 있다. 하지만 각각의 작업요법 프로그램들은 한 가지 목적만을 달성하는데 국한되어 있지 않고, 2~3가지 목적을 동시에 달성할 수 있는 효과를 지니고 있는 경우가 일반적이다. 그러므로 노인을 위한 작업요법 프로그램을 목적에 따라 일목요연하게 분류한다는 것은 매우 많은 한계를 지니지만, 다음에서는 개별 활동프로그램이나 작업도구들의 주된 목적에 따라 구분하여 제시하되, 먼저 작업요법의 치료도구를 활용한 작업요법 프로그램을 소개한 후 가정에서 손쉽게 할 수 있는 작업 활동들을 소개하고자 한다(권중돈 외, 2002; 권중돈, 2004).

1) 감각-운동영역의 작업요법

노인의 감각과 운동기능을 증진시키는데 1차적 목적을 둔 작업도구를 활용한 작업요법의 세부 활동으로는 ① 지각 및 지각처리 능력을 향상시키기 위한 도구, ② 근육 및 운동기능 향상에 초점을 둔 도구, ③ 운동과 인지기능의 향상을 목적으로 한 도구, ④ 게임을 통한 운동 및 인지기능향상을 목적으로 한 도구들을 이용한 활동들이 있다. 그러나 이들 이외에도 각종 물리치료 장비를 이용하여 노인의 감각 및 운동기능을 제고할 수 있다. 다음에 소개하는 인지통합영역과 일상생활 동작훈련의 각종 프로그램들도 시각, 지각 등의 각종 감각기능을 증진시키는 목적을 지닌 활동들이 포함되어 있다.

(1) 촉감인지보드

촉감인지보드는 나무판과 10개의 원통으로 구성되어 있으며, 원통과 나무판의 구멍에는 각기 다른 종류의 천이 끼워져 있다. 노인에게 각각의 원통과 나무판의 구멍을 만지게 하여 촉각을 기억하게 하고, 나무판과 원통의 천의 촉감이 동일한 것끼리 서로 짝을 짓게 한다. 이러한 활동을 통하여 노인은 촉각을 유지 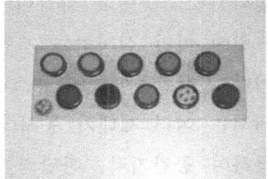 또는 개선해 나갈 수 있으며, 촉각에 의한 기억력, 분류능력, 판단력, 문제해결능력, 공간 지각능력 등의 인지기능을 동시에 증진시킬 수 있다.

(2) 파이프 나무만들기

파이프 나무만들기는 여러 형태와 크기의 파이프 조각을 연결하여 노인이 원하는 모양을 만들도록 함으로써, 손과 손목의 운동제어능력과 높은 수준의 지각능력을 향상시키기 위한 작업 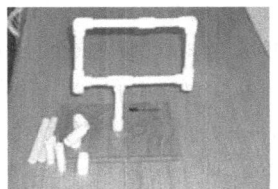 운동이다. 그리고 눈과 손의 협응운동, 깊이지각, 문제해결능력, 순서의 이해, 분류와 구조의 이해, 형태분류능력 등의 운동 및 인지기능의 향상을 도모할 수 있는 작업도구이다.

(3) 집게걸기

집게걸기는 나무 기둥위에 돌출되어 있는 여러 개의 못에 집게와 금속링을 붙이거나 떼어내는 과정을 통하여 근육조절능력을 키우게 되며, 손가락을 하나씩 움직여서 못에 차례대로 집게를 집고 올라가는 방법으로 진행한다. 이 작업도구는 연속적인 반복  운동을 통하여 노인의 이해력, 지시이행능력, 공간 및 깊이지각 등의 인지기능 향상과 손가락, 손목의 근육강화와 운동조절능력을 향상시켜주는 도구이다.

(4) 바닥농구

바닥농구대는 의자나 휠체어에 앉은 상태에서 여러 명이 농구 게임을 할 수 있도록 고안된 게임도구이다. 이 게임을 통하여 전체운동과 부분운동 능력을 제고할 수 있으며, 환자들 간의 심리사회적 교류를 촉진하고 생활에 흥미를 더해 줄 수 있으며, 이해력, 판단력, 공간지각능력, 계산력, 문제해결능력 등의 인지기능도 동시에 제고할 수 있다. 이와 유사한 게임으로는 여러 명이 동그랗게 둘러 앉아 축구공이 자기에게 오지 않도록 하고 상대방이 받지 못하도록 하여 점수를 내는 좌식축구 게임이 있다.

(5) 미니볼링게임

볼링세트는 폴리에스테르로 만든 볼링핀과 공으로 실내 또는 실외 어느 곳이나 바닥이 평평한 곳에서 할 수 있는 볼링게임 규칙에 따라 실시하는 게임도구이다. 이 게임은 앉아서 생활하거나 전신활동이 부자유스러운 환자에게 적합한 운동이며, 가정에서는 여러 세대가 동시에 즐길 수 있는 게임이다. 이 게임을 통하여 공간지각, 판단력, 계산력, 문제해결능력 등의 인지기능을 제고함과 아울러 전체 및 부분운동 기능의 향상과 환자들의 사회적 교류와 스트레스 해소를 촉진할 수 있는 효과를 거둘 수 있다.

(6) 링 던지기

링 던지기는 일정 거리 밖에서 고리를 던져 막대에 고리를 많이 걸리게 한 사람이 승리하는 게임이다. 변형된 링 던지기 게임은 그림에서 보는 바와 같이 바닥에 수를 써놓고 동일한 수가 쓰인 고리를 그 막대에 걸도록 하는 게임이 있으며, 바닥에 수를 써 놓거나 몇 개의 동심원을 그려놓고 동전던지기를 할 수도 있다. 보통사람의 경우 2m 정도가 적당한 거리이나, 치매노인의 경우 보폭으로 한 발짝 반 정도의 거리에 목표물을 주어 고리가 많이 걸리게 함으로써 성취감을 경험할 수 있도록 하는 것이 좋다. 이 게임을 통해서는 전체 및 부분운동 능력, 공간지각, 시각조절능력, 수리 및 계산능력, 집중력, 문제해결능력 등의 인지기능의 향상도 동시에 도모할 수 있다.

2) 인지통합영역의 작업요법

노인의 기억력, 지남력, 범주화 및 분류능력, 인식, 판단력, 문제해결능력, 학습능력 등을 제고시키는데 목적을 둔 인지통합영역의 작업요법의 치료활동은 매우 다양하다. 작업도구는 활용하지 않지만 가정에서 특별한 장비 없이도 노인의 인지기능을 제고할 수 있는 다양한 작업요법의 세부 활동들이 개발·실시되고 있다.

(1) 레이스 연결하기

레이스 연결하기는 두꺼운 골판지로 만든 9개의 모양에 여러 가지 색상의 레이스를 수놓기 하는 놀이로 바늘은 필요가 없다. 이 작업요법은 손과 손가락을 미세근육과 운동조절능력을 향상시키고, 색체 및 형태분류, 문제해결능력, 공간지각 등의 인지기능을 향상시킬 수 있으며, 바느질과 같은 일상생활 동작능력을 유지하는데 도움이 된다.

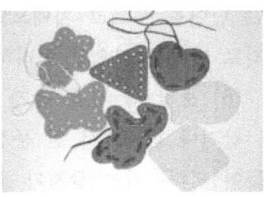

(2) 공기주머니 던지기

공기주머니 던지기는 동일한 크기의 공기주머니를 세워진 판의 구멍에 넣는 놀이로서 집중력을 키우는 작업요법 기구이다. 이 놀이를 통하여 환자는 팔과 손의 근육강화 및 운동조절능력을 향상시켜 나갈 수 있으며, 공간지각, 판단력, 계산력, 문제해결능력, 기억력 등의 인지기능을 제고하고, 사회적 교류를 촉진시킬 수 있다.

(3) 타르공 게임

타르공게임은 찍찍이(벨크로) 보드판 위에 동심원 4개를 그려 놓고 점수를 써 놓은 타켓에 타르공을 맞추는 게임이다. 이 게임을 통하여 환자의 대소근육을 강화하고, 공간지각, 판단력, 문제해결능력, 계산력 등의 인지기능을 제고할 수 있다. 환자의 대인관계를 촉진하고 자신감을 심어주는 심리사회적 효과를 동시에 거둘 수 있다.

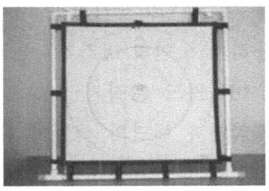

(4) 퍼즐 맞추기

퍼즐 맞추기는 여러 조각으로 나누어진 조각그림을 원래의 그림과 모양대로 맞추는 작업요법이다. 이 작업 활동을 통하여 노인은 색체분별력, 형태지각, 공간지각, 판단력, 추리력, 기억력 등의 인지기능과 미세근육 강화 및 운동조절능력을 향상시켜 나갈 수 있다. 이러한 퍼즐게임의 변형된 형태로는 모양 맞추기

게임이 있다. 이 게임은 플라스틱 또는 나무 모양의 도형의 판 안의 구멍에 같은 도형끼리

맞추게 하는 놀이로서, 각 도형들의 모양에 대해 이야기 하면서 분위기를 고조시킬 수 있으며, 사각형, 삼각형, 원 등 색깔 또한 논의되어질 수 있다.

(5) 낱말 만들기

자음과 모음이 각각 적혀 있는 카드를 준비하고, 참여자를 두 집단으로 나눈다. 치료사는 단어를 부르고 치매노인 개인이나 집단은 단어를 찾는다. 다 찾은 사람이나 팀이 큰소리로 단어를 읽으면 승리하게 된다.

(6) 문장 속 같은 글자 찾기

잡지나 신문에서 긴 문장이나 문단을 하나 선택하고, 연필을 준비하여 이 문단속에 예를 들어 '다' 라는 글자가 몇 개나 들어있는지 찾아보는 훈련을 한다. 그리고 제대로 찾았으면 이제 다른 문단을 선택하여 '아' 자가 몇 개나 들어있는지 찾아본다.

(7) 양손 글씨쓰기

종이를 앞에 놓고 양손에 연필을 하나씩 잡고 동시에 자신의 이름을 적어본다. 그리고 왼손으로는 성을, 오른 손으로는 이름을 동시에 적어본다. 이런 훈련은 두뇌운동에 매우 좋으며 재미도 있다. 대부분 왼손으로는 거꾸로 쓰기 마련인데, 왼손으로 쓴 글을 거울에 비춰보면 생각보다는 괜찮은 글씨가 보일 것이다.

(8) 점 이어 형태 만들기

도화지에 많은 점을 찍어 놓고, 세 개의 점을 이어서 여러 개의 삼각형을 만든 후 몇 개를 만들었는지 세어본다. 단 처음 시작할 때에 치료사는 노인에게 삼각형과 사각형의 모형을 보여주고 삼각형과 사각형을 구분해보도록 하고 프로그램에 들어간다. 이러한 활동을 통하여 노인의 공간지각능력, 감각신경, 운동신경을 자극할 수 있다.

(9) 카드 뒤집기

앞면과 뒷면의 색깔이 다른 카드를 준비하여, 색깔의 분포를 반씩 되게 하여 바닥에 펼쳐 놓는다. 치료사의 시작신호에 따라 한 가지 색이 되게 카드를 뒤집도록 하되, 카드를 뒤집을 때 "무궁화 꽃이 피었습니다."를 외치도록 한다.

(10) 동작 반대로 따라 하기

노인은 손을 들어 올려 치료사가 지시하는 반대로 동작을 실시한다. 치료사가 손을 위로 올리면 환자는 아래로 손을 내린다. 그 외에도 다양한 동작을 반대로 실시하게 할 수 있다. 그러나 대부분의 노인은 반대로 동작을 실시하게 하면 리더의 동작을 따라 하는 경우가 많다.

(11) 콩 고르기

콩 고르기는 섞여 있는 콩을 색, 크기, 모양 등에 따라 분류하게 하는 것으로 증상의 정도에 따라 난이도를 조절할 수 있는 손쉬운 작업요법이다. 이러한 활동을 통하여 노인은 색과 크기, 형태에 대한 지각, 분투능력, 판단력, 기억력 그리고 미세운동능력을 유지 또는 증진시켜 나갈 수 있다.

(12) 종이접기

종이접기 교재에 따라 비교적 간단한 형태의 종이접기에서 숙달되면 작품형태로까지 발전이 가능하며, 색, 공간, 형태에 대한 지각능력, 판단력, 기억력 등의 인지기능을 제고할 수 있으며, 작품의 완성을 통하여 성취감을 경험할 수 있다.

(13) 모양 헤아리기

가로세로 각각 4cm의 정사각형을 그린 다음 그 속에 가로세로 각각 1cm마다 줄을 그으면 16개의 정사각형이 생긴다. 그리고 자세히 들여다보면서 거기에 정사각형이 몇 개나 있는지 한번 헤아려 보자. 이 그림을 더 자세히 살펴보면 총 26개나 되는 정사각형이 들어 있음을 알 수 있다. 이런 식으로 정삼각형이나 정 육각형을 그려보고 거기에 몇 개나 같은 정다각형이 있는지 헤아려 보는 훈련을 해 보는 것도 도움이 된다.

(14) 그림 기억해내기

잡지나 신문, 그림책에 있는 사진이나 그림을 하나 선택하여 3~4분 정도 자세히 들여다 본 후에 그림을 덮고, 몇 사람이 있었는지, 동물은 몇 마리나 있었는지, 그림을 통해 전달하고자 하는 의미는 무엇인지를 얘기해본다. 이런 훈련을 해 보면 우리가 얼마나 관찰력이 부족한 지, 기억력이 어느 정도인지를 알 수 있으며, 기억력, 관찰력, 주의집중력의 증진에 도움이 된다.

(15) 계산하기와 수세기

종이에 6개의 숫자를 받아 적은 다음, 일정한 수가 되도록 덧셈과 뺄셈을 해본다. 또 다른 방법으로는 가로 세로 5칸씩 총 25칸이 그려진 종이를 나누어 주고, 시작신호와 함께 각 팀의 한 사람이 종이 위에 써있는 숫자 한자씩 부른 후 그 숫자를 지워나간다. 가로, 세로 다섯칸 모두 지워진 줄이 세 개가 나오면 자기 이름을 크게 외치게 하여 승부를 낸다. 단, 글을 읽을 수 있고 계산능력이 있는 치매노인에게 활용 가능한 프로그램이다.

또 다른 변형활동으로서 숫자세기 게임이 있다. 짝수 수를 100까지 빨리 세게 하거나, 100부터 거꾸로 0까지 세어보도록 하거나, 3의 배수, 4의 배수 등의 원리에 따라 숫자를 세는 것도 노인의 수리력과 계산능력, 기억력 등을 제고하는데 도움이 된다.

(16) 스톱워치(stop watch)

초, 분, 시간, 날짜, 요일이 기록되어 있는 스톱워치를 노인에게 작동시키고 정지시키게 함으로써 지시이행 능력을 제고할 수 있으며, 시간과 관련된 지남력을 제고할 수 있다. 그리고 이를 변형하여 시계 그리기나 장난감 시계를 이용한 시간 맞추기 게임 등을 활용할 수도 있다.

(17) 문장 따라 하기

발음하기 어려운 문장을 치료자가 먼저 읽어 주고 환자가 따라하는 방법으로 기억력과 언어능력을 유지 또는 개선하기 위한 활동이다. 예를 들어 '간장공장 공장장은 강 공장장이고, 된장공장 공장장은 공 공장장이다' 라든지, '이 콩깍지는 깐 콩깍지인가 안 깐 콩깍지인가' 등과 같이 발음이 어려운 문장읽기를 연습하는 것도 도움이 된다.

(18) 달력 만들기

부직포를 절반으로 화면 분할하여 윗부분에는 미술활동, 수공예활동을 통하여 계절에 맞는 장식을 하고 아랫부분에는 부직포로 만든 요일, 날짜 등을 붙여 나감으로써 한 달 달력을 만드는 것은 시간지남력, 시각기억, 미세운동 능력 제고에 도움이 된다.

3) 일상생활 동작영역의 작업요법

노인의 일상생활 동작능력을 유지 또는 증진시키기 위하여 활용할 수 있는 작업요법으로는 디럭스 조절보드, 볼트-너트끼우기, 옷입기 작업보드 등의 작업도구를 활용할 수 있다. 그러나 이러한 작업도구를 활용하지 않더라도 가정에서 일상적으로 활용하는 생활용품을 이용하여 지속적으로 훈련을 하면 작업도구를 이용한 일상생활 동작능력 못지 않은 효과를 거둘 수 있다.

(1) 디럭스 조절보드

디럭스조절보드는 출입문 열쇠, 맹꽁이 자물쇠, 꼭지손잡이 등 가정에서 흔히 접할 수 있는 기계장치를 이용하여 노인의 기능적 조절능력을 숙련시키기 위한 작업보드이다. 이 작업도구를 활용함으로써 노인의 손과 팔의 신경계 및 미세운동근육의 강화, 근육조절능력의 향상, 시각인지능력, 지남력, 인식력 등의 증진을 도모할 수 있다.

(2) 볼트-너트 끼우기 보드

볼트-너트 끼우기보드는 수평과 수직상태의 보드판에 있는 다양한 크기의 볼트와 너트를 조절함으로써 손가락의 운동기능을 향상시키기 위한 작업도구이다. 그리고 이러한 손운동을 통하여 크기에 대한 판단력, 깊이와 형태지각 능력, 공간지각, 순서의

이해, 분류능력, 집중력 등의 인지기능을 동시에 향상시킬 수 있다.

(3) 옷 입기 작업보드

옷 입기 작업보드는 손의 기능적 숙련도를 제고하여 일상생활 동작능력을 유지 또는 증진시키기 위한 작업도구이다. 단추달기, 지퍼달기, 벨트달기 등 일상생활에서 흔히 접하게 되는 일상생활 동작들을 작업 활동으로 활용함으로써, 미세동작 및 소근육운동, 손-눈의 협응 능력, 판단력, 문제해결능력, 일상생활 동작능력과 자기관리 능력을 향상시킬 수 있다.

(4) 가정에서 할 수 있는 일상생활 동작훈련

노인의 일상생활 동작능력이 저하되는 것을 방지하기 위해서는 기본적인 일상생활과 수단적 일상생활과 관련된 활동을 지속적이고 반복적으로 수행할 필요가 있다. 그리고 가정에서 활용하는 모든 생활도구가 노인의 일상생활 동작훈련을 의한 작업도구로서 훌륭하게 활용될 수 있으므로 특별한 비용을 들여 일상생활 동작훈련 도구를 구입할 필요는 없으며, 단지 안전성에 문제가 될 수 있는 위험요인만을 제거하면 적절한 도구로서의 기능을 갖출 수 있게 된다.

4) 심리사회적 기능 영역의 작업요법

노인의 심리사회적 기능 향상을 위한 작업요법들은 정신과 환자들에게 활용되고 있는 사회적 기술훈련이나 대인관계 훈련 등을 변형하여 사용할 수 있다. 그러나 이러한 특별한 프로그램을 실시하지 않더라도 앞에서 기술한 감각운동, 인지통합, 일상생활 동작능력과 관련된 작업요법을 실시하는 과정에서 충분한 심리사회적 효과를 거둘 수 있다. 그리고 작업요법 이외에 집단 미술치료, 음악요법, 문예요법 등의 다른 요법활동을 통해서도 부수적으로 노인의 심리사회적 기능을 제고할 수 있으므로, 여기서는 특별한 프로그램들을 제시하지 않겠다.

Ⅱ. 음악요법

1. 음악요법에 대한 이해

1) 음악요법의 개념과 목적

음악요법은 간단히 말하면 음악을 도구로 사용하여 문제 행동을 바람직한 방향으로 변화시키는 것으로서 음악의 전문 분야이다. 한국음악치료협회에서는 음악요법을 「음악활동을 체계적으로 사용하여 사람의 신체와 정신기능을 향상시켜 개인의 삶의 질을 추구하고, 보다 나은 행동의 변화를 가져오게 하는 음악의 전문분야」라고 정의하고 있다. 미국의 전국 음악치료협회에서는 "음악요법은 치료적인 목적, 즉 정신과 신체 건강을 복원, 유지 및 향상시키기 위하여 음악을 사용하는 것"이라고 정의내리고 있다. 이러한 개념정의를 바탕으로 해볼 때, 음악요법은 음악활동을 통해 참여자의 내면의 세계에 관련하여 그들의 문제 행동이 구체적인 방향을 가진 바람직한 행동의 변화를 도모하는 음악과 치료의 한 분야라고 할 수 있다(권중돈 외, 2002).

음악요법에서 활용하는 의미 있는 음악적 경험은 크게 즉흥연주, 재창조연주, 창작적 경험, 감상적 음악경험으로 구분된다(권중돈 외, 2002). 첫째, 즉흥연주 경험은 기악연주나 즉흥적 성악 또는 몸동작을 사용하는 것으로 이루어지는데 다음과 같은 치료적 목적을 가진다. ① 언어적 의사소통을 위한 비언어적 의사소통의 채널을 형성시킨다. ② 자기표현과 정체성 확립을 충족시키는 도구를 제공한다. ③ 다른 사람과 관련되어지는 다양한 양상을 탐구토록 한다. ④ 상호간 친근감을 발달시킨다. ⑤ 집단에서 함께 하는 기술을 발달시킨다. ⑥ 창의력, 표현력, 즉각성 등의 기술을 발달시킨다. ⑦ 지각과 인지기술을 발달시킨다. ⑧ 감각센스를 자극시키고 발달시킨다.

둘째, 재창조 연주는 전통적인 노래나 음악을 기악 또는 성악으로 연주하는 것을 말한다. 이렇게 사람들이 이미 알고 있는 노래나 음악을 연주하는 경험을 통해 치료사는 다음과 같은 치료적 목적을 달성할 수 있다. 즉, ① 감각운동기술을 발달시킨다. ② 시간에 입각한 행동과 적응행동을 발달시킨다. ③ 집중력과 현실감각을 향상시킨다. ④ 기억기술을 발달시킨다. ⑤ 다른 사람과의 감정이입, 정체성 등의 기술을 발달시킨다. ⑥ 자신의 생각과 느낌을 다른 사람에게 표현하도록 하며 다른 사람의 것을 받아들이도록 한다. ⑦ 상호교류의 다양한 상황에서 특정한 행동을 배우도록 한다. ⑧ 상호교류 기술과 함께 하는 기술을 향상시킨다.

셋째, 창작적 경험은 주로 노래가사를 고쳐 부르거나 치료 대상자들이 직접 노래를 만들어 가는 활동을 하게 된다. 이러한 활동에서 치료사는 다음과 같은 치료적 목적을 가질 수 있다. 즉, ① 계획과 조직력을 발달시킨다. ② 창의적 문제해결기술을 발달시킨다. ③ 책임감을 증진시킨다. ④ 기억기술을 발달시킨다. ⑤ 내면 경험을 표현하는 능력을 발달시킨다. ⑥ 노래가사를 통한 치료적 주제를 탐구해가도록 한다. ⑦ 부분을 전체로 연합시키고 통합하는 능력을 발달한다.

넷째, 감상적 음악경험은 들려지는 음악자극에 대해 치료대상자들이 반응을 하게 되는데 감상적 음악경험은 몸의 반응은 물론 정신적 반응까지 일깨워 대단히 적극적인 행동으로 연결되어지기도 한다. 다음은 감상적 음악경험의 목적들이다. 즉, ① 수용력을 향상시킨다. ② 특정한 몸의 반응을 유발시킨다. ③ 개인을 활성화시키거나 진정시킨다. ④ 청각, 운동기술을 발달시킨다. ⑤ 정서적 상태나 경험을 일깨운다. ⑥ 다른 사람의 생각이나 아이디어들을 탐색토록 한다. ⑦ 기억, 회상, 회고를 유발시킨다. ⑧ 심상을 유발시킨다. ⑨ 감상자로 하여금 지역사회와 소속집단에 연결되도록 한다. ⑩ 절정의 경험, 영적인 경험을 자극시킨다.

2) 노인을 위한 음악 프로그램의 효과

노인을 대상으로 한 음악프로그램을 통해 얻을 수 있는 효과는 감각기관 훈련, 현실 인식 도모, 동기 유발, 이완, 오락과 취미생활 촉진, 삶에 대한 회고라는 6가지로 나누어진다. 첫째, 노인을 대상으로 한 음악프로그램은 감각기관의 훈련에 효과적이다. 간단하고 구조적인 음악활동을 통해 대상자가 시각, 청각, 촉각, 그리고 때로 미각과 후각을 사용하도록 장려하는 것이다. 감각훈련은 모든 대상에게 유용하게 사용할 수 있으나 특별히 심한 장애를 가진 대상에게 효과적으로 시작할 수 있다. 감각훈련은 두 단계로 나누어진다. 첫 번째 단계는 현저히 낮은 기능을 보이는 사람들에 대한 훈련으로, 제한되고 극히 짧은 집중력과 운동 기능을 감안하여 간단하고 구체적인 프로그램을 만들어야 한다. 감각훈련 두 번째 단계에서는 대상자가 더 오랜 시간 동안 집중할 수 있고 활동에 능동적으로 참여할 수 있도록 하며, 기억력과 운동 기능을 증진하고 타인과의 원활한 교류를 가지도록 권유한다.

둘째, 현실인식을 갖게 해준다. 음악은 시간, 장소, 사람을 포함하여 자신을 둘러싸고 있는 현실적 환경에 대한 내용을 반복적으로 확인시킴으로써 현실 접촉을 유지시킨다. 현실인식을 증진시키기 위한 음악활동에서는 시계를 이용할 수도 있고 계절이나 특정한 기념일과 관련된 노래를 통해 질문하거나 소재를 유도할 수 있다. 무엇보다도 음악 자체가 대상자들에게 흥미를 부여하고 동기 유발을 시킴으로써 현실 인식의 시간에 참여하도록 해주며, 재미있는 활동을 통해 자신과 환경에 대한 현실적 감각과 정확한 정보를 얻게 된다.

셋째, 노인의 참여 또는 재활 동기를 유발한다. 음악활동을 통해 사고와 언어교류를 자극함으로써 사회성을 발달시킬 수 있는데, 언어 능력 및 환경에 대한 인식 능력이 있으면서 실어증의 상태에 있는 사람들에게 음악프로그램이 효과적이다. 참여자에 대한 언어적 자극을 부여하기 위한 음악활동에서는 근래에 이슈가 되는 뉴스나 지나간 행사들, 그리고 공통의 관심사가 되는 주제에 관해 토론하도록 유도하게 된다. 음악은 동기유발에 아주 효과적인 도구로 사용될 수 있다. 그것은 음악이 분위기를 조성하며 어떤 특정한 토의 주제를 유도하고 싶을 때 당시에 유행되었던 노래를 부름으로써 자연적으로 그 주제에 관해 이야기를 시작하도록 할 수 있다.

넷째, 음악을 통해 신체적 이완 효과를 거둘 수 있다. 적절한 음악을 배경 음악으로 들려줌으로써 그들로 하여금 처해 있는 환경에서 겪고 있는 긴장과 불안으로부터 해방되게 할 수 있으며, 음악이 생리적으로나 심리적으로 영향력을 행사할 때 환경적인 스트레스로부터 벗어날 수 있게 된다. 나아가 스트레스로부터 주의를 환기시켜 긴장이완을 가져오게도 한다.

다섯째, 여가나 취미생활을 풍요롭게 해준다. 매일 20~30분씩 하루에 한두 번 음악 감상을 하는 것은 별로 힘들지 않으면서도 유익한 활동인데, 이때 자신이 아는 노래는 자유롭게 흥얼거리며 따라 부르거나 발을 까딱거리면서 즐거움을 나타내기도 한다. 주의해야 할 것은 동일한 음악을 매일 반복하게 되면 음악이 지니는 효과가 오히려 감소되고 지루함을 줄 수도 있다는 점이다. 따라서 음악을 효과적으로 사용하기 위해서는 음악을 융통성 있게 분위기에 맞춰 적절히 사용하여 늘 신선한 마음의 상태로 음악을 들을 수 있도록 해야 한다.

여섯째, 음악을 통해 지나간 인생을 회고할 수 있는 기회를 가질 수 있다. 음악은 강한 연상 작용을 일으킬 수 있다. 음악의 연상작용을 촉진하기 위해서는 젊은 시절에서부터 각 10년 단위로 유행되었던 노래를 주제별로 분류하여, 참여자들이 부르거나 듣는 방법을 사용할 수 있다. 젊은 시절에 즐겨 불렀던 노래를 부르거나 들으면서 그 시절로 되돌아가는 느낌을 가질 수 있다. 음악의 취향이 각 개인의 문화와 성장배경에 따라 다르므로 개인이 좋아하는 음악을 사용하는 것이 가장 효과적이다. 한 가지 주의할 점은 그룹에서 지나간 시절의 회고를 위해 곡을 선정할 때 어떤 사람에게는 좋은 기억을 가져오는 곡이 다른 사람에게는 아주 부정적인 반응을 불러일으킬 수도 있다는 사실이다. 또한 종교적인 내용의 노래가 자주 선정되는데, 다른 종교를 가지고 있는 사람에게는 반감을 불러일으킬 수도 있으므로 특별히 유의해야 한다.

2. 노인을 위한 음악 프로그램

음악요법에서 활용하고 있는 다양한 음악 프로그램 중에서 노인들을 대상으로 하여 실시할 수 있는 음악요법의 프로그램을 제시하면, 다음과 같다(권중돈 외, 2002).

1) 음악 연주그룹

가장 일반적으로 행해지는 음악활동이다. 피아노나 기타 등의 악기를 배우고 가르치는 활동과 핸드벨이나 그 외 그룹악기 연주 활동도 포함되며, 함께 노래 부르는 시간이나 합창 또는 합주 시간도 이에 포함된다. 이것이 일반 활동과 다른 점은 음악활동이라는 도구를 통해 치료사가 목표로 하는 것이 음악 외적인 행동의 변화라는 것이다.

2) 즉흥 연주그룹

실제 음악활동에서 가장 많이 사용되고, 또 다양한 형태로 응용되는 방법이다. 즉흥 연주의 효과는 노인 개개인의 감정적 경험을 즉각적으로 표현하도록 도우며, 이러한 과정을 통하여 대상은 감각의 세련화, 현실에의 적응, 창조력, 질서와 협동심 등을 받아들이게 된다. 또한 자기표현을 통해 자신과 환경에 대해 평가하며 비언어적 교류를 통해 타인과 의사소통을 하게 되는데, 이러한 책임 행위에 수반된 책임과 질서의 요청은 상호 교류나 대인관계를 원활하게 해주고 사회 복귀를 위한 유용한 행동학습으로 이어지게 된다. 즉흥 연주의 상황은 음악적 환경으로 주어진 것이며, 이 상황에서 자신이 무엇을 어떻게 한다는 자체가 곧 자신이 어떤 삶을 창조해가는 가를 의미하는 것으로, 즉흥연주 이면에 숨겨진 중요성은 주어진 상황 속에서 가장 완전한 경험을 하는 것이다. 이렇게 함으로써 노인에게 자신감을 회복하고, 자긍심을 증진시켜 주며, 사회기술 향상, 대근육 운동 기술의 향상 등의 목적을 달성하게 한다.

3) 작곡, 노래 만들기

전형적인 음악요법 집단에서는 치료사가 네 마디 또는 여덟 마디의 간단한 노래를 만들어 노래를 통해 질문하고 노인의 답을 듣는 방법을 사용하며, 이는 언어로써 의사소통하는 것보다 훨씬 효율적으로 노인과의 유대 관계를 형성하면서 자연스럽게 집단활동을 진행하게 해 준다. 이런 음악요법에서의 활동은 감정의 경험, 감정의 확인, 감정의 표현, 감정적 교류의 이해, 감정적 행동의 종합과 조절, 변형을 촉발시키는데 목적을 둔다.

4) 적극적인 음악 감상과 인식, 말하기 유도

일반적으로 치료사가 부르는 노래를 알아 맞추거나 합주곡을 들으면서 사용된 악기의 소리를 찾는 활동이 포함된다. 대상의 수나 기능 수준에 따라 다를 수 있겠지만 이런 경우 치료사가 미리 편집한 음악을 들으며 음악이 주는 이미지가 달라질 때마다 노인들이 차례로 이야기를 이어가면서 자신의 느낌과 원하는 방향으로 이야기를 만들어 간다.

5) 생활리듬

생활리듬에서는 각 민족의 전통적인 악기와 리듬 패턴들을 사용하며 협동심과 집단 참여에 강조를 둔다. 어느 문화, 어떤 음악에나 공통적으로 존재하는 기본요소이며 음악적 경험, 훈련을 받지 않은 사람도 강하게 반응하는 리듬은 여러 가지 다른 상황에 놓인 사람들을 하나로 연합시켜 공동의 목적을 이루게 하는 역할을 한다. 이러한 음악의 역할은 조직력과 에너지에 있다고 할 수 있다. 그것은 사실 거의 모든 민족들의 악기에서도 공통적으로 나타나는 사람들을 자극하고 리듬을 선명하게 드러나게 하는 타악기들이기 때문이다. 리듬에 기초한 음악요법은 잘 선정되고 계획된 타악기 및 드럼 활동에 노인의가 적극 참여가 필수적이다. 리듬이 치료적으로 사용될 때, 운동 영역과 걸음걸이 훈련, 그리고 긴장 이완의 방법 등에 적용된다.

6) 배경음악

배경음악을 들으며 이완할 수도 있고, 그림을 그리게 하기도 하며, 배경음악에 맞춰 몸을 움직이기도 하는 방법이다. 사용되는 음악은 치료사가 선택하거나 경우에 따라서는 환자가 좋아하는 음악을 들려주기도 한다.

7) 노인 대상 집단 음악 프로그램

다음에 제시하는 음악활동 프로그램 중에는 치료적 효과성이 검증되지 않은 음악활동 프로그램이 포함되어 있어 치료적 효과를 거두는 데는 한계가 있을 수 있다. 그러나 음악활동 자체가 노인의 기분전환이나 여가활동으로서 중요한 의미를 지니기 때문에 치료효과에 관계없이 적극적으로 활용하게 되면 많은 도움을 얻을 수 있을 것이다.

〈표 9-1〉 노인을 대상으로 활용 가능한 집단 음악 프로그램

프로그램	실행방법	준비물
자기소개 노래 부르기	① 노래를 부르면서 자기이름을 소개한다. ② 다른 사람의 이름을 들으면서 기억한다. ③ 사람과 이름을 함께 맞춰보게 한다.	가사가 적힌 종이
아는 노래 부르기	① 진행자가 먼저 노래를 부른다. ② 한사람씩 아는 노래를 불러본다.	
노래와 율동 I	① 쉬운 노래를 불러준다 ② 한 소절씩 따라하게 한다. ③ 노래를 완성시킨다.	가사가 적힌 종이
노래와 율동 II	① 배웠던 노래를 다시 한 번 불러준다. ② 그에 맞는 간단한 율동을 한 소절씩 알려준다. ③ 함께, 각자 해 보도록 한다.	가사가 적힌 종이
계절 노래 부르기	① 계절에 대한 이야기를 한다. ② 계절에 맞는 노래를 부른다. ③ 개별 노래를 부르게 하고, 다른 사람은 감상하는 자세를 갖도록 한다.	계절그림
소고치기	① 양면에 색이 다른 소고를 나눠준다. ② 색별로 소고를 치면서 노래를 부르게 한다.	색이 있는 소고
음악 감상하기	① 선택된 음악을 들려준다. ② 감상한 느낌을 이야기하게 한다.	음악, 녹음기
민요 부르기	① 아는 민요를 부르게 한다. ② 노래를 부르며 춤추게 한다.	
전통음악(문화)감상	① 탈춤, 판소리 전통음악 문화 비디오 시청 ② 본 것에 대해 이야기 나누기	전통음악 문화비디오
돌림 노래 부르기 I	① 돌림노래에 대해 설명해준다. ② 쉬운 노래를 배운다.	가사적힌 종이
돌림 노래 부르기 II	① 저번에 배운 노래에 대해서 다같이 다시 한 번 해본다. ② 돌림노래에 대해서 다시 한 번 기억시킨다. ③ 다같이 돌림 노래를 해본다.	가사 적힌 종이
악기연주하기	① 실로폰, 리코더, 짝짝이, 트라이앵글, 탬버린 등을 준비한다. ② 한 번씩 두드리거나 소리를 내게 한다. ③ 리듬을 알려준다. ④ 노래를 들으며 악기를 두드려본다.	여러 가지 악기
컵 연주	① 색컵에 물을 담아놓는다.(음계별로 다르게) ② 차례대로 소리를 내보게 한다. ③ 악보를 보고 쳐보게 한다.(색악보)	물이담긴컵7개 수저7개 색악보, 색종이
가요 부르기	① 좋아하는 가요에 대해서 물어보며 이야기한다. ② 당일 배울 가요에 대해 듣는다. ③ 가사가 적힌 종이를 보거나 불러줘서 부르게 한다.	가사가 적힌 종이
나의 애창곡 노래자랑	① 이때까지 배운 것이나 자신이 좋아하는 노래를 한명씩 부르게 한다. ② 시상식과 칭찬을 해 준다.	상품

MEMO

MEMO

MEMO

제 10 장   미술요법과 원예요법

> ## 학 습 목 표
> □ 미술요법의 개념과 특성을 이해한다.
> □ 노인에게 적용 가능한 미술 프로그램을 익힌다.
> □ 원예요법의 개념, 효과 등을 이해한다.
> □ 노인에게 적용 가능한 원예요법을 익힌다.

Ⅰ. 미술요법

1. 미술요법에 대한 이해

미술요법은 회화요법, 묘화요법, 그림요법 등 다양하게 사용되고 있으며 영어의 Art Therapy도 예술치료, 예술요법, 미술요법, 회화요법 등으로 번역되고 있다. 미술요법의 영역에는 그림, 조소, 디자인, 서예, 공예 등 미술의 전 영역을 포함하며 그림만을 의미하는 것은 아니다. 미술요법은 심신의 어려움을 겪고 있는 사람들을 대상으로 하여 그들의 미술작업을 통해서 심리를 진단하고 치료하는데 목적이 있고, 조형 활동을 통해서 개인의 갈등을 조정하고 동시에 자기표현과 승화작용을 통하여 자아성장을 촉진시킬 수 있다. 또한 자발적인 조형 활동을 통해서 개인의 내적 세계와 외적 세계간의 조화를 이룰 수 있도록 도와준다.

미술요법은 창작을 통한 내면세계의 외면화 과정 속에서 개인의 심리상태나 정서 상태를 파악하고 거기에 연루된 갈등관계에 있는 심리, 정서적인 요소를 창작을 통해 조화롭게 해결하도록 도와줌으로써 개인의 심리적인 갈등을 완화시키거나, 병리적인 정신문제를 해결하는 치료적 접근방법이다. 즉, 미술요법은 '미술을 통하여 심리적, 정서적 갈등을 완화시킴으로써 원만하고 창조적으로 살아갈 수 있도록 도와주는 치료적 접근방법'이라 할 수 있다(권중돈 외, 2002).

노인들은 타인들과의 효과적인 상호작용을 통해서 그들의 정서적, 사회적, 생리적 욕구를 만족시킬 필요가 있으나 사회적 기술의 결핍 때문에 이러한 욕구가 충족되지 못한다. 이로 인하여 타인과의 관계를 만족시키는 것이 차단되고 외로움과 좌절감을 느끼고 우울증과 고립감을 경험하게 된다. 이러한 노인들에게 미술을 매체로 하여 생활문제 해결에 필요한 태도와 자기관리 능력을 습득하고, 대인관계 기술을 향상시키고, 상호작용을 쉽게 유발시킬 수 있다. 그리고 그림이나 사진을 통해서 창조하거나 생산된 작품을 차례로 진열하여 회상하게 하는 것이 크게 도움이 된다. 이러한 노인에 대한 미술요법의 효과를 좀 더 상세히 살펴보면 다음과 같다(권중돈 외, 2002).

① 소근육 운동을 촉진한다.
② 주의집중력이 높아진다.
③ 기억력을 유지시키고 자기표현 능력을 제고시킨다.
④ 정서적 안정감을 가져다준다.
⑤ 상실이나 의존에서 벗어나 성취감을 느낀다.
⑥ 타인을 신뢰하고 협조하는 능력이 증진되는 등 대인관계능력을 발전시킨다.
⑦ 시각 능력과 시공간 개념을 높인다.
⑧ 색채, 형태, 수에 대한 개념을 높인다.

2. 노인을 대상으로 한 미술 프로그램

노인들을 대상으로 한 미술 프로그램에서 활용할 수 있는 기법들로는 다음과 같은 것들이 있다(권중돈, 2004).

1) 테두리법

테두리법은 노인에게 지도자가 도화지를 제시하면서 테두리를 그어 건네주는 방법이다. 노인의 미술활동을 자극하고 동기를 부여할 수 있으며 빈 도화지나 작업에 대한 공포를 줄일 수 있어 자아가 약한 노인에게 사용하면 좋다. 이 때 테두리를 그을 때는 자를 사용하지 않는다. 테두리에는 용지를 따라서 그리는 형태가 있고, 원을 그려주고 원 안에 그림을 그리거나 채색하게 하는 두 가지 방법이 있다. 환자가 보는 앞에서 용지에 테두리를 그리거나 원을 그려 주고, 노인이 그리고 싶은 자유화를 그리게 하여 그 결과를 두고 본인의 설명을 듣고 다른 사람의 느낌을 들어본다.

2) 그림 완성하기

그림을 그리는데 저항이 있거나 의욕이 없는 노인의 미술표현을 자극하고 촉진하기 위해 사용하는 기법이다. 미술활동 지도자가 종이에 잡지에서 오린 얼굴 사진이나 사람의 눈만을 붙여주어 그림을 완성하게 하는 방법이다. 또 다른 방법으로는 용지에 사방 또는 팔방으로 기호를 그려주고, 그 기호를 사용해서 그림을 완성하게 하는 방법이 있다. 그림을 완성한 후, 그린 순서를 적고, 무엇을 그렸는가를 해석하게 한다.

3) 난화 그리기

누구든지 난화는 쉽게 그릴 수 있기 때문에 종종 그림그리기를 어려워 하는 노인들에게 난화를 그리도록 한다. 난화는 특별한 형태를 염두에 두고 그리는 활동이 아니라, 용지에 긁적 거리기를 한 결과로 나타나는 '숨어있는 이미지'를 활용하는 기법이다. 이러한 난화의 장점을 이용한 것이 난화 상호이야기 만들기 방법이다. 노인과 미술활동 지도자가 각기 서로 제시해준 난화에서 이미지를 찾아 형상을 그리고 서로 번갈아 가며 이야기를 만들어 나간다. 이 방법은 말을 못하거나 하지 않는 노인들의 언어표현을 자극할 수 있는 유용한 기법이다.

4) 자유화

미술활동 지도자가 주제를 선정하여 제시하고, 노인이 그리는 방법을 스스로 결정하여 그리는 미술활동이다. 예를 들면 '설날 회상하고 그리기' 같은 경우, 과거를 회상시킴과 동시에 즐거움을 유발하고 나아가 자아통합을 유도할 수 있다. 여기에서 주어지는 제목의 내용들은 과거 기억을 회상시킬 수 있는 것이 좋다. 왜냐하면 과거의 회상으로 인지능력과 자아통합, 단기 기억력 증가 그리고 자기인식을 꾀할 수 있기 때문이다.

5) 자신 표현하기

노인이 다른 사람들에게 자신이 누구인지를 알리고자 할 때 사용할 수 있는 방법이다. 이 방법은 자아개념을 발달시키기 위해 주로 활용되는데, 그림 완성하기, 손도장과 발도장 찍기, 조소활동, 동그라미 기법, 씨앗으로 얼굴 만들기, 가면 만들기, 실물크기의 자기 신체 본뜨기, 인체퍼즐 게임, 거울보고 자기 그리기, 손 본뜨기 등을 활용할 수 있다.

6) 풍경 구성하기

풍경구성법은 도화지에 '강, 산, 밭, 길, 집, 나무, 사람, 꽃, 동물, 돌, 첨가하고 싶은 것'을 순서대로 그려 넣게 하고 하나의 풍경이 되게 채색하도록 한 다음 그것에 대해서 계절, 시각, 기후, 강의 흐르는 방향, 사람과 집, 밭 등의 관계에 대해서 이야기한다. 특히 시간이나 공간에 대한 지남력이 약화된 노인에게 매우 유용한 미술활동이다.

7) 협동화 및 그림대화하기

가족이나 노인들이 크레파스를 한 개씩 쥐고 한 장의 종이에 함께 그림을 그리게 하는 미술활동이다. 이 활동은 협동심, 의사소통, 자발성, 감정표현, 사회성, 집단이해, 대인관계 기술 등이 개선되는 효과를 지니고 있다. 특히 그림대화는 노인과 미술활동 지도자가 비언어적으로 상호역할을 교환해 가면서 실시함으로써 편안한 가운데 자기 감정을 표출하고 상대의 감정을 이해하는 능력을 키워갈 수 있다. 언어장애나 우울증이 있거나 내향적이고 소극적인 성격이나 고집스러운 성격을 지닌 노인에게도 효과적인 방법이다.

8) 꼴라쥬 기법

꼴라쥬는 직감이나 감각 등의 비합리적인 기능을 이용한 미술요법의 대표적 기법이다. 이 기법은 자신을 개방시키고 노인의 관심과 흥미를 분명히 해주어 이상과 현실의 차이를 이해하는데 유용하다.

꼴라쥬를 만드는 방법은 잡지나 신문, 팜플렛에서 그림을 선택하여 그것들을 잘라낸 뒤 다시 빈종이 위에 그것들을 배치하고 풀로 붙이는 것이다. 꼴라쥬는 먼저 구상을 하고 밑그림을 찾고 오린 후 이를 용지에 붙이고 정리하고, 말리는 순서로 진행된다. 이러한 꼴라쥬에는 다음과 같은 다양한 종류가 포함된다.

① 계절 꼴라쥬: 이 꼴라쥬는 지남력을 강화시키는데 도움이 된다. 녹색, 노랑, 분홍 그리고 라벤더 같은 봄철 색깔의 꼴라쥬는 사진들을 이용해 아주 쉽게 만들 수 있다. 계절적 주제는 또한 노인에게 좋은 이야기 자료를 제공해 준다. 여행안내서, 달력 그리고 광고물들은 여름, 가을, 또는 겨울 꼴라쥬 사진들을 제공해 주는 이상적인 공급원이다.

② 음식 꼴라쥬: 좋아하는 음식의 꼴라쥬는 두꺼운 판지 위에 다양한 색깔의 잡지 사진들을 풀이나 테이프로 붙여서 매우 쉽게 만들 수 있다.

③ 사건 꼴라쥬: 사건 꼴라쥬의 주제들은 끝이 없다. 결혼, 출생, 졸업 그리고 집을 옮기는 것은 환자에게 소중한 특별한 사건들의 일부일 것이다. 그 사건은 다양한 색의 사진들을 이용해 꼴라쥬 형태로 구성될 수 있다.

④ 인물 꼴라쥬: 이 꼴라쥬는 유명한 사람들, 각기 다른 직업을 가진 사람들, 각종 운동을 하는 사람들 또는 각기 다른 악기를 연주하는 사람들의 모습 등 매우 다양하다.

9) 조소

조소는 촉각을 활용하는 미술활동이다. 조소 활동법은 점토로 인물상을 만들거나 자기의 느낌을 표현하게 하여 해석하게 한다. 묽은 점토는 수채물감과 같은 액체도구로써 언어능력이 제한된 노인에게 유용하며 분노나 적개심의 표현, 대상관계가 부족한 노인의 치료에 유용하다.

10) 동그라미 기법

동그라미를 도화지에 미리 그려주고 그림을 그리게 하는 방법이다. 동그라미를 그린 후 그 안에 점을 하나 찍어 주어 표현을 촉진할 수 있다. 이 기법은 동그라미 중심에 중요한 인물이 배치된다는 원리를 응용하고 있다. 최근에 사용되는 '만다라 기법'도 원이 지니고 있는 인간의 마음의 전체성과 인간과 자연과의 관계를 나타내는 우주관 내지는 종교성에서 도래한 것으로 자아정체감 확립이나 심리적 통합에 유효한 기법이다.

11) 손바닥 찍기

손바닥에 수채화 물감을 발라 여러 가지 색과 방법으로 종이 위에 찍게 한다. 이는 신체의 일부를 보고 자신감을 갖게 하고 손의 촉감을 느끼게 하여 자신의 존재를 확인하는 기법이다.

12) 핑거 페인팅

핑거페인팅(finger painting)은 정서의 안정, 거부와 저항의 감소, 이완, 스트레스 해소 등의 효과를 지니는 미술활동으로, 활동 초기나 종료시에 주로 사용한다. 활동방법은 도배지 풀에 여러 수채물감을 섞은 후, 노인으로 하여금 색이 섞인 풀을 용지에 옮겨서 손으로 마음대로 그리게 한다.

13) 데깔코마니

전사술의 일종으로 용지를 반으로 접어 펼친 후 한쪽 면에만 물감을 짠 후, 용지를 덮어 물감이 찍히게 하면 좌우대칭의 형태가 나타난다. 이 기법은 물감의 우연적인 현상과 환상적인 분위기를 제공하여 정서적, 시각적 자극을 통하여 흥미를 유발시키고 무의식과 같은 내면세계를 표출시킨다.

3. 노인과의 미술활동시 유의사항

노인과의 미술활동을 계획하고 실행함에 있어서 지도자는 다음과 같은 사항에 유의하여야 한다(권중돈 외, 2002; 권중돈, 2004).
① 활동의 내용에 대한 설명은 구체적이어야 하며, 천천히, 큰소리로 쉽게 설명하여 노인이 알아듣지 못하여 당황하는 일이 발생하지 않도록 한다.
② 노인은 주의집중을 할 수 있는 시간이 길지 않기 때문에 1시간 이내 정도로 활동시간을 제한하는 것이 좋다.
③ 특수한 목적의 활동을 제외하고 남녀가 함께 참여하도록 하는 것이 좋으며 평균 10명 정도가 가장 적절한데, 노인의 기능상태가 유사한 성원으로 집단을 구성하는 것이 좋다.
④ 성원간의 격차를 고려하여 각각의 노인에게 알맞은 난이도의 조정이 가능한 활동내용으로 구성되어야 한다. 또한 노인이 절망하거나 당황하는 상황에서는 즉시 방법을 바꾸거나 중단하도록 해야 한다.
⑤ 노인이 자유롭게 미술도구, 재료, 소재를 선택하게 하고, 추상화이든 구상화이든, 동양화이든, 서양화이든 노인 마음대로 그리게 한다.
⑥ 그리는 그림은 예술적으로 평가하지 않는다.
⑦ 노인은 물론 모든 인간은 결국 자기를 그림에 나타내므로, 지도자는 노인이 그린 그림을 보고 노인에게 그 의미와 의도를 물어 답변을 듣는다.
⑧ 그림은 그리는 사람이 자기 마음의 움직임에 따라 그리게 되므로, 실물과 많이 다르고 객관적 실정과는 거리가 멀다 해도 그 그림을 만드는 과정이 중요하다.
⑨ 그림활동의 목적은 즐겁고 아름다운 창의력과 정서 순화를 통한 인간 형성의 수단이며 표현활동이므로, 충분히 즐거운 표현이 되도록 적절한 환경과 재료에 신경을 써야 한다.
⑩ 스스로 흥미를 가지고 그림활동에 임할 수 있게 이끌어 주고 개인의 표현활동에 대해 제한을 하거나 상처를 주지 않아야 한다.
⑪ 주어진 지면에 '낙서'하게 하는 것도 자기표현의 방법이므로, 제한하지 않는 것이 좋다.
⑫ 지나친 평가와 판단은 조심한다.

Ⅱ. 원예요법

1. 원예요법에 대한 이해

원예란 식물을 이용하고 이를 가꾸는 작업으로서, 원예활동의 다양한 효과를 이용하여 사람을 치료하고 식물과 인간과의 관계를 과학적으로 증명하는 역할을 하는 것을 원예요법(horticultural therapy)이라 한다. 즉, 원예요법은 식물을 대상으로 하는 인간의 다양한 원예활동을 통하여 사회적, 교육적, 심리적 혹은 신체적 적응력을 기르고 이로 말미암아 신체적 재활과 정신적 회복을 추구하는 전반적인 활동을 의미한다(권중돈, 2004).

원예요법을 실시하는 방법은 동적 방법(주체적 참여방법)과 수동적 방법(객체적 관찰방법) 두 가지로 나눌 수 있다. 주체적 참여방법은 대상자가 직접 원예활동에 참여하는 것을 의미하며, 객체적 관찰방법은 다른 사람에 의해서 돌보아진 경관, 실내환경, 혹은 개개 식물을 재배하거나 관리하는 부담 없이 인식하는 방법을 말한다.

주체적 치료 중 참여방법은 크게 나누어서 식물의 재배 프로그램과 식물의 이용 프로그램으로 나누어 볼 수 있다. 이들 프로그램의 예와 실시방법은 <표 10-1>과 같다.

〈 표 10-1 〉 주체적 원예요법

프로그램	실시방법
식물의 번식	• 식물의 번식으로 할 수 있는 파종이나 삽목은 작업테이블만 있으면 그다지 장소에 구애받지 않으며, 대상에도 구애받지 않는다.
화분심기 용기재배	• 화초에서 채소재배까지 약간의 공간만 있으면 어디서든 가능하다. 소수 혹은 개인, 이동이 어려운 사람에게도 맞다. • 근채류 외에는 거의 재배가능하며, 1~2개월 혹은 비교적 단기재배의 엽채류, 20일 무 등의 미니채소, 화초 등이 좋다.
수경재배	• 히아신스 등의 구근꽃, 무순, 발아한 어린 싹을 이용하는 채소 토마토 등 흙이 없어도 재배 가능하다.
관엽식물의 관리	• 실내에서 할 수 있는 것이 특징이며, 종류에 따라 계절의 영향을 받지만, 거의 주년재배가 가능하다. • 소수, 개인, 이동이 불편한 사람에게도 적절하다. • 여러 사회복지시설 등에 키운 화분을 각 부서에 빌려주어 그 관리를 하도록 하는 서비스를 행할 수도 있다.
채원·화단 가꾸기	• 키워서 수확하기까지 3~6개월 걸리고, 계절적인 제한도 있기 때문에, 비교적 만성적인 재활환자에게 적절하다.
꽃을 이용한 장식품 만들기	• 꽃을 이용한 장식에는 압화, 꽃꽂이, 건조화 등 다양하게 있다. 이 중 꽃꽂이치료는 키워서 수확하기까지 3~6개월이 걸리고, 계절적인 제한도 있기 때문에 비교적 만성적인 재활환자에게 적절하다. • 통상의 꽃을 이용한 장식품은 수공예처럼 사용할 수 있다. 소수, 개인, 이동이 불편한 사람에게도 적절하다.

객체적 원예요법은 생활환경내에 실내 식물을 두고 함께 생활하는 것으로, 현대의 일반인들이 가장 손쉽게 행할 수 있는 방법 중의 하나이다. 실내에서 식물과 함께 생활할 때는 의식적, 무의식적으로 다른 무생물적인 대상(예, 컴퓨터, 에어콘, 선풍기, 책장 등)과 함께

녹색의 식물을 보고, 느끼며, 식물의 이미지로부터 무엇인가를 형상화하며 생활할 것이다.
　이렇게 식물을 실내에 식재했을 경우 식물에 따라 그 정도는 다르지만, 식물은 탁한 실내공기를 정화시키며, 여름철에는 실내의 온도를 떨어뜨리는 반면, 겨울철에는 실내의 상대습도를 높여주는 역할을 한다. 또한, 식물종에 따라서는 다량의 음이온을 방출하거나, 휘발성 살균물질을 방출하거나(예: 삼림욕), 심신의 안정과 치료에 영향을 미치는 방향성 물질(허브를 이용한 향기요법)을 방출한다. 그리고 식물에 대한 자연스러운 인식 자체가 치료효과를 지닌다. 기존 연구에 의하면, 파키라와 벤자민, 고무나무 등의 식물을 보았을 때 뇌에서 발생하는 뇌파중 δ(델타)파의 현격한 감소와 α(알파)파의 증가가 확인되었다. 이러한 결과는 보다 각성상태로 편안함을 느끼면서도 사고력과 집중력을 높여준다는 것을 의미한다. 결국 식물은 단순한 미적 가치를 능가하여 우리 인간의 정신생리에 직접적인 영향을 미치는 것을 보여주는 예이다.
　원예요법은 무생물이 아닌 생물체를 대상으로 눈으로 보고, 코로 향기를 맡으며, 손으로 만지고, 머리를 써서 움직이는 등 많은 감각기관을 통해서 이루어진다는 점에서 그 효과가 뛰어나며, 효과는 지적, 사회적, 정서적, 신체적, 환경적 효과에 이르기까지 매우 다양하다. 노인에게 원예요법을 적용하였을 때 거둘 수 있는 효과는 다음과 같다(권중돈, 2004).
　① 식물을 통해서 심리적 안정을 갖도록 한다.
　② 다양한 도구와 재료를 통해서 촉각자극을 유도하여 촉각반응을 향상시킨다.
　③ 원예작업을 통해서 소근육의 발달을 도모한다.
　④ 식물이 성장하는 과정을 관찰함으로써 자기성찰을 하도록 한다.
　⑤ 작업을 통해서 예전의 기억을 회상시킨다.
　⑥ 주기적인 원예작업을 통해서 소일거리를 제공하고 주변 환경의 변화를 인식시킨다.
　⑦ 원예작업을 통해 동료들과 지속적 관계를 유지하게 한다.
　⑧ 원예작업을 통해 자기표현력과 인지기능을 향상시킨다.

2. 노인에게 적용 가능한 원예프로그램

　원예요법의 다양한 프로그램 중에서 노인들에게 적용할 수 있는 프로그램으로는 다음과 같은 것들이 있다(권중돈, 2004).

1) 테라리움 만들기
　투명한 플라스틱이나 유리 용기를 흙과 식물로 채우고 축소된 풍경을 조성하면, 그것이

테라리움(terrarium)이다. 쉽고 값싸게 만든 테라리움은 노인의 방을 멋있게 꾸며주고, 바라볼 수 있는 신선한 대상을 더해 줄 것이다. 친구들이 방문했을 때, 그것은 호기심을 불러일으키거나 좋은 대화거리를 만들어 줄 것이다. 만들어진 테라리움은 습도유지와 내부온도를 조정하는 주요 역할을 한다.

① 식물 : 테라리움에서 키우기를 원하는 식물을 정한다. 관엽이나 선인장과 같은 다육식물로 집안에서 키울 수 있는 작은 식물이면 가능하다.
② 용기 : 투명한 플라스틱으로 된 용기를 선택할 때, 가능한 한 색이 없는 것으로 선택해야 한다. 테라리움으로 사용되는 가장 일반적인 것들은 사용하지 않는 어항, 주둥이 조붓한 술잔 또는 아가리가 넓은 약제용 그릇들이다. 용기가 이상할수록 더 호기심을 자아낼 수 있을 것이다. 노인이 일주일에 한 번쯤 테라리움의 방향을 바꾸어 놓고 자주 그것에 물을 주도록 한다.

2) 창문의 꽃상자

꽃상자는 테라리움처럼 매우 매력적이며 다루기 쉬운 편이다. 노인은 씨를 선택하는데 참여할 수 있으며, 꽃 상자를 정리할 수 있다. 심지어 보조의자에 앉아서도 창가에 놓인 꽃상자를 돌볼 수 있다. 중요한 것은 잘 자라는 꽃을 결정해야 한다. 선택시에는 창문의 노출정도, 실내온도와 가능한 실내공간을 고려하여야 한다. 씨를 구입하는 것에서 시작하거나 심어 놓은 꽃을 사다가 키울 수 있다. 한번 장소를 정하면 움직이는 것이 어렵기 때문에 장소의 선택이 중요하다. 물을 주는 것을 노인에게 주지시키고 기억하도록 한다. 3cm× 5cm 크기의 표찰을 만들어 가족이나 기증자의 이름을 적어두거나 지시어를 적어두면 좋다.

3) 실내 채소재배

미나리, 옥파, 나물종류, 방울토마트 등을 실내에서 키워보면 잘 자랄 것이다. 물만 주고 적절하게 햇볕을 주거나 가려주면 좋은 효과를 볼 수 있게 된다. 특히 나물의 경우는 어릴 적 집안에서 키웠던 것을 연상시킬 수 있으며 주기적인 활동을 요구하므로 노인들에게 좋은 프로그램이 될 수 있다.

4) 허브의 재배

1년 내내 밝은 부엌의 창가에서 다양하고 신선한 향료식물을 키울 수 있다. 보기에 좋은 만큼 향료 식물은 냄새가 좋으며, 방이 깨끗하고 밝게 느껴지도록 만들 것이다. 그것들은 노인에게 흥미를 제공하고 감각기관들을 자극할 것이다. 노인이 별로 돌보지 않아도 잘 자라지만 지시가 쓰여 있는 기억용 라벨을 식물이 있는 곳에 놓아두어야 한다. 바실, 로즈마리는 씨로부터 혹은 화단용 식물로서 쉽게 재배할 수 있는 향료식물이다. 각 향료식물은 따로따로 화분을 놓아두며, 그것에 각각 이름을 붙여둔다. 조약돌이 3cm 두께로 담겨있는 받침접시에 화분을 놓아둔다. 그리고 조약돌이 잠길 만큼의 물을 붓는다. 받침접시는 햇빛이 잘 드는 창문턱에 놓는다.

5) 기타 원예 프로그램

원예요법 중에서 가정에서 활용 가능한 프로그램으로는 다음 <표 10-2>와 같은 것들이 있다(권중돈, 2004).

〈표 10-2〉 가정에서 활용 가능한 원예 프로그램

프로그램	실행방법	준비물
콩나물 키우기 I	① 콩을 씻어서 그릇에 담는다. ② 검은 천으로 덮어 놓는다.	콩, 그릇, 검은천
콩나물 키우기 II	① 콩에 물을 준다. ② 자란 콩나물을 보고 그리면서 이야기한다.	물, 종이, 크레파스
상추심기 I	① 흙이 담긴 스티로폼박스를 준비한다. ② 씨를 뿌리게 하고 물을 뿌려주게 한다. ③ 심은 상추에 대해서 이야기 한다.	흙, 스티로폼박스, 삽, 상추씨, 물뿌리개
상추심기 II	① 상추가 자라는 것에 대해 관찰한 것을 이야기 한다.	상추 심은 박스
수경재배	① 고구마, 양파를 준비한다. ② 씨눈이 있는 곳을 물이 있는 컵에 담근다.	고구마, 양파, 컵, 물
꽃물 들이기	① 봉숭아 잎 찧은 것을 준비한다. ② 봉숭아 물들이는 것에 대해 이야기한다(추억). ③ 한 사람씩 봉숭아물을 들여 준다.	봉숭아 찧은 것, 꽃, 잎, 비닐, 실
화분분갈이	① 허브를 화분에 옮겨 심는다. ② 물주는 법이나, 주의할 사항에 대해서 이야기 해준다	화분, 허브, 모종삽, 흙
향기요법 (허브)	① 분갈이한 허브화분을 준비한다. ② 잎에 가까이하여 냄새를 맡게 한다. ③ 무슨 냄새가 나는지 이야기하게 한다.	향기 나는 화분

〈표 10-2〉 가정에서 활용 가능한 원예 프로그램 (계속)

프로그램	실행방법	준비물
들꽃 관찰하기	① 밖으로 나간다. ② 산책하면서 꽃을 관찰하며 냄새도 맡게 한다. ③ 꽃 이름을 알려주면서 설명해준다. ④ 함께 이야기한다.	
과일나무 관찰하기	① 밖으로 산책한다. ② 과수원이나 과일이 여는 나무를 본다. ③ 나무에서 열리는 열매를 맞춰보게 한다.	
나물 캐기	① 들판으로 산책한다. ② 쑥, 냉이, 달래 등을 알려준다. ③ 각자 나물을 캐게 한다. ④ 나물에 관련된 이야기를 하게 한다.	바구니
꽃밭 가꾸기 I	① 꽃밭을 일구어 놓는다. ② 작은 꽃나무를 심게 한다. ③ 가꾸는 방법을 알려줘 관리하게 한다.	작은 꽃나무 모종삽, 물 뿌리개
꽃밭 가꾸기 II	① 꽃밭에다 꽃씨를 뿌리게 한다. ② 꽃밭둘레를 장식한다. ③ 꽃나무와 꽃에 자기이름 팻말을 꽂는다.	꽃씨, 모종삽, 팻말, 매직펜
꽃잎말리기	① 이쁜 꽃잎이나 나뭇잎을 따서 준비한다. ② 깨끗이 닦는다. ③ 두꺼운 책속에 넣어서 건조시키게 한다.	꽃잎이나 나뭇잎 두꺼운 책
꽃잎을 이용한 한지공예	① 말린 꽃잎과 잎을 한지위에 올려놓는다. ② 물풀을 이용해 꽃잎을 움직이지 않게 고정시킨다. ③ 그 위에 물을 뿌리거나 물풀을 발라 다른 한지를 올려 바싹 말린다.	한지2장씩, 물풀, 물, 꽃잎과 나뭇잎
토끼풀로 팔지, 목걸이 만들기	① 토끼풀꽃을 한바구니 준비한다. ② 만드는 방법을 알려준다. ③ 토끼풀꽃을 이용해 반지, 팔지, 목걸이를 만든다. ④ 만든 것을 옆 사람에게 채워주며 이야기한다.	바구니

3. 원예프로그램 실시과정에서의 유의사항

원예요법을 계획하고 실시함에 있어서 유의해야 할 사항은 다음과 같다(권중돈, 2004).
① 노인의 능력과 수준에 맞추어서 한다.
② 노인에게 설명을 할 때에는 가까운 거리에서 한다.
③ 노인에게 설명을 할 때에는 내용은 간단명료하게 한다. 또 사진이나 그림을 이용하여

활동목록을 만들어서 기억력을 자극하도록 한다.
④ 노인에게 언어적인 것으로만 표현하지 않고 비언어적인 태도(스킨쉽 등)를 사용한다.
⑤ 노인의 문제행동을 수용하면서 프로그램을 실시한다.
⑥ 노인이 스스로 할 수 있도록 작업은 단순하며 반복되게 한다.
⑦ 노인의 상황과 상태를 사전에 파악하여 보조자로 하여금 지지하게 한다.
⑧ 준비물(기구, 도구, 독성이 있는 식물)은 노인에게 위험하지 않는 것으로 선택한다.
⑨ 식물의 선택에서 감각을 자극해 줄 수 있으며 빠른 성장 속도를 가진 것을 선택한다. 또한 과거의 기억을 되살릴 수 있는 식물을 이용한다.
⑩ 장소는 햇볕이 잘 들고 작업이 용이하며 쉴 수 있는 공간이 확보되어 있어야 한다.

원예요법을 실시하는 과정에서 주의해야 할 물품들로는 다음과 같은 것들이 있다(권중돈, 2004).

① 진흙, 세라믹, 유리용기는 잘 깨지고 흉기가 될 수 있다.
② 밧줄, 노끈, 끈, 실, 리본, 전선, 구두끈은 자기 또는 다른 사람을 목 조르거나 목을 맬 수 있다.
③ 비닐 백은 질식의 위험이 있다.
④ 페인트 스프레이, 고무풀은 흡입시 황홀감을 느끼게 할 수 있다.
⑤ 날카로운 가위, 집게, 칼, 막대기, 말뚝은 자신이나 남을 자르거나 찌르고 상해를 입힐 수 있다.
⑥ 선인장, 장미 그리고 다른 가시식물은 자해 또는 상처를 입을 수 있다.
⑦ 독성 또는 알레르기를 일으키는 식물을 치매 등의 정신장애를 앓는 노인이 먹을 수 있다.
⑧ 조개껍질 또는 수석 등의 공예품은 타인을 해치는 흉기가 될 수 있다.

MEMO

MEMO

제 11 장 회상·문예·향기 및 발반사요법

학습목표

☐ 회상요법의 주제와 진행방법을 이해한다.
☐ 문예요법의 방법과 진행절차를 이해한다.
☐ 향기요법의 방법과 진행절차를 이해한다.
☐ 발반사요법의 실시방법을 이해한다.

Ⅰ. 회상 요법

1. 회상요법의 이해

회상요법은 대화를 통해 과거에 대한 기억을 자연스럽게 되돌이켜 볼 수 있도록 돕고 이를 통해 기억력 향상을 도모하고, 과거의 해결되지 않은 감정을 대화를 통해 표출하고 해석할 수 있도록 유도하며, 환류를 주고받으면서 자기 자신과 타인에 대해 보다 잘 이해할 수 있도록 돕는 활동을 말한다(권중돈 외, 2002).

회상(reminiscence)은 의미 있는 과거 경험을 고찰하는 것이며 역사적으로 자신을 되돌이켜 봄으로써 기억하게 되는 정상적인 생애 회고과정으로 보편적이고 발전적인 일이며 무의식적이고, 비선택적인 각자의 인생을 되돌아보는 내적 경험 또는 정신과정으로, 생애회고(life review)와 상호 교환적으로 사용되어 오고 있다. 회상과 회고는 기억과 회상을 이용하고, 구조화되거나 혹은 자유로운 진행을 하여, 기쁘거나 슬프고, 노인에게 주로 적용하며, 치료적 기능을 갖는다는 공통점을 지니고 있다. 그러나 회상요법이 집단치료라면 회고요법은 개별 치료에서 주로 쓰이며, 삶의 회고는 자연발생적으로 일어나는 고유한 과정이라면 회상은 최소한 치료적 경청자와 같이 다른 한 사람 이상의 참여가 있는 계획 또는 지도된 과정이라는 점에서 차이가 있다.

회상의 목적은 노인의 자아존중감을 유지해주며, 사고를 자극시키고, 자연치유 과정을 강화 및 지지를 해줌으로써 노인이 인생의 의미와 가치를 깨닫고 수용하도록 하는 것이다. 치료유형에 따라 다르긴 하지만, 소외감을 감소시키고 사회화를 증가시키며, 의식의 명료성을 증가시키며, 대인관계상의 접촉을 증가시킨다. 그리고 자신에 대한 이해를 증진시키고, 타인과의 연계성을 증가시킨다. 또한 삶에 대한 새로운 이해를 하게 되고 성취감을 느끼게 되며, 자아실현을 촉진할 수 있다.

회상의 유형은 다양하다. 즉, 조용한 가운데, 또는 여러 사람이 있는 가운데 혼자서도 할 수 있다. 또한 임의적일 수도 구조화된 것일 수도, 말로 글로, 기록 혹은 기록되지 않은 유형일 수도 있다. 회상의 유형은 자유연상형과 선택형으로 나누기도 하는데 자유연상형은 통제를 받지 않으므로 단순한 이야기로 표현하며, 엄격한 지도를 받는 선택적 회상은 자신에게나 다른 사람에게 보이고 싶은 의도대로 시도한다.

2. 노인을 대상으로 한 회상요법의 주제와 진행방법

1) 회상의 주제

회상요법에서 주로 활용하는 주제로는 출생(태어난 곳, 태몽), 나이, 명절, 생일, 애완동물, 고향집, 어린 시절에 하던 놀이(성인기의 여가생활), 어린 시절 성장한 집, 어린 시절 친구, 가장 기억에 남는 음식(좋아하는 음식), 가장 좋아하는 선생님, 즐겨 입던 옷, 첫 직장생활, 절기와 농사일, 첫사랑, 결혼, 자녀 키우며 가장 행복했던 일(자녀분만과 양육), 주로 이용하던 교통수단, 즐겨 듣거나 부르던 옛 노래, 군대경험, 과거의 기억을 되살릴 수 있는 그림이나 사진, 옛날 잡지나 신문 등의 회상도구, 인생에서 가장 행복했거나 특별한 사건 등이 있다(권중돈, 2004).

2) 집단회상의 진행방법

노인집단을 구성하여 1주일에 1-2회씩 45-60분 정도의 모임을 갖는다. 집단회상의 진행자가 삶의 경험과 노인들의 관심사를 근거로 회상의 주제를 선택한다. 회상방법은 어린 시절의 기억으로부터 대화를 시작하여 점차 성인시절로 옮기는 점진적인 시차순 토론방법이 흔히 사용된다. 자발적 회상을 일으키게 하는 효과적인 도구로써 음악이 종종 이용된다.

회상을 시작하기 전 준비동작으로 이완을 유도한다(풍선을 이용한 배구, 가벼운 손동작 등). 그 다음 주제를 소개한다. 이때 참가자들의 과거경험이나 집단내의 이야기들을 함께 나누기 위해서 개방적 질문을 하는 것이 특히 효과적이다. 모임이 진행되는 동안 회고를 촉진시키기 위한 회상행동을 계속 강화하는 것이 중요하다. 참가자들은 자신들의 회상에 대하여 긍정적 혹은 부정적인 느낌을 가질 수 있는데 진행자는 이런 느낌을 인정하여야 하고 감정이입이 되어야 한다. 이 때 주의해야 할 점으로는 현재와 반대되는 과거에 대해, 그들과 관련된 사실들을 정확하게 유지하도록 도와야 하며, 노인이 반응할 수 있도록 충분한 시간을 주며 조용하고 차분한 분위기에서 주제들을 논의하여야 한다. 또한 각 주제에 실제적 초점을 맞출 뿐만 아니라 분명한 발음과 올바른 표현을 사용하고, 필요시 단서와 조언을 해주어야 한다. 회상의 주제로는 앞에서 제시한 모든 주제들이 이용될 수 있다. 그러나 치매환자와 같은 특수한 노인집단에 대해서는 고통스럽거나 슬픈 과거 경험을 회상하게 해서는 안 된다.

Ⅱ. 문예요법

1. 문예요법의 개념과 유형

임상장면에서 주로 활용하는 매체에 따라 음악요법, 미술요법 등으로 구분하는데, 문예요법의 주된 매체는 문학작품이다. 이러한 문예요법에서도 문학작품을 활용하는 방법에 따라 다르게 구분할 수 있는데, 크게 작문요법(creative writing)과 독서요법(bibliotheraphy)으로 구분할 수 있다. 작문요법은 일기, 시나 수필 등을 자유롭게 쓰는 활동을 통하여 정서적인 환기와 카타르시스를 경험하여 성취감과 능동성을 제고하는 모든 활동을 의미한다. 그리고 독서요법은 질병 치료나 문제행동의 개선을 위해 글읽기를 활용하거나 문제되는 성격·태도 등을 건전한 방향으로 유도하기 위해 글읽기를 치료 방법으로 하는 모든 활동을 의미한다. 그리고 문예요법 중에서 시요법(poetry therapy)은 시라는 특정 매체의 창작과 낭송, 감상 활동을 동시에 활용하는 요법이다.

이러한 세 가지 형태의 문예요법은 문학작품이라는 공동의 매체를 활용함에도 불구하고 임상장면에서 독자적으로 활용되어 온 관계로, 하나의 요법으로 통합되지 못하고 있으며 문예요법에 대한 명확한 개념적 합의조차 이루어지고 있지 않은 실정이다. 이러한 한계점 때문에 혹자는 작문요법만을 문예요법으로 한정하는 경우가 있으나, 작문요법, 독서요법, 시요법이 모두 문학작품을 읽거나 직접 쓰는 활동을 통하여 질병 치료나 문제행동의 개선 그리고 건전한 성격이나 행동의 발달을 도모하는 공통점이 있기 때문에 문예요법이라고 하는 하나의 큰 범주의 요법으로 통합하여도 큰 무리가 없을 것이다. 따라서 문예요법은 '읽을 수 있는 재료를 가지고 기분을 전환시키며, 집중력을 증진시키고, 상상력을 자극하거나, 시나 수필 등을 자유롭게 씀으로써 정서적 환기와 카타르시스를 경험하여 성취감과 능동성을 기를 수 있도록 하는 치료활동'이라고 정의할 수 있을 것이다(권중돈, 2004).

작문요법, 독서요법 그리고 시요법 등의 문예요법은 주로 정신장애인, 부적응 행동 문제를 지닌 아동이나 청소년, 병원이나 시설의 입원환자 등의 치료와 정서안정을 목적으로 활용되었다. 그러나 문예요법은 모든 연령에 적용가능하고 효과도 있으며, 시설이나 입원한 환자뿐만 아니라 개인적인 성장과 발전의 수단으로 문학작품을 나누기 원하는 건강한 사람들에게도 효과가 있는 것으로 알려지고 있다. 특히 문예요법은 치료적 목적과 예방적 효과를 동시에 지니고 있으며, 남녀노소 어느 계층의 사람에게도 활용이 가능하다는 장점이 있다.

이러한 문예요법은 노인 병동이나 시설들에서 일부 활용되고 있으며, 사례발표도 이루어지고 있다. 그러나 노인에 대한 문예요법의 효과성을 체계적으로 검증한 연구는 아직 이루어지지 않고 있다. 하지만 문예요법 중 독서요법에 대한 효과성 검증에서, 인지기능의 유지, 집중력 제고, 상상력 고양, 억압된 감정의 표현과 정화, 정서적 이완, 개인적 흥미의 유발과 표현, 상황에 대한 판단력 증진 등과 같은 효과가 있다는 점을 근거로 하여 볼 때 노인에게도 문예요법은 효과적으로 적용이 가능할 것이다. 특히 노인들이 이전에 즐겨 읽었던 시, 소설, 희곡 등을 통하여 과거를 회상할 수 있는 기회를 갖게 되고, 직접 일기나 시, 수필 등의 작은 작품을 창작하는 기회를 통하여 사고력을 유지할 수 있는 장점 또한 지니고 있다.

2. 독서요법의 방법과 절차

독서요법은 상호작용의 정도와 상황에 따라 서로 다른 유형으로 구분된다. 먼저 상호작용의 정도에 따라서는 반응적 독서요법(reactive bibliotherapy)과 상호작용적 독서요법(interactive bibliotherapy)으로 구분된다. 반응적 독서요법은 최소한의 상호작용이 있는 독서치료로, 노인으로 하여금 직접 읽게 하거나 대신 읽어주고 그 과정에서 보이는 노인의 반응에 대해 보상이나 긍정적인 반응을 보여주는 활동이다. 이에 비해 상호작용적 독서치료는 그 과정 중에서 개개인이 문학작품들을 읽는 것을 그다지 강조하지는 않으며, 문학작품을 읽은 후 참여자들끼리의 상호작용을 조장하며, 성장과 치료를 위한 촉매로서 문학작품을 활용하고 작품을 읽은 후의 반응을 창의적으로 쓰게 한다. 이러한 상호작용유형에 따른 독서요법의 유형 중에서 노인의 독해력, 이해력, 판단력, 기억력 등의 인지기능과 정서 표현기술이 제한된 점을 고려한다면, 상호작용적 독서요법보다는 반응적 독서요법의 적용 가능성이 더 높을 것이다.

독서요법은 다른 요법들보다 더 복잡할 수 있는데 독서요법을 실시하는 지도자는 노인이 직면한 문제에 부합하는 문학작품을 고르는 것과 그것을 치료적인 매체로서 사용하는 방법을 잘 알고 있어야 한다. 만약 이 두 과정을 성공적으로 연결시킬 수 있다면 독서요법은 매우 가치 있는 치료적 접근이 될 수 있을 것이며, ① 준비단계, ② 읽을거리 선택단계, ③ 읽고 이해하는 단계, 그리고 ④ 마무리 단계를 거쳐 독서요법을 실시한다면 성공적인 효과를 거둘 수 있을 것이다(권중돈, 2004).

1) 준비단계

준비단계의 주된 목표는 노인의 생활사를 파악하고 상담관계를 형성하며, 그가 호소하는 문제의 성격을 파악하는 일이다. 만약, 노인이 인지기능에 문제가 있는 것으로 추정되면 독해력뿐만 아니라 독서요법에 참여할 수 있을 정도의 인지기능을 갖추었는지를 평가할 필요가 있는데 필요하다면 표준화된 검사척도를 사용할 수 있다. 잠재적 참여자가 결정되면 상담의 과정을 어느 정도 구조화하되, 노인의 특성을 고려하여 동일한 장소에서 정기적인 활동을 갖는 방향으로 구조화하여야 한다.

2) 읽을거리 선택 단계

독서치료에 있어서 적절한 책을 선정하는 것은 개입의 핵심 부분이다. 먼저 읽을 거리는 치매환자의 독서능력에 적합해야 하는데, 너무 어려운 책은 읽는 것에 흥미를 느끼지 못하고 오히려 환자를 좌절시킬 것이며, 너무 쉬운 책은 노인에게 모욕적인 것이 되어서 치료적인 관계를 방해할 가능성이 있다.

노인의 독서능력과 아울러 인지기능 수준을 고려하여 비교적 짧은 시간에 읽을 수 있는 책을 선정하여야 한다. 가급적이면 노인의 삶의 이력과 연결된 책을 선택하는 것이 좋다. 특히 노인이 지금까지의 삶을 회상시키고 마음속에 그려진 고향에 대한 향수를 느끼게 하는 내용을 소재로 한 도서가 좋다. 그래야만 독서활동에 흥미를 갖고 참여할 것이며, 독서 중간 또는 독서 후에 자신의 인생을 회상하는 활동을 병행할 수 있는 이점이 있다. 지나친 과장이나 비현실적 묘사가 많고, 슬픈 내용의 읽을거리는 피하는 것이 좋다. 그 외에 가족들의 애정을 확인할 수 있는 주제, 죽음에 대한 불안을 극복하고 죽음을 자연스러운 과정으로 수용할 수 있는 종교적 주제, 일상생활에서 자주 활용하는 도구를 이해시키는 책이 적합한 읽을거리가 될 수 있다.

이상과 같이 노인의 능력과 특성 그리고 흥미에 맞는 읽을거리를 선택하였다고 하여도, 그 읽을거리의 구성을 살펴보아야 한다. 예를 들어, 활자의 크기가 너무 작지 않은가, 그림은 너무 복잡하고 채색이 조잡하지 않은가, 너무 길지 않은가 등을 고려하여야 한다.

3) 읽고 이해하는 단계

노인이 책을 좋아하고 인지기능이 높은 사람이라면 쉽게 스스로 독서요법을 진행할 수 있지만 그렇지 못한 경우 동기부여과정이 중요하다. 책을 읽거나 읽어주는 과정에서는 중간 중간 지금까지 전개된 이야기의 내용을 요약해주는 것이 꼭 필요하며, 이야기의 전개에 따라 노인의 인생사와 관련된 회상을 유도하는 것이 좋다. 책을 다 읽고 난 후에는 전체적인 느낌을 질문하고, 가장 인상에 남는 대목이나 장면을 이야기 하게 하고, 노인이 고쳐 쓰고 싶은 대목을 선택하게 하여 책의 내용이 어떻게 고쳐지기를 바라며 그 이유는 무엇인 지 등에 대해 이야기를 나누는 것도 좋을 것이다.

4) 마무리 단계

노인 자신이 책속의 등장인물 중 누구와 비슷하며 그 이유는 무엇인지를 이야기 하게 하 거나, 등장인물 중 누가 가장 좋고 나쁜지 그리고 그 이유는 무엇인지에 대해 이야기를 나 눈다. 그리고 특정인의 얼굴 떠올리기, 등장인물과 노인 자신의 역할 바꾸기 활동, 회상활 동, 책의 내용을 노인이 현실에서 재연할 수 있는 방안 등을 통하여 노인의 인지기능을 유 지시키고, 실생활에서의 적용가능성을 탐색해보는 것이 좋다.

3. 노인에게 적용 가능한 문예요법

노인을 대상으로 한 독서요법에서는 스스로 읽기와 읽어주는 방법 모두를 시행할 수 있 으나, 가능하다면 스스로 쓰고 읽을 수 있도록 자극하고 동기를 부여함으로써 잔존 인지기 능을 유지 또는 향상시켜 나가기 위한 노력이 이루어져야 할 것이다. 노인들을 대상으로 실시할 수 있는 독서프로그램으로는 다음과 같은 것들이 있다(권중돈, 2004).

〈 표 11-1 〉 노인에게 적용 가능한 독서요법 프로그램

프로그램	실행방법	준비물
책 읽어주기	① 책에 대해서 기억나는 대로 이야기하게 한다. ② 주인공과 자신의 삶을 비교해 보고, 느낌을 이야기하게 한다.	노인이 읽을 만한 책
종교경전 읽기	① 경전을 읽거나 읽어준다 ② 읽은 경전의 내용을 요약하게 하고, 특징적인 장면을 그림으로 그리게 한다. ③ 자신이 소원하는 것을 기도하게 한다.	종교경전, 종이, 크레파스
오디오 책 들려주기	① 짧고 재미있는 내용의 책을 녹음하여 들려준다. ② 들은 내용에 대해 이야기해 보게 한다.	녹음기, 테이프
신문 읽어주기	① 요즘 신문에 특정기사들을 읽어준다 ② 듣고 이야기 하게 한다.	신문
명언 읽어주기	① 아침마다 명언을 읽어주고 붙여 놓는다. ② 저녁 명상을 통하여 명언을 실천여부에 대해 이야기 하게 한다.	명언집
재미있는 이야기 들려주기	① 재미있고 웃을 수 있는 이야기를 읽어준다 ② 각자 웃긴 경험을 이야기하게 한다.	재미있는 이야기 읽어줄 책
옛날이야기하기	① 각자 알고 있는 옛날이야기를 하게 한다. ② 듣고 서로 내용 이야기하게 한다.	

4. 작문요법으로서의 자서전 쓰기 프로그램

노년기의 발달과업 중의 하나는 지금까지 살아온 인생을 통합하고, 아름다운 죽음을 준비하는 것이다. 이러한 삶의 통합과 죽음에 대한 준비를 도울 수 있는 문예요법 중의 하나가 자서전 쓰기 프로그램이다. 다음에서는 자서전 쓰기의 단계별로 진행방법을 제시해 보고자 한다(한정란·조해정·이이정, 2004; 이금룡, 2005).

1) 사전준비

자서전 쓰기 프로그램을 진행하기에 앞서 사전준비가 필요하다. 즉, 목표를 설정하고, 활동규칙을 정하고, 장소, 준비물 등을 확인한다. 개인적인 목표는 개인적 성장, 자기이해, 가족 유산 만들기 등 다양하며 각기 다를 수 있다. 집단 자서전 쓰기에서는 각 참여자들의 개인적 목표와는 별도로 집단의 목표를 규정하게 되며, 집단의 목표는 동지애나 함께 나누는 정신을 확인하기 위하여 집단 활동 내내 중요하다는 것이 강조되어야 한다.

프로그램의 장소는 노인의 주거공간이나 필요하다면 외부의 시설 등을 활용하며, 노인이 프로그램에 집중할 수 있는 환경을 고려하여 선정한다. 아울러 지도자는 자서전 쓰기에 필요한 필기도구, 음료 등 준비물을 미리 준비하여 프로그램의 진행에 차질이 없도록 한다.

2) 첫모임

(1) 인사 및 자기소개

노인 중에는 많은 경험과 수준 높은 지식의 소유자가 많다. 그러므로 지도자는 항상 겸손한 자세로 프로그램을 진행해야 하며, 겸손한 자세로 임하되 리더십을 발휘하여 지도하여야 한다.

(2) 자필소개서 작성

노인들에게 아래의 양식에 맞춰 자필소개서를 작성하도록 하며, 양식에 한정하지 말고 추가사항이 필요하다면 노인과 협의하여 자필소개서를 작성하도록 한다.

자기 소개서	
1. 성명	2. 연령
3. 연락처	4. 직업 혹은 현재 하시는 일
5. 거주지	6. 취미
7. 특기	8. 가족사항
9. 현재 동거하는 가족	10. 전문분야 혹은 경험 많은 분야

(3) 자기소개

작성된 자필소개서를 바탕으로 자기소개의 시간을 갖도록 한다. 지도자는 필요하다면 빠뜨린 부분을 보충하여 소개할 수 있으며, 유머, 게임 등을 섞어 관계형성이 원활히 되도록 유도한다. 유의할 점은 자기소개를 보충할 때 개인적 프라이버시 즉, 신체적 약점, 학력, 경제력 등의 언급은 피하도록 한다.

(4) 자서전 쓰기의 효과 설명

지도자는 노인들에게 자서전 쓰기의 효과를 설명함으로써 프로그램에 적극적으로 참여할 수 있도록 하며, 프로그램의 목표의식을 함께 공유할 수 있도록 하여야 한다. 자서전 쓰기의 효과는 다음과 같다.

① 과거를 되돌아보며, 인생을 정리하고, 여생의 목표를 재설정하는 계기를 마련한다.
② 반성과 아울러 성취의욕을 자극, 적극적 자세와 용기를 얻게 한다.
③ 더불어 쓰기 활동을 통하여, 자율성과 타인의 이해 및 사고의 폭을 넓히게 된다.
④ 자손에게 시대의 변천과 당시 상황을 전함으로써 교훈과 세대격차 해소에 기여한다.
⑤ 내면의 숨은 감정과 애정을 글로 표현하며, 가족 내의 친밀감을 증진한다.
⑥ 후손에게 경험과 지혜를 제공하고 미래설계와 실패비용을 줄이게 하는 유산적 효과가 있다.
⑦ 글쓰기의 숙달로 차후 발전된 모임활동 및 작품완성을 위한 능력을 배양한다.

3) 쓰기단계

실제로 글쓰기를 시작하기 전에 시간을 배정하여야 하며, 1회당 주제 하나를 선택하여 10회 정도의 과정을 거쳐 완성한다는 것을 설명해야 한다. 아울러 글쓰기 경험이 없는 경우 사실상 막연하므로 자신감을 갖도록 요령을 잘 설명하여야 한다. 쓰기 작업에 사용되는 방법은 보통 다음과 같은 요령으로 진행된다.

(1) 연대표 작성

연대표 작성 요령은 ① 시간 기록은 1. 3. 5년 단위로 선정하여 작성하고, ② 개인, 가족사건은 자신의 인생전환점, 가족 관련 중요사항을 기록하며, ③ 사회적사건은 세계, 국가, 사회적 중요 사건을 기록한다.

(2) 주제선택

주제는 글쓰기에 있어서 중요한 요소이다. 노인 자서전 쓰기에서는 일반적으로 ① 인생의 전환점, ② 가족, ③ 일과 역할, ④ 사랑과 증오, ⑤ 건강, ⑥ 삶의 고난과 역경, ⑦ 인간관계, ⑧ 학문과 예술, ⑨ 신념과 가치관, 그리고 ⑩ 이별과 죽음이라는 10가지 주제를 다룬다. 각 주제에 대해 노인들이 작성한 연대표를 보면서 회상하게 하고, 메모를 해두었다가 활용하게 한다. 물론 10가지 주제 모두를 다룰 필요는 없으며 주차별 계획에 맞추어 해당 주제별로 진행하고, 필요한 주제를 노인과 협의하여 결정하는 것이 바람직하다.

(3) 자료의 선택

주제를 선택하였으면, 그에 맞는 이야기 거리 자료를 연결시켜야 한다. 이때 활용할 수 있는 자료는 ① 사건, 인쇄물, 경혼, 물건, 예술, 장소 등의 회상 내용, ② 일기, 편지, 카드, FAX, 서류 등, ③ 사진, ④ 메모기록, ⑤ 주변 증언, 그리고 ⑥ 방문, 의상 음식, 집, 고적, 골동품, 유물 등의 기타 자료들이 있다.

(4) 쓰기 요령

자서전 쓰기에서는 주제가 부각되어야 한다. 주제 없이 기술하면 지루하거나 옛 이야기를 나열하는 것에 그치게 된다. 또한 자서전은 주제에 대한 의도적이고, 체계적인 회상의 정리가 요구된다. 그러나 너무 완벽하게 작성하려는 부담감을 갖지 않도록 하며, 쉽게 생각의 흐름대로 자연스럽게 쓰도록 한다.

(5) 주차별 진행

매회 다음과 같은 요령으로 진행한다.

① 정해진 주제들을 소개하고, 다음에 진행할 주제에 대해 사전 준비된 자료를 배부한다.
② 주제에 대한 질문을 통해 여러 가지 의견 또는 질문이 나올 수 있도록 하며, 이를 요약 정리하여 설명함으로써 노인들이 자서전 쓰는 요령을 터득할 수 있도록 한다.
③ 2회째부터 정해진 주제별로, 매 회마다 2매 정도의 자서전을 작성하도록 한다.
④ 10분 정도 당일 작성한 분량을 낭독한다.
⑤ 낭독 후 5분 정도 간단히 의견 교환시간을 가진다. 이때 작성자는 자기 작성분에 대해, 의견을 참고하여 수정, 보완할 기회로 삼는다. 내용에 대한 비판은 서로 삼가고, 격려, 권고, 위주로 한다.
⑥ 다음 주제에 대한 의견을 서로 교환하여 보완하도록 한다.

이러한 단계를 거쳐 노인들의 자서전 쓰기 프로그램을 진행할 때 진행자는 다음의 사항에 유의하여야 한다.

① 시간 안배에 유의하여, 산만한 분위기가 지속되지 않고 프로그램에 집중할 수 있도록 한다.
② 학습열의가 저하되지 않도록 스시로 분위기 관찰 및 융통성과 변화를 모색한다.
③ 경쟁심, 비평을 지양하고, 존중, 수용, 격려 분위기를 조장한다.
④ 프라이버시를 지켜주고, 개성, 차별성을 인정해주도록 한다.

⑤ 자신을 솔직히 공개함을 권장하고, 격려와 찬사를 보냄으로서 열린 분위기를 유도한다.
⑥ 세련되지 않고 미흡한 표현에 관대하고, 아마추어로서 자격지심을 갖지 않도록 한다.
⑦ 권위적 자세는 금물이며, 허용적이고 지지적이며, 지도자 자신부터 마음을 열 수 있도록 한다.
⑧ 주제에 너무 구속되지 않게 하고 분위기에 따라 시간을 융통성 있게 조절한다.
⑩ 설문조사로 진행성과를 점검한다.

Ⅲ. 향기요법

1. 향기요법의 개념과 적용

최근 들어 특정 질병에 대한 약물치료 중심의 전통적 치료방법들이 지니는 부작용들이 알려지면서 많은 사람들이 부작용이 없으면서 질병 치료의 효과가 높고 신체와 정신기능의 활성화를 도모할 수 있는 대체의학적 요법에 관심을 기울이고 있다. 이러한 대체의학적 요법 중의 하나가 바로 향기요법이다.

향기요법(aromatherapy)란 몸에 이로운 향기(aroma)와 치료(therapy)라는 말의 합성어로서, 건강에 도움이 되는 향이 나는 식물인 허브에서 추출한 기름과 향으로 신체와 정신을 건강하게 하는 요법이다. 즉, 향기치료는 식물이 가진 각종 유효성분을 신체와 정신의 항상성을 유지, 촉진하며 신체와 정신의 부조화를 개선시키는 대체의학의 한 요법이다(오홍근, 2000).

이러한 향기요법은 다양한 신체 및 정신적 질병 치료에 효과가 있는 것으로 알려지고 있다. 향기요법이 효과를 지니는 질병으로는 ① 불안증, 우울증, 두통, 스트레스성 장애, 기억력 장애 등의 신경정신과적 질환, ② 근육 및 관절 통증, ③ 소화기 질환, ④ 심혈관, 혈액, 임파선 등의 순환기계 질환, ⑤ 감기, 인후염, 기관지염, 비염 등의 호흡기 질환, ⑥ 면역, 내분비 질환, ⑦ 비뇨기계 질환, ⑧ 화상 등에 의한 피부 상처, 여드름, 무좀 등의 피부질환이 있으며, 이외에 미용, 방부 및 방충, 정서적 안정 등에 효과가 큰 것으로 알려지고 있다.

우리나라에서 일반인들의 향기요법에 대한 관심은 높아지고 있지만, 노인의 일상생활이나 질병 치료와 간호활동에 향기요법을 적극적으로 활용하지는 못하고 있는 실정이다. 그러나 향기요법이 인지기능을 향상시키고 정신적 불안이나 우울성향을 경감하고, 각종 신체질환에도 효과를 발휘하는 것으로 알려진 점을 고려할 때 노인의 치료와 간호활동에 적용 가능성이 높을 것으로 판단된다. 그리고 냄새제거나 공기청정과 방향 효과가 높음을 감안할 때 노인가정에서 나는 특유의 냄새를 제거하는데도 많은 효과가 있을 것으로 예측된다.

2. 향기요법에 사용되는 오일

향기요법에 사용되는 오일은 크게 에센셜오일(essential oil), 캐리어오일(carrier oil) 그리고 시너지오일(synergy oil)로 구분된다. 에센셜오일은 향이 나는 식물의 꽃, 잎, 씨앗, 열매, 줄기, 뿌리 또는 과실 등에서 증기법, 압축법, 용제 추출법에 의해 고농축으로 추출해낸 100% 순수 천연오일이다. 이러한 에센셜오일은 특유의 향과 기능을 가지며 높은 농도의 활성 물질을 함유하고 있다. 캐리어오일은 베이스오일(base oil)로도 불리며, 고농축의 에센셜오일 원액의 자극성을 줄이고 에센셜오일의 침투력이나 흡수력을 높이기 위하여 희석할 때 사용하는 순식물성 오일이다. 즉 캐리어오일은 에센셜오일을 신체 내로 운반하는 매개체로서의 역할을 하는 오일이다. 시너지오일은 에센셜오일이 각각의 향기와 약리학적 특성이나 치료효과들을 가지고 있지만 2개 이상의 오일들을 혼합하여 또다른 새로운 향과 새로운 작용들을 창출해 낼 수 있다. 이와 같이 두 가지 이상의 오일의 협력과 조화에 의해 그 단일 작용의 합보다 더 큰 상승작용을 얻어낼 수 있는데, 버가못과 라벤더를 혼합하면 정서안정, 근심 걱정과 스트레스 완화에 큰 효과를 나타내며, 버가못과 로즈마리를 혼합하면 피로를 경감해주고 기력을 높여주는 상승효과를 거둘 수 있다.

향기는 오일의 종류에 따라 강도가 다른데, 에센셜오일의 용기에 표기된 숫자가 높을수록 향이 강하다. 예를 들면, 생강(ginger)은 향기의 강도가 7이며, 로즈마리는 6, 그리고 라벤다와 솔잎은 5이다. 만약 강도가 7인 향과 5인 향을 섞을 때에는 7의 강도를 가진 향 한 방울에 5의 강도를 가진 향을 세 방울 떨어뜨려 사용한다. 향기오일을 마사지에 사용할 때 1~5% 정도로 희석하여 사용하는데, 향기오일을 희석할 때에는 캐리어오일에 반 정도의 에센셜오일을 사용한다. 예를 들면, 50ml의 캐리어오일에 25방울의 에센셜오일을 넣으면 2.5%로 희석된다.

향기오일을 용량과 용법에 따라 적절하게 사용하면 안전하지만, 피부가 민감한 경우나, 임신 중인 산모나, 간질환자, 고혈압환자 등은 사용해서는 안되는 오일이 있으므로 특별히 사용에 주의하여야 한다. 그리고 눈이나 귀 치료를 위해 직접 그 부위에 향기오일을 사용해서는 안 된다.

3. 노인에게 도움이 되는 향과 오일

향기요법에서 사용하는 오일과 향은 허브(herb)에서 추출 또는 발산되는 것이다. 허브는 '푸른 풀'을 의미하는 라틴어 herba에서 유래된 것으로서, 일반적으로 화분에 심어져 있는 것만 허브라고 생각하기 쉽지만 생활속에서 자주 이용하는 쑥, 마늘, 양파, 파, 고추, 부추, 생강 등도 허브에 속한다. 이러한 허브는 종류에 따라 발삼수지향, 캠퍼향, 감귤향, 침엽수향, 흙향, 분향, 꽃향, 과일향, 약초향, 민트향, 기름진 향, 페퍼향, 스파이시향, 나무향 등을 발산하는데, 전 세계에 약 2,500여종 이상이 있다.

이러한 허브에서 발산되는 향이나 정제해낸 오일들 중에서 노인의 건강관리와 질병 치료와 간호에 도움이 될 수 있는 향과 오일들을 정리하여 제시하면 <11-2>와 같다(권중돈, 2004).

〈 표 11-2 〉 노인에게 도움이 되는 향과 오일

오일의 종류	적용증상
갈릭(garlic)	저혈압, 동맥경화
그레이프 후르트(grape fruit)	우울증, 신경쇠약, 스트레스,
네롤리(neroli)	이완, 만성 우울증, 공포감, 불면증, 스트레스
라벤더(lavender)	불면증, 우울증 및 불안, 정서안정, 긴장해소
레몬(lemon)	집중력 강화, 기분 전환, 자신감 부여, 면역력, 고혈압
로즈(rose)	혈액순환 촉진, 긴장 완화, 스트레스
로즈마리(rosemary)	기억력, 집중력 강화, 신경증
로즈우드(rosewood)	정신피로, 스트레스
마조람(majoram)	불면증, 비애감 완화, 진정, 고혈압
만다린(mandarin)	심신안정, 스트레스
멜리사(melissa)	우울증, 정서안정
바실(basil)	정신고양, 집중력
발레리안(valerian)	정서안정, 공포증 완화
버가못(bergamot)	긴장완화와 이완, 불안해소, 우울증,
사이프러스(cypress)	분노 완화, 불면 및 비애감 완화, 집중력 강화
시나몬(cinnamon)	우울증, 무기력 개선
시다우드(cedarwood)	진정과 조화, 신경계 조직 강화
오렌지(orange)	불면증, 기분전환
유칼립투스(eucalyptus)	집중력, 기억력 향상, 무기력 및 무감동 탈피
유향(frankincense)	정서안정, 과거집착에서의 탈피
자스민(jasmin)	행복감, 초조 및 긴장감 완화, 우울증, 무기력 개선
제라늄(geranium)	불면증, 분노감, 우울증, 부정적 기분 완화
진저(ginger)	신경증, 기억력 강화
주니퍼베리(juniper berry)	신경자극, 정신안정
파인(pine)	혈액순환 촉진
파촐리(patchouli)	우울증
페퍼민트(peppermint)	정신피로, 집중력 강화, 안정과 이완
페티그린(petitgrain)	긴장완화, 불면증, 스트레스
펜넬(fennel)	분노 완화, 불면 및 비애감 완화, 집중력 강화
프랑킨센스(frankincense)	정서적 고양, 우울증, 과거집착에서의 탈피
카모마일(chamomile)	불안 진정, 긴장 완화, 근심 및 분노해소, 우울증
클라리세이지(clary sage)	우울증, 공포증, 스트레스, 혈압강하, 집중력
클로브버드(clove bud)	기억력, 적극적 사고, 정서 고양
코리앤더(coriander)	두기력, 신경쇠약
콘트로넬라(contronella)	긴장완화, 정신고양, 스트레스, 행복감

4. 향기요법의 실시방법

향기요법을 실시하는 방법은 ① 방향요법, ② 마사지, ③ 흡입법, ④ 습포법, ⑤ 목욕법이 있는데, 이에 대해 살펴보면 다음과 같다(권중돈 외, 2002).

먼저 방향요법은 향기오일을 공기 중에 방향시켜 코로 흡입할 수 있도록 하는 방법으로 가장 일반적으로 사용되는 방법이다. 방향요법은 정제된 향기오일(essential oil)의 향 입자가 두뇌를 자극하여 감정의 변화를 조절하고 심신의 균형을 잡아준다. 이 요법은 ① 디퓨져에 향기오일 3~6방울을 떨구고 용기를 데워 향이 발산되도록 하거나, ② 컵, 세면대 등에 뜨거운 물을 받아 향기오일 1~2방울을 떨구어 향이 나도록 하거나, ③ 포푸리, 향초 등에 향기오일 1~2방울을 떨구어 방향되도록 하는 방법으로 실시할 수 있다.

마사지법은 향기오일을 케리어오일(carrier oil 또는 base oil)에 희석하여 마사지를 하는 방법으로, 두통, 진통, 스트레스, 긴장 등을 완화시키는데 효과가 좋다. 마사지법의 장점은 신진대사를 증진시켜 노폐물을 제거하고, 혈액 순환과 림프액을 증진시켜 치료효과가 빠르고, 정신적, 신체적 고통과 피로를 풀어주고, 신경조직을 안정시키며 긴장과 불안, 초조, 스트레스를 풀어준다. 다만 민감성 피부, 알레르기 체질인 사람은 사용을 피하는 것이 좋으며, 순환기 계통 질환, 심장병 수술 직후, 골절, 당뇨병, 감기, 천식, 간질, 혈압 이상, 급성 고열 등의 증상이 있을 때와 아프거나 염증이 생긴 부위는 마사지를 하지 말아야 하며, 마사지오일은 반드시 정제오일의 특성에 맞게 케리어 오일에 희석하여 오일을 사용하여야 한다. 마사지법의 가장 기본적인 방법은 어루만지기로서 양손 바닥을 피부에 밀착시켜 조금씩 힘을 주면서 미끄러뜨리고 마지막에 힘을 빼는 느낌으로 해준다. 비비기 방법은 엄지손가락이나 손바닥, 네 손가락으로 근육을 비비는 방법이다. 강하게 두드리기는 양 손바닥을 피부에 밀착시켜 강하게 두드리는 방법이며, 두드리기는 양손을 교대로 사용하되 리듬감 있게 관절을 부드럽게 사용해 두드려야 좋다.

흡입법은 후각을 통해 향기오일을 직접 흡입하는 방법으로, 심신의 안정 및 기분전환, 정신집중 등에 효과적이며 편리하고 단시간안에 빠른 효과를 주는 방법이다. 수건, 티슈 등에 정제오일 1~2방울을 떨구어 흡입하거나 세면대의 미지근한 물에 5~10방울을 혼합하여 타월에 적셔 얼굴에 덮고 수분간 흡입하는 방법으로 매일 간편하게 사용할 수 있다. 이러한 흡입법은 호흡기 질환, 인후부 감염, 코막힘, 콧물, 감기를 호전시키고, 심신의 피로를 경감시키고, 신경계통의 진정효과가 있고 긴장과 불안 스트레스 해소에 도움이 된다.

습포법은 뜨거운 물이나 찬물이 담긴 정제된 오일 4~6방울을 떨어뜨린 후 수건, 거즈 등에 물을 적셔서 재빨리 물을 짜낸 뒤 환부에 얹어 놓거나 온수나 냉수에 증상에 맞는 오일

1~2방울을 넣거나 수면에 떠 있는 기름막을 타월에 흡수시켜 조시고 타월을 가볍게 짜서 환부에 댄다. 습포법은 근육통이나 멍든 데, 피부에 관한 문제를 치료할 때에 일시적인 효과를 가지며, 피로를 줄여주고, 혈액의 순환을 개선시키고, 통증을 완화시키고, 임파선을 풀어주고, 충혈된 분비물을 제거하고, 몸의 열을 낮춰주고, 염증치료 효과가 있다.

그 외에 욕조에 물을 가득 받아놓고 에센셜오일 8~15방울을 떨어뜨려 섞은 후 10~15분동안 몸을 담그는 목욕법, 세면대에 뜨거운 물을 받고 에센셜오일 2~3방울을 떨어뜨린 후 3~5분동안 스팀을 쬐는 스팀법, 에센셜오일 1~2방울을 물 한 컵에 섞은 뒤 입안을 헹구는 가글링법 등이 있다.

Ⅳ. 발반사요법

발반사요법에서는 발의 반사구(reflex zone)를 손가락이나 특정 도구를 이용하여 약간 아플 정도로 눌러 자극하면 해당 장기가 좋아진다고 본다. 그러나 전통 의학자들은 발반사요법이 스트레스를 푸는 효과는 있지만 질병 치료효과는 의문이라고 평가를 내리고 있어 발반사요법의 효과에 대한 평가가 엇갈리고 있다. 이와 같이 발반사요법에 대한 효과가 아직 정확히 입증되지는 않고 있지만, 쉽고 안전하며 경제적이고, 긴장과 스트레스를 풀어주는 것만으로도 의미를 지닐 수 있기 때문에 최근 우리나라에서도 많은 관심을 끌고 있다. 다음에서는 이러한 발반사요법이 무엇이며, 노인에게는 어떤 도움이 될 수 있으며, 발반사요법은 어떻게 실시하는 것인지에 대해 간략히 살펴보고자 한다(권중돈 외, 2002; 권중돈, 2004).

1. 발반사요법의 개념과 적용

혈액은 심장에서 나와 다시 심장으로 돌아가기까지 겨우 1분 정도밖에 걸리지 않지만, 그 사이에 혈액은 산소를 운반하고 노폐물을 회수하는 중요한 역할을 수행한다. 심장을 나와 인력(引力)에 의해 발끝까지 흘러내려간 혈액은 발바닥에서 혈관이 받는 체중의 힘을 이용하여 다시 심장으로 돌아간다. 이와 같이 제2의 심장이라 할수 있는 발바닥의 혈관에 노폐물이 쌓이면 몸의 여러 기관이 순식간에 영향을 받기 때문에, 오래 전부터 중국, 미국, 영국 등에서 발관리에 많은 관심을 기울여왔다.

이러한 발관리의 영역에는 발의 위생관리(Fuβ Pflege), 발맛사지 그리고 발반사요법이 있다. 현재 알려진 발반사요법(foot reflexology)은 미국인 의사 Fitzgerald의 존테라피

(zone theraphy)이론을 바탕으로 하여 개발된 요법으로 '발을 마사지 하거나 반사구 (reflex zone)를 주기적으로 자극하여 신체적 피로를 해소하고 신체 여러 기관들의 건강을 관리할 수 있는 일종의 자연치료학 혹은 여기에 속하는 대체요법의 한 분야'이다(권중돈, 2004).

현재까지 발반사요법이 효과가 있는 것으로 알려진 질병은 감기 예방 및 치유, 변비, 소화기 장애, 당뇨병 예방, 만성 피로 증후군, 불면증, 신경성 고혈압, 오십견, 관절염 등이다. 이러한 질병 치료 이외에 스트레스 감소, 혈액순환의 향상, 신체 독성 제거, 신체 에너지, 스트레스성 질병 예방, 자연치유력의 향상과 면역시스템의 강화와 같은 효과가 있는 것으로 알려지고 있다.

그렇다면 발반사요법은 노인환자의 치료와 간호에는 어떻게 적용될 수 있을 것인가? 아직 이에 대한 연구는 이루어지지 않고 있지만, 발바닥을 자극함으로써 뇌의 혈행이 자극되고 각성이 증가한다는 점에서 노인환자의 간호에 도움이 될 수 있을 것이다. 그리고 보통 성인과 마찬가지로, 발바닥 자극과 함께 음악요법, 이완요법을 병행하면 더욱 좋은 효과를 기대할 수 있으며, 치매 증상 외에도 노인이 흔히 겪을 수 있는 여러 증상들을 조절할 수 있을 것이다. 그리고 노인환자를 돌보는 가족의 심리적인 스트레스로 인한 증상들을 경감시켜주는 효과가 있을 것으로 보인다(이명선 외, 2005).

2. 발의 구조와 반사구

발은 26개의 작은 뼈와 2개의 연골, 20개의 근육과 114개의 인대로 이루어져 있다. 발뼈는 크게 족근골, 중족골, 지골의 3부분으로 나뉘어지는데, 발목을 구성하는 족근골은 7개의 뼈로 구성되어 있고, 발뒤꿈치라고도 하는 종골은 몸무게를 지탱해주는 역할을 하고 지방층으로 보호되어 있어 걸을 때 가해지는 충격을 잘 흡수하도록 되어 있다. 복숭아뼈라고 하는 거골은 발을 아래위로 움직이는 지렛대역할을 하며, 엄지발가락 쪽에 있는 3개의 설상골은 중심을 잡고 몸무게를 지탱하는 역할을 한다.

발바닥에는 인체의 각 기관에 대응하는 민감점 즉, 반사구가 집중되어 있는데, 이는 동양의학의 경혈에 해당하는 것이다. 이러한 반사구를 맨손 혹은 특수 제작된 반사봉을 이용하여 압력을 가해주면 혈액순환이 촉진되고 그에 대응하는 각 기관의 기능이 보다 활성화되고, 좋지 않은 곳은 정상으로 되돌아간다는 것이 발반사요법의 기본원리이다. 그러므로 인체의 각 기관에 해당하는 발의 신경반사점을 정확히 이해해야만 하는데, 발의 반사점은 다음의 [그림 11-1]에서 보는 바와 같다.

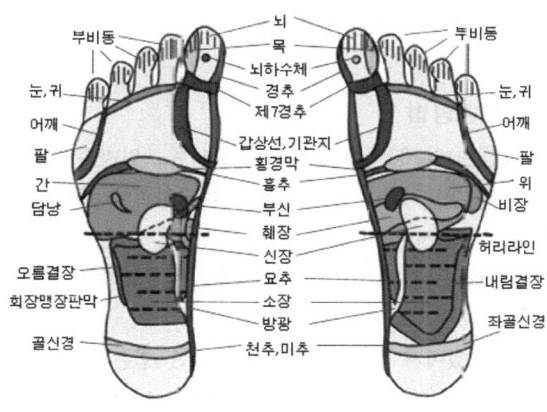

[그림 11-1] 발의 반사구

3. 발반사요법의 원리

발반사요법의 원리는 크게 반사의 원리, 순환의 원리 그리고 음양조화의 원리로 구분할 수 있다. 먼저 반사의 원리는 인체내의 조직, 기관 등과 상응하는 발의 반사점을 자극하면 그와 관련된 조직이나 기관이 자극되어 자연적으로 정상화되고 활성화된다는 원리이다. 이런 원리로 신체기관이나 조직기능에 이상이 있으면 그와 상응하는 반사구에 반응이 나타나며 그 반사구에 자극을 주면 전신의 기능을 회복하고 전신의 조화를 얻어 자연 치료되는 효과를 얻게 된다는 원리이다.

순환의 원리는 심장에서 가장 먼 곳의 아래에 있고 가는 모세혈관이 종횡무진으로 뻗어 있는 발을 자극하여 혈액순환을 촉견하는 원리이다. 즉, 발을 가극함으로써 혈액순환이 순조로워지고, 산소와 영양분을 세포에 공급하여 신진대사로 생긴 노폐물이 몸 바깥으로 배출되는 것을 촉진시킨다는 원리이다.

발반사요법의 음양 조화의 원리는 발의 경락을 자극하여 기(氣)와 혈(血)의 흐름을 원활히 하여 건강을 유지하고 신체의 조화를 도모하는 동양의학의 원리이다. 동양의학에서는 경락을 음과 양으로 구분하는데, 건강한 상태에서는 음, 양의 조화를 이루지만 건강하지 못하면 점차 그 조화가 무너지고 병에 걸리게 되고 만성화되어 간다고 본다. 따라서 발반사요법을 통하여 아픈 곳이나 반응이 있는 경락에 자극을 주어 전신을 항상 조화상태에 있게 한다는 원리이다.

4. 발반사요법과 발마사지의 시행방법

1) 발반사요법의 시행방법

발반사요법의 시행시간은 약 30~40분 정도 소요되며, 엄지손가락 및 다른 손가락과 소도구(지압봉, 볼펜)를 적절히 사용하여 반사점을 자극하여야 한다. 보다 전문적인 발반사요법을 시행하기 위해서는 먼저 발의 구조, 근육, 관절, 골격을 이해하여야 하는데, 그 이유는 반사점에 압력을 가하는 힘의 강약, 진행방향, 연결동작을 효과적으로 조절할 수 있기 때문이다.

발반사요법을 시행함에 있어서 발의 반사구를 누르는 힘은 사람의 발 상태에 따라 차이 있게 조절하되, 마사지 도중 얼굴이 창백해지는 경우가 있으면 힘을 약하게 하고, 시간도 짧게 하여야 한다. 그리고 반사원리와 순환원이의 효과를 감안하여 순서대로 시행하되, '신장→수뇨관→방광→요도 반사구'의 순으로 시작하여 배설작용을 촉진시킨다. 그리고 어떤 기관이 나쁘다고 하여 그 반사구만 무턱대고 문지르기보다는 발 전체를 반사시킨 다음 문제나 통증이 있는 반사구로 옮겨가는 것이 더욱 효과적이며, 한 반사구에 5분 이상 자극을 가하는 것은 좋지 않다.

반사구에 압력을 가하는 방법은 원칙적으로 심장을 향해 주무른다는 표현보다는 힘껏 누른다고 하는 것이 정확한 표현일 것이다. 일반적으로 손가락으로 지속적으로 압력을 가하기 힘들기 때문에 지압봉 또는 압력봉이라는 특수한 도구를 사용하는 것이 일반적이다. 압력을 가하는 방향은 심장 쪽을 향하여 훑듯이 주무른다. 다만 심장, 간장, 신장 등 깊은 곳에 있는 반사구는 발가락 끝을 향해 눌러 올리기 식으로 힘을 깊이 넣는다. 그리고 발등은 뼈가 많으므로 뼈가 상하지 않도록 하여야 하며, 뼈 사이사이를 손가락으로 문지르거나 압력을 가한다. 주무르는 횟수는 한 부분에 3회, 1~3㎝ 정도의 범위를 3회 훑듯이 주무르고 조금 자리를 옮겨 또 3회 주무른다. 이것을 계속하여 발바닥에서부터 전체를 빙 둘러 주물러서 풀어간다. 다만 당뇨병 환자의 경우 혈당이 너무 높을 때에는 시행하지 않는 것이 좋고, 발 관리 후 30분 이내에 따뜻한 물 500cc(1~2컵)를 마시게 하는 것이 좋다.

2) 발마사지 시행방법

발반사요법과 같은 발관리의 하위영역인 발 마사지법은 발을 마사지하여 혈액의 순환을 촉진시키는 기법인데, 발의 각 부위별 마사지 방법을 소개하면 다음과 같다(박현애, 2004).

① 발바닥과 발등 : 손에 크림을 묻혀 발등과 발바닥을 맞잡고 위에서 뒤꿈치 쪽으로 쓸

어준다
② 발 양옆: 양손으로 발 옆 안쪽과 바깥쪽을 위에서 아래로 쓸어준다. 또는 한손으로 발 옆 안쪽을 먼저 마사지 한 후 바깥쪽을 해도 된다.
③ 복사뼈 둘레: 복사뼈 둘레를 원을 그리며 마사지하거나, 한손으로 안쪽 복사뼈 둘레를 하고 바깥쪽 복사뼈 둘레를 마사지해도 된다.
④ 발바닥 용천(龍泉): 발바닥 1/3지점 '八'자 형태로 움푹 들어간 부분 용천을 1, 2, 3 단계로 압력을 증가시켜 4~5초간 눌러준다. 3회~4회 반복한다.
⑤ 복사뼈 둘레 : 원을 그리며 마사지한다.
⑥ 발목에서 상지 쓸어 올리기: 발목에서 무릎 10CM 위까지 쓸어 올려 마사지하되, 무릎은 하지 않는다.
⑦ 발목에서 상지 중간원: 발목에서 무릎 10CM 위까지 중간원을 그리며 위로 향해 마사지한다.
⑧ 발목에서 상지 맞잡아 뽑기: 발목에서부터 경골과 비골을 갖잡아 바깥쪽으로 잡아 뽑듯이 마사지한다.
⑨ 발목에서 상지 쓸어 올리기: 다시 발목에서 양쪽 엄지손가락으로 엇갈리듯이 마사지하여 무릎 10CM 위까지 마사지 또는 빨래를 비틀어 짜듯이 마사지를 한다.
⑩ 무릎 원 그리기: 한손을 이용하여 무릎 둘레를 마사지하고 양손을 이용해서 엇갈리듯이 무릎 둘레를 마사지해도 된다.
⑪ 무릎 뒤쪽(슬와부)과 아킬레스건: 무릎 뒤쪽 움푹 들어간 쪽을 시계방향으로, 반대방향으로 원을 그리며 마사지한 다음 아킬레스건을 마사지 한다.
⑫ 발목 돌리기: 한 손은 발목을 잡고 한 손은 발가락을 잡고 시계방향으로 6회 반대방향으로 6회 돌려준다.
⑬ 발목에서 무릎 10CM까지: 나무 막대기(봉) 또는 볼펜을 이용하여 양끝을 손으로 잡고 종아리, 내측, 외측을 쓸어 올려 준다.
⑭ 다시 1~5번까지 반복 마사지한다.

발마사지를 시행함에 있어서는 다음과 같은 사항에 유의해야 한다.
① 발 전용 크림이나 오일을 사용해야 한다. 발을 자극할 때 지압의 효과를 높이기 위해서는 전문 크림이나 오일을 사용하여 강한 압력으로 인한 통증과 물집이 생기는 것을 예방해야 한다.
② 식후 1시간 이후에 자극한다. 식사 후의 혈액은 소화를 돕기 위해 위에 모이는데, 이때 발을 자극하면 혈액이 분산되어 소화 작용에 부담을 준다.

③ 마사지 전과 후로 500cc 정도의 따뜻한 물을 30분 이내에 마신다. 마사지로 걸러진 노폐물이 신장에 모여 있을 때에 소변으로 배설하기 위해 물을 마시는 것이 효과적이다.
④ 왼발을 먼저 만지고 오른발을 자극한다. 심장에 무리를 주지 않기 위해서는 왼발을 먼저 만져 심장을 깨운 후 오른발을 자극한다.

MEMO

MEMO

제3부

노인돌봄기본서비스 행정 실무

제 12 장 노인복지정책과 노인돌봄기본서비스사업의 이해
제 13 장 노인돌보미의 윤리의식
제 14 장 독거노인 사례관리 절차
제 15 장 독거노인 생활교육 설계와 운영
제 16 장 지역사회 자원과 서비스 연계방안
제 17 장 노인돌봄기본서비스 행정실무

제 12 장   노인복지정책과 노인돌봄기본서비스사업의 이해

학 습 목 표
□ 노인복지의 개념, 목적, 원칙을 이해한다. □ 노인복지 구성체계 즉, 노인복지 관련 법·전달체계·재정에 관하여 이해한다. □ 노인복지정책의 기본방향 및 현행 노인복지정책의 전반적 특성을 이해한다. □ 노인돌봄기본서비스 사업을 이해한다.

Ⅰ. 노인복지의 이해

1. 노인복지의 개념

　사회복지라는 용어의 의미를 한문과 영어로 풀이해 보면 다음과 같다. 먼저 한문의 사회복지(社會福祉)에서 '사(社)'는 '示+土'로서 일을 같이 하는 사람들 또는 25가구가 모여 만든 단체 또는 육리(六里) 사방을 한 구역으로 하는 단체의 의미를 지니고 있다. 그리고 회(會)는 '합한다'는 의미의 'ㅅ'과 '더하다, 증가하다'는 의미의 '增'이 더해진 글자로서 '증가하다, 모이다'는 의미를 지니고 있다. 복(福)은 '示+口(高)+田'이 합해진 말로서, '示'는 '하늘에 있는 해, 달, 별을 통하여 인간에게 길흉을 보여준다' 또는 '제사를 지낸다'는 의미를 지니고 있다. 즉, 복은 인간이 밭에서 나는 곡식이 높이 쌓일 수 있도록 제사를 지냄을 의미하는 것으로, 물질적 풍요를 기원한다는 의미를 지니고 있다. 다음으로 '지(祉)'는 '示+止'인데, '止'는 '떨쳐 버리다, 억제하다, 마음을 다 잡다'는 의미를 지니고 있다. 따라서 지(祉)는 마음의 염려를 떨쳐 버리고, 마음의 안정을 찾을 수 있도록 기도한다는 의미를 지니고 있다. 이러한 말뜻을 기초로 해볼 때, 사회복지는 '사람들과 어울려 살면서 물질적으로 풍요롭고, 정신적으로 안정된 생활을 할 수 있도록 기원한다.'는 의미를 지니고 있다.

　따라서 노인복지는 노인의 경제적 생활안정과 정신적 안정을 포함한 복리(well-being)를 증진시키기 위한 사회적 노력으로 사회복지 실천의 한 분야라 할 수 있다. 사회복지 실천의 한 분야인 노인복지에 관한 정의는 대상만 다를 뿐 사회복지의 정의와 크게 다르지 않다. 기존의 노인복지에 대한 정의들을 종합해 보면, 노인복지가 추구하는 목적은 인간다운 생활, 사회적응과 통합, 노인들의 욕구충족과 문제의 예방·해결 등이며, 노인복지를 실시하는 주체는 공공부문과 민간부문이라는 점에 대부분이 동의하고 있다(장인협·최성재, 2006; 박차상 외, 2005; 현외성 외, 2000). 이러한 사회복지와 노인복지에 대한 기존 정의를 종합하여 볼 때, 노인복지는 "모든 노인들이 최저 수준 이상의 생활을 유지하고, 사회적 욕구 충족과 생활상의 문제를 예방·해결하며, 노후생활에 대한 적응과 사회통합을 이루는데 필요한 급여와 서비스를 제공하는 공공과 민간 부문의 조직적이고 전문적인 제반 활동"이라고 정의할 수 있다(권중돈, 2007).

2. 노인복지의 목적과 원칙

대한민국 헌법 제 34조에 의하면 모든 국민은 인간다운 생활을 할 권리를 지니며, 국가는 노인의 복지향상을 위한 정책을 실시할 의무를 지닌다고 규정되어 있다. 그리고 노인복지법 제 2조에서는 노인의 안정된 생활, 자아실현을 위한 욕구의 충족과 사회통합의 유지라고 하는 노인복지의 기본 이념을 제시하고 있다.

이러한 헌법과 노인복지법에서 명시한 권리와 기본 이념에서 노인복지의 목적과 목표를 도출해 낼 수 있다. 먼저 노인복지의 목적은 헌법에 명시된 노인의 권리인 인간다운 생활을 영위하는 것이며, 이러한 목적을 달성하기 위한 목표는 노인복지법의 기본 이념에 명시된 안정된 생활 유지, 자아실현을 위한 욕구충족, 사회통합의 유지라고 할 수 있다.

노인복지의 목적인 인간다운 생활이란 신체, 심리, 사회적으로 편안하고 안락한 상태(well-being)의 삶 즉, 의식주라는 기본적 욕구를 충족하고 건강하고 문화적인 삶을 영위하는 것이라 할 수 있다. 이를 좀 더 구체적으로 표현하면, 신체, 심리, 사회적 욕구나 문제를 예방 또는 해결하고, 창조적인 문화생활을 영위하는 것을 의미한다. 따라서 노인복지가 추구하는 목표는 안정된 생활유지, 자아실현의 욕구 충족, 사회통합의 유지라고 할 수 있다.

노인복지의 첫 번째 목적인 노인의 안정된 생활 유지는 사회복지에서는 국민적 최저 수준 이상 또는 최적 수준의 경제생활 보장이라고 할 수 있다. 이때 국민적 최저수준(national minimum)은 한 국가의 경제수준, 정치적 상황 등 다양한 요인에 의하여 달라질 수 있으며, 최저생계비를 책정하는 기준이나 방법에 대해 논란이 없는 것은 아니지만 일반적으로는 최저생계비를 기준으로 한 빈곤선(poverty line)을 의미하는 경우가 대부분이다. 국가에서 공식적으로 활용하고 있는 최저생계비 기준을 바탕으로 한 우리나라의 빈곤선은 매우 낮게 책정되어 있어 인간다운 삶을 보장하는데 많은 한계가 있다. 따라서 노인들의 인간다운 삶을 보장하려는 노인복지의 목표는 '국민적 최저 수준 이상'이라는 소극적 생활 보장의 기준보다는 '최적 수준의 생활' 보장이라는 보다 적극적인 생활보장의 기준을 따르는 것이 타당할 것이다.

노인복지의 두 번째 목적은 자아실현의 욕구 충족이다. Maslow(1970)에 따르면 자아실현의 욕구는 생리적 욕구, 안전의 욕구, 소속과 애정에 대한 욕구, 자존감의 욕구라고 하는 인간 생존에 필수적인 기본적 욕구보다 높은 수준의 욕구로서 성장욕구에 해당한다. 따라서 노인복지가 노인의 자아실현의 욕구 충족이라는 목적을 달성하기 위해서는 의식주라는 기본적인 생리적 욕구의 충족뿐만 아니라 안전, 소속, 사랑, 자존감 등과 같은 심리사회적 욕구 충족을 전제로 하며, 노년기의 신체, 심리, 사회적 발달과업을 성취하여 노후생활에 성공적으로 적응할 수 있도록 충분한 지원이 전제되어야 한다. 이런 점에서 볼 때 노인복지는 노인들이 지닌 기본적인 사회적 욕구의 충족뿐만 아니라 성장에 대한 욕구 충족을 지원하고, 다양한 생활 영역에서 야기되는 노인과 그 가족의 문제를 예방·해결하는 것을 목표로 한다고 할 수 있다.

노인복지의 세 번째 목표는 사회통합의 유지이다. 사회통합은 가족, 이웃, 집단 조직, 지역사회 및 국가에 이르기까지 자신이 속한 사회체계에 심리사회적으로 유대감을 갖고 적응하는 것을 말한다. 노년기에는 가족 내·외부에서의 지위와 역할 상실로 인하여 고독과 사회적 소외를 경험하며, 주류사회의 주변인으로 전락할 가능성이 높아진다. 따라서 노인복지는 노인의 사회적 소외를 완화하고 주류 사회의 구성원으로서의 지위와 역할을 부여하여 노인들이 사회활동에 적극적으로 참여함과 아울러 평생 동안 쌓아온 지혜와 경험을 바탕으로 국가와 사회발전에 기여할 수 있는 기회를 부여할 수 있어야 한다.

노인복지의 목표를 달성하기 위해서 지켜야 할 바람직한 원칙을 장인협과 최성재(2006)는 사회복지의 기본가치에 근거하여 ① 인간 존엄성 및 개인 존중, ② 개별화, ③ 자기결정, ④ 권리와 책임, ⑤ 보편성과 선별성, ⑥ 개발적 기능, ⑦ 전체성, ⑧ 전문성 그리고 ⑨ 노인의 시대적 욕구 반영이라는 9가지로 제시하고 있다. 물론 이러한 노인복지의 원칙은 매우 타당하지만, 노인복지의 원칙은 국제연합(UN)이 1991년 유엔총회에서 채택한 노인을 위한 유엔원칙(United Nations Principles for Older Persons)에 가장 잘 반영되어 있다. 이 원칙에 따르면 국가가 노인복지사업을 추진함에 있어서는 독립(independence), 참여(participation), 보호(care), 자아실현(self-fulfillment), 존엄(dignity)이라는 원칙을 반영하여야 한다(보건복지가족부, 2000). 이를 보다 세부적으로 살펴보면 다음과 같다.

① 독립(Independence)
   ○ 소득, 가족과 지역사회의 지원 및 자조를 통하여 적절한 식량, 물, 주거, 의복 및 건강보호에 접근할 수 있어야 한다.
   ○ 일을 할 수 있는 기회를 제공받거나, 다른 소득을 얻을 수 있는 기회에 접근할 수 있어야 한다.
   ○ 직장에서 언제 어떻게 그만둘 것인지에 대한 결정에 참여할 수 있어야 한다.
   ○ 적절한 교육과 훈련 프로그램에 접근할 수 있어야 한다.
   ○ 개인의 선호와 변화하는 능력에 맞추어 안전하고 적응할 수 있는 환경에서 살 수 있어야 한다.
   ○ 가능한 오랫동안 가정에서 살 수 있어야 한다.
② 참여(Participation)
   ○ 사회에 통합되어야 하며, 그들의 복지에 직접 영향을 미치는 정책의 형성과 이행에 적극적으로 참여하고, 그들의 지식과 기술을 젊은 세대와 함께 공유하여야 한다.
   ○ 지역사회 봉사를 위한 기회를 찾고 개발하여야 하며, 그들의 흥미와 능력에 알맞은 자원봉사자로서 봉사할 수 있어야 한다.
   ○ 노인들을 위한 사회운동과 단체를 조직할 수 있어야 한다.
③ 보호(care)
   ○ 각 사회의 문화적 가치체계에 따라 가족과 지역사회의 보살핌과 보호를 받아야 한다.
   ○ 신체적, 정신적, 정서적 안녕의 최적 수준을 유지하거나 되찾도록 도와주고 질병을 예방하거나 그 시작을 지연시키는 건강보호에 접근할 수 있어야 한다.
   ○ 노인의 자율과 보호를 고양시키는 사회적, 법률적인 서비스에 접근할 수 있어야 한다.
   ○ 인간적이고 안전한 환경에서 보호, 재활, 사회적·정신적 격려를 제공하는 적정 수준의 시설보호를 이용할 수 있어야 한다.
   ○ 노인이 보호시설이나 치료시설에서 거주할 때도 그들의 존엄, 신념, 욕구와 사생활을 존중받으며, 자신들의 건강보호와 삶의 질을 결정하는 권리도 존중받는 것을 포함하는 인간의 권리와 기본적인 자유를 향유할 수 있어야 한다.
④ 자아실현(self-fulfillment)
   ○ 자신들의 잠재력을 완전히 개발하기 위한 기회를 추구하여야 한다.
   ○ 사회의 교육적, 문화적, 정신적 자원과 그리고 여가에 관한 자원에 접근할 수 있어야 한다.
⑤ 존엄(dignity)

○ 존엄과 안전 속에서 살 수 있어야 하며, 착취와 육체적, 정신적 학대로부터 자유로 워야 한다.
○ 나이, 성, 인종이나 민족적인 배경, 장애나 여타 지위에 상관없이 공정하게 대우받아야 하며, 그들의 경제적인 기여와 관계없이 평가되어야 한다.

국제연합에서는 이러한 원칙을 재확인하고 전 세계적으로 진행되고 있는 인구고령화에 보다 효과적으로 대처하기 위하여 2002년 4월에 스페인의 마드리드에서 제 2 차 세계고령화 회의를 개최하여 '마드리드 고령화국제행동계획(Madrid International Plan of Action on Ageing)'을 채택하여 보다 구체적인 과제와 세부목표 그리고 행동지침을 제시하고 있다. 이 국제행동계획에서는 '노인과 발전, 노년기까지의 건강과 안녕 증진, 능력을 부여하고 지원하는 환경의 확보'라는 세 가지 방향을 설정하고, 그 아래 18개 분야의 과제를 선정하고 분야별 세부목표와 행동지침을 제시하여 세계 전국가에 이를 권고하고 있다(보건복지가족부, 2002. 8.).

Ⅱ. 노인복지의 구성체계

노인복지는 사회복지의 한 분야로서 그 구성체계는 사회복지의 구성체계와 동일하다. 따라서 노인복지의 구성체계는 ① 노인복지의 목적과 가치, 원칙, ② 노인복지의 대상체계, ③ 노인복지의 주체, ④ 법, 행정, 시설, 재정, 인력을 포함하는 사회복지제도체계, ⑤ 사회복지의 방법체계로 구분할 수 있다(권중돈, 2007). 이러한 노인복지의 구성체계 중에서 노인복지의 대상체계는 노인이며 노인의 삶의 과정과 욕구, 문제에 대해서는 제 2장에서 이미 살펴보았다. 노인복지의 목적과 원칙은 앞서 제시하였으며, 노인복지의 주제는 개인과 가족, 시장(market), 그리고 국가이다. 따라서 다음에서는 노인복지제도의 구성체계 중 행정체계에 해당하는 법, 전달체계, 재정에 대하여 간략히 논의하고자 하며, 노인복지의 방법체계 중에서 독거노인을 위한 사례관리에 대해서는 다음의 제 14장에서 살펴보고자 한다.

1. 노인복지의 법적 기반

노인복지법은 노인복지정책이나 사업의 내용과 형태를 규정하는 노인복지의 모법(母法)으로서 현재 노인세대 뿐만 아니라 국민 모두가 행복한 노후생활을 영위할 수 있도록 유도하고 지원하는 법률이다. 노인복지법은 공법(公法), 사법(私法), 사회법 중에서 사회법에 속하며, 노인의 건강 유지, 노후 생활안정을 통하여 노인보건복지 증진에 기여할 목적(제

1조)으로 제정된 법률이다.

　노인복지법은 1969년 처음으로 민간부문에서 노인복지법 제정을 위한 안이 제시된 이후 각종의 법안들이 입법결정과정에서 폐기 또는 상당한 변화를 겪었으며, 1980년 보건사회부에서 마련한 노인복지법 초안을 기반으로 하여 1981년 6월 5일 노인복지법이 제정되었다. 노인복지법은 노인인구 증가와 사회변화로 인하여 사회문제화 된 노인문제에 대처하고, 전통적 가족제도에 근거한 경로효친의 가치를 유지시키며, 노인복지시책을 보다 효과적으로 추진할 목적에서 제정되었다. 제정 노인복지법에 포함된 주요 노인복지사업은 ① 경로주간 설정 및 경로사상 앙양, ② 시·군·구에 노인복지상담원 배치, ③ 노인복지시설(양로, 노인요양, 유료양로 및 노인복지센터) 인가와 운영 지원, ④ 건강진단 또는 보건교육 실시, ⑤ 경로우대제도이다. 노인복지법은 1981년 제정 이후 11차례에 걸쳐 개정되어 현재에 이르고 있는데, 최근 들어서는 노인학대의 예방과 대응, 노인의 능력개발을 위한 일자리의 개발과 보급 등에 관한 조항이 신설되었다.

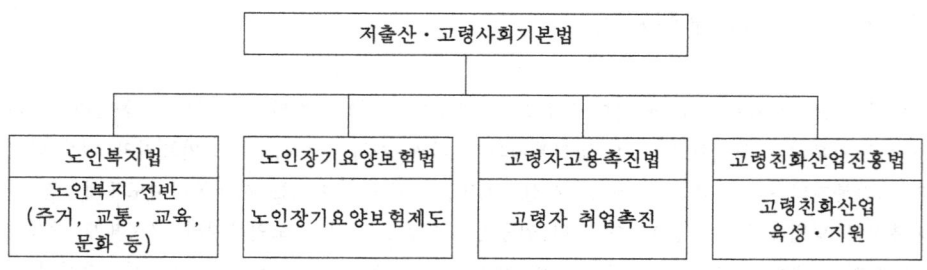

〔그림 12-1〕 노인복지제도의 법적 기반

　이러한 노인복지법과 함께 노인복지제도의 법적 기반을 이루고 있는 법률로는 먼저 저출산·고령사회기본법이 있다. 이 법률은 우리 사회의 저출산 문제와 인구 고령화 문제에 대응하기 위하여 제정되었다. 이 법률의 제정으로 저출산·고령사회에 직면할 수 있는 노인문제의 해결을 위한 보건복지, 인구, 고용, 교육, 금융, 문화, 산업 등 노인복지 전반에 관한 종합적 대책 수립이 의무화되고 국가의 노인복지 책임이 보다 강화되었다. 그리고 2006년 12월 고령친화산업진흥법이 제정되어 급증하는 노인인구의 다양한 상품 및 서비스 수요를 충족시킬 수 있는 고령친화산업의 기반을 조성하고 고령친화 제품 및 서비스의 품질 향상 등 고령친화산업을 체계적으로 육성할 수 있는 법적 기반이 마련되었다. 그리고 2008년 7월부터 실시중인 노인장기요양보험제도의 관련 법안이 2007년 3월 제정되었다. 또한 노인장기요양보험제도의 시행에 맞추어 노인복지시설의 입소비용에 따른 유형분류 삭제, 재가 노인복지시설 기능 확대, 요양보호사 자격인정제 도입 등을 골자로 하는 12차 노인복지법이 2007년 8월 개정되었다.

2. 노인복지 전달체계

노인복지 전달체계는 노인복지 급여와 서비스가 전달되는데 관련된 조직적인 체계로서, 중앙정부와 지방정부, 노인복지기관 및 시설을 포함하는 모든 공공 및 민간조직의 서비스 전달을 위한 망(網)이라 할 수 있다(Friedlander and Apte, 1980). 현행 공적 노인복지 전달체계는 정부의 행정조직 체계에 의한 전달체계를 말하는데, 이는 다시 중앙행정체계와 지방행정체계로 나뉘어 진다. 먼저 중앙정부 부처 중에서 노인복지 업무의 주무부처는 보건복지가족부이며, 노인복지업무를 관장하는 부서는 노인정책관이다. 노인정책관 산하의 노인정책과와 노인지원과, 요양보험제도과, 요양보험운영과가 노인복지 업무의 주무부서이다. 이러한 노인복지 담당부서의 업무분장내용을 살펴보면, 다음 <표 12-1>과 같다.

〈 표 12-1 〉 보건복지가족부 노인복지 담당부서의 업무분장

부 서	주요 담당업무
노인정책과	- 노인보건복지에 관한 종합계획의 수립 및 조정 - 노인보건복지 관련 법령에 관한 사항 - 노인실태조사에 관한 사항 - 경로효친사상 앙양 및 경로우대제에 관한 사항 - 노인의 안전 및 권익향상에 관한 사항 - 노인 관련 법인·단체의 지원 및 육성 - 노인보건복지 관련 국제협력에 관한 사항 - 노인건강증진 및 치매예방·관리에 관한 사항
노인지원과	- 노인 일자리 및 사회활동의 지원 - 노인 여가복지시설 관리 및 교육에 관한 사항 - 노인의 날 행사에 관한 사항 - 노인학대 예방 및 노인보호에 관한 사항 - 결식노인 무료급식 지원 - 독거노인 보호에 관한 사항 - 노인 자원봉사 활성화에 관한 사항 - 매장·화장·묘지 등 장사에 관한 사항

부　서	주요 담당업무
요양보험제도과	- 노인요양보장에 관한 종합계획의 수립 및 조정 - 노인요양보장 관련 법령에 관한 사항 - 외국의 노인요양보장제도에 관한 동향분석 및 국제협력 - 장기요양위원회의 운영에 관한 사항 - 노인장기요양보험 관련 재정 운영 및 재정 관련 정책에 관한 사항 - 노인장기요양보험의 가입자 관리 및 지원정책의 수립 및 조정 - 노인장기요양보험 대상자 선정기준 및 등급판정에 관한 사항 - 장기요양급여의 개발, 급여기준 및 수가 등에 관한 사항 - 장기요양급여의 청구, 심사 및 지불체계에 관한 사항 - 장기요양급여의 관리 및 평가에 관한 사항 - 노인요양보장제도에 관한 조사·연구·홍보 및 통계관리에 관한 사항
요양보험운영과	- 노인요양보장 관련 인프라 확충 종합계획의 수립에 관한 사항 - 노인요양보장 관련 시설 인프라 확충에 관한 사항 - 노인요양보장 관련 전문인력의 양성 및 제도화에 관한 사항 - 노인장기요양기관 지정 및 운영지원에 관한 사항 - 노인요양시설·양로시설 및 재가노인복지시설의 지원 및 육성에 관한 사항 - 노인장기요양기관 운영평가에 관한 사항 - 노인요양대상 시설입소 제도에 관한 사항 - 노인복지주택 및 노인전문병원 확충 및 제도에 관한 사항 - 사할린 한인동포 지원에 관한 사항 - 노인복지시설 통계 생성 및 관리에 관한 사항

* 자료: 보건복지가족부(www.mw.go.kr)

　　지방정부의 노인복지 전달체계는 중앙의 보건복지가족부의 해당 부처의 지도, 감독을 받아서 시행되고 있는데, 사회보험, 공적부조, 노인복지서비스 등의 노인복지 관련 업무 담당부서는 자치단체별로 담당부서가 다르며, 그 명칭 또한 각기 다르다. 그러나 일반적으로 광역자치단체의 경우에는 보건, 환경, 여성 관련 업무를 동시에 관장하는 국(局)내에 노인복지 담당부서가 설치되어 있다. 기초자치단체의 경우에도 보건, 환경, 여성업무를 담당하는 주민생활지원국 내에 설치된 사회복지 담당과에서 노인복지업무를 담당하거나, 국(局) 없이 바로 사회복지 담당과에서 노인복지업무를 담당하고 있는 자치단체들이 있다.

3. 노인복지 재정

우리나라의 총 사회복지지출은 1990년 국내총생산(GDP)의 4.25%에서 2001년 8.7%로 증가하였지만, 프랑스의 28.82%, 스웨덴의 31.47%, 미국 14.96%보다 그 수준이 매우 낮은 실정이다(OECD, 2001). 전반적으로 사회복지지출 수준이 아직은 낮지만, 노인복지예산은 매우 큰 폭으로 증액되어왔다. 노인복지예산은 <표 12-2>에서 보는 바와 같이 노인복지법 제정 이후 첫해인 1982년 노인복지예산액은 7억여 원에 불과하였으나, 1990년 378억여 원, 2000년 2,808억여 원 그리고 2002년에는 4,217억여 원으로 지난 20년 동안 매우 큰 폭으로 증가하고 있다. 노인복지예산의 상대적 비중은 1982년 정부예산의 0.01%에 불과하던 것이 2004년에는 0.42%로 크게 증가하였으나, 2005년부터 노인복지사업의 일부가 지방정부로 이양됨에 따라 중앙정부의 노인복지예산액과 비중이 줄어들었다. 그러나 분권교부세 등으로 지방정부에 이양되는 노인복지재정과 지방정부가 전액 부담하는 교통수당까지를 포함하면 노인복지 예산의 총액과 상대적 비중은 더욱 높아지게 된다.

〈표 12-2〉 노인복지예산의 증가 추이

연도	정부예산 (A)(백만원)	복지부예산 (B)(백만원)	노인복지예산 (C)(백만원)	C/B	C/A
1982	9,313,725	232,521	702	0.03	0.01
1985	12,532,362	336,498	2,068	0.61	0.02
1990	27,455,733	1,151,823	37,861	3.29	0.14
1995	51,881,113	1,983,896	61,807	3.11	0.12
2000	86,474,007	5,310,021	280,867	5.29	0.32
2004	118,356,045	9,134,583	501,097	5.48	0.42
2005	195,841,243	9,473,082	330,095	3.48	0.16
2006	202,059,633	10,414,426	421,716	4.04	0.20

* 자료: 기획예산처(각 년도). 예산개요 참고자료.

〈 표 12-3 〉 노인복지예산의 세부내역 (단위: 백만원)

구 분		'08예산 (A)	'09예산 (B)	증감 (B-A)	(%)
총 계		486,590	662,644	203,694	41.9
[일반회계]		466,619	655,680	189,061	40.5
노인생활안정	○ 노인복지지원	1,282	282	△1,000	△78.0
	- 노인복지사업관리	182	182	-	-
	- 노인실태조사	1,000	100	△900	△90.0
	- 노화연구포럼 운영	100	-	△100	순감
	○ 사할린한인지원	9,648	8,960	△688	△7.1
	○ 노인관련기관 지원	3,581	5,253	1,672	46.7
	- 노인보호전문기관	2,190	2,990	800	36.5
	- 노인복지민간단체	871	1,243	372	42.7
	- 노인의 날 행사	120	120	-	-
	- 노인자원봉사 활성화	400	700	300	75.0
	- 노인사회활동 지원(신규)	-	200	200	순증
	○ 노인돌봄서비스※	65,995	52,141	△13,854	21.0
	- 노인돌봄서비스 운영	397	492	95	23.9
	- 노인돌봄서비스 자치단체경상보조	65,598	51,649	△13,949	△21.3
	(독거노인생활관리사 파견)	(38,055)	(31,739)	(△6,316)	(△16.6)
	(노인돌보미 바우처)	(27,543)	(19,910)	(△7,633)	(△27.7)
	○ 노인일자리 지원	95,053	131,408	36,356	38.2
노인의료보장	○ 노인장기요양보험지원	153,025	328,399	175,374	114.6
	- 노인장기요양보험 시범사업	10,711	-	△10,711	순감
	- 노인장기요양보험 운영지원 등	136,798	204,892	68,094	49.8
	- 노인장기요양보험 공교국가부담금(신규)		21,745	21,745	순증
	- 노인장기요양보험 요양급여비용(신규)		101,762	101,762	순증
	- 노인장기요양보험제도 기반조성(정보화)	5,516		△5,516	순감
	○ 노인요양시설 확충	102,475	97,390	△5,085	△5.0
	- 노인요양시설 확충	101,474	97,390	△4,084	△4.0
	- 노인실비입소이용료 지원	1,001	-	△1,001	순감
장사시설 확충	○ 장사시설 설치 등	35,561	31,847	△3,714	△10.4
	[농어촌구조개선 특별회계]	2,550	2,550	-	-
노인의료보장	○ 농어촌재가노인복지시설확충	2,550	2,550	-	-
	[국가균형발전 특별회계]	1,021	1,119	98	9.6
노인 일자리	○ 노인일자리 지원(제주)	1,021	1,119	98	9.6
	[국민건강증진기금]	16,400	3,295	△13,105	△79.9
노인의료보장	○ 노인치매병원 확충	14,305	1,032	△13,273	△92.8
	○ 노인건강관리	2,095	2,263	168	8.0

※ '09년부터 기존의 '독거노인 생활관리사 파견사업'과 '노인돌보미 바우처사업'(전 사회서비스정책관 소관)을 통합 운영
* 자료: 보건복지가족부(2009). 2009년 노인보건복지사업 안내.

Ⅲ. 노인복지 정책의 이해

1. 노인복지 정책의 개념

노인복지정책을 논의하기 위해서는 우선 정책(policy)의 개념을 살펴볼 필요가 있다. 정책에 대한 여러 학자들의 개념정의를 종합하여 보면, 정책이란 '특정한 목적 달성을 위하여 국가나 공공기관이 선택한 행동원칙이나 계획'이라고 할 수 있다. 이러한 정책에 관한 정의에 근거해 보면, 정책은 다음과 같은 특성을 지니고 있다. 첫째, 주로 국가와 공공단체가 정책결정의 주체가 된다. 둘째, 공공의 선(善) 또는 국민의 복지 증진에 기여한다는 가치지향적 목표를 지닌다. 셋째, 정책은 정치적 과정을 거쳐 내려진 공적 결정으로 강제성을 지니고 있다. 넷째, 정책은 문제해결을 위한 대안 중에서 적절하고 효율적인 대안에 대한 선택이다.

Gilbert와 Specht(1974)는 정책내용의 범위에 따라 가장 광범위한 개념이 공공정책이고, 그 다음이 사회정책이며, 가장 좁은 개념이 사회복지정책이라 하였다. 이러한 정책유형 구분과 사회복지의 목적을 동시에 고려하여 보면, 사회복지정책은 '국민들의 특정한 사회적 욕구 충족과 문제해결을 위한 정부나 공공기관의 행동원칙과 계획'이라 할 수 있다. 그리고 사회복지정책의 하위범주에 속하는 노인복지정책이란 '노인의 사회적 욕구 충족과 문제해결을 위한 정부나 공공기관의 행동원칙과 계획'으로 정의할 수 있을 것이다(권중돈, 2007).

2. 노인복지 정책의 구성요소와 가치 선택

정책은 일반적으로 ① 정책을 통하여 이룩하고자 하는 바람직한 상태(desirable state) 즉, 정책목표, ② 정책목표 달성을 위한 수단, ③ 정책 이행에 소요되는 비용을 부담하는 정책주체와 정책에 의거하여 제공하는 재화나 서비스를 받는 정책대상 그리고 ④ 정책의 결과 즉, 정책효과로 구성된다. 따라서 노인복지정책의 정책목표는 앞서 언급한 노인복지의 목표와 동일하다고 할 수 있으며, 정책수단은 정책목표 달성을 위한 세부계획, 법령, 인적 및 물적 자원이 포함된다. 그리고 노인복지정책의 주체는 주로 정부나 공공기관이며, 일정 연령 이상의 모든 노인 또는 제한된 범위의 노인이 정책의 대상으로 선정될 수 있다. 노인복지정책에서 목표한 바가 정책수단을 통해 집행되는 중간 또는 정책이 종결되게 되면 정책대상인 노인들의 삶에 어떤 변화와 효과가 나타나게 된다.

노인복지정책은 '무엇이 되어져야 하는가?'라는 당위성이나 가치, 목적, 행동원칙이라고 한다면, 이러한 정책이 정책대상인 노인에게 전달되기 위해서는 정책집행단계에서 프로그램이나 서비스로 변형되어야 한다. 이와 같이 정책을 구체적인 프로그램이나 서비스로 전환함에 있어서는 몇 가지 가치선택을 필요로 한다. Gilbert와 Specht(1974)는 정책을 프로그램이나 서비스로 전환하기 위해서는 배분(allocation), 급여(benefit), 전달(delivery), 재정(finance)이라는 네 가지 영역과 관련된 가치의 선택이 필요하다고 하였다. 이러한 가치 선택의 영역을 살펴보면, 배분은 급여나 서비스를 받을 수 있는 자격요건을 결정할 때 작동하는 가치선택의 영역이며, 급여는 급여 대상에게 어떤 형태의 급여를 줄 것인가와 관련된 가치선택의 영역이다. 또한 전달은 급여나 서비스를 어떤 방법으로 노인 수급권자에게 전달한 것인가와 관련된 가치선택 영역이며, 마지막으로 재정은 급여나 서비스를 제공하는데 필요한 재원을 어떻게 마련할 것인가와 관련된 가치선택 영역이다.

3. 현행 노인복지 정책의 방향과 개요

노인복지정책의 접근방법은 노인인구를 특수한 인구집단으로 따로 분리하여 접근하는 방법과 노인이 지닌 문제를 중심으로 접근하는 방법이 있다(장인협·최성재, 2006). 이러한 두 가지 접근방법은 상반되기 보다는 상호보완적인 개념이다. 먼저 우리나라에서는 노인인구 중심 접근방법에서 노인복지법에 근거하여 노인만을 대상으로 한 급여와 서비스를 제공하고 있으며, 문제중심별 접근방법은 노년기의 4고(四苦)라 일컬어지는 빈곤, 질병, 고독과 소외, 무위의 문제를 중심으로 하여 급여와 서비스를 공급하고 있다. 현재 우리나라의 노인복지정책에서는 ① 의식주 등 기본생계를 해결하는데 어려움이 있는 빈곤문제는 소득보장, 주택보장, ② 질병과 보호부양의 애로 등과 같은 건강문제는 건강보장, ③ 고독과 소외, 무위(無爲)의 문제는 고용보장과 사회적 서비스를 통하여 해결하려 하고 있다.

1981년 노인복지법이 제정된 이후 국가에서는 노인인구 중심 및 문제 중심의 노인복지 접근방법을 활용하여 다양한 종류의 급여와 서비스를 노인들에게 제공해왔으며, 특히 1990년대 후반부터 2000년대 초반까지 노인복지사업은 매우 빠르게 확충되었다. 2003년까지의 노인복지정책의 기본방향은 ① 건강하고 보람 있는 노후생활 패턴정립, ② 저소득 노인 생활안정 기반조성, ③ 노인의 특성을 고려한 건강보장 대책마련, ④ 보건복지서비스 기반확충을 통하여 고령사회에 효과적으로 대응할 수 있는 사회기반을 조성하는 것이었다.

이러한 노인복지정책으로는 저출산·고령사회에 나타날 것으로 예상되는 노인복지 수요와 복지환경의 변화에 대응하는데 한계가 있다고 보고, 2004년 1월 인구·가족정책, 고용·인력정책, 보건·복지정책, 재정·금융정책을 총괄한 '저출산·고령사회 대응을 위한 국가실천전략'을 수립하여 노인복지정책에 국한되어 있던 기본 장기발전계획에서 벗어나 보다 종합적인 계획을 수립하였다. 이를 바탕으로 2006년 8월에는 저출산고령사회기본법에 의거하여 제 1차 저출산고령사회 기본대책 즉, 새로마지 플랜이 수립되었다. 이 계획은 '모든 세대가 함께 하는 지속발전가능사회'라는 비전을 달성하기 위하여, 2006-2010년까지 저출산·고령사회 대응기반을 구축하고 2011-2020까지 출산율 회복 및 고령사회에 대한 성공적 대응을 목표로 설정하고 있다. 새로마지 플랜에서 노인복지와 직접적으로 연관된 추진과제는 '고령사회 삶의 질 향상 기반 구축'이라 할 수 있는데, 이와 관련된 정책목표와 중점추진과제를 살펴보면 [그림 12-2]와 같다.

* 자료: 대한민국정부(2006). 제 1 차 저출산 고령사회 기본계획: 새로마지 플랜 2010.

〔그림 12-2〕 저출산 고령사회 기본계획의 노인복지 부문 정책목표와 추진과제

이러한 정책방향에 의해 추진되는 구체적인 급여와 서비스는 본서의 제 16장에서 다루기로 하고 여기서는 세부적인 논의를 생략하고자 한다. 노인복지정책에 의한 급여나 서비스에 대한 상세한 정보는 보건복지가족부(www.mw.go.kr) 노인정책관에서 매년 발행하는 「노인보건복지사업안내」를 다운로드(download)하여 참조하기 바란다. 그리고 지방정부에서 독자적으로 개발하여 추진하는 사업에 대해서는 각 시·도의 홈페이지를 참조하면 될 것인데, 2007년 현재 지방자치단체에서 독자적으로 추진 중인 사업들을 살펴보면, <표 12-4>와 같다.

〈표 12-4〉 지방자치단체에서 추진 중인 주요 노인복지사업

시·도	주요 추진 사업
서울	노인복지시설 주변 실버존 설치, 종로경로복지카드사업, 깔끔 세탁 배달사업
부산	노인복지시설 기간제 인력 파견 지원, 100세 이상 장수노인맞춤형 경로우대복지 시책, 치매노인 주간주말보호사업
대구	경로위생수당 지급, 노인상설상담소 운영, 노인지역사회 봉사활동비 지급
인천	노인자원봉사대 사업, 노인결연사업, 저소득 노인목욕비 지급
광주	효 출동대 운영사업, 독거노인 1촌 맺기 결연사업, 살맛나는 경로당 프로그램
대전	노인개안수술비 지원, 보청기 시술, 경로진료비 지급
울산	노인건강증진사업, 경로당 주변 환경정화 활동사업, 아줌마 가정도우미사업
경기	독거노인을 위한 빨래방 운영, 독거노인 1촌 가족 만들기, 노인행복아카데미 강의 개설, 노인문제 종합상담
강원	농어촌지역 노인쉼터 조성, 노인공동농장 지원, 노인인력뱅크 운영, 실버사랑 릴레이 지원사업
충북	골목호랑이 할아버지 운영, 경로우대업소 쓰레기봉투지원, 노인건강음료 배달
충남	독거노인 안전지킴이 사업, 효 실천복지서비스 사업, 어메너티(Amenity) 노인건강교실 운영
전북	장수어르신 지원, 샘골복지카드제 실시, 노인환자 진료비 면제
전남	농어촌 노인건강 One-Stop 지원서비스, 공동생활의집 설치지원, 노인 관내 문화유적 탐방 지원
경북	복지전화 365 운동, 환경취약지 및 어린이놀이터 관리 사업, 경로당 「우리마을 소개」 안내판 설치
경남	청소년 예절 학습단 운영, 저소득노인 실버보행카 지원, 효 실천업소 지정
제주	노인고용 촉진장려금 지원, 노인복지시설 입소노인 위생재료비 지원, 노인공동작업자 운영비 지원

* 자료: 보건복지가족부(2007). 2007년도 노인보건복지사업안내.

Ⅳ. 노인돌봄기본서비스사업의 이해

노인돌봄기본서비스는 독거노인에 대한 생활실태 및 복지욕구 파악, 정기적인 안전확인, 보건·복지서비스 연계 및 조정, 생활교육 등을 통해 독거노인에 대한 사회안전망을 구축할 목적으로 실시되는 사업으로, 2007년 새롭게 추진되는 노인복지사업이다. 다음에서는 「2009년 노인보건복지사업안내」를 중심으로 노인돌봄기본서비스에 대해 간략히 논의하고자 하며, 노인돌보미의 업무수행상의 역할과 행정실무에 대해서는 본서의 제 17장에서 상세히 논의하고자 한다.

1. 사업추진의 배경과 기본방향

자녀와의 별거 경향이 강해짐에 따라 노인 혼자서 생활하는 독거노인의 수가 빠르게 증가하고 있다. 이러한 독거노인들은 본서의 제 2장에서 논의한 바와 같이 가족이나 친구, 이웃 등으로부터 적절한 보호부양을 받지 못하고 사회적으로 고립되고 소외된 생활을 하는 경우가 많다. 이와 같이 독거노인의 사회적 지지망이 와해됨에 따라 거동이 불편한 노인들은 기본적 생활 영위조차 어려운 경우가 많으며, 앞임과 같은 학대상황에 노출되기도 한다. 또한 독거노인들은 사회적으로 소외된 생활로 인하여 우울증과 같은 정신장애를 앓거나, 자살 등의 극단적인 방법으로 생을 종결하기도 하며, 심지어는 사망 이후 상당 기간 지나서 발견되기도 한다. 독거노인의 생활환경이 이러함에도 불구하고 기존의 노인보건복지서비스는 기관 단위로 개별적으로 제공되고 있어 중복 지원되거나 서비스가 필요한 대상임에도 서비스 대상에서 누락되는 사례가 발생하여, 독거노인들이 체감하는 복지수준은 매우 낮은 상황이다.

보건복지가족부 노인지원과에서는 이러한 독거노인의 생활실태와 문제를 깊이 인식하여 노인복지법 제 4조(국가와 지방자치단체는 노인의 보건 및 복지증진의 책임이 있으며, 이를 위한 시책을 강구하여 추진하여야 한다)와 노인복지법 제27조의 2(홀로 사는 노인에 대한 지원)(① 국가 또는 지방자치단체는 홀로 사는 노인에 대하여 가정생활서비스 등의 서비스와 안전확인 등의 보호조치를 취하여야 한다. ② 제1항의 서비스 및 보호조치의 구체적인 내용 등에 관하여는 보건복지가족부장관이 정한다.)에 근거하여 2007년 신규 노인복지사업으로 독거노인 생활지도사 파견사업을 추진하기에 이르렀다.

노인돌봄기본서비스의 추진방향은 다음과 같은 세 가지로 요약된다. 첫째, 시·군·구 단위로 독거노인에 대해 효율적으로 보건·복지서비스를 제공하기 위한 독거노인 수 및 서비스제공 기관 현황 파악, 노인돌보미 활용계획 등을 포함한 사전계획을 수립한다. 둘째, 사업수행에 적합한 기관을 선정하고 민간을 포함한 노인관련 보건복지 서비스 제공기관간에 유기적 협조체계를 마련하여 독거노인 지원을 위한 보건·복지서비스 연계체계를 구축한다. 셋째, 구축된 연계체계 내에서 독거노인의 욕구에 따라 서비스 중복이나 누락 없이 효율적으로 서비스를 제공한다.

2. 사업 목적과 주요 사업 내용

1) 사업 목적과 목표

노인돌봄기본서비스의 목적은 독거노인의 안전을 확인하고 다양한 지원서비스를 제공하여 독거노인을 위한 사회안전망을 구축하는 것이다. 이러한 사업목적 하에서 추진되는 노인돌봄기본서비스의 세부 목표는 ① 독거노인에 대한 생활실태 및 복지욕구 파악, ② 독거노인의 안전 확인 및 생활교육 실시, ③ 독거노인 지원을 위한 보건·복지서비스 연계체계 구축을 통한 효율적 서비스 제공이라 할 수 있다.

2) 사업 대상

노인돌봄기본서비스의 사업대상 즉, 서비스 수급노인은 소득수준, 부양의무자 유무, 주민등록상의 동거자 유무와 관계없이 실제 혼자 생활하고 있는 노인으로서, ① 일상적 위험에 매우 취약하여 정기적인 안전 확인이 필요한 경우. ② 소득, 건강, 주거, 사회적 접촉 등의 수준이 열악하여 노인관련 보건복지서비스 지원이 필요한 경우. ③ 안전확인이 필요한 대상은 아니지만 정기적인 생활상황 점검 및 사회적 접촉기회 제공이 필요한 경우에 해당하는 자이다. 이러한 독거노인 중에서 현황조사를 통하여 서비스 수급권자를 선정함에 있어서는 기존에 노인복지 관련 기관으로부터 노인돌봄종합서비스, 장기요양보험, 가사·간병도우미서비스 등의 서비스나 지원을 받고 있는 독거노인은 사업대상자에서 제외된다.

3) 사업 내용

노인돌봄기본서비스의 주된 사업내용은 안전확인, 생활교육, 서비스 연계 및 조정이라는 세 가지 이지만, 이 주요 사업을 효율적으로 추진하기 위하여 독거노인 현황조사와 지역사회 보건복지서비스 현황조사가 이루어져야 하므로, 사업내용은 5가지로 구성된다.

안전 확인서비스는 노인돌보미가 주기적으로 가정을 직접 방문하거나 안부전화를 통하여 간접적으로 안전을 확인하고, 무선페이징, 안심폰, 독거노인 U-care 등 현재 독거노인에게 보급되어 있는 안전확인 기구의 점검과 사용법을 안내하는 사업이다. 그리고 위급상황 대응 및 도움 요청을 위한 연락체계를 구축하며, 노인돌보미가 가정방문을 할 경우에는 주거환경의 주기적 점검을 통하여 안전사고의 위험요인을 확인하여 이를 제거하거나 예방하는 서비스도 제공한다.

독거노인을 위한 생활교육사업은 지역사회내에 거주하는 독거노인을 대상으로 보건·복지·교육·문화 등에 관한 다양한 프로그램 교육 및 정보 제공 등을 실시하는 사업이다. 교육장소는 경로당 등 독거노인이 가장 접근하기 쉬운 장소를 확보하여 실시하며, 교육주기는 월 2회 이상, 주 1회 1시간이다.

서비스 연계활동은 독거노인의 보건복지욕구와 생활문제를 해결하는데 필요한 지역사회내의 공공기관과 민간기관에서 제공하는 다양한 서비스를 연계하고, 서비스 제공과정에 대한 점검과 평가를 실시하는 사업이다. 이러한 서비스 연계에 대해서는 본서의 제 16장에서 상세히 다룰 것이지만 독거노인이 필요로 하는 지역사회내의 주요 서비스를 제시하면 <표12-5>와 같다.

독거노인을 위한 본격적인 서비스를 제공하기 이전에 독거노인의 인적사항, 주거상황, 경제상태, 건강상태, 여가 및 사회참여 실태, 사회적 관계, 서비스 이용 등에 대한 현황조사가 이루어져야 한다. 독거노인에 대한 현황조사는 본서의 제 14장의 <표 14-1>에 제시된 '독거노인 지원카드'를 중심으로 하여 이루어지게 되는데, 조사방법에 대해서는 제 14장과 제 17장에서 상세히 제시하고자 한다. 지역사회 보건복지서비스 현황조사에서는 노인 관련 보건복지서비스 제공기관에서 제공하는 서비스의 내용과 주기 등을 파악하고, 민간자원과 서비스를 새롭게 발굴하는 것까지를 포함한다.

〈 표 12-5 〉 독거노인을 위한 연계서비스 종류 예시

욕구	종류	내용	관련 기관 및 단체
소득보장	경제적 지원	기초생활보장, 긴급지원, 기초노령연금, 결연 후원 등	읍면동사무소 민간복지기관 및 단체 등
	노인 일자리	노인일자리 제공, 취업알선	노인일자리 수행기관
노인보호	안전확인	무선페이징, U-안심폰, U-care 시스템, 야구르트 아줌마 등	소방방재청, 읍면동사무소, 시군구 등
	노인학대 예방사업	상담, 보호 및 지원 등	노인보호전문기관
건강 요양	가사·간병도우미	가사·간병서비스	자활후견기관
	노-노 케어	말벗서비스, 청소·세탁 보조	노인일자리 수행기관
	노인돌봄종합서비스	가사, 간병서비스, 말벗서비스	노인돌봄종합서비스 수행기관
	방문보건사업	보건서비스	보건소

욕구	종류	내용	관련 기관 및 단체
건강 요양	장기요양보험	방문요양, 방문목욕, 방문간호, 주·야간보호 등	국민건강보험공단 노인장기요양보험 지원센터
	노인의치·보철	노인의치 보철	보건소
	노인 안검진	노인 안검진, 개안수술(백내장)	한국실명예방재단
	의료서비스	지역사회 의료기관 연계를 통한 진료·치료서비스	민간 의료기관 등
영양 (결식)	무료급식	식사제공	무료급식 사업 수행 단체 민간복지기관 및 단체
	식사배달	도시락, 밑반찬 배달	사업수행 단체
	푸드뱅크·마켓·팜	식료품, 약품, 생필품 등	민간복지기관 및 단체
주거	주거개선 사업	도배, 전기공사 등	주거개선사업단 민간 자원봉사 및 후원
사회활동 여가	자원봉사	가사보조, 병원 등 외출동행, 말벗 서비스 지원 등 각종 자원봉사 활동	지역내 자원봉사단체, 종교단체, 학교, 민간기업의 사회봉사단 등
	여가·문화·교육 활동	여가·문화·교육 프로그램	노인복지관 등
기타	기타	지역내 민간 복지 서비스	교회, 성당, 사찰 등 종교단체, 민간 기업

3. 서비스 공급인력

노인돌봄서비스에서 제공하는 서비스를 공급하는 인력은 노인돌보미와 서비스관리자이다. 노인돌보미는 시·도에서 자치단체의 사업의지와 독거노인 인구비율을 감안하여 시·군·구별로 인원을 조정하여 배정한다. 노인돌보미의 자격조건은 노인돌보미로서 활동이 가능한 신체 건강한 자로 하되, 자격에 관한 별도 부가기준은 지역별 여건을 고려하여 지자체 및 사업수행기관에서 추가할 수 있다. 노인돌보미의 근무시간은 월~금요일까지 주 5일 근무이며, 1일 5시간(13:00~18::00) 근무제를 원칙으로 한다. 월보수액은 4대 보험을 포함하여 월 60만원으로 하며, 월급여 방식으로 근무한 다음달 20일 이내에 지급되며 결근시에는 일급으로 환산(산출근거 : 월 600,000월/130시간*5=23,080)하여 결근일수만큼 급여를 감액하여 지급한다. 노인돌보미가 담당해야 할 업무의 내용은 독거노인에 대한 ① 주기적 방문, 안부전화 등을 통해 안전확인 및 서비스 욕구 파악 실시, ② 무선페이징, 독거노인 U-care 등 안전확인 기구 점검 및 사용법 안내, ③ 주거 및 생활상태 점검을 통한 위험요소 제거 등 생활환경 정비, ④ 독거노인

위급상황 등 도움 요청시 신속한 대응, ⑤ 독거노인에게 필요한 보건복지서비스 연계 지원 및 조정, 사후점검, ⑥ 독거노인 생활교육 실시, ⑦ 독거노인 현황조사(독거노인 지원카드 작성)이다.

서비스관리자는 시·군·구별로 1인을 배치하며, 자격기준은 사회복지사 자격증 소지자, PC 및 엑셀프로그램 능통자이다. 서비스관리자는 사업수행기관에서 월~금요일(9:00~18:00)까지 주 5일 근무를 해야 하며, 휴가 등 기타 복무사항은 사업수행기관의 직원에 준하여 실시하되, 사업수행기관과 협의하여 조정 가능하다. 서비스관리자의 월급여액은 4대 보험을 포함하여 월 120만원이며, 급여지급방식은 노인돌보미와 동일하다. 서비스관리자가 수행해야 할 업무는 ① 독거노인 DB 관리, ② 독거노인의 욕구에 따른 서비스 계획 수립, ③ 독거노인의 복지욕구에 따른 필요서비스 연계 및 조정, ④ 노인돌보미 업무지원 및 복무관리, ⑤ 독거노인 생활교육 계획 수립, ⑥ 종교기관, 기업, 학교의 자원봉사 활동 등 지역내 복지자원 조사, 발굴과 연계, ⑦ 시·군구에 사업실적 보고 등이다. 이러한 노인돌봄서비스관리자와 노인돌보미가 수행해야 할 업무의 내용과 절차, 행정실무에 대해서는 본서의 제 17장에서 상세히 논의하고자 한다.

노인돌보미로 활동하기 위해서는 시·도별로 지정된 교육기관에서 실시하는 다음 <표 12-6>, <표 12-7>에서 정한바와 같은 집합교육(25시간) 및 기관별 실습교육(25시간)을 이수하여야 하며, 기본교육을 받은 후 하반기에 1회(5시간) 정도의 보수교육을 이수해야 한다.

〈 표 12-6 〉 노인돌보미 집합교육과정(25시간)

과 목 명	교육 내용	시간
노인복지정책 및 노인돌봄서비스 설명	사업취지 및 내용, 슈퍼비젼 제시	1
노화와 노년기 건강관리 (수발기술 포함)	수발기술	3
노년기 영양관리	영양관리일반(독거노인식습관파악)	1
노인의사소통 및 상담	상담기술	3
노인학대 이해 (자살예방 포함)	학대 및 자살 징후 선별·조치방법 등	2
연계가능 복지사업	가사간병 도우미, 방문보건서비스, 각종 보건소 사업내용, 노인일자리(노.노케어), 주거개선사업, 기초생활보장 및 긴급지원제도, 지역특수사업 등 각종 복지사업 / 사업내용 전반 및 연계방법 등을 교육하여 노인돌보미가 서비스 연계를 효율적으로 할 수 있도록 교육 프로그램 편성	2
기능증진 프로그램	건강, 여가(레크레이션), 인지기능훈련, 회상요법, 원예요법, 음악요법, 독서요법, 미술요법 등 / 독거노인 생활에서 활용할 수 있는 프로그램	12
윤리의식	사회복지윤리의식 (독거노인과 관련해서)	1

* 기능증진프로그램 일부는 생활교육 동영상 교재(Ⅰ운동편, Ⅱ건강편)를 활용한 자체학습 또는 수행기관별 교육으로 대체(4시간)하고 절감된 교육기간은 서비스 연계 활동으로 대체

< 표 12-7 >　노인돌보미 기관별 실습교육과정(25시간)

과 목 명		교 육 내 용	시간
노인복지정책 및 노인돌봄서비스 사업 이해		사업취지와 내용, 슈퍼비전	1
생활관리사의 윤리의식			1
사례관리(case management)의 이해		사례관리 내용 및 절차 등	2
독거노인 생활교육 계획수립 및 운영방법			2
연계가능 복지사업	가사간병 도우미, 방문보건서비스, 보건소 사업내용, 노인일자리(노-노케어), 주거개선사업, 기초생활보장 및 긴급지원 제도, 지역 특수사업 등 각종 복지사업	사업내용 전반 및 연계 방법 등을 교육하여 노인돌보미가 서비스 연계를 효율적으로 할 수 있도록 교육 프로그램 편성	2
노인돌보미 행정 실무교육		실태조사, 지원카드 작성법, 지역내 복지자원조사 등	2
노년기 건강관리와 영양			2
일상생활 동작능력과 수발기술			3
안전확인 기구(무선페이징 등) 사용법		안전기구 사용법 및 고장유무 확인 등	1
소방 안전 교육, 주거상태 점검 방법			1
기능증진 프로그램	건강, 여가(레크레이션), 인지기능 회복, 회상요법, 원예요법, 음악요법, 독서요법, 미술요법 등	독거노인 생활교육시 활용할 수 있도록 실기위주의 프로그램 편성	8

4. 사업수행기관의 역할

　노인돌봄기본서비스를 실시하는 기관은 사업의 원활한 추진을 위해 특별한 하자가 없는 경우에는 기존 사업수행기관을 선정한다. 그러나 업무수행 실적이 저조하거나 예산집행 등 사업운영에 있어 문제가 있는 경우사업수행기관을 재선정이 가능하다. 독거노인 복지서비스 one-stop 지원센터 등 시군구 단위에서 노인 대상 보건복지서비스를 제공하고 있는 기관 중 동사업을 효율적으로 수행할 수 있는 민간기관을 선정할 수 있으며, 사업수행이 가능한 적절한 민간기관이나 단체가 없는 경우 시·군·구가 직접 사업 수행 가능하나 노인돌봄서비스종합비관(구. 노인돌보미 바우처 제공기관)을 지정·운영하여 사업효율성을 제공할 것을 적극 권장한다.

제 12 장 노인복지정책과 노인돌봄기본서비스사업의 이해

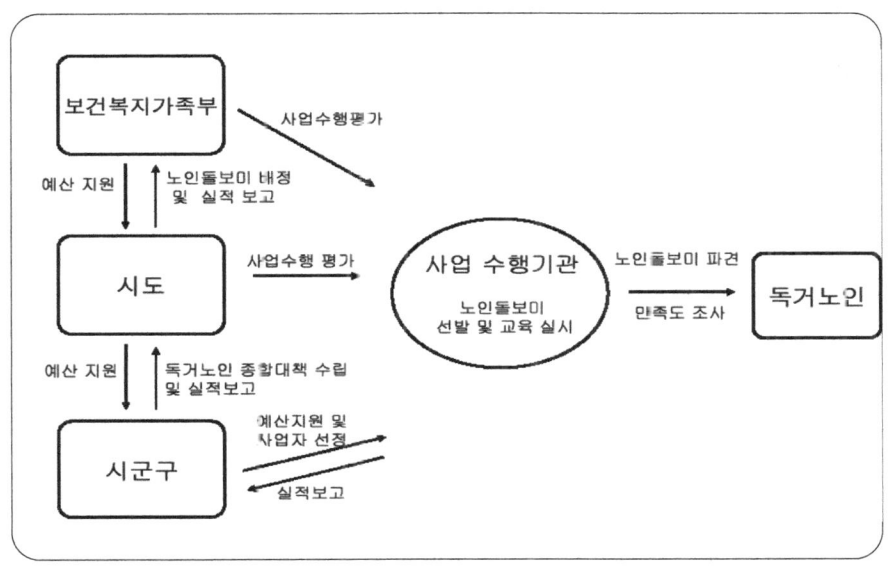

〔그림 12-3〕 노인돌봄기본서비스 추진체계

　노인돌봄기본서비스의 사업추진체계는 위의 [그림 12-3]과 같다. 이러한 사업추진체계 중 보건복지가족부가 수행해야 할 역할은 ① 세부 사업지침 통보, ② 국고보조금 배정, ③ 평가지표 마련 및 평가 수행이다. 광역자치단체인 시·도에서는 ① 시·군·구별 노인돌보미 인원배정, ② 사업수행기관 현장점검 및 사업수행 평가(복지부와 공동수행)를 담당한다. 기초자치단체인 시·군·구에서는 ① 독거노인 종합대책 수립, ② 노인돌봄기본서비스 수행기관 선정, ③ 사업수행기관 지도점검, ④ 독거노인 데이터베이스 구축·관리 업무를 수행한다. 그리고 사업수행기관에서는 ① 노인돌보미 및 서비스관리자 선발, ② 노인돌보미 및 서비스관리자 기본 및 보수교육 실시, ③ 노인돌보미 파견 실시, ④ 서비스관리자 배치, ⑤ 노인관련 보건복지서비스 연계 및 사후점검, ⑥ 노인돌봄기본서비스 만족도 조사 및 분석, ⑦ 독거노인 데이터베이스 구축·관리, ⑩ 사업실적 보고 등의 업무를 수행해야 한다. 만약 시·군·구에서 별도의 사업수행기관을 지정하지 않고 직접 사업을 수행할 경우에는 기초자치단체와 사업수행기관이 수행해야 할 역할과 업무를 동시에 수행해야 한다.

MEMO

MEMO

MEMO

제 13 장 노인돌보미의 윤리의식

> **학 습 목 표**
> □ 인간봉사전문직으로서의 노인돌보미의 지위를 이해한다.
> □ 노인돌보미가 갖추어야 할 조건을 이해한다.
> □ 노인돌보미의 직업윤리와 행동원칙을 이해한다.

I. 전문직으로서의 노인돌보미의 지위

　인간에게 봉사하는 전문직 종사자는 사회복지사, 의사, 간호사, 교사, 종교인, 재활치료사 등 매우 다양하다. 이들 인간봉사전문직 종사자에 대한 세상 사람들의 평가와 존중도는 다른 직종에 비해 매우 긍정적이고도 높다. 그러나 사회복지전문직 종사자들 더 좁혀서 노인복지종사자에 대해서 세상 사람들은 '희생정신이 뛰어난 사람'이라고 말한다. 이 표현은 노인복지종사자들이 자신을 돌보고 살기에도 힘든 세상에서 남들을 위해 헌신하는 점을 높이 평가하여 하는 말이다.

　그런데 노인복지종사자는 정말 자신을 희생하는 사람들인가? 물론 이 땅의 노인복지분야의 1세대 종사자들은 평생을 자식을 위해 헌신한 부모처럼 자신의 모든 인생을 바쳐 현재 이 땅의 터전을 가꾸었고 그런 희생이 모여져 오늘이 있을 수 있게 된 것이다. 그런 점에서 이들 1세대 노인복지종사자의 희생은 사회적으로 칭송 받아 마땅하며 현재의 노인복지종사자들은 이들에 대한 긍정적 평가의 덕으로 좋은 평가를 받고 있는 것이라는 생각도 든다.

　그렇다면 현세대의 노인복지종사자들이 '희생정신이 투철한 사람'이라는 평가를 듣는 것은 좋은 일인가 아니면 잘못 평가받고 있는 것인가? 얼핏 듣기에는 참 듣기 좋은 표현이다. 그러나 좀 더 생각해 보면 좋은 의미만을 함축한 표현은 아니라는 것을 알 수 있다. 왜 잘못된 것인지를 증명하기 위하여 같은 사회적 지위가 높고 존경을 받고 있는 의사나 성직자와 비교하여 보자. 의사나 성직자를 두고 인간에게 봉사하니까 희생정신이 투철한 사람이라고 칭찬하는 경우는 드물다. 그들은 '○○(선생)님'으로 불리어 성스럽거나 고귀한 정신을 가진 사람으로 평가된다. 그리고 그들은 몸과 영을 치료해주는 고마운 사람으로 기억되고, 열에 하나 손가락질을 받는 사람이 있긴 하지만 대부분은 사회적으로 존경을 받고 있다.

　이런 점을 미루어 볼 때, 같은 인간봉사 전문직에 종사하는 노인복지종사자 역시 사회로부터 전문가라고 인정을 받아야 한다. 그러나 희생정신이 투철하고, 인간 사랑이 넘치는 사람으로 평가받고 있는 것이 현실이다. 그렇다면 왜 세상 사람들은 노인복지종사자에게는 희생정신만을 높이 사고 전문성을 인정하고 긍정적으로 평가에서는 냉혹한가? 그 이유는 간단하다. 노인복지종사자들이 전문적 능력을 인정받지 못하는 것은 세상 사람들이 인정할 수 있을 만큼의 전문적 행동을 보여주지 못했기 때문이라고 할 수 있다. 그러므로 자신의 안위와 조금이라도 편히 사는데 열중하고 있는 현대인들이 보기에는 노인복지종사자는 '자기 이익을 조금만 양보하고 희생하면 누구나가 할 수 있는 일'을 하고 있는 사람들에 불과한 것이지, 전문직 종사자로 평가해 주지는 않는 것이다.

희생정신이 투철한 사람이기 보다는 전문가로 존중받기 위해서는 노인복지종사자 스스로가 전문가라고 주장한다고 해서 해결될 일이 아니다. 결국 인간봉사전문직 종사자인 노인복지종사자 스스로가 전문성을 갖추고 그것을 행동으로 서비스로 보여줌으로써 명백한 전문가라는 사실을 스스로 입증해내는 방법밖에는 없다.

세상으로부터 정말 '○○선생님'또는 '○○님'할 때의 '님'자에 함축된 존경의 의미와 동일한 의미의 '선생님'과 '님'즉, 진정한 전문가로 불리기 위해서는 결국 노인복지종사자 스스로 아니 종사자 개개인 스스로가 전문성을 갖추기 위하여 각고의 노력을 하는 길 이외에는 별다른 방법이 없다. 물론 그런 노력에도 불구하고 사람들의 의식이 쉽게 바뀌는 것이 아니기 때문에 진정한 인간봉사전문직으로 인정받기 위해서는 더 오랜 시간을 기다려야 할지도 모른다. 그러나 그 길 이외에는 달리 길이 없다.

그렇다면 외길인 이 길 즉, 전문가가 되는 길은 무엇일까? 그리고 전문가인 동시에 직업인으로서 노인돌보미가 갖추어야 할 태도와 행동거지는 무엇일까? 다음에서는 이에 대해 논의해 보고자 한다.

Ⅱ. 노인돌보미가 갖추어야 할 세 가지 조건

1. 독거노인의 행복한 삶의 세 가지 조건

노인돌보미가 갖추어야 할 조건을 논의하기 위해서는 먼저 노인돌보미가 궁극적으로 추구하는 것이 무엇인가에 대해 먼저 살펴보아야 한다. 노인돌보미는 '독거노인의 삶의 질을 향상시키기 위해 서비스를 제공하는 전문직 종사자'이다. 그런데 '삶의 질'이라는 것이 그렇게 쉽게 규정될 수 없기 때문에 노인돌보미들이 직접 만나 서비스를 제공하는 독거노인 클라이언트(client)들에게 뭘 해주어야 하는지 구체적인 생각과 행동으로 연결되지 못하는 경우가 많다. 보다 쉽게 이해하기 위해서 '높은 수준의 삶의 질'을 '세 가지 L(3L)이 갖추어진 삶'이라고 조작적으로 규정하고자 한다.

먼저 이 세상에서 가장 아름다운 L자에 해당하는 Love이다. 결국 사람이란 자신이 사랑하는 사람이 있고 다른 사람으로부터 사랑을 받을 때 가장 행복하다고 할 수 있다. 그런 사랑을 주고받을 때 인간은 심리적 안정을 유지할 수 있다. 그러므로 노인돌보미는 온화한 마음으로 사랑이 모자라는 독거노인에게는 따뜻한 사랑을 나누고 심리적 유대관계를 돈독히 함으로써, 독거노인이 심리적 안정감을 느낄 수 있도록 해야 할 것이다.

두 번째 L은 Labor이다. 즉, 인간은 할 일이 있을 때 소득이 생기고, 자신이 사회적으로 유용하다는 느낌을 갖게 된다. 그 일을 통해 세상에서 필요로 하는 것들을 만들어 내고 일의 결과로 받게 되는 경제적 보상과 심리·사회적 보상을 통해 개인과 가족생활에 필요한 소득을 확보하고 사회적 자아존중감과 자기유용감을 획득할 수 있게 된다. 그러나 꼭 돈벌이가 되는 일만이 일은 아니다. 장애인의 경우에는 돈벌이가 되는 일이 없다고 해서 불행한 삶을 살아야 하는 것은 아니다. 자신의 능력 범위 내에서 자기 나름대로 의미 있는 활동(예를 들면 재활치료 활동이라던가, 다른 사람을 도와주는 봉사활동 등)도 충분히 의미 있는 삶으로서의 가치를 갖는 일들이다. 따라서 노인돌보미는 독거노인에게 뭔가 보람 있고 생산적인 일거리를 가질 수 있도록 하기 위해서 노력하여야 한다.

세 번째 L은 Leisure이다. 즉, 쉬면서 자신의 삶에 새로운 것을 창조하는 것이다. 사람은 일만하고 살 수는 없으며, 때로 휴식을 취해야 한다. 그러나 그 휴식기간 중에 즐거움만을 추구하는 놀이(play)에만 열중한다면 휴식은 될지 모르지만 발전이 없을 것이다. 그리고 단지 시간을 흘려보내는 시간 죽이기(소일, part-time)만 한다면 현상 유지는커녕 퇴보와 쇠퇴의 길을 걷게 될 것이다. 그러므로 사람들은 쉬면서 자신의 인생을 되돌아보고 더 나은 인생을 위하여 뭘 할지를 생각할 기회를 가져야 한다. 만약 독거노인 중에 소일만 하거나 놀이만 하는 노인이 있다거나 아니면 자신의 삶이 보다 나은 삶이되기 위해 무엇을 해야 하는지를 생각조차 하지 않는 독거노인이 있다면, 노인돌보미는 그러한 독거노들의 삶에 의미 있는 계기를 마련해주기 위한 노력을 게을리 하지 말아야 한다.

2. 노인돌보미가 갖추어야 할 세 가지 조건: 3H 또는 3~ing

대학에서 학생들을 가르치거나 현장에서 노인복지종사자들을 만났을 때 흔히 듣는 말들 중에 하나는 노인복지를 제대로 하려면 '만능(萬能)'이어야 한다는 표현이다. 그 말 역시 사실이다. 그러나 노인복지종사자들이 흔히 사용하는 '만능(萬能)'이라는 말은 푸념의 의미가 매우 강하게 내포되어 있다. 뭐든 다 잘해서 만능이 아니라 전문가에게 걸맞은 일이 아니라고 생각되는 하찮은 일, 자질구레한 일들까지도 해야 한다는 의미로 만능이라는 용어가 사용되고 있다. 즉, 만능은 노인복지종사자들이 신세타령을 할 때 쓰는 말이다.

이와 같이 만능이라고 하는 신세타령 조의 용어가 없어지기 위해서는 먼저 시설이나 기관에 필요한 인력이 충분히 배치되어야 한다. 그런데 현재의 국가재정으로는 충분한 인력을 배치할 여력이 없어 보인다. 그러기에 노인복지현장에서는 좀 더 오랜 기간 동안 나쁜 의미의 만능이란 단어가 사용되어야 할지도 모르겠다.

그러나 정말로 노인돌보미는 '만능'일 필요가 있다. 왜냐하면 '독거노인의 삶의 질 향상'이 노인돌보미가 추구하는 궁극적 목적이기 때문에 독거노인의 삶의 영역과 관련된 모든 일들을 능숙하게 처리할 수 있는 능력 즉, 만능과 다재다능(多才多能)이 필요하다. 이때의 만능과 다재다능은 능숙한 일처리 솜씨만을 두고 하는 말은 아니다. 그 의미는 바로 '모든 것을 모두 다 잘 할 수 있다'는 진정한 의미의 만능이요, 다재다능인 것이다. 그래야만 독거노인의 삶에서 채워지지 않았거나, 혼자서는 하지 못하는 작은 것들, 사소한 것들 더 나아가 하찮은 것들까지도 도와줄 수 있는 것이다.

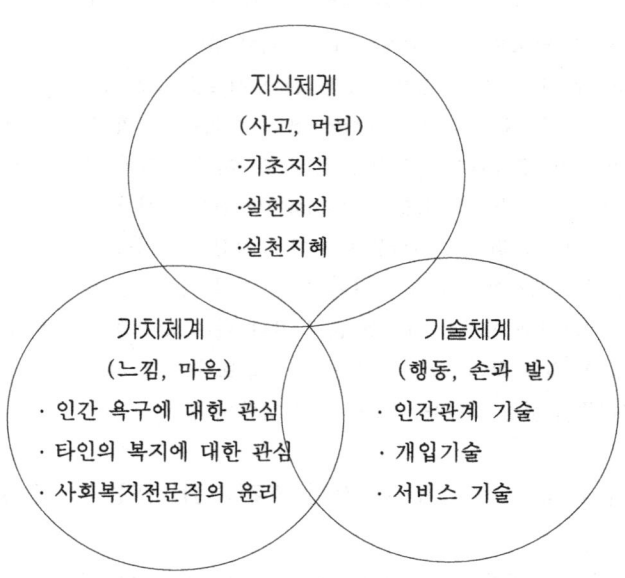

[그림 13-1] 노인돌보미가 갖추어야 할 세 가지 조건

노인돌보미가 진정한 의미의 다재다능한 전문가가 되기 위해서는 어떻게 해야 하고 어떤 것들을 갖추어야 하는가? 그것은 다름 아닌 [그림 13-1]에서 보는 바와 같이 세 가지 조건 즉, 머리(head)로 생각(thinking)하는 지식체계, 마음(heart)으로 느끼는(feeling) 가치체계 그리고 손(hands)과 발로 움직이는(acting) 기술체계이다. 이를 요약하면 노인돌보미가 전문가가 되기 위해 갖추어야 할 조건은 3H(head, heart, hands) 또는 3~ing(thinking, feeling, acting)이다. 즉, 노인돌보미는 '차가운 머리, 뜨거운 가슴 그리고 움직이는 손과 발' 전문용어로 말하면, 지식(knowledge), 가치(value), 그리고 기술(skill)을 갖추어야 한다. 즉, 진정한 전문가가 되기 위해서는 '가슴은 뜨겁게, 머리는 차갑게, 손발은 부지런하게 움직여야' 하는 것이다. 이 셋 중에 어느 것이 중요하고 어느 것이 먼저인지를 정할 수가 없기에 여기서는 차례대로 세 가지 조건들에 대해 간략히 논의해 보자.

1) 차가운 머리: 지식(knowledge, thinking)

차가운 머리에 해당하는 부분은 '생각하는 습관(thinking)'에 의해 길러지는 것이고 이러한 생각을 통해 창출된 것들이 지식이다. 노인돌보미는 이러한 지식이 없이는 노인이 왜 그런 말과 행동을 하며 왜 그런 것들을 필요로 하는지를 이해하지 못하며 어떻게 해야 제대로 도와주는 것이며 어떤 도움을 계획해야 하는지를 알 수가 없다. 그러므로 노인돌보미는 끊임없이 생각하고, 고민하고 공부해야 하는 것이다.

노인돌보미가 갖추어야 할 지식은 몇 가지로 나뉘어진다. 첫째는 노년기의 발달, 행동, 성격, 그리고 사회환경이 노인에게 미치는 영향 등을 이해할 수 있는 기초지식(foundation knowledge)이다. 이런 영역과 관련된 지식은 노인의 행동을 이해하는데 필요한 지식이므로 노인의 삶의 영역과 결부된 거의 모든 학문분야의 지식들이 여기에 해당한다고 해도 과언이 아니다. 그러나 대표적인 것들만 들어보면 심리학, 사회학, 정치학, 경제학, 생물학, 의학 등 매우 다양하다.

이러한 분야의 공부는 대개 대학에서 교양과 전공공부 시간에 학습해야 하는 부분이다. 그러나 반드시 그러한 것은 아니다. 개인의 일상생활과 경험이 바로 이런 지식들과 밀접하게 관련되어 있으므로 생활경험을 통하여 바로 노인을 이해하는데 필요한 기초지식들을 쌓아갈 수 있는 것이다. 그리고 요즘에는 인터넷이 발달해 있어서 원하는 정보만 클릭하면 얼마든지 원하는 정보를 얻을 수 있다. 그 외에 여행이나 노연체험과 같은 다양한 경험들을 통해서도 노인돌보미는 얼마든지 기초지식을 쌓을 수 있다.

두 번째 필요한 지식은 노인을 원조하는 행동의 전문성을 길러주는 실천지식(practice knowledge)이다. 이 지식은 노인의 욕구와 문제를 확인하고 이를 치료하거나 해결해줄 수 있는 방법을 고안하고 원조계획을 수립하는 것과 관련된 지식이다. 바로 사회복지분야의 실천방법론과 관련된 지식이다. 그러므로 대부분의 실천지식은 대학시절 사회복지나 관련 인간봉사전문직의 전공 교육과정에서 학습하게 된다.

그런데 문제는 두 가지 상황에서 발생한다. 먼저는 대학을 졸업함과 동시에 책을 손에서 놓는다는 것이다. 그렇게 되면 노인돌보미의 서비스를 받는 노인들은 '오래된 지식을 가진 구식 종사자로부터 구식 서비스'를 받는 불리한 상황에 처하게 되는 것이다. 그런데도 대부분의 독거노인은 서비스를 선택할 수 있는 권리가 제한되어 있기 때문에 구식 서비스인지 알면서도 어쩔 수 없이 그 구식 서비스를 받게 되는 것이다. 또 다른 문제는 대학에서 배웠다고 하더라도 책에 있는 내용을 현실에 적용하기 어렵다는 것이다. 이점은 우리의 대학교육이 이론 중심의 강의로 이루어져 있는 것에 가장 큰 원인이 있다. 그러나 이러한 이론과 실천의 연계성 미흡이라는 문제는 또 다른 지식 차원에 의해 해결이 가능하다.

세 번째 지식의 영역이 바로 그와 관련된 것으로 실천지혜(practice wisdom)이다. 일상 생활에서 '경험만큼 큰 스승은 없다'라는 말을 한다. 바로 이 말과 연결된 것이 실천지혜이다. 이 지식은 많은 현장경험을 통해서 몸으로, 직감적으로 체득된 것으로 하나의 지식이 된 것이다. 처음에는 '이러면 될 것 같다'는 검증되지 않은 가설로 일을 처리하게 되면서 시작하여서, 점차 그것들이 현실에서 적절한 방법으로 인식되면서 하나의 지식으로 굳어지는 것이다. 즉, 전공서적에 쓰여 있지 않은 많은 방법들이 현장의 경험을 통해서 보충되어 가는 것이고, 현장 종사자 '나름의 노하우(know-how)'인 것이다. 이 노하우를 적절히 활용하게 되면 어느 정도의 지적 결핍상태에서는 벗어날 수 있다.

이 지점에서 노인돌보미가 갖추어야 할 조건인 지식과 관련된 질문을 해보면 우리 노인돌보미들의 지식 학습노력은 지극히 미진하다는 것이다. 개인수준에서 보면 전문서적을 사서 읽는데 돈을 쓰지 않는다는 것이다. 둘째, 기관 수준에서 보면, 운영비에서 도서구입비가 차지하는 비중은 지극히 작다는 것이다. 셋째, 외부와의 연계를 통한 지식의 활용에도 적극적이지 못하다는 것이다. 이런 상황이 오래 지속되면, 노인돌보미 모두가 전문가의 첫번째 자질인 지식인의 자질을 갖추는데 실패할 수밖에 없고 일반인들로부터 전문가로 인정받는 시간은 더욱 늦어질 수밖에 없는 것이다.

그러므로 개인과 기관은 책을 사고 읽고 하는데 투자해야 한다, 개인수준에서는 시간이 날 때마다 책을 읽고, 시·군·구나 기관에서는 노인돌보미끼리 연구모임을 만들 수 있도록 재정적, 사회적 지원을 해야 한다. 그리고 상급 학위과정에 입학하여 전공공부를 다시 할 필요도 있다. 이때 기관에서는 '사람을 키우는 것이 조직을 살리는 일이며, 일을 능률화하는 작업이라는 말을 신봉해야 한다.

2) 뜨거운 가슴: 가치(value, feeling)

뜨거운 가슴에 해당하는 부분은 독거노인에 대한 '느낌'을 통해서 길러지며 이는 가치와 윤리라는 것으로 표현된다. 노인돌보미가 일을 할 수 있는 이유 더 강하게 표현하면 존재하는 이유는 바로 독거노인이 있기 때문이다. 즉 독거노인이 고객이요 주인이며, 노인돌보미는 그로 인해 일거리를 갖게 된 사람인 것이다. 말하자면 독거노인을 섬겨야 하는 사람인 셈이다. 독거노인의 업무나 일은 노인돌보미가 아니라 독거노인에게서 출발하는 것이다.

그러므로 노인돌보미는 독거노인이 관심 있어 하는 것, 원하는 것, 힘들어 하는 것 그리고 혼자서 못하는 것이 무엇이냐에 끊임없는 관심을 기울여야 한다. 즉, 독거노인에 오감을 집중하여 독거노인의 관심과 욕구, 문제를 마음으로 느낄 수 있어야 한다. 그런 다음에야 독거노인을 원조하고 서비스를 제공하는 다른 모든 것이 이루어질 수 있는 것이다.

독거노인의 관심과 욕구를 파악하는 방법은 두 가지가 있다. 하나는 독거노인이 바라는 것을 '있는 그대로 느끼고' 파악하는 것이고, 또 하나는 독거노인이 '이런 것을 필요로 하고 원할 것이라고 노인돌보미가 판단' 하는 것이다. 첫 번째 방법에 의해 파악된 독거노인의 욕구를 노인이 느끼는 욕구(felt need)라고 하며, 두 번째 방법에 의해 파악된 것이 노인돌보미가 판단한 욕구(they need)라고 한다. 이 두 가지 욕구가 일치하면 가장 이상적인 상태라고 할 수 있다. 그러므로 노인돌보미는 인지능력이 심하게 손상된 독거노인을 원조할 때를 제외하고는 자신이 판단한 독거노인의 욕구에 근거하여 서비스를 해서는 안 되며, 노인이 느끼는 욕구에 근거하여 서비스를 제공해야만 한다. 그러기 위해서는 독거노인 대한 진정한 관심, 감정이입, 온화함 등을 갖추어야 한다.

흔히들 노인돌보미가 갖추어야 할 조건으로 '인간에 대한 사랑'이라고들 한다. 그런데 인간에 대한 사랑은 그렇게 쉽지가 않다. 내 가족, 내 애인에게도 소홀해지고 사랑이 식어가는 경우도 허다하게 많이 볼 수 있다. 그런데 피 한 방울 안 섞인 독거노인에게 끊임없는 사랑을 가슴에 안고 평생을 헌신한다는 것은 굉장히 힘든 일이다. 그러기에 그 사랑이 식지 않도록 노인돌보미는 끊임없는 노력을 해야 하며, 그 사랑을 지켜내기 위한 행동지침을 지니고 있어야 한다.

바로 이러한 독거노인에 대한 사랑과 관심을 지켜낼 수 있도록 도와주면서 노인복지전문 직종사자가 바람직하다고 생각하는 가치를 추종할 수 있도록 해주는 것이 바로 윤리강령에 제시된 윤리원칙이다. 즉, 노인돌보미의 행동거지를 제시해 놓은 윤리원칙을 미국사회복지사협회(NASW)의 윤리강령에 근거하여 간단히 살펴보면 다음과 같다.

〈 표 13-1 〉 사회복지종사자의 가치와 윤리

가 치	윤 리
서비스	- 사회복지 종사자의 1차적 목적은 욕구를 지닌 인간을 원조하고 사회문제를 해결하는 것이다.
사회정의	- 사회복지 종사자는 사회의 부정의에 도전해야 한다.
인간의 존엄성	- 사회복지 종사자는 인간의 타고난 존엄성을 존중해야 한다.
관계의 중요성	- 사회복지 종사자는 인간관계의 중요성을 충분히 인식해야 한다.
통합성	- 사회복지 종사자는 신뢰할 수 있는 방식으로 행동해야 한다.
유능성	- 사회복지 종사자는 유능한 실천을 하여야 하며, 자신의 전문성을 개발하고 증진시켜야 한다.

이상의 윤리원칙은 미국사회복지사협회의 윤리강령 중 제목만을 논의한 것이다. 따라서 노인돌보미는 보다 세부적인 윤리원칙에 대한 확실한 이해를 가져야 하며, 이를 충실하게 이행하여야 한다. 그렇지만 첫 번째 윤리강령이 독거노인에 대한 서비스 즉, 받들고(奉) 섬김(仕)의 행위이다. 이를 위해서 노인돌보미는 앞에서 논의한 차가운 머리와 함께 사랑 즉, 인본주의적 접근방법을 활용할 수 있어야 한다. 즉 사람과 대상(I-it)의 관계가 아니라 사람과 사람(I-Thou)으로서의 관계를 형성할 수 있어야 한다. 그러기 위해서 노인돌보미는 진실해야 하며, 언행의 일치를 이루어야 하며, 독거노인의 마음을 읽고, 그 마음에 적절한 반응을 할 수 있어야 한다. 이러한 노인돌보미의 행동을 독거노인이 느낄 수 있을 때 사랑이 전달될 수 있는 것이며, 그래야만 독거노인도 자신의 변화와 욕구충족을 위해 노인돌보미를 신뢰하고 그와 함께 마음을 움직이고 즉, 동기화한 후에야, 그의 능력(capacity)을 제고하고, 이를 적용해볼 수 있는 기회를 부여하는 것이 의미를 지니게 되는 것이다. 즉, 독거노인이 동기화가 되지 않은 상황에서는 문제해결이나 욕구충족이 이루어질 수 없기 때문에, 독거노인을 향한 따뜻한 가슴이라는 것이 요구되는 것이다.

이와 같이 이해해주고, 받아주고, 비난하지 않고, 자율권을 주는 노인돌보미로부터 사랑을 느낀 독거노인은 스스로 자신의 능력과 장점, 자원을 활용하여 자신을 변화시키려 한다. 그러나 자기 마음대로 판단하고, 뭐든 하라고 시키고, 못하면 소리 지르고, 심지어는 윽박지르는 노인돌보미에게서 독거노인은 마음의 문을 열지 않는다. 그 대신 독거노인은 주객이 전도되었다고 생각하게 된다. 그런 노인돌보미는 대부분 독거노인의 장점을 찾기보다는 독거노인의 모자란 점을 먼저 찾게 된다. 그럴수록 강점모델(strength-centered model), 역량강화모델(empowerment model)이 아닌 문제중심, 치료중심의 접근방법을 사용하게 되고, 노인돌보미는 소리 지르고, 귀찮아하고, 투덜거릴 일이 많아지고, 나중에는 그게 귀찮으니까 그냥 내버려두게 된다. 바로 노인돌보미가 판단하고 재단한 노인의 욕구(they-need)만이 눈에 들어오게 되고, 마음은 차갑게 식어가게 되는 것이다.

인간봉사전문직의 봉사현장에서 일하는 종사자들의 경우 입사 초기에는 결정을 지니고 있지만, 계속 반복되는 일들 때문에 지치고 힘들어하는 때가 많다. 그리고 급기야는 그냥 수발드는 사람 정도로 자신의 자리매김하는 경우가 많다. 아니면 몸이 지치고 마음이 천갈래 만갈래 찢겨져 누워버린 종사자 즉, 소진된 종사자들이 많이 있다. 그렇게 되면 본인도 힘들지만, 서비스를 받아야 하는 독거노인은 더 힘들게 된다. 아니 독거노인 삶의 방해꾼이 되는 것이다. 이러한 상황에 빠져들지 않기 위해서 노인돌보미는 항상 자신의 직무와 관련된 새로운 것을 찾기 위하여 생각(thinking)하고, 스트레스를 그때그때 풀어야 한다. 이를 위하여 기관에서는 구정화된 휴식의 기회를 충분히 부여해 주어야 하며, 노인돌보미들만이 쉴 수 있는 공간을 별도로 마련해 주고, 이들이 여가를 건전하게 활용할 수 있는 제도적 장치를 만들어 나가야 한다.

3) 움직이는 손과 발 : 기술(skill, acting)

움직이는 손과 발에 해당하는 부분은 '목적이 있는 행동'을 의미한다. 이러한 유목적 행동은 노인돌보미에게 있어서는 독거노인을 원조하는 행동이며 이러한 원조행동은 결국 전문적 실천기술을 바탕으로 이루어지는 것이다.

인간봉사전문직은 실천학문이고 응용학문이기 때문에 머리로만 이해하고, 가슴으로 느끼기만 해서는 아무런 의미가 없다. 그러므로 지식이나 가치가 바로 기술이라는 행동을 통해서 나타나기 때문에, 노인돌보미에게 있어서 기술이 매우 중요하다고 할 수 있다. 그러나 그 기술은 지식과 가치가 전제되지 않을 때에는 노인돌보미는 전문가가 아닌 기술자(technician)가 되어 버린다. 능숙한 기술을 갖추었을 때 노인돌보미는 일을 잘 처리할 수 있을지 모르지만, 노인돌보미의 존립근거이고 최종 목표이기도 한 '독거노인'이라는 존재는 뒷전으로 밀려나게 되는 우를 범하게 된다. 그러므로 기술만을 갖추어서는 안 되며, 지식과 기술을 밑바탕으로 하여 기술을 발전시켜 나가야 하는 것이다.

그렇다면 그런 기술에는 어떤 것들이 있는가? 첫째, 관계의 기술이다. 인간봉사전문직의 원조는 인간과 인간사이의 관계를 바탕으로 하여 이루어지는 것이다. 그러므로 노인돌보미는 독거노인과 촉진적 원조관계를 맺을 수 있는 기술을 익혀 두어야 한다. 이러한 기술 역시 인간봉사전문직의 전공 공부를 하는 과정에서 배우게 되는데, 본서의 제 5장 노인과의 의사소통과 상담부분에서 제시한 Biestek의 원조관계의 7대 원칙이라고 하는 것이다. 즉, 개별화, 의도적 감정표현, 통제된 정서적 관여, 수용, 비심판적 태도, 자기결정, 비밀보장이다. 이외에 주의집중, 감정이입, 경청 등의 기술들은 독거노인과 원조관계를 맺는데 꼭 필요한 기술들이다. 그런데 일에 지치다 보면 이런 기술들을 까맣게 잊고 지내는 경우가 많다.

예를 들면, 독거노인의 특성에 관계없이 '독거노인'이라는 범주로 묶어서 도와준다. 이는 바로 개별화의 관계원칙을 따르지 않음이다. 그리고 수용하기 보다는 거부하고, 심판적 태도로 독거노인을 나무라고, 그의 마음을 표현할 수 있는 기회를 주기 보다는 성급하게 미리 판단해 버리고, 독거노인이 자기 결정의 능력이 없다고 판단하여 대신 뭔가 다해줘 버리고 더 나아가서는 독거노인의 의견을 무시하기까지 한다. 이 시점에서 노인돌보미는 스스로 과연 독거노인과 정말 Biestek이 말하는 관계의 7대 원칙을 지키고 있는지 자문해 볼 필요가 있다.

둘째는 이전에 치료라고 불렀던 실질적인 원조에 필요한 개입기술이다. 개입 즉, 독거노인의 치료나 재활을 지원하기 위해 사용할 수 있는 개입기술들은 너무 많다. 독거노인 생활교육에 사용할 수 있는 기술을 예로 들어 보면, 일상생활 원조기술, 작업치료, 물리치료, 운동요법, 언어치료, 미술치료, 치료레크리에이션 등등 이루 헤아리기 힘들 정도로 많이 있다. 그런데 문제는 이런 치료 또는 요법이라는 말이 들어가는 행동은 전문적으로 보는가 하며, 그렇지 않은 경우는 전문적 개입이라고 보지 않는 잘못된 이분법적 사고가 독거노인 노인돌보미에게 팽배해 있다.

노인돌보미의 개입영역은 독거노인의 삶 전체이다. 그러므로 밥 먹이고 대소변 가리는 것부터 상담이나 치료프로그램을 진행하는 일에 이르기까지의 모든 원조활동이 전문적인 활동인 것이다. 대소변을 못 가리는 독거노인에게 있어서 상담을 통해 마음의 응어리를 푸는 것이 가장 시급한 삶의 문제는 아니다. 그런데 인간봉사전문직 종사자조차도 대소변수발을 하는 것은 하찮은 것이고, 상담은 전문적 일이라고 생각한다. 그렇지 않다. 두 가지 행동 모두 독거노인의 욕구를 채워주는 일이기에 다같이 소중한 일이고 다같이 인간봉사전문직의 전문적 개입활동이다. 그런데 왜 노인돌보미는 어떤 것은 하찮은 일이고 어떤 것은 고차원적 일이라고 생각하는가? 노인의 욕구를 채워주는 원조활동은 모두 전문적 활동이고 기술이다. 다만 대소변수발과 같은 기본적 일상생활 원조활동은 전문가가 아니어도 할 수 있는 행동이고 원조활동이다. 그러나 일반인의 수발과 달리 노인돌보미의 수발은 대소변 수발 과정에서 독거노인의 자존감을 지켜주고, 생식기 주변의 위생관리와 감염예방을 위해 세심한 배려를 한다는 점이 다르다. 이와 같이 노인돌보미는 아주 작은 원조활동에도 전문적 관심을 기울일 수 있는 능력을 키워나가야 할 것이다. 그럴 때 많이 진정한 전문가라는 평가를 받을 수 있을 것이다.

셋째, 노인돌보미의 목적 있는 행동(action)을 통해 제공되는 것이 서비스(service)이다. 서비스란 말 그대로 남을 받들고(奉) 섬기는 행위(仕)이다. 그런데 간혹 노인돌보미는 삶의 의존성이 높은 독거노인을 받들고 섬기는 것이 아니라 '위에 서서 나누어 주고 베푸는' 서비스를 한다. 그건 서비스가 아니다. 전문성이 갖추어진 활동은 더더욱 아니다. 진정한 전문서비스는 받들고 섬기는 것이다. 즉, '노인을 위해서(for the elderly), 노인에게(to the elderly)'라는 관점에서 이루어지는 서비스는 진정한 의미의 서비스가 아니다. '노인과 함께(with the elderly)'라는 관점에서 독거노인을 받들고 섬기는 행위가 바로 전문적 서비스인 것이다.

4) 가슴은 뜨겁게, 머리는 차갑게, 손과 발은 부지런하게

사회복지전문직을 과학(science)인 동시에 예술(art)이라고 한다. 그것은 앞서 언급한 세 가지 즉, '차가운 머리, 뜨거운 가슴 그리고 움직이는 손과 발'이라고 하는 세 가지를 절묘하고 창의적으로 혼합하여 사용하는 전문직이기 때문이다. 의사는 청진기가 있다. 종교인은 경전이 있다. 그러나 노인돌브미는 특별히 가진 것이 없다. 그렇지만 노인돌보미가 가진 것은 많다. 지식, 가치 그리고 기술이 바로 그것이다. 눈에는 보이지 않지만 내적 자산이 많은 셈이다. 청진기도 경전도 없는 노인돌보미는 바로 '차가운 머리, 뜨거운 가슴 그리고 움직이는 손과 발' 이 세 가지를 적절히 조합하여 활용할 수 있어야 하며, 그러기 위해서는 이 세 가지가 체화(體化)될 수 있도록 많은 노력을 기울어야 한다. 그러면서 자기 나름의 업무 스타일을 만들어 나가고, 그것을 현장과 독거노인에게 적용하여 나가면서 더욱 발전시켜 나가야 할 것이다.

Ⅲ. 노인돌보미의 직업윤리와 행동원칙

1. 노인돌보미의 직업윤리

노인복지분야에서 윤리라는 용어는 가치라는 용어와 혼용되기도 하지만, 이들은 서로 다르다. 먼저 가치(value)는 '인간에게 의미 있고(good) 바람직한(desirable) 행동을 선택하는 지침 또는 기준'을 의미하는 것으로, 올바른 행동의 방향과 기준을 정해준다. 그러나 이러한 가치는 '노인복지 실천 또는 원조활동에서 어떻게 행동화할 수 있는가?'에 대해서는 명확한 답을 제시해 주지 못한다.

사회복지전문직의 윤리는 가치를 실천적 행동으로 전환시킬 수 있도록 돕는 원칙을 제공한다. 윤리는 '사람들에게 무엇이 옳고 그른지를 판단하는 지침'이 되는 것으로, 가치에서 유래된 것이다. 그러나 가치가 무엇이 좋고(good) 바람직한지(desirable)에 관심을 두는 반면, 윤리는 무엇이 옳고(right) 바른 것인지(correct)에 관심을 둔다. 예를 들어 '개인의 사생활을 보호해야 한다.'는 사회적 가치와 관련된 사회복지의 윤리적 원칙 중의 하나는 '노인과의 대화나 행동을 녹음 또는 기록하기 전에 먼저 노인에게 알리고 동의를 얻어야 한다.'는 보다 구체적인 행동원칙으로 표현된다. 그러므로 가치는 바람직한 행동의 방향을 제시해주지만 구체적 행동지침을 제시해주지는 못하는 반면 윤리는 바람직한 행동에 대한 사회적 가치에서 유래되지만 보다 구체적인 옳고 바른 실천 행동의 지침을 제공해 주므로, 노인돌보미 활동에 있어서는 윤리적 원칙이 보다 직접적인 행동의 원칙을 제시해준다.

이러한 노인돌보미가 따라야 할 윤리적 원칙들을 정리해 보면, 인간적 존엄성의 존중 원칙, 자립생활의 원칙, 자기결정권의 존중 원칙, 생활습관 및 가치관 존중의 원칙, 비밀보장의 원칙, 비심판적 태도, 안전의 원칙 등이다. 이를 좀 더 구체적으로 제시해 보면, 다음과 같다.

① 노인돌보미들이 원조를 제공하는 독거노인들의 경제, 신체, 사회적 지위 등이 열악하다고 하여 인격적으로 무시하거나 차별해서는 안 되며, 이들의 인간적 권리들을 존중하여야 한다.
② 독거노인을 원조함에 있어서 스스로 할 수 있는 것까지 노인돌보미가 도움을 준다면 노인의 자립성과 잔존능력을 침해하게 될 것이므로, 노인이 할 수 있는 것은 노인 스스로 할 수 있도록 하여야 한다.
③ 독거노인 역시 자신의 삶과 관련된 결정을 스스로 내리고 그에 따라 살아가고 싶어하는 것은 당연하다. 그러므로 노인을 원조함에 있어서 노인이 무엇을 바라고 원하는지 노인의 의사를 파악하고 이를 존중하여야 한다.
④ 독거노인이 갖고 있는 생활습관이나 가치관은 오랫동안 형성된 것이며 노인에게 가장 익숙한 것이므로 쉽게 바꾸지 않는다. 그러므로 노인돌보미가 이를 바꾸려 하면 노인은 자신이 무시당한다고 생각하게 되어 원조 받는 것을 중단할 가능성이 높다. 그러므로 노인의 습관과 가치관은 최대한 존중하여야 한다.
⑤ 독거노인 역시 다른 사람에게 알리고 싶지 않은 개인 신상 문제가 있을 수 있으므로

노인돌보미가 이에 대한 정보를 얻게 되는 경우 노인의 승낙 없이 다른 사람에게 알려서는 안 된다.
⑥ 누구나 비난 받기를 싫어하는 것처럼 독거노인들도 자신에 대해 심판적 태도로 접근하는 노인돌보미는 싫어할 수 있다. 그러므로 노인돌보미는 자신의 가치관이나 편견에 근거를 두고 노인의 잘잘못을 따져서는 안 되며, 타인과 비교해서는 안 된다.
⑦ 독거노인은 기능 저하로 인하여 사고의 위험에 노출될 수 있으므로, 노인돌보미는 모든 원조활동에서 노인의 안전을 최우선시 하여야 한다.

이와 같은 윤리적 원칙은 노인돌보미로 활동함에 있어서 지켜야 할 최소한의 윤리적 원칙이며, 서비스 상황에 따라 보다 세부적이고 구체적인 윤리적 원칙이 존재한다. 이에 대한 논의는 노인돌보미 활동 하나 하나에 대한 행동원칙으로서 본 논의에서 이에 대해서 다루는 데는 한계가 있다. 따라서 세부적인 서비스 상황에서의 윤리적 원칙에 대해서는 다른 논의의 장을 마련할 필요가 있다.

노인돌보미는 위와 같은 윤리적 원칙을 준수하고 이를 행동화하는 과정에서 다음과 같은 다음과 같은 권리도 지니고 있다(삼성사회봉사단, 1996).
① 기관 종사자의 협력자로서 대우받을 수 있는 권리가 있다.
② 적합한 업무에 배치 받을 수 있는 권리가 있다
③ 기관에 대하여 가능한 한 많이 알 권리가 있다.
④ 자신의 업무를 위해 교육과 훈련받을 권리가 있다.
⑤ 다양한 경험을 할 수 있는 기회를 가질 권리가 있다.
⑥ 자신이 수행해야 할 업무에 대해 알 권리가 있다.
⑦ 활동에 대한 정당한 인정을 받을 권리가 있다.

하지만 노인돌보미가 누릴 수 있는 권리와 함께 노인돌보미로서 이행해야 할 책임도 뒤따르게 된다. 이러한 노인돌보미의 책임과 의무는 다음과 같다.
① 노인은 누구나가 존엄한 존재이라는 점을 받아들여야 한다.
② 노인돌보미로서 뿐 아니라 사회의 구성원으로서 타인과 사회에 대한 책임감을 인식하고 상호 보호해야 한다는 의식을 가져야 한다.
③ 노인은 서로 다른 존재라는 사실을 인식하고 이를 행동으로 옮겨야 한다.
④ 모든 노인은 평등하게 대우받고, 존중을 받을 권리가 있음을 의식을 가져야 한다.
⑤ 노인은 자신의 문제 해결을 할 잠재능력을 갖고 있으며, 이러한 잠재력을 개발하여 자신이 문제를 해결하도록 해야 한다는 것을 믿어야 한다.
⑥ 노인의 사생활을 존중하고, 개인적인 비밀을 누설해서는 안 된다.

⑦ 노인돌보미 자신에게 맡겨진 일을 잘할 수 있다는 확신이 있어야 한다.
⑧ 기관의 규칙을 받아들이고 따라야 한다.
⑨ 업무과정에서 만나는 사람들과 친밀하게 지내야 한다.
⑩ 업무수행에 필요한 지식과 기술을 기꺼이 배우려고 해야 한다.
⑪ 기관의 서비스관리자나 상급자의 지도를 기꺼이 받아들여야 한다.
⑫ 기관의 서비스관리자나 상급자가 믿고 일을 맡길 수 있게 하여야 한다.

2. 노인돌보미의 자세와 행동원칙

노인돌보미의 자세나 마음가짐에 대해 일정한 원칙을 정할 수는 없지만, ① 인간에 대한 진정한 사랑, ② 자신의 편견에 대한 인정과 수정, ③ 힘든 일을 극복하려는 불굴의 의지, ④ 무조건적인 나눔의 정신, ⑤ 배우려는 자세 등이다(삼성사회봉사단, 1996). 이를 행동적 차원에서 기술하면 다음과 같은데, 매우 평범한 것이긴 하지만 노인돌보미들이 이런 것들을 갖추지 않으면 독거노인 지원업무를 수행함에 있어서 많은 어려움과 문제에 직면하게 될 가능성이 높다(한국사회복지협의회, 1997).

- 삶에 대해 적극적이고 진실된 자세를 가져야 한다.
- 축복받는 것들을 다른 사람과 함께 나눈다는 소명감을 가져야 한다.
- 나만이 할 수 있는 일이고 안하면 안된다는 의식을 가져야 한다.
- 겸손한 태도를 가지며 지나친 자만심을 갖지 않는다.
- 그날그날의 업무를 위한 준비를 철저히 하고, 철저한 시간관념과 책임감을 가져야 한다.
- 상대방이 필요로 하는 일을 하며 신속하고 확실하게 한다.
- 방관자가 아니라 주인의식을 갖고 참여하고 행동해야 한다.
- 자신의 성격적 장점과 약점을 정확히 이해하고 이를 보완해 나가야 한다.
- 노인을 존중하고 신뢰관계를 형성하여야 한다.
- 노인의 관심사와 욕구에서부터 시작하고, 노인과 합의하여 봉사활동을 계획하고 실천해야 한다.
- 업무를 수행함에 있어서 자신의 편견이나 감정을 개입시키지 않는다.
- 독거노인의 사생활, 자기결정권을 침해해서는 안 된다.
- 주어진 활동이 적합하지 않다고 느끼거나, 혼자서 해결할 수 없다고 판단되는 문제는 서비스관리자나 상급자와 의논하여 처리한다.
- 겸손한 태도를 가져야 하며, 단정한 옷차림을 해야 하고, 언행에 조심하여야 한다.

- 노인과 약속한 사항은 꼭 지켜서 신뢰받는 노인돌보미가 되어야 하며, 만약 약속을 지키지 못할 경우에는 사전에 이유를 설명한다.
- 업무 중에 알게 된 노인에 관한 비밀은 철저히 보장해야 한다.
- 업무내용을 기록, 점검, 평가하고, 노인복지분야에 대한 전문지식과 기술을 습득하기 위하여 끊임없이 배우고 공부하는 자세를 가져야 한다.
- 업무의 한계를 분명히 하고, 혼자서 해결할 수 없다고 판단되는 문제는 서비스관리자나 다른 노인돌보미와 의논하고 협력하여 처리한다.
- 가능한 한 노인과 지역사회, 친척, 이웃을 연결시키기 위하여 노력한다.
- 노인돌보미로서 업무를 더 이상 계속하지 못하는 경우에는 노인에게 상처를 주지 않도록 노인과의 관계를 신중하게 종결하여야 한다.
- 자신이 노인돌보미 전체를 대표한다는 마음을 갖고 항상 행동에 주의하여야 한다.
- 기관이나 단체의 정책, 사명, 종교 등 기관의 특수성과 체제를 인정하고 수용하여야 한다.
- 기관의 종사자 및 노인돌보미간에 서로 존중하고, 관심을 가지며, 이해하고, 공감대를 가져야 한다.

3. 노인돌보미의 업무단계별 행동원칙

노인돌보미로서 업무를 수행하는 단계는 크게 사전준비단계, 활동단계 그리고 평가단계라는 3단계로 구분할 수 있다. 각 단계별로 노인돌보미가 지녀야 할 자세와 행동원칙은 다음과 같다.

1) 사전준비단계

사전준비단계는 노인돌보미로서의 역할에 대해 숙지하고, 앞으로 수행할 업무에 필요한 준비를 하는 단계이다. 이 단계에서 노인돌보미가 수행해야 할 과업은 다음과 같다.

① 독거노인 안전확인 및 지원사업은 무엇이며, 왜 필요하며, 어떻게 추진되는가 등과 같은 업무에 대한 기본적 이해를 얻게 하기 위하여 사전교육을 받는다.
② 자신이 왜 노인돌보미로서 일을 하려는지 그 동기와 목적을 확인하고, 노인돌보미로서 갖추어야 할 자질과 노인돌보미로서의 정신을 가다듬어야 한다.
③ 자신에게 주어질 역할과 업무를 어떻게 수행할 것인지 사전에 계획해야 한다.
④ 자신이 도와야 할 독거노인과 기관에 대한 사전 정보를 입수하여 개략적으로 파악한다.

2) 활동단계

본격적으로 노인돌보미로서의 업무를 수행하는 활동단계에서는 노인돌보미로서 갖추어야 할 기본적 자세를 유지하면서 독거노인과 친밀한 관계를 형성하고, 맡은 바 역할과 업무를 성실히 이행해야 하는 단계이다. 이러한 활동단계는 첫번째 독거노인의 가정을 방문하는 것으로 시작되는데, 첫 번째 노인 가정 방문시에 지녀야 할 노인돌보미의 태도는 다음과 같다.

① 독거노인에게 공손하게 인사하고 자신을 소개한다.
② 독거노인에게 좋은 첫 인상을 남기고, 친밀한 관계를 형성하기 위하여 노력한다.
③ 사전에 획득한 정보를 다시 확인하여 독거노인을 정확히 이해한다.
④ 피곤한 모습이나 하기 싫은 눈치를 보여서는 안된다.
⑤ 단정하고 일을 하기에 편한 옷차림과 치장을 하여야 한다.
⑥ 노인돌보미가 할 수 있는 일과 할 수 없는 일을 알려주어야 한다.

이러한 첫 방문으로 시작하여 본격적인 독거노인 원조활동을 전개하는 단계에서는 다음과 같은 자세로 임해야 한다.

① 할 수 있는 것, 작은 것부터 하나씩 처리해 나가야 한다.
② 약속은 꼭 지켜야 하며, 사정이 있을 경우 미리 연락하여야 한다.
③ 양질의 봉사를 위하여 지식과 기술을 습득하기 위하여 노력해야 한다.
④ 맡겨진 봉사업무는 책임감 있게 완수한다.
⑤ 다음 봉사활동을 위해 준비해야 할 사항을 사전에 파악해둔다.
⑥ 업무매뉴얼과 기록노트를 지참하여 업무내용을 기록하고, 비상시 연락방법을 메모해 두어야 한다.
⑦ 업무일지를 작성하고 서비스관리자와 상급자에게 수시로 보고하여야 한다.
⑧ 독거노인과 지역사회의 다른 자원이나 서비스를 연결시키기 위해 노력해야 한다.
⑨ 가족, 다른 노인돌보미와 서비스관리자와 협력하여야 한다.
⑩ 독거노인과 금품을 주고받거나 특정 종교나 이념을 강요해서는 안 된다.

4) 종결단계

노인돌보미로서의 업무는 1회성 봉사활동이 아니므로 종결(termination)보다는 매일 매일의 업무 종료(closing)가 있을 따름이다. 매일의 업무 종료이든 노인돌보미로서의 업무 전체를 종결하든 간에 노인돌보미가 지녀야 할 자세는 다음과 같다.

① 그날의 업무수행 과정을 재점검해보고, 무엇이 문제였으며, 더 잘 할 수 있는 방법은

없었는지 성찰의 시간을 가져야 한다.
② 업무 평가회의나 지도감독시간에 참여하여 자신의 업무를 보고하고, 이에 대한 평가와 지도를 받아야 한다.
③ 다음 업무를 위해 준비해야 할 사항을 파악해 둔다.
④ 보다 나은 수준 높은 업무수행을 위하여 지식과 기술을 습득하기 위하여 노력해야 한다.

MEMO

MEMO

MEMO

제 14 장 독거노인의 사례관리 절차

> **학 습 목 표**
> □ 사례관리의 목적과 기능, 구성요소를 이해한다.
> □ 독거노인 사례관리의 과정과 절차를 이해한다.
> □ 독거노인 사례관리의 단계별 역할수행방법을 숙지한다.

Ⅰ. 사례관리에 대한 기본 이해

현재와 같이 기능이나 문제영역별로 분화된 노인복지제도 하에서 노인들이 자신의 문제를 해결하고 필요한 서비스를 받기 위해서는 여러 기관을 찾아 다녀야 한다. 하지만 노화의 과정과 결과로서 노인들의 서비스 접근도는 저하되고, 서비스에 대한 정보와 지식은 낮을 수밖에 없으므로, 노인들은 서비스 이용에 많은 불편을 경험하거나 서비스를 이용하지 못하는 사례가 많이 발생하고 있다. 따라서 현존하는 공식 및 비공식적 서비스에 대한 정보제공, 서비스와 자원의 연계와 조정, 통합적 서비스 제공을 가능하게 해주는 사례관리(case management)의 필요성이 매우 높다고 할 수 있다. 이에 다음에서는 사례관리의 개념, 목적, 기능, 모형, 과정 등에 대해 논의해 보고자 한다.

1. 사례관리의 등장배경과 필요성

영국의 경우 1970년대 시봄보고서(The Seebohm Report)에 의해 대인서비스를 강화하는 정책변화로 복지와 보건 서비스간의 연계와 조정에 관심을 기울이면서, 케어(care)에 중점을 둔 사례관리가 등장하게 되었다. 그리고 미국의 경우에는 1970년대 정신장애인의 퇴원 후 지역사회서비스 연계, 조정, 지속관리에 목적을 둔 사례관리를 강제 적용함으로써 사례관리가 등장하게 되었다(권중돈, 2007).

이러한 선진국에서의 사례관리의 발달과정에 근거하여 볼 때, 사례관리의 등장배경은 ① 탈시설화, ② 클라이언트의 증가와 그들의 욕구의 다양화와 복합화, ③ 사회복지서비스 공급주체의 다양화, ④ 사회복지서비스의 지방분권화, ⑤ 대인서비스의 단편성과 불연속성, ⑥ 사회복지비용의 삭감, ⑦ 사회적 관계망에 대한 관심의 증가, ⑧ 대인서비스 비용의 절감이라는 여덟 가지 요인을 들 수 있다(Moxley, 1989; 이근홍, 1998).

노인복지분야에서는 노인 클라이언트 집단의 특성과 노인복지 정책과 전달체계상의 문제로 인하여 사례관리의 필요성이 높아지고 있다. 먼저 급격한 인구고령화와 함께 빈곤노인, 중증 질환이나 장애 노인, 독거노인 등의 의존성 노인이 증가하게 됨에 따라, 이들이 지닌 다양하고 복합적인 욕구와 문제를 해결하는데 필요한 포괄적이고 종합적이며 연속적인 서비스를 제공할 수 있는 사례관리의 필요성이 높아지고 있다. 둘째, 노인들의 경우 지역사회에 여러 가지 서비스가 존재한다고 할지라도 서비스 접근성이 제한되는 경우가 많아 필요한 서비스를 이용하기가 어렵다. 따라서 가정방문 등을 통하여 적극적으로 사례를 발굴하고, 지역사회내에 산재한 서비스를 연결, 조정하는 사례관리가 필요하다. 셋째, 가족의 노인부양기능이 점진적으로 약화되고, 부양자의 부양부담이 가중됨에 따라 가족이 1차적 복지체계로서의 기능을 수행하지 못함으로써 노인들에게 적절한 사회적 보호를 제공하기 위해서라도 사례관리가 필요하다. 넷째, 현행의 노인복지서비스가 기능 중심(예: 의료, 소득, 교육 등) 또는 문제중심(예: 빈곤, 정신장애, 소외 등)으로 분리되어 있기 때문에, 노인이 필요로 하는 복합적인 서비스 욕구를 충족시키는데 한계가 있으므로 사례관리가 필요하다. 다섯째, 노인들의 경우 보건, 복지, 교육 등의 다양한 서비스를 필요로 하지만 이러한 서비스를 제공하는 전문직이나 서비스 기관의 분열과 비협조로 인하여 노인들에게 통합적 서비스를 제공하지 못하고 있으므로, 서비스의 연계와 조정, 통합을 이룰 수 있는 사례관리가 필요하다. 여섯째, 가족의 부양기능이 제한되고 지역사회의 노인복지서비스가 충분하지 못할 경우 불필요한 시설입소를 조장하게 될 수 있으므로, 이러한 시설입소를 억제하고 장기요양보호에 따르는 사회적 비용을 경감하기 위해서라도 사례관리가 필요하다.

2. 사례관리의 개념

사례관리(case management)라는 용어는 임상적 개입의 의미가 강한 사례(case)와 행정적 의미가 강한 관리(management)가 합쳐진 용어로서, 통합적 사회복지실천의 성격이 강하다. 이러한 사례관리는 요양보호(managed care), 케어관리(care management), 보호조정(care coordination), 서비스 조정(service coordination) 등의 용어와 혼용되고 있다. 그리고 미국의 경우에는 사례관리가 정신장애인의 치료를 중심으로 발전된 관계로 사례관리(case management)라는 용어를 사용하는 반면 영국에서는 노인이나 장애인에 대한 대인서비스나 케어(care)를 중심으로 발전된 관계로 케어관리(care management)라는 용어를 사용한다. 그리고 우리나라의 경우에는 2008년 시행 예정인 노인장기요양보험제도가 중증 노인의 케어를 중심으로 하고 있기 때문에, 케어관리라는 용어가 더욱 적절하지만 학술분야에서는 사례관리라는 용어가 보편적으로 사용되고 있다.

이러한 사례관리와 관련하여 학자마다 다른 정의를 제시하고 있다. O'Connor(1988)는 사례관리를 행정·관리적 차원(지역자원의 조직, 조정)과 직접적 개입(지속적 보호, 상담, 치료)의 차원에서 클라이언트의 욕구를 충족시키는 활동이라고 정의하고 있다. Moxley(1989)는 사례관리를 복합적인 욕구를 가진 사람들의 복지와 기능을 최대화하기 위해 공적, 사적 지원과 활동의 망(網)을 조직하고 조정하고 유지하는 것이라고 하였다. Rothman(1991)은 노인, 아동, 장애인을 포함한 다양한 클라이언트에게 지역사회에서 지속적이고 폭넓은 서비스를 제공하는 하나의 전략이며 방법으로, 지역사회 내에 거주하는 클라이언트에 대한 개별화된 조언, 상담 및 치료를 제공하는 기능과 서비스 및 지지를 필요로 하는 클라이언트와 지역사회 기관 및 비공식적 원조망을 연결시키는 기능을 수행하는 것을 사례관리라고 정의하고 있다.

이러한 기존 학자들의 정의를 종합하여 볼 때, 사례관리는 '복합적 문제나 욕구를 가진 사람들의 기능과 복리를 최대화시키기 위하여 공식적 및 비공식적 지지망과의 활동들을 조직하고 서비스를 연결, 조정, 평가하는 서비스 전달방법'이라고 정의할 수 있다(권중돈, 2007).

3. 사례관리의 목적과 기능

사례관리의 기본적 목적은 ① 보호의 연속성 보장, ② 통합적 서비스의 제공, ③ 서비스 접근성과 책임성의 증진, ④ 1차 집단의 보호능력 향상 또는 재가보호 기회의 증대, ⑤ 클라이언트의 사회적 기능과 복지 향상, 그리고 ⑥ 자원의 개발·동원·효율적 이용이라고 할 수 있다(이근홍, 1998; 정창호, 2001). 이러한 사례관리의 목적을 좀 더 구체적으로 살펴보면, 먼저 노인 클라이언트들의 경우 질병이나 문제의 치료나 해결의 가능성이 낮고 점진적 악화의 과정을 거치며 그에 따라 보호욕구 또한 지속적으로 상승하기 때문에, 지속적인 서비스가 보장되어야 한다. 만약 서비스가 중도에 단절되거나 중단되었을 경우, 자기보호 능력이 부족한 노인 클라이언트의 경우 기본적 생활유지가 어려울 뿐만 아니라 질병이나 문제가 더욱 악화될 가능성이 있으므로, 서비스의 점검, 재사정, 평가 등을 통하여 계속적인 복합적 서비스나 보호가 제공되어야 한다.

둘째, 노인들의 경우 보건, 의료, 재활, 간호, 복지, 건축, 예술 등 다양한 전문분야의 서비스가 통합될 때만이 노인의 사회적 기능의 개선과 유지가 가능하기 때문에, 통합적 서비스의 제공이 필수적이다. 그리고 부양가족의 입장에서도 가족생활, 교육, 건강, 사회활동 등의 다양한 영역의 서비스 욕구를 지니고 있으므로, 이러한 서비스를 통합적으로 제공해야만 이들의 부양부담을 경감하고 건강한 가족기능을 유지해 나갈 수 있을 것이다.

셋째, 노인이나 부양가족들은 서비스에 대한 정보와 인식이 부족하고 이용방법을 몰라서 서비스에 접근하지 못하는 경우가 많으므로, 방문원조, 안내 및 의뢰 등과 같은 보다 적극적인 서비스 방식을 채택하여 노인과 가족의 서비스 접근도를 높여 나가야 할 것이다. 그리고 서비스 제공자들에 대한 조정과 점검을 통하여 노인과 가족이 적절한 서비스를 받을 수 있도록 보장하고, 질 높은 서비스가 유지될 수 있도록 책임지도록 함으로써 서비스에 대한 책임성을 제고해 나가야 한다.

넷째, 노인들은 문제가 생겼을 경우에 가족이라는 1차 비공식적 관계망에 가장 먼저 원조를 요청하므로 1차 집단의 보호부양 기능을 강화하는 것이 필수적이다. 그러므로 부양가족의 노인 부양방법에 대한 지식과 기술을 교육하고, 가족의 제한된 자원과 부양기능을 보완해 나감으로써 노인이 안정되고 우호적인 분위기의 가정에서 지속적으로 보호받을 수 있도록 하여야 한다. 또한 노인을 부양함에 있어서 발생하는 스트레스나 부양부담으로 인한 가족갈등과 이에 따른 가족해체를 예방하기 위해서도 가족의 보호부양능력을 향상시켜 나가야 할 것이다.

다섯째, 노화로 인한 신체, 심리, 사회적 기능의 저하를 방지하고 노인 스스로가 자립적 생활을 영위할 수 있도록, 노인 클라이언트의 사회적 기능과 복리증진을 도모하는 것이 필수적이다.

여섯째, 노인이 가정이나 지역사회에서 삶의 연속성을 보장받으면서 안정된 노후생활을 영위해 나가기 위해서는 가족은 물론 공공행정기관, 의료기관, 복지기관, 각종 사회단체 및 조직, 민간기업, 친구, 이웃, 자원봉사자, 치매가족 자조집단 등의 다양한 사회자원의 개발과 동원 그리고 제한된 자원의 효율적 이용이 필수적이다.

사례관리의 모형에 따라서 사례관리의 기능을 서로 달라질 수 있으나, 모든 사례관리 모형이 공통적으로 지니고 있는 핵심적 기능은 ① 클라이언트와 서비스의 연결, ② 비공식 보호체계와 클라이언트간의 상호작용의 촉진, ③ 사례관리 기관간의 조정, ④ 상담, ⑤ 문제해결, 그리고 ⑥ 옹호이다(Rothman, 1991; Soloman, 1992; Ronbinson, 2000).

노인 클라이언트를 위한 사례관리에서는 먼저 사례관리자가 노인과 부양가족에게 유용한 현존 자원과 서비스를 적극적으로 연결, 의뢰하여야 하며, 서비스 연결 또는 의뢰과정에서 장애가 되는 요인을 제거해주어야 한다. 둘째, 현재 노인과 가족을 위한 공식적 서비스가 제한되어 있는 점을 고려하여, 사례관리자는 가족, 친척, 친구, 이웃, 자원봉사자, 그리고 자조집단과의 상호작용을 촉진하고 이들 비공식적 지원망을 체계화해 나가야 한다. 특히 노인과 가족이 지니고 있는 내적 자원과 장점을 최대화하여 가족의 기능을 강화해 나가면서, 주변의 이용 가능한 비공식적 관계망의 지지를 최대한 활용할 수 있도록 가족을 도와야 할 것이다. 셋째, 현재 노인과 가족에게 서비스를 제공하는 기관은 공공행정기관 보건의료기관, 사회복지기관, 비영리 봉사단체가 있지만, 이들간의 교류나 협력은 매우 제한되어 있다. 따라서 사례관리자는 이들 기관들간의 정보교류, 상호의뢰, 시설의 공유, 서비스의 조정과 연계를 촉진하여 노인과 가족들이 필요한 서비스를 받을 수 있도록 해야 할 것이다. 넷째, 노인과 가족에게 유용한 서비스에 접근할 수 있도록 정보를 제공하며, 그들의 욕구와 문제에 대한 이해를 증진시키고, 서비스 제공기관과의 접촉을 향상시킬 수 있는 상담은 필수적이다. 따라서 노인과 가족에 대해서 문제해결, 현실검증, 간호 지식과 기술의 교육, 서비스에 대한 정보제공, 노인의 자기보호 능력 향상, 가족관계의 개선 등에 목적을 둔 상담이 활발히 이루어져야 할 것이다. 다섯째, 노인을 위한 사례관리에서는 문제를 정확히 인식하게 하고 문제해결을 위한 동기화를 촉진하고, 문제해결에 필요한 기회와 자원에 접근할 수 있도록 하여, 문제해결 능력을 강화하기 위한 직접적 서비스가 요구된다. 그리고 이 과정에서 사례관리자는 노인과 가족이 일상생활에서 직접 활용할 수 있는 문제해결기술을 가르침으로써 가족의 자발적 문제해결능력을 제고해 나가야 한다. 여섯째, 현재 우리나라의 노인복지정책은 노인과 부양가족의 욕구와 문제를 반영하지 않는다고 하기는 어렵지만, 이들의 욕구에 기반한 정책보다는 복지재정에 기반한 정책결정이 이루어지는 경우가 많다. 그리고 노인과 가족은 시민과 서비스 제공자로서의 의무를 성실히 이행하고 있음에도 불구하고 서비스 수혜자로서의 권리를 박탈당하고 있지만, 스스로 자신의 권리를 주장할 수 있을 만큼 여유가 있거나 조직화되어 있지 못하여 자신들의 요구를 주장하지 못하고 있다. 따라서 사례관리자는 전문가 집단과 연계하여, 이들을 대신하여 정부나 서비스 제공기관에 이들의 욕구와 권리를 주장, 교섭, 협상하여, 노인과 부양가족의 권리를 옹호하는 활동을 적극적으로 수행해야 할 것이다.

4. 사례관리의 구성요소

일반적인 사례관리의 구성요소는 ① 다양하고 복합적인 욕구를 지닌 클라이언트, ② 사례관리를 실천하는 사례관리자, ③ 사례관리의 과정, ④ 클라이언트에게 보호를 제공하는 사회자원으로 나눌 수 있다. 이를 도식화하면 다음의 [그림 14-1]과 같다.

노인을 위한 사례관리의 클라이언트는 복합적인 욕구나 문제를 지닌 노인은 물론이며, 노인의 주된 부양책임을 맡은 주부양자, 동거가족, 노인과 별거하는 가족들이 모두 클라이언트 집단에 포함되어야 한다. 그러나 별거가족이나 부양책임을 맡지 않은 동거가족들은 클라이언트인 동시에 비공식적 지원체계에도 속할 수 있다.

　노인을 위한 사례관리에서 사례관리팀은 의사, 간호사, 사회복지사, 임상심리사, 재활치료사, 간병인, 가정도우미, 영양사, 자원봉사자, 차량서비스 운전자, 가족, 종교인 등 다분야 전문가나 비전문가로 구성되며, 사례관리자가 핵심관리자(key worker)로서 이런 사례관리팀의 서비스와 활동을 조정, 통제하게 된다. 만약 사례관리가 보건서비스 중심인 경우에는 의사나 간호사가 사례관리자의 역할을 담당할 수 있지만 복지서비스 중심일 경우에는 사회복지사가 사례관리자의 역할을 담당하게 된다. 일반적으로 사례관리자는 20~30명을 담당하는 것이 일반적이지만, 치매노인과 같은 중증의 환자들의 경우에는 1명의 사례관리자가 담당하는 사례수는 10명을 넘어서기가 어렵다. 그러나 다분야의 전문가가 참여하는 팀 접근으로 사례관리를 하고 직접적 개입보다는 서비스 조정과 점검 등의 간접적 개입을 위주로 할 경우에는 20~30명을 담당할 수 있는 여지가 충분히 있다. 그리고 노인을 위한 사례관리에서 사례관리자는 방문원조자, 사정자, 계획자, 중재자, 조정자, 상담자, 문제해결자, 자원개발자, 점검자, 평가자, 교사, 지도감독자, 행정가, 옹호자 등의 역할을 수행하며, 욕구를 사정하고, 서비스와 클라이언트를 연결시키고, 서비스를 점검한다.

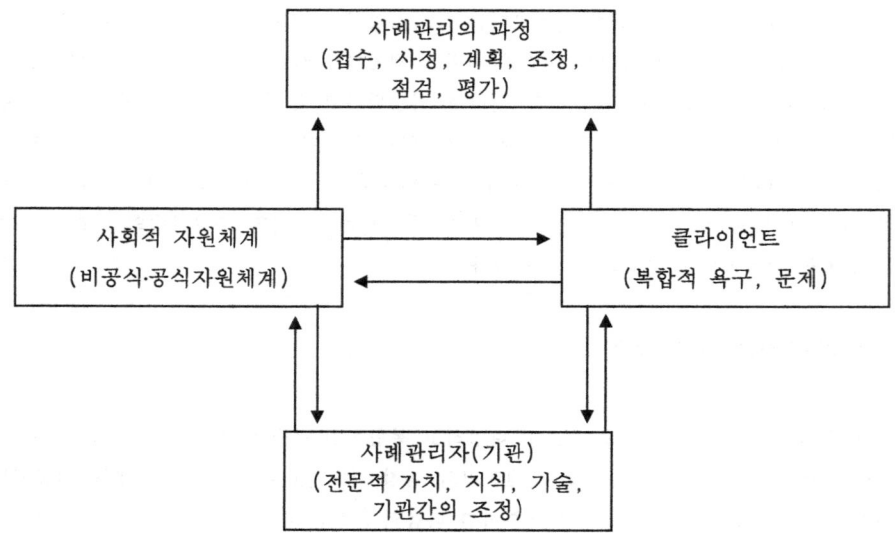

* 자료: 이근홍(1998). 케이스 매니지먼트. 서울: 대학출판사.

〔그림 14-1〕 사례관리의 구성요소

사례관리의 과정은 학자들에 따라 서로 다르게 제시하고 있으나 일반적으로 접수, 사정, 계획, 계획의 실행과 조정, 점검, 평가의 과정을 거치게 되는데, 노인과 가족을 위한 사례관리의 과정은 다른 클라이언트를 대상으로 한 사례관리의 과정과 동일하다. 이러한 사례관리의 과정에 대해서는 다음에서 좀더 상세히 논의하고자 한다.

노인과 가족의 다양하고 복합적인 욕구를 충족시킬 수 있는 사회자원에는 시설, 설비, 자금이나 물자 또는 개인이나 집단의 지식과 기능 등이 모두 포함된다. 이러한 사회자원에는 개인이나 가족의 내외적 자원, 공식 및 비공식 자원, 실제적 자원과 잠재적 자원 등이 있을 수 있다. 노인을 위한 사례관리에서는 노인의 내적 자원은 지극히 제한되어 있는 경우가 많으므로, 가족, 친척, 이웃, 자조집단, 자원봉사자 등의 비공식적 자원의 정서적 지지, 정보제공, 구체적 서비스 등을 적극적으로 활용할 수밖에 없다. 그리고 비공식적 자원 이외에 공공행정기관, 사회복지기관이나 의료기관, 사회단체나 협회 등의 공식적 자원과 서비스, 급여를 적극적으로 개발, 이용하는 것이 바람직하다. 특히 현재와 같이 노인을 위한 서비스가 제한되어 있고, 가족들이 이용할 수 있는 서비스나 자원이 제한되어 있는 상황에서는 실제적으로 시행되고 있는 서비스나 자원의 개발과 이용도 중요하다. 하지만 현재는 드러나지 않지만 잠재되어 있는 다양한 자원을 적극적으로 개발하고 동원하는 것도 매우 필요하다.

5. 사례관리의 과정

독거노인을 대상으로 한 사례관리는 앞서 제시한 사례관리의 과정인 접수, 사정, 계획, 계획의 실행과 조정, 점검, 평가라는 6단계와 동일한 절차를 거쳐서 이루어지게 된다. 다음에서는 각각의 단계에서 노인돌보미들이 수행해야 과업과 그 과업을 수행하는데 필요한 각종 양식에 대해 논의하고자 한다. 그리고 각종 양식의 작성법에 대해서는 본서의 제 17장 노인돌봄기본서비스 행정실무에서 보다 상세하게 설명하고자 한다.

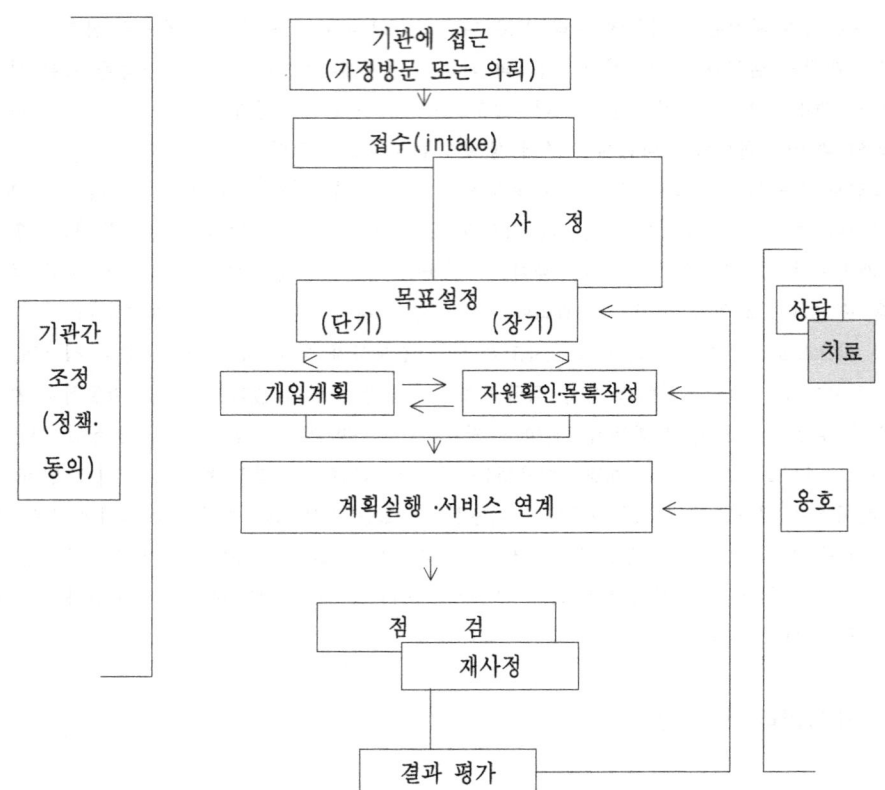

* 자료: 장인협·우국희(2001). 케어·케이스매니지먼트. 서울대 출판부.

〔그림 14-2〕 독거노인 사례관리의 절차

Ⅱ. 독거노인을 위한 사례관리

1. 접수단계

독거노인을 위한 사례관리의 접수단계에서 노인돌보미와 서비스관리자가 수행해야 할 과업은 ① 사례발견, ② 적격심사, ③ 사례관리 계약이다. 먼저 노인돌봄기본서비스에서 독거노인 사례발견은 다른 기관에서 의뢰되는 경우도 없지 않으나, 사업 초기에는 주로 가정방문(outreach) 조사를 통해 이루어진다. 독거노인 사례의 발견절차는 ① 시·군·구 또는 읍·

면·동의 공무원이 주민등록정보나 통장이나 반장의 협조와 같은 기타 경로를 통하여 현황조사가 필요한 독거노인을 추출하여, ② 노인돌봄기본서비스의 서비스관리자(service manager)에게 통보하게 되면, ③ 서비스관리자가 노인돌보미에게 조사대상 노인가구를 배정하게 되면, ④ 노인돌보미가 노인의 가정을 직접 방문하여 조사하는 네 가지 절차를 통해 이루어지게 된다.

노인돌보미가 독거노인에 대한 가정방문조사를 함에 있어서는 독거노인과 전화 등을 통하여 연락을 취한 후 가정방문 일시 및 장소를 협의하여 조정한다. 가정방문을 하기 전에 노인돌보미는 자신의 신분을 확인할 수 있는 증명서와 독거노인 지원카드 양식을 준비하고, 방문할 주소지에 대한 주변 환경(교통여건, 시설이나 서비스제공기관 등)에 대해 사전에 숙지하여야 한다.

실제 가정방문 조사를 함에 있어서는 조사 당일의 주변 상황이나 독거노인 또는 보호자의 의견을 종합적으로 감안하여 판단해야 하며, 독거노인이 쉽게 대답할 수 있도록 조사항목의 내용을 알기 쉽게 구체적으로 질문한다. 그리고 조사항목에 대해서는 순서에 관계없이 독거노인이 답변하기 쉬운 순서로 질문을 하는 것이 바람직하다.

노인돌보미가 가정방문을 할 때 지켜야 할 자세나 태도는 다음과 같다(보건복지가족부·국민건강보험공단, 2006. 7.)

① 자신과 기관에 대한 소개를 하여 신뢰감을 가지도록 한다.
② 반드시 조사목적과 취지 등을 알기 쉽게 설명한다.
③ 크고 정확한 목소리와 상냥한 말투로 대화한다.
④ 신청인이 편하게 말할 수 있도록 충분한 시간을 준다.
⑤ 전문용어나 약어, 외래어나 유행어는 사용하지 않는다.
⑥ 대화뿐만 아니라 필요에 따라 수화나 몸짓, 서면상의 글 등의 방법도 이용하되, 이때 독거노인이나 보호자에게 불쾌감을 주지 않도록 한다.

독거노인의 가정을 방문조사할 때, 자신의 신변 안전을 지키기 위한 조치도 취해야 한다(보건복지가족부·국민건강보험공단, 2006. 7.).

① 가정방문 조사를 하기로 약속이 정해지면, 다음과 같은 안전에 대한 위험사항이 있는지 확인하여야 한다.

· 인적이 드물거나 고립된 지역	· 무서운 개가 있는 집
· 교통사고 다발지역	· 술 취한 상태의 대상자
· 유리가 깨지고 낡은 집	· 난폭한 반응을 보이는 대상자
· 조명이 너무 어두운 집	· 가족간의 폭행
· 부적절한 성적 관심(성희롱 등)을 보이는 대상자	

② 신변 안전을 위협할 수 있는 요인이 있다고 판단되면, 도움을 요청할 수 있는 동료 노인돌보미나 서비스관리자, 공무원 등과 동행한다.
③ 응급상황에 대비하여 집의 모든 출구를 알아둔다.
④ 애완동물이라도 공격할 가능성이 보이면 다른 곳으로 보내도록 부탁한다.
⑤ 신변이 위험한 경우 도움을 요청할 수 있도록 호루라기 등을 소지하는 것도 도움이 된다.
⑥ 감당하기 어려운 위험을 초래할 수 있다고 판단되는 가정은 방문을 거부하거나 중단할 수 있다.
⑦ 사고 발생시 서비스관리자에게 즉시 보고하여야 하며, 서비스관리자는 응급대응 체계를 마련해야 한다.

독거노인의 가정을 방문조사할 때, 조사해야 할 내용은 다음 <표 14-1>의 독거노인 지원카드(서식 1-1)에 포함된 사항들인데, 독거노인 지원카드의 작성은 두 단계로 구분된다. 먼저 사례발견을 위한 가정 방문조사에서는 지원카드 중의 일부 항목만을 우선적으로 조사한다. 그런 다음 사정단계에서 지원카드에 포함된 나머지 문항들에 대한 자세한 정보를 수집하여 독거노인의 욕구와 문제, 강점을 사정한다.

독거노인 가정을 처음으로 방문하는 목적은 서비스의 대상이 되는 사례를 발견하기 위한 것이다. 그러므로 독거노인 지원카드에 포함된 항목 중에서 ① 이름, 성, 연령, 주소, 생존자녀수 등의 기본 정보, ② 긴급연락처, ③ 주택위치와 주거환경 등의 주거상황, ④ 소득 충분도와 부담이 되는 생활비 항목 등의 경제상태, ⑤ 질병 유무와 치료, 일상생활 동작능력과 관련하여 도움이 필요한 사항 등의 건강상태, ⑥ 여가와 사회참여의 특이사항, ⑦ 가족, 친구, 이웃과의 접촉, ⑧ 서비스 이용 등에 관한 기본적 사항만을 확인한다. 사례발견을 위한 첫 번째 방문조사에 포함되어야 할 항목에 대한 조사방법에 대해서는 본서의 제 17장에서 좀 더 상세히 기술하고자 한다.

사례발견을 통하여 독거노인이 서비스를 받을 자격이 있는지를 판단하는 것도 접수단계에서 노인돌보미가 수행해야 할 과업 중의 하나이다. 독거노인 안전 및 지원서비스의 이용은 소득수준, 부양의무자 유무, 주민등록상의 동거자 유무에 관계없이 실제로 혼자 생활하고 있는 노인이면 모두가 이용가능하다. 그러나 기존에 가사도우미, 간병도우미, 노노케어 대상, 자원봉사 등 서비스를 받지 않는 노인을 중심으로 서비스 자격을 부여할 것을 권장하고 있다. 그리고 ① 일상적인 위험에 매우 취약하여 안전확인이 필요한 독거노인, ② 안전확인 대상은 아니지만 주 1회 이상의 주기적 생활상황 점검과 사회적 접촉기회를 제공할 필요가 있는 노인, ③ 노인보건복지서비스의 연계가 필요한 노인으로 서비스 제공유형을 구분하여야 한다. 그러므로 노인돌보미는 이러한 자격기준을 충족시키는 노인에게 서비스 자격을 부여하고, 서비스수급자격이 있는 노인을 다시 제공해야 할 서비스 유형별로 구분하여야 한다.

이와 같은 사전 적격심사에 의해 사례관리에 적합한 사례로 판정되면, 노인이 사례관리 서비스를 받을지 여부에 대한 동의를 구해야 한다. 그러나 서비스 이용에 대한 동의보다 더 우선되어야 할 것은 먼저 클라이언트와 신뢰감을 형성하고, 상호간의 역할을 명확히 하고, 서비스에 대한 클라이언트의 기대와 기관의 서비스 제공 능력에 대해서 협상하는 것이 중요하다.

〈표 14-1〉 독거노인지원카드

[표 형식의 독거노인 지원카드 양식으로, 카드번호(○○○구-123A), 성명, 주소, 가족관계, 연락처, 주거상황(주택소유, 주택위치, 주택설비), 경제상태(생활수준, 수입원, 월소득, 경제활동, 신용관리, 건강관리, 일상생활동작, 수면관계/음주여부), 건강상태(병), 여가 및 사회활동(여가활동, 여가영역, 단체활동, 사회관계의 특이사항), 사회관계(가족, 친구, 이웃, 사회관계의 지지상의 특이사항), 서비스 이용, 서비스 제공, 서비스 종결 등의 항목으로 구성됨]

* 서비스 제공은 중복 √ 가능   * 조사자 : 독거노인 현황조사 실시자   * 처리자 : 서비스 종결처리 실시자

2. 사정단계

독거노인을 위한 사례관리를 위한 사정단계에서 노인돌보미가 수행해야 하는 과업은 노인의 욕구와 문제, 현재의 기능상태, 장점과 잠재능력, 공식 및 비공식 지원체계의 보호능력 등에 대한 전반적 자료를 수집하고, 종합적으로 분석하는 것이다.

독거노인의 욕구와 문제를 사정하기 위해서는 <표 14-1>의 독거노인지원카드를 활용하여 ① 주거, ② 경제상태, ③ 건강상태, ④ 여가 및 사회참여, ⑤ 사회관계, ⑥ 서비스이용에 관한 자료를 수집하고 이를 근거로 판단하여야 한다. 먼저 주거상황과 관련해서는 주택의 소유상태, 거주하고 있는 건물의 형태, 주택설비, 거주하고 있는 주택의 위치와 주변 환경에 대해 파악하여야 한다. 특히 독거노인의 경우 사고나 자살 등의 안전 관련 문제가 발생할 가능성이 있으므로, 주택의 위치가 물리적으로 이웃과 인접해 있는지 아니면 격리된 장소에 있는지를 파악할 뿐만 아니라 이웃과의 사회적 교류가 이루어지는지 아니면 교류가 단절되는지에 대해 면밀한 관찰이 필요하다. 독거노인의 주택소유상태는 주거안정성과 관련하여 중요하지만, 주택설비가 독거노인의 일상생활에 어느 정도 편리한지를 파악하는 것이 더욱 중요하다. 그러므로 노인돌보미는 노인 가정의 냉난방설비, 전기설비, 도배나 장판, 상하수도 설비, 화장실과 욕실, 부엌, 가구 등의 설비가 양호한지 아니면 노후화되어 상태와 기능이 불량한지를 파악하고, 수리를 필요로 하는 설비를 독거노인 지원카드에 기입하여야 한다. 뿐만 아니라 노인이 생활하는 공간의 습도는 적절한지, 채광은 잘 되는지, 통풍은 잘 되는지 등에 대해서도 검토하여야 한다. 이를 근거로 독거노인의 주거안정성, 주거편이도, 안전확인서비스의 필요도, 주택개조 및 수리요구도 등을 판단하여야 한다.

독거노인의 경제상태와 관련해서는 소득과 경제활동에 대해 파악하여야 한다. 먼저 소득과 관련하여서는 수입이 있는 소득원을 모두 조사하고 그 중에서 생활에 가장 도움이 되는 소득원을 파악한다. 그 후 월소득액과 용돈액수를 파악하고, 현재의 소득으로 생활하는데 충분한지 부족한지, 부족하다면 어느 정도 부족한지를 파악하고, 특별히 부담이 되는 생활비 지출항목을 파악하여야 한다. 경제활동과 관련하여는 먼저 경제활동 참여 여부를 파악하고, 어떤 일을 하고 있는지 그리고 종사상의 지위는 어떠한지에 대해 파악하여야 한다. 이를 근거로 하여 소득지원이 필요한지, 경제활동 참여와 관련된 욕구를 판단해야 한다.

독거노인의 건강상태를 평가하기 위해서는 신체기능상태, 건강관리실천행위, 일상생활동작, 질병에 대해 조사하여야 한다. 신체기능상태를 사정하기 위해서는 노화로 인해 나타날 수 있는 시력, 청력, 치아 기능이 양호한지를 파악하고, 보조기를 착용하고 있는지를 파악하여 보조기 착용욕구를 판단하여야 한다. 건강관리실천행위와 관련해서는 운동 여부와 운동회수, 흡연량, 주당 음주회수 및 1회 음주량, 지난 한주간 식사 또는 결식회수, 건강보조식품(예: 보약, 비타민제 등)의 복용에 대해 조사하여, 무료급식 또는 밑반찬배달, 운동이나 건강관리지도 등에 대한 욕구를 파악하여야 한다. 일상생활 동작능력과 관련하여서는 제 4장 일상생활 동작능력과 수발기술에서 제시한 일상생활 동작능력 사정척도(서식 1-6)를 작성한 후 이를 근거로 도움이 필요한 일상생활 동작능력을 사정하여야 한다. 질병과 관련하여서는 노인이 앓고 있는 만성질환을 중심으로 파악하되, 노인에게 앓고 있는 질병이 무엇인지를 질문하고 그 질병을 의사의 진단을 받았는지를 조사한 후, 그 병의 치료방법과 간호, 재활방법에 대해 파악하여야 한다. 이러한 노인의 건강상태에 관한 조사자료를 바탕으로 하여 노인돌보미는 독거노인의 보조기 지원 욕구, 운동과 영양 등의 건강관리지도 욕구, 일상생활 지원서비스에 대한 욕구, 질병치료와 간호와 관련된 욕구 등을 사정하여야 한다.

독거노인의 여가활동과 사회참여를 사정하기 위해서 먼저 여가활동은 노인이 가사일이나 직업활동, 기타 생활에 필수적인 활동 이외에 하루 동안 많은 시간을 할애하는 것이 무엇인지를 질문하고, 그러한 활동 중에서 즐거움이나 보람을 느끼는 활동이 무엇인지를 조사한다. 그리고 즐겁거나 보람을 느끼지는 못하지만, 손자녀 양육이나 간단한 집안일 등과 같이 노인의 생활에 중요하며 많은 시간을 할애하는 활동이 있다면 이것 역시 여가활동내용에 포함시켜야 한다. 사회참여와 관련해서는 먼저 1주일에 몇 번 정도 외출을 하는가를 질문하여, 외출시 방문하는 곳을 파악한다. 그 후 노인이 주로 참여하는 사회단체에 대해 조사를 하여야 하는데, 경로당을 이용할 경우는 노인돌보미 독거노인 생활교육서비스 제공이 가능한 장소를 미리 파악하기 위해서 경로당의 명칭과 위치 등을 파악하고, 종교단체의 경우에도 서비스 연계사업을 수행함에 있어 중요한 비공식적 지지체계로 활용할 수 있으므로 명칭과 위치 등을 파악해 두는 것이 바람직하다. 이러한 여가활동과 사회참여 실태에 관한 조사자료를 바탕으로 노인돌보미는 노인의 여가활동과 사회참여와 관련된 욕구와 문제를 판단해야 한다.

사회적 관계를 파악하기 위해서는 가족, 친구, 이웃과의 관계를 파악하여야 하는데, 특히 연락이나 접촉빈도, 그리고 지원내용에 대해 조사하여야 한다. 이러한 비공식적 지원체계와의 관계를 파악하기 위해서는 다음의 <표 14-2>에 제시된 사회적 관계 및 지지망 사정도구(서식1-7)를 활용할 수 있다.

사회복지기관, 공공기관 등의 공식적 지지망에서 제공하는 서비스의 내용에 대해서도 사정을 하여야 한다. 이를 위해서는 현재 독거노인을 중심으로 하여 제공되고 있는 노인돌보미 바우처, 가정봉사원 파견, 방문간호, 방문보건사업, 밑반찬배달서비스, 경로식당, 주거개선사업, 이동목욕서비스, 간병도우미, 안부전화 및 안전확인서비스, 기타 사회단체의 봉사활동 등을 중심으로 서비스가 노인이 원하는 것인지, 충분한지, 문제해결이나 욕구충족에 도움이 되는지, 그리고 쉽게 이용할 수 있는 것인지를 조사하여야 한다. 이러한 사회적 서비스를 평가하기 위해서는 다음 <표 14-3>의 공식적 서비스 사정도구(서식 1-8)를 활용할 수 있다.

이상의 각 영역별 사정결과를 다음 <표 14-4>의 종합사정표(서식 1-9)를 이용하여 종합적인 사정결과를 도출하여야 한다. 독거노인의 사례관리를 위한 종합적 사정을 함에 있어서 유의해야 할 사항은 욕구나 문제의 확인도 중요하지만 노인과 가족이 지니고 있는 자원, 강점 그리고 주변의 활용가능한 자원이나 서비스를 확인하는 것이 더욱 중요하다.

제 3 부 노인돌봄기본서비스의 행정 실무

〈표 14-2〉 사회적 관계 및 지지망 사정도구

관계	이름	연령	교류기간 (몇년 및 몇 개월)	위치와 접근성 1. 바로 옆 2. 걸어갈 수 있는 곳 3. 차타면 가까운 곳 4. 가까가 쉽지 않은 곳 (시간과 공간을 동시에 고려하여 판단)	연락빈도 1. 매일 2. 주에 여러번 3. 주 1회 4. 월에 여러번 5. 월 1회 6. 드물게	접촉빈도 1. 매일 2. 주에 여러번 3. 주 1회 4. 월에 여러번 5. 월 1회 6. 드물게	관계특성 1. 매우 친함 2. 친한편 3. 보통 4. 소원한편 5. 갈등있음	도움 받는 내용 1. 경제적 도움 2. 간병이나 수발 3. 청소 등 일상생활지원 4. 정서적 도움 5. 기타	도움 가능성 1. 늘 도와줄 것 2. 필요할 때 도와줄 것 3. 마음은 있어도 돕지 못할 것 4. 도와줄 마음이 없음 5. 판단하기 어려움
가족									
친구									
이웃									
단체 성원									

제 14 장 독거노인의 사례관리 절차

〈표 14-3〉 공식적 서비스 사정도구

서비스명	기관명	서비스 내용	제공주기	서비스 평가			
				원하는 것인가? 1. 일치함 2. 반반정도 3. 일치 않음	충분한가? 1. 충분함 2. 반반정도 3. 충분함	도움이 되는가? 1. 도움이 됨 2. 그저 그러함 3. 도움 안됨	쉽게 받을 수 있는가? 1. 받기 쉬움 2. 그저 그러함 3. 받기 어려움
무료급식(경로식당)							
재가노인식사배달							
가정봉사원파견							
방문간호							
방문보건사업							
건강음료배달							
노인돌보미바우처							
주거개선사업							
간병도우미							
안부전화·안전확인							
이동목욕서비스							
단체 후원금							
단체 봉사활동							
기타( )							
기타( )							
기타( )							

제 3 부 노인돌봄기본서비스의 행정 실무

〈표 14-4〉 종합사정결과표

독거노인명			노인돌보미	서비스관리자	사정일자
	욕구의 영역			욕구와 문제의 내용	강점
독거노인	주거	안전			
		설비개조			
	경제	소득			
		경제활동			
		보조기			
	건강	건강관리			
		ADL			
		질병치료			
	여가 및 사회참여	여가활동			
		사회활동			
비공식 지원체계	구분	가족	지원 욕구		지원
		친구			
		이웃			
		단체			
공식 지원체계	구분		서비스 욕구		서비스 연계
종합사정의견					

3. 계획단계

　노인돌보미가 계획단계에서 수행해야 할 과업은 ① 사례관리의 목적과 목표설정, ② 원조나 서비스의 우선순위 결정, ③ 서비스 제공 전략수립이다. 먼저 사례관리의 목적과 목표는 종합사정결과에서 나타난 욕구와 문제를 완화 또는 해결할 수 있도록, 독거노인의 안전을 확보하고, 손상된 기능 회복을 보완 또는 대체하고, 자립적 생활능력을 증진시키기 위한 독거노인의 역량을 강화하고, 공식 및 비공식적 자원의 연계와 조정이 되어야 한다. 이러한 독거노인의 안전확인과 지원을 위한 서비스 계획 수립의 양식은 다음의 <표 14-5>(서식 1-10)와 같으며, 이를 이용한 서비스 계획 수립 사례의 예시는 <표 14-6>에서 보는 바와 같다.

제 3 부 노인돌봄기본서비스의 행정 실무

〈 표 14-5 〉 서비스 계획 수립 양식

독거노인		노인돌보미		서비스관리자		작성일자			
목적									
서비스 영역	사정결과 (욕구와 문제 등)	목표	세부 서비스 내용	서비스 담당자 및 역할	서비스 계획				
					제공 기간	제공 일시	비용	우선 순위	
안전확인									
주택설비개조									
소득지원									
경제활동 지원									
보조기									
건강관리지도									
일상생활 동작능력									
질병치료									
여가활동									
사회활동 참여									
사회관계유지									
서비스 이용									

제 14 장 독거노인의 사례관리 절차

〈표 14-6〉 독거노인 서비스 계획 수립 사례

서비스 영역	사정결과(욕구와 문제)	목표	서비스내용	서비스 담당자	회(일)	일시	비용	순위
안전확인 사회관계	기분이 우울하고, 자살충동을 느낀다.	우울감을 경감하고, 안전 확인을 한다.	안전확인, 안부전화, 말 대그레이션지도	생활관리사	20회	수시	무료	1
주택설비	보일러가 고장났다	단방설비를 점검, 수리한다.	주택개조서비스	기업 A/S센터, 주계선사업단, 서비스관리자	1회	가능일시	무료 실비	2
소득 경제활동	수입이 적어 생계비가 모자란다.	후원이나 부업거리를 연결한다.	시니어클럽 운영 후원자 발굴 고용안정센터	서비스 관리자	수시	수시	무료	4
심병치료	힘이 빠지지 않다.	전문적인 치료를 받는다.	언어치료 서비스 연계	언어치료사	4회	월 오전 9시	무료 실비	9
건강관리	당뇨병이 있으나 식이요법이 안된다.	특별식단을 마련하여 식사관리를 지도한다.	지역보건기관 또는 영양사와 연계	영양사, 생활관리사	1회	가능일시	무료	7
일상생활	목욕을 하지 못한다.	목욕이 가능하게 한다.	이동목욕 서비스	방문목욕서비스 담당자	3회	1,3주 목 오전 10~11시	무료	6
일상생활	쇼핑과 요리가 어렵다	쇼핑시 동행하고 밥반찬 서비스를 연결한다.	쇼핑동행 및 대행, 밥반 찬배달서비스	생활관리사, 밥반 찬배달사업기관 담당자	4회	금 15~16시	실비	3
여가활동	하루 종일 하는 일 없이 무료하게 시간을 보낸다.	여가활동 참여 기회를 부여한다	경로당·노인복지관 등록 배크레이션지도	경로당·복지관 담당자 생활관리사	수시 4회	수 13~15시	무료	8
사회참여	종교활동을 할 수가 없다.	종교단체 참여기회를 부여한다.	종교행사 참여	지역 종교단체 담당자, 서비스관리자	4회	수, 금 10~12시	무료	10
사회관계	하루 중 혼로 있을 때가 많다.	사람들과의 접촉 기회를 늘린다.	말벗서비스, 친구만들기	생활관리사	8회	화, 목, 10~14시	무료	5

* 자료: 장인협·우국희(2001). 케어·케이스매니지먼트, 서울대학교출판부.

4. 실행 및 조정단계

실행 및 조정단계는 수립된 보호계획을 실행에 옮기는 단계로서, 노인돌보미보다는 서비스관리자의 역할이 더욱 중요한 단계이다. 이 단계에서 서비스관리자는 독거노인에게 제공되는 서비스의 연속성을 보장하고, 단편적이고 다양한 서비스를 통합·조정하며, 서비스에 대한 접근 및 서비스 제공과 활용에서의 장애를 극복할 수 있도록 노력해야 한다. 이를 위해서 서비스관리자는 <표 14-7>(서식 1-11)에 의거하여 서비스 계획과 연계상황을 조정하여야 하며, 이 때 서비스 중개자, 서비스 전달의 조정자, 옹호자, 자문 등의 간접적 서비스 역할을 주로 수행해야 한다.

〈 표 14-7 〉 서비스 계획 및 연계의 조정방안

서비스명	기관명	세부 서비스 내용	제공된 서비스		서비스 장애요인	서비스 조정방안
			계획	실행		
무료급식(경로식당)						
재가노인식사배달						
가정봉사원파견						
방문간호						
방문보건사업						
건강음료배달						
노인돌보미 바우처						
주거개선사업						
간병도우미						
안부전화·안전확인						
이동목욕서비스						
단체 후원금						
단체 봉사활동						
기타( )						
기타( )						
기타( )						

5. 점검단계

점검단계는 독거노인에게 제공되는 서비스의 적시성, 충분성, 적절성 및 연속성을 보장하기 위해서, 서비스 제공자를 포함한 독거노인 지원체계의 서비스 전달과 실행을 추적하고 재사정하는 과정이다. 즉, 점검은 보호계획이 적절하게 실행되고 있는지, 클라이언트가 기대하는 서비스를 제공받고 있는지, 독거노인에게 제공되는 서비스가 필요하고, 적절한 것인지, 그리고 독거노인의 공식적 지원체계가 서비스 제공과 지지의 역할을 제대로 수행하고 있는 지를 추적하고 감독하는 과정이다. 이러한 서비스 점검과 재사정을 위해서는 사정단계에서 사용한 <표 14-3>의 공식적 서비스 평가도구(서식 1-8)를 그대로 활용할 수 있을 것이다. 이러한 점검과 재사정을 위하여 서비스관리자는 독거노인은 물론 서비스 제공자와 지속적으로 접촉하여야 하며, 서비스 제공자에게 간섭으로 간주되지 않도록 유의하면서 권위와 영향력을 발휘할 수 있어야 한다. 그리고 서비스 계획의 실행에 대한 점검과 재사정에서 나타난 문제를 해결하기 위하여 서비스 계획을 지속적으로 수정·보완해나가야 할 것이다.

6. 평가단계

평가단계에서는 클라이언트에게 제공된 서비스, 클라이언트의 진척상황, 보호계획, 서비스 활동 및 서비스 체계의 효과성과 효율성을 전반적으로 판단하고, 사례관리를 종결하는 과정이다. 이러한 사례관리의 평가를 위해서는 클라이언트에 대한 직접적 면접, 전화면접, 사례회의, 전문가의 기록에 대한 검토, 시설과 기관의 이용빈도 등을 활용할 수 있으며, 결과평가와 과정평가를 동시에 실시하는 것이 바람직하다. 그리고 사례의 목표가 달성되었거나, 더 이상 서비스를 필요로 하지 않거나, 클라이언트의 중대한 변화로 인하여 사례관리를 지속할 수 없는 상황에서는 사례관리의 과정을 종결하되, 종결 이후의 미래계획 수립을 원조하고 지속적인 사후관리가 이루어져야 한다.

MEMO

MEMO

MEMO

제 15 장 독거노인 생활교육 설계와 운영

학 습 목 표
□ 독거노인 생활교육의 기본 개념을 이해한다.
□ 독거노인 생활교육의 방법을 이해한다.
□ 독거노인 생활교육 프로그램 개발과 실행 능력을 갖춘다.

Ⅰ. 독거노인 생활교육의 의미

생활교육(education for living, practical education)은 학습자(學習者)의 실생활에서의 경험을 중심으로 한 교육으로, 학습자를 주체적 생활자로 인정하고 학습자 자신의 경험을 통하여 실생활에 필요한 지식·기능·태도 등을 습득·형성시키려는 교육을 말한다. 이러한 생활교육은 생활교육사상은 루소(Rousseau), 페스탈로치(Pestalozzi), 듀이(J. Dewey) 등에 의하여 실천적으로 발전되고 이론화되어, 19세기 말엽 이래 생활학교(Lebensschule)·활동학교·노작학교(Arbeitsschule) 등의 확대된 새로운 교육운동의 하나라 할 수 있다. 이러한 생활교육은 '생활에 의한, 생활을 위한 교육'이라 할 수 있으며, 실생활과 유리된 관념적인 지식의 주입에 초점을 두는 권위주의·형식주의·주입식 교육과 반작용으로 나타난 교육운동이다(네이버 백과사전: 100.naver.com).

생활교육은 학습자의 흥미나 요구를 무시하는 주입식 교육의 한계를 극복하기 위한 대안적 교육으로 제시된 교육방법으로, 발달 초기에는 주로 아동교육분야를 중심으로 하여 발달해왔다. 그러나 사회가 점차 복잡다단해지고 개인의 삶의 영역에 필요한 지식과 기술들이 주입식 교육을 통해 배운 것만으로는 부족한 부분이 많아짐에 따라, 아동기뿐만 아니라 전생애의 발달주기별로 생활교육 프로그램들이 개발 시행됨으로써 전생애에 걸친 영역으로 그 범위가 확대되었다. 이러한 전생애 주기별 생활교육의 예로서는 영아기의 태교, 유아기의 학교생활 사전준비를 위한 생활교육, 아동기의 예절교실, 청소년기의 자아발견 교육훈련프로그램, 청년기의 결혼준비교육, 성인기의 여성역량강화 교육, 중장년기의 노후준비교육 또는 퇴직준비교육 그리고 노년기에는 건강생활 교육 등을 들 수 있다.

이러한 생활교육의 개념을 근거로 하여 볼 때, 독거노인을 위한 생활교육은 노인의 실생활 경험을 바탕으로 한 노인교육의 하위유형이다. 노인교육(geragogy)은 아동 중심의 교육인 페다고지(pedagogy), 성인 중심의 교육인 앤드라고지(andragogy)와 함께 교육학의 3대체계를 구축하고 있다. 노인교육은 단순히 아동, 성인, 노인이라고 하는 연령에 따른 대상 구분이 아니라 연령, 지위, 성에 관계없이 각자의 관심과 이해에 따라 여러 세대가 한데 모이고 상호작용함으로써 그 속에서 서로간에 정보를 교환하고 새로운 지식을 만들어내는 적극적 과정이다(한정란, 2001). 이러한 노인교육은 노인에 의한 교육(education by older adults), 노인을 위한 교육(education for older adults), 노인에 관한 교육(education about older adults and aging) 그리고 세대통합교육을 포함하고 있다. 이 중에서 본장에서 논의하는 독거노인 생활교육은 '노인을 위한 교육'에 가장 근접한 교육이라 할 수 있다.

노인을 위한 교육(education for older adults)은 노인 학습자들을 대상으로 하는 연구와 실천을 통하여, 노인들의 역량을 강화하기 위한 교육활동이다. 노인을 위한 교육은 노화에의 적응, 사회적응, 자기계발, 대인관계 확대, 능동적인 삶의 고취, 자립과 사회참여 촉진을 목적으로 하며, 건강, 여가, 노후경제생활 등의 노후생활 전반에 관한 내용, 생존과 일반교양, 취업, 노인복지, 노인 권리, 죽음과 영성에 대한 내용들을 주로 교육한다.

이상과 같은 생활교육과 노인교육의 개념을 기반으로 해보면, 독거노인을 위한 생활교육은 독거노인의 자립적 생활역량을 강화하고 보호하기 위하여, 노인 자신의 경험을 기반으로 하여 실생활에 필요한 지식, 기술, 태도 등을 형성시키려는 교육이라고 개념정의할 수 있다.

II. 독거노인 생활교육의 방법

독거노인 생활교육을 위해서는 학습자로 참여하는 노인들이 지닌 학습능력, 발달과업, 교육욕구에 대한 이해가 선행되어야 하며, 생활교육의 목적과 목표, 교육내용, 교육의 원리, 교수방법에 대한 기본적 이해가 필수적이다. 그러므로 다음에서는 독거노인 생활교육을 진행하는데 있어서 기본적으로 알고 있어야 할 생활교육에 관한 내용들에 대해 논의하고자 한다.

1. 학습자로서의 독거노인의 특성

1) 학습능력
노인의 학습능력은 인지기능과 밀접한 관련성이 있는데, 노년기에는 전반적으로 인지기능이 저하되는 것으로 알려지고 있지만, 이를 객관적으로 입증할만한 연구는 제시되지 않고 있다. 인지기능 중에서 지능은 18~25세 이후부터는 점진적으로 쇠퇴한다고 보고 있으나, 연령이 증가함에 따라 선천적으로 갖고 태어난 추리능력, 기억능력 등의 유동적 지능은 감퇴하는 반면 후천적으로 획득된 일반상식과 같은 결정화된 지능은 증가하여 전체적인 지능수준에는 크게 변화가 없는 것으로 나타나고 있다(권중돈·김동배, 2004). 그러므로 연령이 많아질수록 지능이 낮아진다고 결론지을 수 없으며, 노인의 교육수준, 생활경험, 직업, 신체 및 정신건강에 따라 달라진다고 보는 것이 타당할 것이다.

노인의 학습능력을 결정하는 요인 중에 하나인 기억은 외부에서 들어온 정보를 대뇌에 기록해서 저장했다가 어떠한 상황에 직면하여 의식으로 되살려내는 정신기능을 의미한다. 노년기에 이르게 되면 일반적으로 최근에 일어난 일이나 경험을 기억해낼 수 있는 단기기억능력은 약화되며, 암기보다는 논리적인 것의 기억능력이 더 많이 감퇴되는 것으로 알려지고 있으며, 보는 것보다는 듣는 것의 기억력이 뛰어나므로 노인들의 학습능력 증진을 위해서는 청각을 활용한 교육방법이 더욱 효과적이다.

사고능력은 학습과 지각에 의해 받아들인 정보를 구별하고 분류하여 개념화하는 과정으로, 이미 습득한 지식을 활용하여 여러 가지 과제를 해결하거나 과제 상황에 대처하는 것을 의미한다. 그리고 문제해결능력은 사고과정에서 형성된 개념들을 바탕으로 논리적 추리를 하여 어떤 결정을 내리는 것을 의미한다. 이러한 사고능력과 문제해결능력은 연령이 증가함에 따라 저하되는 것이 일반적이지만, 단순히 연령증가만이 그 원인이라고 단정짓기는 어려우며, 연령과 교육수준, 인생경험, 지능, 직업 등의 요인이 복합적인 영향을 미친다.

노인의 학습능력은 지능이나 기억, 사고력이나 문제능력의 영향을 받지만 실제 학습과정에서는 학습내용, 학습속도, 학습환경, 학습결과에 대한 피드백(feedback)에 의해서도 영향을 받는다(권중돈, 2000). 먼저 노인들은 새로운 정보나 지식을 학습하게 되면 이전부터 갖고 있는 지식이 새로운 지식의 습득을 방해하게 되므로, 노인교육에서는 새로운 것보다는 익숙한 것을 교육내용으로 선택하고, 추상적이고 논리적인 것보다는 구체적인 사실들을 다루는 것이 바람직하다. 둘째, 노년기가 되면 학습시간이 더 많이 소요되고 반응속도가 늦어지므로 학습시간에 제한을 가하면 기대한 학습효과를 거두기 어려우므로, 노인 스스로가 학습시간을 결정하도록 하는 것이 바람직하다. 셋째, 노인들의 경우 자극처리 능력이 제한되는 경우가 있으므로, 소음 등의 학습방해요인을 적극적으로 차단하는 것이 좋다. 넷째, 노인들의 단기기억능력이 저하된다는 점을 고려하여, 반복하여 교육하고 복습하며, 회상 또는 실생활에 응용할 수 있는 기회를 많이 부여하는 것이 좋다. 다섯째, 시각이나 청각 중 어느 하나에만 의존한 교육은 노인의 기억을 높이는데 한계가 있으므로, 다양한 교육방법을 사용하는 것이 바람직하다. 여섯째, 노인들의 학습능력은 노인의 학습동기와 밀접한 관련성을 지니고 있으므로, 노인의 학습에 대한 용기를 북돋워 주고 칭찬을 자주 하는 것이 바람직하며, 학습결과에 대해서는 너무 비판적 혹은 판단적인 평가보다는 지지적이고 격려하는 자세를 취하는 것이 바람직하다.

2) 발달과업

노년기에 이르게 되면 신체, 심리 및 사회적 측면에서 퇴행적 발달이 이루어진다. 노인들은 이러한 퇴행적 발달에 따른 위기를 극복하고 성공적인 노년기를 영위하기 위해서는 노년기에 요구되는 발달과업을 적절히 이행하여야 한다. 김종서(1982)는 노년기의 발달과업을 다음의 <표 15-1>과 같이 제시하고 있다.

〈 표 15-1 〉 노년기의 발달과업

발달영역	발 달 과 업
지적 영역	① 세대차와 사회변화를 이해하기 ② 은퇴생활에 필요한 지식과 생활배우기 ③ 정치, 경제, 사회, 문화에 대한 최신 동향 알기 ④ 건강증진을 위한 폭넓은 지식 갖기
정서적 영역	① 적극적으로 일하고 생활하려는 태도 유지하기 ② 취미를 계속 살리고 여가를 즐겁게 보내기 ③ 정년퇴직과 수입감소에 적응하기 ④ 배우자 사망 후의 생활에 적응하기 ⑤ 소외감과 허무감을 극복하고 인생의 의미 찾기 ⑥ 동료 또는 자신의 죽음에 대하여 심리적으로 준비하기
사회적 영역	① 동년배 노인들과 친교 유지하기 ② 가정과 직장에서 일과 책임을 합당하게 물려주기 ③ 가정이나 사회에서 어른 구실하기 ④ 자녀 또는 손자들과 원만한 관계 유지하기
신체적 영역	① 줄어가는 체력과 건강에 적응하기 ② 노년기에 알맞은 간단한 운동을 규칙적으로 하기 ③ 건강유지에 필요한 알맞은 섭생(攝生)을 하기 ④ 지병이나 쇠약에 대한 바른 처방하기

이상과 같은 노년기의 발달과업을 성공적으로 완수할 수 있도록 지원하기 위해서 포함되어야 할 노인교육의 주요내용에 대해서는 다음에서 보다 구체적으로 제시되겠지만, 심리적

고독과 사회적 소외의 예방과 경감, 건강유지, 여가활용 등에 대한 노년기의 성장욕구를 충족시켜줄 수 있는 다음에 제시한 교육내용들은 노인교육과정에 기본적으로 포함되어야 할 것이다(권중돈, 2000).

① 가령(加齡)에 따른 신체 및 생리적 변화에 대한 이해와 이에 대한 적응 방법
② 정치, 경제, 사회, 문화에 대한 최신 동향에 관한 사항
③ 젊은 세대와의 세대차이를 이해하고 이에 적응하는 방법
④ 가정, 직장, 사회에서 일과 책임을 합당하게 물려주는 방법
⑤ 은퇴후의 생활에 대한 적응방법 및 새로운 일에 대한 탐색과 참여방법
⑥ 개인 취미생활, 여가활동, 사회적 친교활동
⑦ 사회적 관계망 축소에 따른 생활방법의 조정과 사회적 고독 극복
⑧ 노년기에 알맞은 운동이나 스포츠 활동
⑨ 건강유지를 위한 섭생(攝生)방법
⑩ 사회의 웃어른으로서의 행동방식

3) 교육욕구

노인교육프로그램에서는 이러한 노년기의 발달과업 성취뿐만 아니라 노인들이 지니고 있는 성장욕구를 충족시킬 수 있어야 한다. 즉, 노인이 개인적 성장과 발전을 도모할 수 있도록 지적 능력을 최대화할 수 있도록 지원하는 노인교육과정에서는 다음과 같은 노인들의 교육에 대한 5가지 욕구를 충족시킬 수 있어야 한다(윤진, 1985).

첫째, 대처능력 향상에 대한 욕구이다. 노화에 따라 능력과 지식이 감퇴되어 일상생활에 곤란을 경험하기 때문에, 이러한 능력쇠퇴에 대처하고 정상적인 사회적 기능을 유지하기 위하여 교육받으려는 욕구이다. 이러한 노인들의 대처능력 향상에 대한 욕구를 충족시키기 위해서는 영양관리, 주택관리, 소비활동, 법률, 경제, 그리고 기타 일상생활 영위에 필요한 기술 등을 교육해야 할 것이다.

둘째, 표현적 욕구이다. 이는 노인들이 자발적인 신체운동, 사회적 활동, 새로운 경험을 통하여 만족을 얻고자 하는 활동과 사회적 참여에 대한 욕구이다. 즉, 젊은 시절에 직업활동이나 자녀양육에 대한 책임 때문에 할 수 없었던 취미활동이나 단체활동에 참여하고자 하는 욕구이다. 이러한 욕구를 충족시킬 수 있는 교육내용으로는 서예, 미술, 음악활동 등의 취미교육이나 단체활동이 대표적이며, 이를 통하여 이루어지는 동료들과의 친교관계형성도 표현적 욕구충족에 크게 기여할 수 있을 것이다.

셋째, 사회에 공헌하고자 하는 욕구이다. 노인들은 자신 뿐 아니라 타인을 위해 헌신하

고 봉사함으로써 자아통합성을 유지하고 삶의 만족을 추구하려 한다. 노인교육에서 이러한 노인의 욕구를 충족시키기 위해서는 지역사회 봉사활동에 대한 정보제공과 기본적인 교육이나 훈련을 실시하여야 할 것이다.

넷째, 영향력 행사에 대한 욕구이다. 노인들은 사회에서 물러나 인생을 즐기기 보다는 사회 전체에 영향력을 행사하고자 하는 욕구가 있다. 이를 위하여 노인들은 지역사회의 각종 단체, 노인단체, 종교단체, 정치 및 사회적 압력단체에 가입하여 활동하고자 한다. 따라서 노인교육에서는 이러한 각종 단체에 대한 정보제공과 아울러 개인 및 집단활동을 위한 기술훈련, 활동상황에 대한 지지와 평가 등의 교육내용이 포함되어야 할 것이다.

다섯째, 초월적 욕구이다. 노년기에는 인생을 통합적으로 정리하고 죽음에 적절히 대처하고자 하는 욕구를 지니고 있다. 따라서 노인들은 인생의 본질적 의미를 추구하게 되고, 그 과정에서 자아실현을 추구하고자 한다. 따라서 노인교육과정에서는 죽음의 수용과 이에 대한 적응, 영적 활동, 인생회고를 통한 삶의 재통합 등에 대한 심리적 교육이 이루어져야 할 것이다.

2. 독거노인 생활교육의 목적과 목표

독거노인을 위한 생활교육의 목적과 목표를 설정함에 있어서는 교육철학적 관점에서 타당한지, 사회의 현실이나 요구를 충분히 반영하였는지, 그리고 노인의 욕구를 잘 반영하고 있는지를 살펴보아야 한다(허정무, 2002). 그러므로 독거노인 생활교육의 목적을 설정하기 위해서는 철학적 관점, 사회적 관점 그리고 노인 개인적 관점이 모두 고려되어야 한다. 이런 세 가지 관점 모두를 반영한 노인교육의 일반적 목적은 ① 세대간 이해의 증진, ② 노년기의 창조적인 삶, ③ 젊은 세대의 삶의 경험 확대, ④ 노화에 대한 준비와 적응이라고 할 수 있다(한정란, 2001).

하지만 노인교육의 일반적 목표는 지나치게 포괄적이고 추상적이므로, 독거노인을 위한 생활교육의 목적과 목표로는 적합하지 않다. 따라서 독거노인 생활교육의 목적은 '창조적인 노년기를 영위하고 성공적 노화를 성취하도록 돕고, 자립적 생활을 위한 역량을 강화'하는 것으로 설정되어야 한다. 이러한 목적을 성취하기 위한 목표는 ① 노화에의 적응, ② 사회적응, ③ 자기계발, ④ 대인관계 확대, ⑤ 능동적 삶의 고취, ⑥ 자립과 사회참여로 설정할 수 있을 것이다. 이러한 목표달성을 위한 독거노인 생활교육의 세부목표는 다음 <표 15-2>에서 보는 바와 같다.

〈 표 15-2 〉 독거노인 생활교육의 세부목표

· 노화를 수용하고, 삶에 대한 적극적 태도를 갖고 자립 생활을 하려는 태도를 기른다.
· 새로운 지식을 흡수하고 이를 생활에 적용하는 능력을 기른다.
· 소득감소에 적응하고, 소득수준에 걸맞은 가계지출을 할 수 있는 능력을 기른다.
· 경제활동에 참여하고자 하는 태도와 근로기술을 습득시킨다.
· 건강과 질병에 대한 기본지식을 갖게 한다.
· 건강을 유지하기 위한 건강습관을 기른다.
· 안전에 대한 기본적 지식과 태도를 함양한다.
· 가족, 친구, 이웃, 젊은 세대와의 원만한 관계 유지를 위한 능력을 고양시킨다.
· 취미활동과 사회활동에 참여할 수 있도록 여가활용 능력을 고양시킨다.

3. 독거노인 생활교육의 내용

이러한 노인교육의 목적에 따라 교육과정을 편성함에 있어서는 ① 노인교육에 참여하는 학습자의 교육적 욕구, ② 학습자의 지적 수준과 같은 학습능력, ③ 노인교육 전문가의 의견 그리고 ④ 노인교육에 대한 사회적 기대를 동시에 고려하여야 한다. 그리고 노인교육의 교과과정을 편성함에 있어서는 ① 노인교육 목표에 따라 교과과정을 편성하고, ② 교육 대상자 또는 학습자의 능력, 수준, 흥미 및 욕구에 적합하게 교과과정을 편성하고, ③ 가족이나 사회의 다른 계층의 요구를 폭넓게 반영하고, ④ 노인의 삶의 질을 향상시킬 수 있는 내용으로 편성하고, ⑤ 지속적인 반복학습을 통한 누적 학습효과가 발생하도록 편성하며, ⑥ 새로운 경험과 내용에 강조점을 두되 노인의 경험 속에서 교육내용이 연결, 통합되도록 편성하여야 한다(한정란, 2001).

노인교육의 교육과정과 교과과정 편성의 기준을 근거로 하여 독거노인 생활교육에서 다루어야 할 교육내용들을 노화의 세 가지 영역 즉, 생물학적 노화, 심리적 노화, 그리고 사회적 노화 영역에 따라 살펴보면 다음 <표 15-3>과 같다(권중돈, 2006; 한정란, 2001; 허정무, 2002).

⟨ 표 15-3 ⟩ 독거노인 생활교육의 교육내용

교육영역	교육내용	교육프로그램 예시
생물학적 노화	• 인간발달과 노화의 이해 • 신체적 노화의 과정과 결과 • 신체적 노화에의 적응방법 • 건강유지와 질병치료 • 운동과 영양관리	• 건강증진교실(당뇨병, 암, 건강강좌) • 재활교실(물리치료, 작업치료, 일상생활훈련, 수지침) • 운동교실(요가, 민속체조, 명상, 스포츠댄스, 시니어에어로빅, 맷돌체조, 덩더쿵체조, 장수 춤체조) • 노인안전교실(교통안전, 자살예방) • 영양교실(노년기 영양관리, 식사요법)
심리적 노화	• 인지능력 향상 교육 • 노인의 자아발견과 통합 • 여가증진 프로그램 • 정신건강 유지 프로그램 • 죽음과 인생의 의미	• 교양교실(한글교실, 외국어회화교실, 한문교실, 시조교실, 고전문학, 사진반, 이미지메이킹, 역사교실, 전통문화교실, 독서교실) • 자아인식증진교육, 자기주장훈련 • 취미여가교실(가요교실, 민요·판소리교실, 장구교실, 합창반, 째즈댄스, 한국무용, 포크댄스, 챠밍디스코, 레크레이션, 탁구교실, 포켓볼·당구교실, 연극교실, 배드민턴교실, 게이트볼, 장기바둑, 크로마하프, 클래식 기타, 가곡 및 판소리교실, 한문서예, 수묵화, 민화, 서양화, 생활도자기, 한지공예, 사진, 장구, 원예활동) • 치매예방교실, 우울증 교실 • 죽음 준비교육, 자서전 쓰기
사회적 노화	• 사회변화에의 적응 • 사회역할 변화와 발달과업 • 대인관계 기술 • 세대차에 대한 이해 • 경제활동과 사회참여	• 정보화교실, 노인복지 정보교실, 시사교실 • 퇴직자 생활시간관리 교육, 금전관리, 유산상속 • 인간관계 훈련교실(친구관계, 가족관계, 이웃관계) • 1·3세대 통합교육 • 자원봉사 교실, 재취업 교육

4. 독거노인 생활교육의 원리

노인을 위한 교육의 원리에 입각하여 독거노인 생활교육에서 따라야 할 원리들을 살펴보면 다음과 같다(김종서, 1982; 한정란, 2005).

첫째, 자발성의 원리이다. 노인교육은 강압적·타율적으로 이루어져서는 안되며 노인들의 흥미에 입각한 자발성에 그 기초를 두어야 한다. 노인은 풍부한 경험을 가지고 있기 때문에 자발적으로 학습할 수 있는 능력이 충분하며 교육방법에서는 이러한 장점을 살리도록 한다. 예를 들면, 일방적인 강의는 될 수 있는 대로 줄이고 노인중심으로 발표, 토의, 제작, 연극, 견학 등의 자발적인 활동이 이루어지도록 해야 할 것이다. 즉 의자에 가만히 앉아 있는 시간을 줄이도록 한다.

둘째, 경로(敬老)의 원리이다. 노인교육을 담당하는 노인돌보미는 일반학교의 교사와는 그 특성이 판이하게 다르다. 독거노인 생활교육에서는 대부분의 경우 학생이 노인돌보미보다 나이가 많으며, 경우에 따라서는 학생이 특정분야의 경험도 더 많다. 그러므로 노인돌보미는 누구보다도 경로사상에 투철한 자질을 지니고 있어야 한다. 예의 바르고, 친절하며, 겸손하고, 세밀한 점까지 신경을 쓰는 경로사상이 노인돌보미의 자질로서 요구된다.

셋째, 사제 동행(師弟同行)의 원리이다. 노인돌보미가 일방적으로 계획을 세워서 실천하고 평가해서는 안되며 어디까지나 노인 학생들과 함께 협동적으로 계획을 세우고 평가를 해야 한다. 노인들은 풍부한 경험을 가지고 있으며, 많은 자원에 익숙하기 때문에 노인들과 같이 계획을 세울 때에 보다 성공적인 교육이 이루어질 수 있다.

넷째, 생활화의 원리이다. 생활교육에서 가르치는 내용이나 방법은 노인들의 생활과 밀접히 관련되어 있어야 한다. 노인들은 노후의 생활을 정신적으로, 신체적으로, 건강하고 편안하게 살기 위하여 교육을 받으러 오는 것이다. 그러기 때문에 추상적인 이론이나 학문적인 지식은 노인들이 알아듣지도 못할 뿐 아니라 관심도 끌지 못한다. 노인들의 일상생활 속에서 나타나는 문제를 중심으로 교육이 이루어져야 할 것이다.

다섯째, 다양화의 원리이다. 노인들에게 있어서 강의 중심의 교육은 큰 효과가 없다. 왜냐하면 대개의 경우 강의는 암기를 요구하는데 노년기에 이르면 기억력이 감퇴하기 때문이다. 물론 필요하면 강의도 해야겠지만 여러 가지 활동이 다양하게 전개될 수 있도록 함이 바람직하다. 예를 들면 만들기, 꾸미기, 토론하기, 역할극, 생활체험 발표하기 등과 같이 다양한 학습활동이 전개될 수 있도록 계획을 세워야 할 것이다.

여섯째, 직관의 원리이다. 직관이라고 하는 것은 감각을 통하여 외계 사물에 관한 구체적인 내용을 알게 되는 것을 말한다. 문자를 통해서가 아니라 직접 보고, 듣고, 만져 보고, 맛보고, 냄새 맡아 봄으로써 그 사물을 아는 것을 말한다. 만일 직접 경험을 할 수 없는 경우에는 대리경험을 해야 하는데 이때는 시청각 교재를 사용해야 한다. 사진, 그림, 표본, 도표, 그래프, 슬라이드, 영화, 라디오, 텔레비전 등과 같은 시청각 교재는 생활교육에서 최대한도로 사용해야 한다.

일곱째, 개별화의 원리이다. 인생에 있어서 개인차가 가장 큰 시기가 노년기이다. 노인들은 지적인 능력, 학력, 흥미, 성격, 경험적인 배경, 가정 배경, 건강 상태 등에 있어서 그 차이가 너무나 크다. 이렇게 개인차가 크기 때문에 똑같은 교육내용이라 하여도 개인마다 알아듣고 해석하는 것이 다르다. 따라서 가능한 한 적은 인원으로 구성된 학습 집단을 만들고, 개개인의 욕구를 충족시켜 줄 수 있는 교육의 방법을 찾아야 한다.

여덟째, 경험의 원리이다. 노인들은 추상적인 내용이 강의를 듣는 것보다는 직접적으로 경험을 하면서 배우기를 좋아한다. 즉 이론적인 것 보다 실제적인 것, 추상적인 것 보다 구체적인 것에 유의하면서 지도해야 할 것이다. 예를 들면, 요리의 이론보다는 실제로 만들어 보는 것, 운동을 실제로 해 보는 것, 원예활동을 직접해보는 것 등과 같은 학습 활동이 생활교육에 보다 적합한 교육이다.

아홉째, 사회화의 원리이다. 노인생활교육에서는 급격한 사회변화에 적응할 수 있도록 노인들을 도와주는 교육이 이루어져야 한다. 가치관, 생활양식, 가족 구조, 인간관계 등이 너무나 갑자기 변하기 때문에 이 측면의 교육을 소홀히 하면 보수성, 전통성이 강한 노인들은 현대 사회에서 점점 살기가 힘들게 된다. 노인들이 행복하게 살기 위하여서는 사회변화에 적응하는 방법을 배워야 한다.

5. 독거노인 생활교육의 교수방법

노인교육에서 지향하는 목표에 따라 다음과 같은 다양한 교수방법들을 단독 또는 혼합하여 사용할 수 있다(조은순, 2001).

〈 표 15-4 〉 독거노인 생활교육 목적별 적합한 교수방법

학습목표	적 합 한 교수방법
지 식	강의, TV, 토론, 대화, 면담, 심포지움, 패널집단면담, 회담, 영화, 슬라이드, 필름, 녹음, 책 내용중심 토의, 독서, 교수기계, 비디오
이 해	청중으로 참여, 시범, 영화, 극화, 소크라테스식 질의법, 문제해결식 사례연구, 모의게임, 사건을 비판적으로 분석하는 과정, 비디오 시청
인간관계기술	역할극, 게임, 훈련 집단, 참여 학습, 무언의 훈련, 기술 연습의 실제, 전문인 지도, 엄격한 반복훈련, 모의게임, 인간 관계훈련 집단
태 도	경험담 나누는 토의, 집단토의, 역할연극, 사건분석 과정, 사례방법, 게임, 만남의 집단(민감성 훈련), 무언의 훈련, 모의게임, 집단요법, 상담
가 치	TV, 강의(설교), 토론, 대화, 심포지움, 담화, 영화, 극화, 방향성 있는 토의, 경험 나눔, 역할극, 사건분석 과정, 게임, 만남의 집단, 가치명료화 훈련, 전기 읽기
흥 미	TV, 시범, 영화, 슬라이드 필름, 극화, 경험 나눔, 전시, 현장탐방, 비디오시청

앞의 <표 15-4>에서 보는 바와 같은 교수방법 중에서 노인교육에서 활용할 수 있는 교수방법은 매우 다양하다. 어떤 하나의 방법이 노인교육에 알맞은 다고 말할 수는 없으며 교육내용에 알맞은 교수방법이 가장 좋은 방법이라고 할 수 있다. 다음에서는 노인교육에서 많이 활용되는 대표적인 교수방법에 대해 살펴보고자 한다.

1) 강의법

강의식 교수법은 짧은 시간 안에 다수의 노인들에게 많은 교육 내용을 체계적이고 효과적으로 전달하여 이해시킬 수 있다는 점에서 매우 효율적인 교수방법이다. 그러나 노인의 학습능력은 개인차가 크고 이론적인 내용보다는 실제적이고 현실적인 내용이 생활교육 내용으로 적합하므로 실제 독거노인 생활교육에서는 가장 나중에 고려되어야 하는 교수법이기도 하다(한정란, 2005).

강의법의 장점은 ① 교사의 계획대로 이끌어 나갈 수가 있고, ② 단시간에 많은 양의 내용을 가르칠 수 있으며, ③ 지식을 체계적으로 전달할 수 있으며, ④ 동시에 많은 인원을 가르칠 수 있고, ⑤ 강의를 잘하면 학습흥미를 일으키고 학습동기를 유발할 수 있으며, ⑥ 노인들을 감동시키거나 공감을 불러일으킴으로써 태도의 변화도 가져 올 수 있다는 점이다. 이에 반해 강의법의 단점은 ① 교육내용에 꼭 알맞은 유능한 강사를 구하기가 어렵고, ② 노인들은 듣고만 있으므로 수동적으로 되어 자발적 활동이 저해되며, ③ 강의가 서툴면 재미없고 신체적 피로로 조는 노인이 많아지며, ④ 노인 학생들의 지적 능력의 범위가 넓으므로 강의의 표준을 잡기가 어려우며, ⑤ 가르치고자 하였던 주제로부터 벗어나서 지엽말단의 이야기를 할 수 있으며, ⑥ 노인들의 욕구나 흥미와 거리가 먼 강의가 될 수 있으며, ⑦ 노인들이 학습한 내용을 기억하지 못할 수 있다.

위와 같은 강의법의 장단점을 고려하여 다음과 같이 강의법을 개선하는데 노력해야 할 것이다.

① 청력이나 시력이 좋지 않은 노인들은 앞자리에 앉히도록 한다.
② 강의의 속도는 될 수 있는 대로 천천히 하도록 한다.
③ 강의 도중 수시로 문답활동을 전개함으로써 강의 효과를 확인하는 동시에 주의를 환기시킨다.
④ 새로운 내용을 강의할 때는 단계적으로 하며 노인이 이미 알고 있는 지식과 관련을 짓도록 한다.
⑤ 아무리 어려운 내용이라 하여도 표현은 아주 쉽게 하여 노인들이 누구나 다 알아듣게 한다.

⑥ 중요한 내용은 이해가 충분하도록 여러 번 반복하여 강의하도록 한다.
⑦ 강의 도중 노인들에게 피로한 기색이 보이면 잠깐 휴식을 취하도록 한다.
⑧ 구체적인 실례를 많이 들도록 한다. 즉, 강의에서 어떤 이론이 나오면 이에 대한 실례를 노인생활과 관련지어 많이 들도록 한다.
⑨ 시청각 보조자료를 많이 사용함으로써 강의를 구체화한다.
⑩ 강의 내용을 요약해 주도록 한다.
⑪ 강의시 복장, 자세, 말투에 특별히 유의하여야 한다.
⑫ 강의시 시선을 노인들에게 골고루 나누어주어야 한다.
⑬ 가능하면 크고 또박또박하게, 조금 낮은 톤(tone)의 목소리로 강의해야 한다.
⑭ 종교, 정치, 개인적 가치에 대한 언급은 가급적 자제하여야 한다.

2) 문답법

문답식 교수법은 노인돌보미가 질문하고 노인 학생이 답변하는 것, 학생이 질문하고 노인돌보미가 답변하는 것, 학생이 질문하고 다른 학생이 답변하는 교수방법을 말한다. 문답식 교수법을 활용하는 것은 ① 가르친 내용을 얼마나 알고 있는지를 확인하고, ② 같은 내용을 되풀이 질문함으로써 기억을 강화시키고, ③ 노인들의 흥미, 능력을 발견하고, ④ 노인들이 경험한 것에 관한 문답을 함으로써 학습동기를 유발하고, ⑤ 중요한 내용에 주의를 집중시키는데 목적이 있다.

노인돌보미의 독거노인들에게 질문하고 노인의 답변에 반응함에 있어서는 다음과 같은 점에 유의하여야 한다.
① 질문의 목적이 무엇인지를 명백히 한다.
② 간단명료하게 질문하도록 한다.
③ 질문의 내용을 알아들었는지를 확인하도록 한다. 특히 질문 내용이 어렵기 때문에 못 알아들었는지 또는 난청 때문인지를 확인한다.
④ 개인차에 알맞게 질문하도록 한다. 즉, 틀림없이 옳은 답변을 할 수 있으리라고 예상되는 노인에게 답변을 요구한다.
⑤ 질문을 특정 노인에게 향하여서 하는 것 같은 인상을 주지 말 것이며, 학급 전체를 향하여서 하도록 한다.
⑥ "예", "아니오"와 같이 단순 답변이 나오는 질문은 하지 않는 것이 좋다.
⑦ 어떠한 경우라도 노인 학생이 답변한 것을 존중해야 하며 창피를 주는 따위의 발언은 일체 삼가야 한다.

⑧ 설령 답이 완전하지 않다 하여도 대개의 방향만 맞았으면 이를 노인돌보미가 보충하도록 한다.
⑨ 격려와 칭찬을 아끼지 말 것이며, 노인들이 안심하고 답할 수 있는 분위기를 조성해야 한다.

노인돌보미가 노인들에게 질문을 받았을 때 이에 반응함에 있어서는 다음과 같은 점에 유의하여야 한다.
① 노인 학생의 어떤 종류의 질문도 묵살하지 말고 존중하도록 한다.
② 노인 학생들이 될 수 있는 대로 많은 질문을 하도록 유도한다.
③ 친절하게 답변을 해야 하며 노인돌보미가 잘 모르겠으면 솔직히 모른다고 하고 다음 기회에 대답할 것을 약속하도록 한다.
④ 학생들의 질문을 학생들에게 답변하도록 권장하는 것도 바람직하다.

3) 토의법

토의식 교수법은 학습자간의 언어적 상호작용을 통하여 정보나 의견을 교환하고 결론을 이끌어내는 교수방법이다. 토의식 교수법은 주로 개념의 적용, 문제해결 기능의 습득, 태도변화, 대인관계 기술 습득 등을 목표로 한 수업에 주로 활용된다. 독거노인 생활교육에서 토의법을 사용할 경우 특별히 주의해야 할 점은 다음과 같다.
① 현재 노인세대가 토의문화에 익숙하지 않다는 점을 고려하여 토의방식에 대한 사전교육과 안내를 실시해야 한다.
② 발언권을 독점하거나 다른 사람의 의견을 무시하고 개인적인 공격을 하지 않도록 주의시키고 토의예절을 지키도록 지도하여야 한다.
③ 개인적인 느낌이나 추측에 의존하여 토의에 참여하기 쉬우므로, 충분한 토의자료를 제공하거나 선행학습을 시키는 것이 좋다.
④ 지나치게 개인적인 경험을 늘어놓지 못하도록 지도해야 한다.
⑤ 토의 내용을 분명히 규정하고 여기에서 벗어나지 않도록 지도하여야 한다.
⑥ 의견대립이 심하게 나타나면 긴장을 풀 수 있도록 유머를 적절히 사용한다.
⑦ 토의가 끝나면 토의 내용을 간단하게 요약해준다.
⑧ 언쟁을 위한 언쟁, 말꼬리를 물고 늘어지는 언쟁을 하지 않도록 지도한다.
⑨ 다른 사람의 의견을 잘 듣고 자신의 생각을 정리하되 의견 차이를 수용할 수 있도록 지도한다.

4) 현장견학

현장견학은 노인교육에 있어서는 관광이나 구경의 성격도 띄지만 이는 종합학습의 하나이다. 즉, 교육적 목적을 위하여 가깝게는 걸을 수 있는 거리로부터 멀게는 세계여행에 이르기까지 특정 지역이나 대상물을 찾아가는 것을 말한다. 현장 견학을 함에 있어서는 치밀한 계획을 노인 학생과 공동으로 세워야 하며, 그 절차는 다음과 같이 하는 것이 바람직하다.

① 견학의 목적을 분명히 하고, 이 목적을 참가자 전원이 알도록 한다.
② 방문하는 장소에 대한 사전 정보를 입수한다. 이를 위하여 노인 학생 대표와 노인돌보미의 사전 답사가 필요하다. 소요 시간, 피로의 정도, 소요 경비 등에 관한 정보를 충분히 수집하고 이를 검토하도록 한다.
③ 건강에 관한 자신감을 알아본다. 현장 견학에 있어서 건강에 자신이 없는 노인은 참가하지 않도록 권고한다. 호기심만으로 현장 견학에 따라갈 수 없음을 이해시키도록 한다.
④ 질병이나 안전사고에 대비하는 사전준비를 한다. 간단한 의약품의 준비는 물론, 기본적인 구급요법은 노인돌보미가 익혀 두도록 한다.
⑤ 참여인원이 많은 경우는 인솔자를 2명 이상으로 하고 가능하면 간호사가 동반하도록 한다.
⑥ 떠나기 전에 현장 견학시의 유의 사항을 만들고 이를 토론케 함으로써 충분히 이해하도록 한다.
⑦ 떠나기 전에 건강상태와 인원수를 정확히 파악해야 하며 도중에도 수시로 파악하도록 한다.
⑧ 위급한 경우 긴급 연락처를 개인별로 확인해 둔다.
⑨ 버스를 이용하는 경우 차내에서의 놀이에 대한 준비를 하여둔다.
⑩ 현장에 도착하면 견학 준비를 곧 하되, 위험물에는 특별한 주의를 환기시키도록 한다.
⑪ 견학이 끝나면 돌아와서 평가회를 가지도록 한다. 평가회는 견학한 내용뿐만 아니라 견학의 절차 및 노인 학생들의 행동 전부를 포함하도록 한다.

Ⅲ. 독거노인 생활교육의 실제

1. 독거노인 생활교육 내용 선택의 지침

독거노인들을 대상으로 한 생활교육에서는 앞의 <표 15-3>에서 제시된 교육내용과 세부

프로그램들 모두를 선택하여 실시할 수 있다. 그럼에도 불구하고 독거노인을 대상으로 한 생활교육에서 적합한 교육내용을 선택하기 위해서는 다음과 같은 원칙을 고려하여, 실시할 교육내용을 선택하는 것이 바람직하다.

① 독거노인을 대상으로 한 생활교육의 목표를 달성할 수 있는 내용이어야 한다. 즉, 앞의 <표 15-2>에서 제시한 독거노인 생활교육의 세부목표를 무엇으로 선택하였는가에 따라 이를 달성할 수 있는 교육내용을 선택하여야 한다.

② 독거노인의 학습능력과 흥미, 욕구에 맞는 내용이어야 한다. 독거노인 지원카드를 작성하고 노인의 기능수준과 욕구, 흥미를 사정한 결과를 바탕으로 노인의 욕구와 기능수준에 맞는 교육내용을 선택해야 한다.

③ 독거노인의 실제 생활에 도움이 되는 내용을 선택해야 한다. 교육은 일반적으로 미래에 필요한 지식, 기술, 태도를 익히는 것이지만, 독거노인을 대상으로 한 생활교육에서는 교육받은 내용을 지금 당장 실생활에서 실천하여 효과를 거둘 수 있는 내용을 교육하여야 한다.

④ 독거노인의 이전 경험과 밀착된 내용뿐만 아니라 새로운 경험을 할 수 있는 기회를 부여할 수 있는 내용을 선택해야 한다. 노년기에는 새로운 지식을 받아들이기는 쉽지 않지만 새로운 유형의 여가활동이나 건강교육 프로그램 등은 노인에게 흥미를 끌 수 있으므로, 지적인 목표를 달성하기 위한 교육은 기존 경험과 일치하는 내용으로 그리고 정서나 건강측면의 교육은 새로운 경험을 부여할 수 있는 내용으로 선택하는 것이 바람직하다.

⑤ 적절한 반복학습을 통하여 누적 교육 효과를 거둘 수 있는 내용으로 선택하는 것이 좋다. 노년기에는 단기기억능력의 저하로 인하여 반복학습이 필수적이다. 그러므로 교육목표를 달성하기 위해서는 어느 정도 확고하게 습득이 될 때까지는 계속적으로 교육내용을 반복하여 교육하는 것이 바람직하다.

⑥ 여러 가지 교육내용이 분리되지 않고 통합될 수 있는 내용들로 조직하는 것이 바람직하다. 예를 들면 건강교육을 1회기 교육한 후 경제생활교육을 1회 교육하고 그 다음에 여가활동교육을 1회 교육하는 것보다는 건강교육을 3-4회 하고 난 후, 경제교육으로 교육내용을 변경하는 것이 바람직하다. 즉, 교육내용이 상호연계성을 지닐 수 있도록 편성하는 것이 바람직하다.

⑦ 하나의 교육내용으로 여러 가지 교육목표를 동시에 달성할 수 있는 내용이 바람직하다. 예를 들면 재미를 느낄 수 있는 건강운동프로그램은 여가와 건강증진이라는 두가지 목표를 동시에 달성할 수 있다.

2. 독거노인 생활교육의 환경

독거노인 생활교육은 학교와 같은 잘 정비된 교육환경에서 이루어지는 것이 아니라 노인의 생활환경 속에서 이루어지기 때문에 교육에 적합한 교육환경을 확보하기가 용이하지 않다. 그러므로 노인돌봄 서비스관리자와 노인돌보미는 제한된 상황 속에서도 최선을 다하여 생활교육에 적합한 환경을 확보하기 위하여 노력하여야 한다.

1) 교육공간의 확보

독거노인 생활교육의 장소는 사업지침에 의하면 주로 독거노인 주거지 인근의 경로당이다. 독거노인이 경로당의 회원으로 활동하고 있으면 교육장소를 확보하는 것이 크게 문제가 되지 않을 수 있지만, 그렇지 않은 경우에는 교육장소 확보 자체가 어려울 수도 있다. 그러므로 노인돌봄 서비스관리자는 생활교육을 기획하기 전에 경로당 임원진들과의 사전 접촉을 통하여 교육장소 사용에 대한 사전 승낙을 받는 것이 중요하다. 경로당 임원과의 첫 면담에서 유념해야 할 것은 예의바른 태도와 말투를 사용하고, 옷차림은 단정하여야 하며, 지침에 정해져 있으므로 허용해달라는 방식의 접근이 아닌 취지를 충분히 설명하고 경로당 임원들의 협조를 구하는 방식이어야 한다는 점이다. 그리고 한 번의 방문으로 교육장소 사용 승낙을 받는다고 기대하지 말고 지속적으로 방문하여 인간관계를 돈독히 하는 것이 무엇보다 더 중요하다. 그럼에도 불구하고 경로당 임원진으로부터 교육 공간 활용에 대한 승낙을 받지 못한다면, 지역사회의 유지나 시·군·구의 노인복지 담당공무원이나 읍·면·동 주민자치센터의 장이나 사회복지 담당공무원의 도움을 요청할 수 있다.

경로당을 교육장소로 사용할 수 있도록 승낙 받았다고 하더라도 여러 가지 문제가 나타날 수 있다. 경로당을 이용하는 노인들과 함께 있는 공간에서 독거노인 생활교육을 하게 되면, 경로당 이용노인들은 자신들의 활동공간을 빼앗겼다는 느낌을 갖게 되는 반면 독거노인들은 '혼자 사는 불쌍한 노인'이라는 낙인(stigma)을 경험할 수 있다. 그러므로 독거노인 생활교육을 위한 별도의 공간을 사용할 수 있도록 허락을 받거나, 그렇지 못하다면 독거노인과 경로당 이용노인 모두에게 도움 되는 내용으로 생활교육을 계획하는 것이 바람직하다. 독거노인 생활교육을 위한 교육공간이 확보되면, 서비스관리자는 노인돌보미에게 생활교육장소를 배정하고, 경로당 임원들과 직접 연계하여야 한다.

2) 교육기자재와 비용의 확보

교육공간이 확보된다 하더라도 경로당에는 교육에 적합한 설비나 기자재가 없는 경우가 대부분이다. 그러므로 경로당에서 교육에 활용할 수 있는 설비와 기자재를 점검하고 없거나 부족한 교육기자재는 노인돌보미가 스스로 조달하여야 할 것이다. 그리고 경로당의 설비를 이용할 경우에는 고장이나 파손이 되지 않도록 사용법을 미리 숙지하고, 조심스럽게 이용하여야 한다. 교육에 필요한 설비나 기자재를 도저히 확보할 수 없는 경우에는 서비스 관리자와 협의하여 계획한 교육내용을 수정하여, 특별한 설비나 기자재 없이도 실시할 수 있는 교육내용으로 변경하는 것이 바람직할 것이다. 그리고 교육설비나 기자재는 아니더라도 교육에 필요한 재료비가 과다하게 들어가는 경우가 있다. 이 경우에는 노인돌봄 서비스 관리자와 노인돌보미가 사전에 협의하여 운영비에서 교육재료비를 확보하거나 지역사회 민간자원을 동원하여 재료비를 후원받는 것이 바람직하다.

3. 독거노인 생활교육의 계획 작성

독거노인을 위한 생활교육의 목적과 목표가 설정되고, 실시할 교육의 내용이 선택된 경우, 교육을 위한 사전 계획이 필수적이다. 독거노인을 위한 보다 체계적인 생활교육의 계획과 실행을 위해서 노인돌봄 서비스관리자는 다음 <표 15-5>의 독거노인 생활교육 지도안(서식 1-12)에 입각하여 교육계획을 작성하고, 노인돌보미들에게 교육내용과 교육방법에 대해 알려주어야 한다.

교육지도안 작성법을 설명하면, 먼저 교육하고자 하는 프로그램의 명칭과 회기를 기입하고, 일시, 장소, 교육인원을 기입한다. 그리고 특정 회기의 교육을 통하여 달성하고자 하는 목표를 가능하면 세부적으로 기입한다. 예를 들면 노인을 위한 스트레칭 교육을 한다면, '신체의 유연성 증진'이라고 기입하면 된다.

생활교육의 단계는 크게 도입, 전개, 정리단계로 구분된다. 도입단계의 교육내용은 ① 인사, ② 출석점검, ③ 학습목표와 내용에 대한 소개와 ④ 교육시간이나 진행방법 등의 교육진행절차에 대한 설명이 포함되므로, 이 네 가지 항목을 '교육내용'란에 기입한다. '시간'란에는 각각의 교육을 실시함에 있어서 소요되는 예상 시간을 '분' 단위로 기입한다. 그리고 '학습활동'란에는 노인돌보미와 독거노인이 4가지 교육내용을 실시함에 각각 해야 할 일들이 무엇인지를 가급적 자세히 기입한다. 그리고 '교육자료·기타'란에는 필요한 교육기자재나 자료를 기입하고, 특이사항을 기입한다. 전개단계는 본격적으로 생활교육이 이루어지는 단계로, 교육회기 동안 주로 다룰 내용들을 세부적으로 구분하여 '교육내용'란에 기입하여야 하며, 나머지 학습활동 내용이나 학습자료 란의 기입방법은 전개단계와 동일하다. 정리단계는 ① 학습내용의 정리, ② 숙제가 있다면 숙제 부여, ③ 다음 교육에 대한 사전 예고, ④ 교육내용의 평가라는 네 가지 교육내용이 들어가야 하며, 양식의 각 란을 기입하는 방법은 도입단계와 동일하다.

4. 독거노인 생활교육 계획의 실행

노인돌봄 서비스관리자는 독거노인 수, 지역 특성을 고려하여 생활교육계획을 수립함에 있어서 독거노인 데이터베이스(DB)정보를 토대로 생활교육 대상자를 선별하여야 한다. 생활교육 대상은 독거노인은 물론 안전확인 대상이거나 서비스 연계 대상이라 할지라도 생활교육이 필요하다고 인정되면 이들 또한 생활교육에 참여시킬 필요가 있다. 교육대상자가 선별되었다고 해서 이들 대상자 모두가 교육에 참여한다는 보장이 없다. 그러므로 노인돌보미는 생활교육에 대해 독거노인들에게 상세하게 설명하고 교육의 긍정적 효과를 인식시킴으로써 독거노인의 교육참여에 대한 동기를 고양시켜 대상으로 선별된 독거노인 모두가 교육에 참여할 수 있도록 하여야 한다. 그리고 교육내용에 따라 5~20명을 교육대상으로 선별하고, 교육내용이 독거노인뿐만 아니라 경로당을 이용하는 노인들에게도 도움이 될 것으로 판단되고 다수의 인원이 교육에 참여하더라도 교육목표 달성이나 진행에 무리가 없는 경우에는 경로당 이용 노인들에게도 생활교육의 내용을 홍보하여 참여를 유도할 필요가 있다. 독거노인들의 교육 참여를 홍보함에 있어서 유념해야 할 것은 한두 번 참여를 권유하는 것만으로 쉽게 참여를 결정하는 경우가 많지 않으므로 지속적으로 참여를 권유하여야 한다. 그리고 독거노인이 교육일시를 기억하지 못할 수 있으므로, 교육일시 하루 전에 참여 여부를 최종 확인하고 교육 당일에도 다시 한 번 교육 참여를 확인하고 권유하는 것이 필요하다.

교육을 시작하기 전에 독거노인들이 교육 장소에 도착하면 나가서 맞이하고 공손하게 인사를 하여야 한다. 정해진 교육시간에 출석점검을 하고, 모두 참여할 때까지 무작정 기다리기 보다는 참석자들의 동의를 얻어 5~10분 정도를 기다린 후 계획된 교육을 진행하는 것이 바람직하다. 지각한 노인에게는 교육이 끝난 후 다음 교육에는 지각하지 않도록 권유하고, 결석한 노인에 대해서는 교육이 끝난 후 전화나 직접 방문을 통하여 안전과 건강상태 등을 확인하여야 한다.

교육을 시작할 때 날씨나 지난 한 주간의 생활 등과 같은 가벼운 주제로 짧게 독거노인들과 대화를 나눈 후, '독거노인 생활교육 지도안'에 따라 오늘의 교육내용과 목적, 진행방법에 대해 간략하게 소개한다. 교육에 대한 설명을 하기 이전에 노인들의 적극적 참여를 유도하기 위하여 간단한 레크리에이션 활동을 함께 하는 것도 도움이 된다.

〈표 15-5〉 독거노인 생활교육 교육지도안

독거노인 생활교육 지도안 ( )회

교육프로그램명					
교육목표					
일시	200 년 월 일(요일) (-)시	장소		교육인원	노인돌봄 / 서비스관리자

단계	시간(분)	교육내용	학습활동내용		교육자료·기타
			노인돌봄	독거노인	
도입					
전개					
정리					

본격적인 교육에 들어가서는 주요 내용을 노인들이 알아듣기 쉬운 용어를 사용하여 설명하고, 독거노인들이 교육내용을 이해하였는지를 중간 중간 확인하는 것이 필요하다. 만약 참여노인의 다수가 이해를 하지 못했다면 다시 한 번 간략하게 설명하는 것이 도움이 된다. 교수방법으로는 강의식 교수법만을 활용하기 보다는 강의와 토의, 강의와 문답, 강의와 실습을 병행하는 것이 바람직하며, 다양한 시청각 자료를 활용하는 것이 도움이 된다. 만약 교육 중에 소음, 참여 노인들간의 잡담 등으로 교육 분위기가 혼란스러워질 경우에는 참여노인들의 주의를 집중시키고 교육 분위기를 안정시킨 다음 다시 교육을 진행하는 것이 바람직하다.

계획한 교육을 모두 실시한 이후에는 그날의 교육내용을 다시 한 번 정리해주고 노인들의 이해 정도를 확인하여야 한다. 그리고 그날 배운 내용을 다음 교육이 있을 때까지 실생활에 적용하는 것이 필요한 경우에는 숙제를 부과하는 것도 바람직하다. 숙제를 부과할 때에는 노인들의 능력과 흥미, 욕구 등을 고려하여 숙제로 부과할 내용을 결정하고, 숙제를 내줄 때에는 아주 구체적이고 세부적으로 설명해주어야 한다. 그리고 다음 교육에 들어가기 전에 숙제를 했는지의 여부를 확인하고 생활에 어떤 도움이 되었는지를 노인들 스스로 평가하게 해야 한다.

교육내용의 정리와 숙제 부과가 끝난 후에는 다음 교육일시, 장소, 교육내용에 대해 설명하고, 노인들의 적극적 참여를 권유해야 한다. 다음 교육에 대한 설명이 완료된 이후에는 공식적인 교육을 종료하고 <표 15-6>의 교육평가도구(서식 1-13)나 구두로 당일의 교육에 대해 평가하여야 하여야 한다. 이때 문맹노인이 많다는 점을 고려하여 노인돌보미가 구두로 질문하고 전체교육생의 평가결과를 한 장의 평가도구에 기입하는 것이 현실적인 평가방법일 것이다.

〈 표 15-6 〉 독거노인 생활교육 평가도구

교육프로그램명			교육일시	. . .
평가항목	매우 불만족	대체로 불만족	대체로 만족	매우 만족
교육 내용				
교육 방법				
지도사의 교육태도				
교육장소				
교육시간				
교육인원				
교육 분위기				
좋았던 점				
개선해야 할 부분				

제 15 장 독거노인 생활교육 설계와 운영

노인돌보미는 당회의 생활교육 결과보고서(서식 1-14)를 <표 15-7>에 의거하여 작성하여 교육 참여 독거노인들이 작성한 독거노인 생활교육 평가도구와 함께 서비스관리자에게 교육결과를 보고해야 한다. 생활교육 결과보고서를 작성함에 있어서는 당회 교육에 대한 기본적 사항을 기입한 후, '교육내용'란에는 당회의 주요 교육내용에 대해 간략히 기입한다. '교육진행결과'란에는 ① 계획된 교육내용을 어느 정도 고육하였는지, ② 참여노인들의 호응도가 높거나 낮은 교육내용은 무엇이었는지, ③ 노인들의 교육 참여 자세와 반응은 어떠했는지, ④ 교육환경이나 설비, 교육 자료는 적절했는지에 대해 기입한다. '숙제'란에는 다음 회기까지 가정에서 실행하도록 독거노인에게 부과한 숙제가 있으면 그 내용을 간략히 기입한다. '평가결과'란에는 노인들이 긍정적으로 평가한 부분과 개선을 요구한 사항을 종합하여 기입하며, '차기교육'란에는 다음 교육프로그램 명과 일시, 장소를 기입하여야 한다.

〈 표 15-7 〉 독거노인 생활교육 결과보고

독거노인 생활교육 결과 보고서 ( )회			노인돌보미	서비스관리자
교육프로그램명				
교 육 목 표				
일 시	200 년 월 일(요일) (-)시	장소		교육인원
교육내용				
교육진행결과				
숙제				
평가결과	긍정적 평가			
	부정적 평가			
차기 교육	교육명		일시	장소

MEMO

MEMO

MEMO

제 16 장 지역사회 자원과 서비스 연계방안

학 습 목 표
☐ 사회적 지지와 지역사회 서비스 연계의 의미를 이해한다. ☐ 지역사회 자원과 서비스 조사 및 연계방법에 대해 이해한다. ☐ 독거노인이 활용할 수 있는 지역사회 서비스의 세부 내용을 숙지한다.

Ⅰ. 노년기의 사회적 지지 체계의 변화

노년기의 삶에 중요한 영향을 미치는 사회적 지지라는 개념은 1980년대부터 많은 관심을 받아왔다. 모든 인간은 사회적 관계를 유지하고 있는 구성원들과 상호작용하는 과정에서 다양한 사회적 교환(social exchange)이나 도움을 주고 받는다. 이와 같이 사회적 관계망의 구성원들과 상호작용하는 과정에서 자원, 재화, 또는 서비스 등의 물질적, 도구적, 또는 정서적 지지를 주고받는 행위를 사회적 지지(social support)라고 한다.

노인은 사회적 관계를 통해 사회적 지지를 주고 받는 과정에서 어떤 지지를 필요로 할 때 특정 관계망에 도움을 요청하는 경향(Crohan and Antonucci, 1989)이 있다. 하지만 [그림 16-1]에서 보는 바와 같이 사회적 지지를 요청함에 있어서는 일반적으로 위계적 보상(hierarchical compensation) 속성이 작동하게 된다. 즉, 개인이 스트레스나 문제상황 또는 충족되지 않은 욕구가 있는 경우에 사회적 관계망의 구성원에게 지지를 요청할 때, 가족과 친척을 포함한 1차 비공식 관계망(primary informal network)에 가장 먼저 지지를 요청하게 된다. 그렇지만 동일하게 1차 비공식 관계망에 속해 있다고 하더라도 가장 먼저 배우자에게 지지를 요청하며, 그 다음으로 자녀, 손자녀, 친척 등의 순으로 도움을 요청하게 된다. 그러나 1차 비공식 관계망에서 필요로 하는 지지를 받지 못하는 경우에는 친구나 지인, 이웃으로 구성된 2차 비공식적 관계망(secondary informal network)에 지지를 요청하며, 이 역시 친구, 지인, 이웃의 순으로 지지를 요청하게 된다. 2차 비공식 관계망에서도 지지를 얻지 못할 경우에는, 지역의 종교단체, 지역모임, 우체부, 경비원 등과 같은 비공식적 관계망과 공식적 관계망의 속성 모두를 지니지만 어느 한쪽의 속성을 온전히 갖추지 못한 의사공식적 관계망(quasi-formal network)에 지지를 요청하게 된다. 그래도 지지를 받지 못하게 되면, 노인돌보미, 노인복지기관이나 시설, 지방정부와 중앙정부 등의 공식적 관계망(formal network)에 지지를 요청하게 된다(권중돈, 2006).

제 3 부 노인돌봄기본서비스의 행정 실무

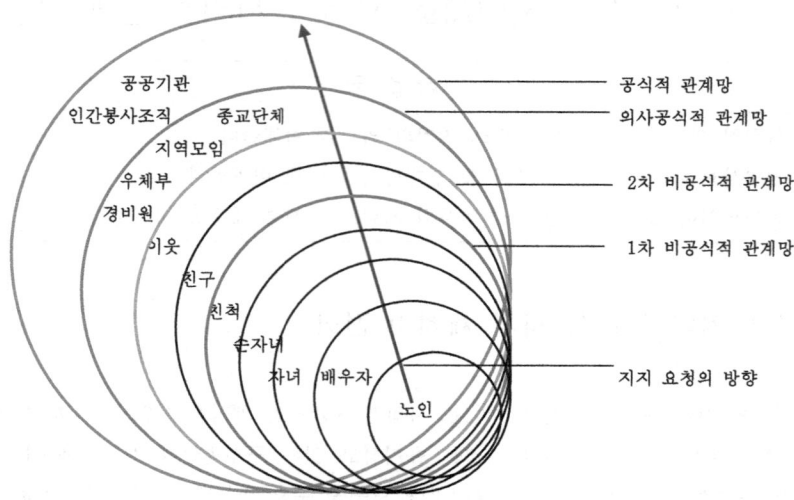

〔 그림 16-1 〕 사회적 지지의 위계적 보상속성

노인이 비공식 또는 공식적인 사회적 관계망으로부터 받는 사회적 지지나 자원의 양과 질은 노인의 사회적 적응과 통합, 삶의 만족도에 중요한 영향을 미친다. 하지만 노년기가 되면 퇴직, 건강 약화, 배우자나 친구의 상실 등으로 인하여 사회적 관계망의 크기는 전반적으로 축소되고, 그에 따라 비공식적인 사회적 지지와 자원 또한 줄어들게 된다. 즉, 사회적 지지와 사회자원이 가장 필요한 시기에 오히려 사회적 지지, 사회자원과 서비스가 축소되는 상황이 발생하게 된다(김기태 외, 2002).

노년기에는 공식적 사회관계망이 축소되기 때문에 비공식적 관계망의 자원과 지지는 매우 중요하다. 특히 현재 노인계층은 국가나 인간봉사조직의 도움을 받기 보다는 가족이나 이웃이라는 비공식적 관계망내에서 삶의 욕구와 문제들을 해결해 왔기 때문에 비공식적 관계망의 자원과 지지는 더욱 중요성을 지닌다. 비공식적 관계망 중에서도 현재 노인계층이 '유일한 삶의 안식처'로 규정해왔던 가족(권명아, 2000)은 노년기의 가장 중요한 사회자원이자 사회적 지지망이다. 하지만 산업화 과정을 거치면서 부모와 자녀간의 지리적·심리사회적 분리, 가족간의 유대관계 약화, 노인부양기능 저하 등으로 인하여 현재의 가족들은 노인이 필요로 하는 자원과 지지를 제공하는데 한계 상황에 직면해 있는 듯하다. 그리고 '먼 사촌보다 가까운 이웃이 낫다'라는 말이 있듯이 이웃을 마치 자신의 혈육처럼 여기며 상호 의존해왔던 공동체 사회가 붕괴되고, 친구들조차도 사망하거나 이사하여 관계가 단절됨으로써 노인들의 비공식적 관계망의 자원과 지지는 더욱 축소되어 가고 있다.

이러한 비공식적 관계망의 자원과 지지 축소로 인하여 노인들은 삶에 필요한 물질·도구적 자원의 부족, 스트레스의 증가와 건강의 약화, 심리사회적 고독과 소외가 더욱 심화되고, 적응적 노후생활을 영위하는데 어려움을 겪을 가능성이 높다. 그러므로 노인들의 제한된 비공식적 관계망의 자원과 지지를 보완해 주거나 사전에 필요한 지지를 제공해줄 수 있는 공식적 자원과 지지망 즉, 사회적 안전망이 필요하지만, 아직 우리 사회의 사회적 안전망은 매우 취약한 상태이다(류진석, 1998).

Ⅱ. 지역사회 자원의 동원 및 연계전략

1. 지역사회 자원과 서비스에 대한 이해

사회자원이란 '복지욕구의 충족을 위해 이용·동원되는 시설, 설비, 자원, 물품 다양한 제도, 기능, 지식, 개인, 집단 등의 유형이나 무형의 하드웨어, 소프트웨어의 총체'라고 정의할 수 있다(장창호, 2001). 이러한 사회자원은 ① 비조직적이고 자발적이며 상호부조적인 특징을 지니고 있는 비공식적 자원 즉, 비공식적 지지체계와 ② 공식적 조직을 통하여 자원이나 서비스를 제공하는 공식적 자원 즉, 공식적 지지체계로 나눌 수 있다.

노년기에는 노인 스스로 또는 가족의 힘만으로는 다양한 욕구를 충족시키고 문제를 해결하는데 한계를 지니는 경우가 많다. 따라서 노년기에는 사회자원을 개발하고 이들 자원이 제공하는 지지나 서비스를 연계할 필요성이 높아진다. 그러나 대부분의 독거노인이나 가족은 필요로 하는 사회자원에 접근하여 이를 동원할 수 있는 능력이 부족하고, 필요한 서비스를 활용할 수 있는 기회도 제한되어 있다. 따라서 노인돌봄 서비스관리자와 노인돌보미는 이러한 사회자원을 동원하고 서비스를 연계하기 위하여 보다 많은 노력을 기울여야 할 것이다.

사회자원은 자원의 본질, 원조 및 유용성에 따라 ① 개인이나 집단의 내적 자원과 외적 자원, ② 공식적 자원과 비공식적 자원, ③ 실재적 자원과 잠재적 자원, ④ 목적달성을 위해 어느 정도 통제 가능한 자원과 불가능한 자원 등 다양한 방식으로 구분할 수 있다. 그러나 일반적으로 사회자원은 서비스나 자원의 공급주체가 누구인가에 따라 공식적 자원과 비공식적 자원으로 구분된다.

공식적 자원이란 제도화된 자원을 말하며, 대표적인 것으로는 행정기관의 공적인 서비스를 들 수 있다. 또한 인가를 받은 민간조직, 단체에 의한 서비스뿐만 아니라 영리기업에 의한 서비스도 포함된다. 공식적 자원에서 제공되는 서비스의 특징은 서비스 제공과 관련된 일정한 평가기준과 이용을 위한 절차가 공식화되어 있으며, 이미 계획된 사업방침에 의거하여 안정되고 지속적인 서비스 공급 혹은 전문적인 서비스 제공이 이루어지는 특징이 있다. 그러나 클라이언트의 욕구에 신축적으로 대응할 수 없는 단점도 있다.

비공식적 자원이란 제도화되어 있지 않은 서비스를 말하며, 주로 가족, 친척, 친구, 동료, 자원봉사자 등 명확히 제도화 되어있지 않은 당사자들이나 상호부조 단체 등에 의한 서비스를 들 수 있다. 비공식적 자원에 의해 제공되는 서비스의 특징은 이해관계가 포함되지 않는 애정이나 선의를 중심으로 성립되며, 정서적인 욕구를 충족시키는데 반드시 필요한 자원이라고 할 수 있다. 또한 신축적으로 서비스를 제공할 수 있다. 그러나 서비스의 지속성, 안정성 등의 신뢰성이나 전문성이 공식적인 서비스에 비해서 떨어진다.

2. 지역사회 자원 동원 전략과 과정

지역사회의 자원동원 전략은 자원의 종류와 특성, 접근성 및 이용가능성 등에 따라 매우 다양하지만 Rubin과 Rubin(2001)은 다음과 같이 세 가지 자원동원 전략을 제시하고 있다.

첫째, 지역사회의 구조를 활용하거나 강화하는 방식이 있다. 이러한 전략을 실현하는 구체적인 방법으로는 먼저 지역사회의 기존 조직을 활용하여 자원 공급자를 모집하는 것이 가장 손쉬운 방법인데, 지역사회 내에 있는 다양한 기존 조직과의 연대를 통해 지역사회 자원을 동원하는 방법이 여기에 속한다. 다음으로 지역사회 자원동원을 활성화시키기 위해 지역사회의 통합을 강화시키는 전술이다. 이 방법을 활용하기 위해서는 지역사회 구성원이 느끼는 공통적인 문제점의 해결을 도모함으로써 참여를 촉진시킬 수 있을 것이다. 현재 활동 중인 지역사회 내의 기존 조직을 활용하기 위해서 선행되어야 할 점은 지역사회에 관한 많은 정보를 가지고 있어야 한다는 것이다.

둘째, 지역사회 주민을 개인 차원에서 설득하는 방식이다. 지역사회의 문제 해결에 중심적인 역할을 하는 것은 집단이지만, 실질적인 참여는 역시 개인 차원에서 이루어진다고 할 수 있다. 따라서 지역사회 구성원 개개인의 참여를 조장하기 위한 노력을 기울여야 할 것이다. 이러한 전략을 실현하는 구체적인 방법으로는 먼저 지역사회 구성원을 개별적 혹은 집단적으로 만나서 그들이 느끼는 문제를 확인하는 것이 중요하다. 다시 말하면 생활의 현장에서 '느끼고 있는 욕구(feel needs)'를 확인하는 것이다. 두 번째의 방법은 지역사회 구성원들이 공동의 문제 해결에 참여하는 일에 소극적이고 참여를 전적으로 회피하는 경우에는 그것의 원인을 찾아서 극복할 수 있도록 해야 한다. 세 번째는 지역사회 구성원과 대화를 할 때 대화의 중심을 문제 그 자체와 문제 해결에 둠으로써 구성원의 관심을 불러일으키는 것이다. 마지막으로 구성원들의 개인적인 관심사와 선호도를 파악하여 이를 적극 활용하는 방식이 있을 수 있다. 그러나 방법을 장기적이고 지속적인 수단으로 활용해서는 안 되는 것이다.

셋째, 지역사회 구성원들이 헌신적으로 집단수준의 협력활동에 참여하도록 하는 방식이다. 지역자원 동원의 마지막 단계에서 구성원들의 헌신적인 참여를 유도하기 위한 전술은 두 가지 차원에서 고려할 수 있다. 먼저 구성원들을 처음 대면할 때는 구성원들이 최소한 집단모임의 목적에 동의하고, 집단모임의 활동을 지지할 수 있도록 해야 한다. 다음은 모임에서 참여에 대한 계속적인 동기 부여를 해주는 방법이다. 즉 주민들의 관심과 협조가 일회성으로 끝나지 않도록 세심한 배려를 해야 한다는 것이다.

이러한 지역사회 자원을 동원하기 위해서 노인돌봄 서비스관리자와 노인돌보미는 먼저 지역사회 자원에 대한 정확한 이해를 먼저 갖추어야 한다. 즉, 자원동원이 성공적으로 이루어지기 전에 왜 자원동원을 해야 하며, 독거노인에게 어떤 자원과 서비스를 제공할 것인가에 대한 준비가 이루어져야 한다. 지역사회 자원을 동원하는 과정은 학자에 따라 다르게 제시하고 있지만, 대상자의 문제인식과 분석, 홍보 및 지역사회 자원의 파악, 목표설정 및 계획, 자원동원 및 연계실천 그리고 평가의 순으로 진행되는데, 각 단계별로 수행해야 할 자원동원 업무를 기술하면 다음과 같다(전광현, 2006).

1) 독거노인의 문제 인식과 분석

지역사회 자원을 동원하기 위한 계획을 수립하기 이전에 가장 선행되어야 할 과업은 독거노인이 지니고 있는 미충족 욕구와 문제를 발견하고 그 원인을 분석하는 것이다. 즉, 독거노인의 욕구충족이나 생활상의 문제를 해결하기 위해 독거노인이 필요로 하는 자원과 서비스의 내용 그리고 우선순위를 먼저 설정해야만 한다. 독거노인의 욕구사정과 문제 분석에 대해서는 본서의 제 14장의 독거노인 사례관리 절차에서 이미 살펴보았다.

뿐만 아니라 독거노인이 필요한 자원이나 서비스를 제공받지 못하는 이유도 파악하여야 한다. 독거노인이 자원이나 서비스를 제공받지 못하는 이유는 ① 자원체계가 없는 경우, ② 자원체계가 있다 하더라도 자원의 존재를 모르거나, 이용할 줄 모르거나, 또는 절차가 복잡한 경우, ③ 자원체계가 있더라도 원조를 요청하는 것을 주저하거나 꺼리는 경우, ④ 자원체계가 존재하더라도 필요한 원조를 제공하지 못하는 경우, ⑤ 필요한 자원이 결여되거나, 도움이 필요한 사람 누구에게나 제공될 만큼 자원이 충분하지 못한 경우 등이다.

2) 홍보 및 지역사회 자원의 파악

지역사회의 공식 및 비공식적 지지체계에 지역사회의 원조를 필요로 하는 독거노인이 있다는 것을 알리고 독거노인 문제를 해결하기 위해서는 공공부문의 노력 뿐 아니라 민간자원의 동원이 필요함을 인식시켜야 한다. 이러한 홍보를 위해 이벤트, 주민에 대한 홍보물 발송, 지역 대중매체를 이용한 홍보 등의 방법이 있으나, 그보다 훨씬 중요하고 효과적인 방법은 서비스관리자와 노인돌보미가 지역사회내의 공식 및 비공식 조직이나 지역유지, 그리고 독거노인의 친구, 이웃, 종교단체 등과 상호작용하면서 유대관계를 형성하는 지역사회 인맥만들기이다(최옥채, 2005). 지역사회 인맥만들기를 위해서는 먼저 활용하는 인맥과 관련된 정보 특히 혈연, 지연, 학연 등을 면밀히 파악하고, 다양한 통로를 통해 활용하고자 하는 최적의 인물을 찾은 후 지속적으로 자연스럽고 충실한 관계를 맺어간다.

지역사회 자원을 파악하기 위해서는 먼저 지역사회의 특성을 파악할 필요가 있는데, 이를 위해 활용할 수 있는 기법은 지역사회 지도 그리기와 지역사회 자원지도 그리기이다(최옥채, 2005). 이때 지역사회지도는 지역사회에 관한 정보를 담고 있는 지도를 말하며, 공공기관이 비치하고 있는 '관내도'의 행정기관, 학교, 병원, 주택 따위와 욕구나 문제와 관련되어 있는 환경요인을 포함한다. 지역사회 지도를 그리는 과정에서는 지역사회를 환경, 경제 등 요소별로 구분하여 상황을 파악하고 지역사회를 구성하는 구성원들의 관계, 기관이나 단체간 관계까지도 파악하고, 이를 지역사회지도에 특정 표시로 표기하거나 문장으로 간략히 기술한다. 이와 함께 지역사회의 자원지도를 동시에 그리는 것도 지역사회 자원을 파악하는데 매우 유용하다. 독거노인 사례관리자는 지역내 공공 및 민간조직에서 발행하는 회보지 등을 통해 인적 및 물적 자원을 제공하고 있는 지역사회 성원의 기본적인 정보를 얻고, 이들이 제공하는 자원의 종류별로 구분하고 이를 다시 월별, 분기별로 변화 상황을 그려보면 지역사회 자원을 보다 빨리 파악할 수 있다.

3) 목표설정과 계획

지역사회 자원에 대한 파악이 이루어지고 난 후에는 독거노인이 갖고 있는 문제를 해결하기 위한 서비스 목표를 결정하고, 이를 실행할 수 있는 계획을 수립하여야 한다. 즉, 독거노인의 문제를 해결하기 위하여 인적자원과 물적자원, 공식자원과 비공식 자원 등 어떤 종류의 자원을 동원할 것인지 목표를 정하고 구체적인 자원동원 및 연계를 위한 계획을 수립하여야 한다.

4) 자원동원 및 연계 실천

이 단계에서는 독거노인이 필요로 하는 자원을 동원하고 연계하기 위한 계획을 실행에 옮기는 단계이다. 독거노인과 자원을 연결할 때, 물질적인 지원과 더불어 정서적인 지원을 제공하되, 외적 자원에 의존만 하기 보다는 독거노인 자신의 역량을 강화하고 자기보호(self-care) 기술을 가능한 범위내에서 최대한 발휘할 수 있도록 한다.

자원동원과 연계를 실행에 옮기는 과정에서는 독거노인이 필요한 서비스를 선택할 수 있도록 충분한 자원을 확보할 필요가 있다. 독거노인의 생활욕구의 충족에 필요한 사회자원이 지역 내에 없거나 부족한 경우에는 독거노인의 입장을 대변하거나, 서비스의 개선, 개발, 정비를 서비스 제공 기관이나 행정 당국에 요청하거나, 그 개발 계획에 참가하거나 서비스관리자나 노인돌보미가 스스로 개발해야 하는 경우도 있다. 그리고 자원을 연결하는 과정에서는 공식적 서비스와 비공식적 서비스 둘 모두를 이용하되, 생활 욕구의 내용에 따라 이 두 가지 자원의 동원과 활용을 적절하게 조절하는 것이 중요하다. 이 두 가지 자원이 잘 조화를 이루지 못하고 불연속적이거나 갈등을 일으키는 경우가 있는 경우에는 독거노인의 의사를 중심으로 자원간의 적극적인 조정이 필요하다.

현재 노인복지 실천현장에는 여러 가지 자원이 존재하고 있다. 이러한 자원을 독거노인이 이용해야 하지만 독거노인이 서비스에 대한 정보를 가지고 있는 경우는 많지 않으며 독거노인의 욕구나 문제가 달라지게 되면 다른 자원이나 서비스를 필요로 하게 된다. 따라서 서비스관리자나 노인돌보미는 언제든지, 누구든지 쉽게 접근할 수 있는 자원과 서비스 정보를 수집하여 자원목록(resource list)을 작성해 두어야 한다.

독거노인을 위한 자원을 동원하고 서비스를 연계함에 있어서 고려해야 할 또 다른 사항은 서비스 제공자라는 인적 자원과 관련되어 있다. 독거노인에게 서비스를 제공하는 자원공급자들은 적절한 교육 또는 정보가 필요한 개인 제공자이거나 프로그램 관계자이다. 그러므로 이러한 서비스 제공자들로 하여금 독거노인에게 서비스를 제공하는데 방해가 되는 장애물을 극복하고 필요한 서비스를 효과적으로 제공할 수 있도록 그들을 설득하고, 관계를 지속하며, 훈련시켜야 한다. 그리고 지역사회 자원 개발 못지 않게 이러한 자원을 지속적으로 유지하는 것이 필수적이므로, 자원제공자들에게 적절한 보상과 심리적 만족을 제공하여야 한다.

5) 평가

지역사회 자원이나 서비스를 활용하고 연계한 이후에는 평가를 통하여 목표달성 정도, 효율성과 효과성, 자원활용과정에서의 문제점 등을 분석하여야 한다. 그리고 평가결과를 새로운 문제해결방안의 수립과 자원동원 계획수립에 반영하여야 한다.

3. 비공식적 지역자원의 동원과 노인돌보미의 역할

독거노인의 가족, 친척, 친구, 이웃, 동료, 종교단체 등과 접촉하여 독거노인에 대한 관심을 촉구하고 그들과 밀접한 관계를 가질 수 있도록 조장하며, 자조집단의 결성과 참여를 촉진하고 봉사자나 재정후원자를 개발하여 활용해야 한다.

1) 가족자원의 동원

가족은 사회자원 중에서 독거노인에게 가장 신속하고 안락한 보호를 제공할 수 있는 서비스의 공급주체이다. 이러한 가족이 갖고 있는 자원을 동원하기 위해서는 노인과 자녀와의 전화나 직접 방문을 통한 연락과 접촉 기회를 자주 갖게 하는 것이 가장 중요하다. 그러므로 노인돌보미는 독거노인과 성인 자녀와의 사회적 관계를 유지, 회복 그리고 강화하기 위해서 자주 전화를 하고 도울 수 있도록 권장하여야 하다. 그리고 가족에 대한 섭섭함이나 고마움에 대한 마음을 가족들에게 표현하게 하고, 갈등이 있는 경우에는 가족갈등의 원인을 찾아 해결할 수 있도록 도와야 한다. 가족갈등이 있는 경우에도 가족성원과의 접촉이 독거노인에게 무조건 무익할 것이라고 가정해서는 안 되며, 가족성원과의 관계의 본질을 신중하게 사정해야 한다. 그런 다음에는 별거하는 성인 자녀나 며느리 등으로 하여금 노인 수발기술을 증진시키고, 가족의 수발부담을 경감시켜주고, 가족성원의 관심과 보호능력을 향상시켜 나가야 한다. 만약 이러한 노력에도 불구하고 성인 자녀와의 관계나 상호지지가 회복될 수 없다면, 노인의 형제나 친척들의 도움을 요청할 필요도 있다.

2) 친구와 이웃 자원의 동원

독거노인의 이웃, 친구 및 동료들은 비공식 자원체계의 주요한 요소로서 독거노인의 사회적 통합의 중요한 원천이 된다. 따라서 독거노인의 이웃, 친구 및 동료들로 하여금 독거노인에 대하여 지속적인 관심을 갖고 정기적인 방문을 통하여 필요한 서비스를 제공할 수 있도록 하며, 지역주민들에게 독거노인의 보호에 관한 체계적인 훈련을 시켜 그들을 적절히 활용할 수 있도록 해야 한다.

친구나 이웃, 동료들이 독거노인에게 관심을 갖고 정기 방문을 통하여 필요한 도움을 주는 것도 중요하지만, 독거노인 스스로가 친구나 이웃과 관계를 원만하게 유지하기 위한 노력도 중요하다. 그러므로 노인돌보미는 독거노인이 친구나 이웃에게 자주 연락하고 방문하여 평상시에 돈독한 인간관계를 형성할 수 있도록 지원하여야 한다. 그리고 독거노인과 이미 알고 있는 친구나 이웃과의 관계 유지뿐만 아니라 새로운 친구나 이웃관계를 형성할 수 있는 기회를 제공하는 것이 바람직하다.

3) 종교단체의 동원

지역사회내에서는 다양한 종파의 종교단체들이 존재하며, 이들 종교단체는 풍부한 인적 및 물적 자원을 갖고 있으며, 사회적 약자에 대한 자선과 박애정신이 갖추어져 있으므로 독거노인의 훌륭한 사회적 지지망이 될 수 있다. 따라서 서비스관리자와 노인돌보미사는 지역내 종교단체를 대상으로 하여 그들이 제공할 수 있는 서비스나 자원에 관한 정보를 확보하고 그러한 서비스를 필요로 하는 독거노인과 연결시켜야 한다. 이때 담임목사나 주지스님 등의 종교단체의 장과 직접 접촉하기 보다는 종교단체 내의 선교단체와 접촉하는 것이 더욱 효과적인 접근이 될 수 있다. 또한 서비스관리자와 노인돌보미들은 종교단체들과 접촉하여 잠재화되어 있는 그들의 인적, 물적 자원을 개발한다. 그리고 독거노인의 영적 욕구를 충족시키기 위해서는 독거노인이 직접 종교단체에 가입하여 활동하게 하는 것도 매우 바람직하다. 독거노인이 종교단체에 가입하여 그 내부의 각종 소모임에서 활동할 경우 자연스럽게 독거노인 주변에 소규모의 자발적 자원망이 형성될 수 있기 때문이다.

4) 자조집단과 자원봉사자

노인돌보미는 공통적인 욕구와 상황을 지니고 있는 지역사회 내의 독거노인들이 상호부조적인 역할을 수행할 수 있는 자조집단을 결성할 수 있도록 그들을 지도하고 조직화해야 한다. 이러한 자조모임을 구성하기 위해서는 독거노인들간의 접촉과 교류가 우선이므로 경로당 등에서의 생활교육에 참여하는 독거노인들이 상호 가정을 방문하여 교류할 수 있는 기회를 마련해주는 것이 바람직하다.

다양한 분야에서 독거노인에게 서비스를 제공하는 자원봉사자들을 모집하기 위해서 청소년단체, 여성단체, 종교단체, 학교, 동호회, 노동조합, 지역유지 등과 접촉해야 하며, 전단, 포스터, 지역신문, 지역유선방송, 지역전산망 등을 활용해야 한다.

4. 공식적 지역자원의 동원과 노인돌보미의 역할

공식적 자원 또는 지원체계는 공식적인 조직을 통하여 독거노인에게 서비스를 제공할 수 있는 국가기관, 공공법인, 민간기관과 시설, 사회단체, 공식협의회, 회원조직 등이 있다.

이러한 공식적 지원체계는 특수한 욕구를 가진 독거노인을 대상으로 서비스를 제공하는 경우가 많으므로 공식적 지원체계가 제공하는 서비스를 확인하고 목록화하여 그러한 욕구를 가진 독거노인을 연결시켜야 한다.

이러한 공식적 지원체계의 자원이나 서비스는 공식적 절차를 통해 이루어지는 경우가 대부분이지만, 그에 못지않게 공식적 지원조직의 서비스 담당자와의 평상시 유대관계를 돈독히 해놓는 것 또한 매우 중요하다. 그러므로 노인돌봄 서비스관리자와 노인돌보미는 자원이나 서비스 원조를 요청할 경우뿐만 아니라 평상시의 업무수행과정에서 그들과 자주 접촉하고 유기적 협조관계를 구축하기 위해 노력을 기울여야 할 것이다.

이와 함께 노인돌봄 서비스관리자와 노인돌보미는 공식적 자원이나 서비스가 누락되거나 중복되지 않도록 자원 연계상황을 수시로 점검하고 조정하여야 하며, 독거노인의 욕구와 문제, 생활상황을 수시로 점검하여 새로운 자원과 서비스를 개발하고 연결하여야 할 것이다. 이와 같은 공식적 자원을 동원함에 있어서 활용할 수 있는 구체적 자원이나 서비스에 대해서는 다음에서 세부적으로 논의하고자 한다.

III. 독거노인이 활용할 수 있는 지역사회 자원 및 서비스

독거노인의 욕구충족과 문제해결을 지원하고 자립생활을 위한 역량강화에 필요한 지역사회 자원은 매우 다양하므로, 모든 자원과 서비스를 열거하는 데는 한계가 있다. 이에 다음에서는 독거노인의 비공식적 자원체계인 가족, 친구, 이웃, 종교단체 등이 제공하는 비공식적 자원과 서비스는 제외하고 노인복지정책에 의해 지급되는 급여나 민간노인복지기관에서 실시하고 있는 서비스 프로그램을 중심으로 하여, 자원을 동원하고 연계할 수 있는 방안에 대해 살펴보고자 한다. 그리고 공식적 자원과 서비스를 연계함에 있어서는 자원 제공기관에 따라 분류하여 제시할 수도 있으나, 그보다는 노인의 삶의 영역별로 동원하고 이용할 수 있는 자원을 중심으로 구분하여 자원동원 전략을 제시해 보고자 한다.

1. 소득지원을 위한 자원 및 서비스 동원

현행 노인복지제도의 노인 소득보장 프로그램으로는 사회보험, 공적부조 혹은 사회수당 등과 같은 국가의 직접적 소득지원 프로그램이 있다. 이중에서 사회보험에 해당하는 국민연금제도, 특수직역연금제도에 가입하여 현재 급여를 받고 있는 독거노인들은 소수에 불과하며, 연금을 수급하고 있는 독거노인들은 자신이 받는 연금급여에 대해 대부분이 상세한 정보를 갖고 있기 때문에 노인돌보미가 이와 관련된 서비스를 제공할 필요성은 매우 낮다. 다만 독거노인들이 자신이 받는 연금제도에 대해 정확한 정보를 갖고 있지 않은 경우나 연금급여와 관련된 의문사항이 있는 경우에는 국민연금관리공단(www.npc.or.kr)의 지사, 국방부 군인연금 관련부서(www.mps.go.kr)나 공무원연금관리공단(www.gepco.or.kr) 또는 사립학교 교직원연금관리공단(www.ktpf.or.kr)에 문의하면 자세한 정보를 얻을 수 있다.

서비스 대상인 독거노인 중에는 최저생계비 미만의 소득이 있는 빈민의 최저생활을 보장하기 위한 제도인 국민기초생활보장제도의 수급권자인 경우가 많이 있을 수 있다. 2007년 현재 국민기초생활 보장 수급자 선정기준에 의하면, 독거노인 가구의 소득이 43만원 미만이고 재산이 일정 수준 이하인 경우에 생계급여를 지급받을 수 있는 자격이 주어진다. 그러나 국민기초생활보장제도는 수급권자 본인 등이 급여를 신청하거나 사회복지전담공무원이 직권으로 신청하여 이에 대한 심사과정을 거쳐 수급여부를 결정하게 되어 있으므로, 노인돌봄 서비스관리자나 노인돌보미는 노인이 직접 급여를 신청할 수 있도록 돕거나 읍·면·동의 사회복지전담공무원에게 직권신청을 요청할 수 있다.

독거노인에게 현재 지급되고 있는 사회수당은 교통수당이 유일하다. 65세 이상 노인에게 지급되는 교통수단은 거주하는 지역의 버스요금을 기준으로 하기 때문에, 지역에 따라 수당액에 차이가 있을 수 있다. 예를 들면, 지역의 버스요금이 900원일 경우 분기별로 승차권 12매에 해당하는 금액을 분기별로 32,400원씩 은행계좌로 온라인 입금해준다.

독거노인이 중한 질병이나 부상을 당하거나, 가족원으로부터 학대를 당하는 경우, 화재 등으로 인하여 거주하는 주택에서 생활이 곤란한 경우와 같은 위기상황에 직면한 경우에는 긴급복지제도의 급여를 지급받을 수 있다. 긴급복지제도의 지원을 받기 위해서는 위기상황에 처한 독거노인 본인 또는 노인돌보미와 서비스관리자가 보건복지가족부 보건복지콜센터(129) 또는 시·군·구 긴급지원 담당공무원에게 신고하고, 이를 근거로 한 심사결과에 따라 생계급여, 의료급여, 주택급여 등의 급여를 지급받을 수 있다. 그러나 급여기간은 원칙적으로 1개월(의료지원의 경우 1회)만 지원하며 예외적으로 연장 지원을 인정하는 경우에도 최대 4개월(의료지원 2회)까지만 지원이 가능하다.

직접적 소득보장제도는 아니지만 노인의 지출을 경감해주기 위한 경로우대제도가 실시되고 있다. 그 주요내용을 살펴보면, 공영 경로우대제도의 경우 철도는 통근열차 운임의 50%, 무궁화, 새마을호와 KTX는 운임의 30%을 할인해주고 있다. 수도권전철과 도시철도의 운임, 고궁, 능원(陵園), 국·공립박물관, 국·공립 공원 및 국·공립 미술관의 입장료는 100% 할인되며, 국·공립 국악원의 입장료는 50% 이상 할인된다. 민영 경로우대제도의 경우 국내 항공기는 운임의 10% 할인, 국내 여객선은 운임의 20% 할인이 된다. 이러한 경로우대

혜택을 받기 위해서는 별도의 신청이나 심사과정이 필요하지 않으며 주민등록증과 같은 신분증만 있으면 된다.

공식적 소득지원 프로그램 이외에 지역사회의 다양한 재정후원자를 개발하여 독거노인과 후원자를 결연시킬 수도 있으며, 사회복지공동모금회나 기업체의 복지재단 등에서 독거노인을 위한 특별 소득지원사업을 실시하는 경우도 있다. 그러므로 노인돌보미와 서비스관리자들은 지역 후원자를 개발하기 위해 노력할 뿐만 아니라 민간복지재단의 특별 재정지원사업에 대한 정확한 정보를 갖고 있어야 할 것이다.

2. 고용지원을 위한 자원 및 서비스 동원

노인인구가 급증함에 따라 노인의 경제활동 참여를 지원하기 위한 다양한 대책들이 제시되고 있다. 이 중에서 독거노인들의 경제활동 참여를 지원하기 위하여 활용할 수 있는 고용지원기관으로는 노동부 산하의 고령자취업지원센터, 고용안정센터, 한국산업인력공단의 직업능력개발센터 등이 있다. 보건복지가족부에서는 한국노인인력개발원, 대한노인회 시·도 연합회의 노인취업지원센터, 시니어클럽을 운영하고 있으며, 노인복지관이나 시·군·구에서 실시하고 있는 노인일자리사업, 노인일자리 박람회 등의 사업을 실시하고 있다.

이러한 노인 고용지원사업기관에 대한 정보를 얻기 위해서는 노동부(www.molab.go.kr)와 보건복지가족부(www.mw.go.kr)나 한국노인인력개발원(www.kordi.or.kr)의 노인 일자리정보를 이용하면 될 것이다. 그리고 가까운 노인복지관이나 시니어클럽, 대한노인회의 취업지원센터에 독거노인을 연계함으로써 노인의 경제활동 참여를 지원할 수 있을 것이다.

3. 주거안정 지원을 위한 자원 및 서비스 동원

노년기의 주거환경은 노년기의 삶의 질을 결정하는 주요요인이지만, 현행 노인복지제도에서는 주거보장 대책은 저소득 무주택 재가노인을 위한 극히 제한된 수의 주거보장정책만을 추진하고 있을 뿐이다. 다만 시·군·구 단위로 구성되어 있는 노인주거개선사업단을 통하여 독거노인 주택의 도배나 장판 등 주거환경 개선사업의 지원을 받을 수 있다. 주거개선사업의 지원을 받고자 하는 독거노인은 지역내 노인주거개선사업단에 지원신청을 하고, 주거개선에 소요되는 인건비와 재료비는 원칙적으로 무료로 하되 과중한 비용이 소요되거나 일반 노인의 경우에는 실비범위내에서 재료비를 자부담하여야 한다.

독거노인이 가정에서 생활하기 어려운 경우에는 노인복지시설에 입소할 수 있는데, 노인복지시설에는 양로시설, 노인요양시설, 노인(요양)공동생활가정이 있다. 이러한 노인복지시설에 입소하기 위해서는 독거노인이 건강진단서, 입소신청사유서 및 관련 증빙자료를 갖추어 시·군·구에 노인복지시설 입소신청을 하면 시·군·구청장이 입소대상자의 건강상태와 부양능력을 방문조사에 의거하여 평가한 후 입소여부와 입소할 시설을 결정하여 통보해주는 절차를 거쳐서 이루어진다. 다만 기초생활수급권자가 아닌 독거노인은 유료 또는 실비노인복지시설에 입소할 수 있으며 본인이 입소하고자 하는 시설에 건강진단서를 제출하는 것으로 신청절차를 가름하지만, 나머지 방문조사나 입소여부 결정 및 통보과정은 무료노인복지시설과 동일하다. 전국에 설치된 노인복지시설에 대한 상세한 정보는 한국노인복지시설협회(www.elder.or.kr)에서 구할 수 있다.

4. 건강지원을 위한 자원 및 서비스 동원

현행 우리나라의 노인 건강보장체계는 건강보험, 의료급여, 노인건강지원서비스로 구성되어 있다. 건강보험은 질병·상해(傷害)·분만(分娩) 등으로 말미암아 드는 비용이나 수입 감소에 대한 보상(補償)을 목적으로 하는 보험제도이다. 건강보험제도에 가입한 독거노인은 매월 일정액의 보험료를 납입하여야만 건강보험 급여를 지급받을 수 있으며, 의료기관이나 약국을 이용할 경우 일정액의 본인부담금을 납부하여야 한다. 국민건강보험관리공단(www.nhic.or.kr)의 지사에 문의하면 건강보험과 관련된 자세한 정보를 얻을 수 있다.

의료급여제도는 생활유지능력이 없거나 생활이 어려운 저소득 국민에 대하여 국가 및 지방자치단체 재정으로 의료문제 해결을 보장하는 제도이다. 독거노인 중에서 중증장애인이나 3개월 이상 요양이나 치료를 필요로 하는 국민기초생활보장 수급권자나 국가유공자는 의료급여 1종, 나머지 수급권자나 차상위 수급자는 2종 급여 대상자가 될 수 있다. 1종 의료급여 수급권자는 의료비용 전액이 무료이지만 입원식대비용으로 한끼에 680원을 부담하여야 하며, 2종의 경우에 1-2차 의료기관에서 외래진료를 받을 경우 1,000원의 본인부담금을 납부하여야 한다.

노인복지법에 의거하여 실시되고 있는 노인건강지원사업으로는 노인건강진단, 노인 안검진 및 개안수술, 치매상담센터 운영, 결식우려 노인 무료급식사업, 전국 노인건강축제가 있다. 노인건강진단사업과 노인 안검진 및 개안수술의 대상은 국민기초생활보장 수급권자와 저소득 노인 중 희망노인에 한정된다. 다만 노인건강진단사업은 2007년 하반기부터 전국민을 대상으로 생애전환기 즉, 16세, 40세, 66세에 맞춰 무상으로 건강검진을 실시하는 생애전환기 건강진단사업과 연계하여 시행될 것이다. 노인 개안수술시에는 백내장 40만원,

망막질환 100만원 수준에서 본인부담액 전액을 지원하고 있다.

지역에 설치된 치매상담센터에서는 치매노인 등록 및 관리, 치매노인 및 보호자 상담 및 지원, 치매 예방 및 간병요령 교육 실시, 재가 치매노인에 대한 방문·관리, 치매노인의 노인요양시설 등에의 입소안내 등의 지원을 받을 수 있다. 그리고 지역내 치매거점병원과 연계하여 치매의 조기발견과 진단을 지원하며, 65세 이상 국민기초생활수급권자와 차상위 계층 노인을 대상으로 간이검진과 정밀검진을 실시하고 있다.

결식우려 노인 무료급식 지원사업에는 경로식당 무료급식사업과 거동불편 저소득 재가노인 식사배달사업이 있다. 이 사업들은 가정형편이 어렵거나 부득이한 사정으로 식사를 거를 우려가 있는 노인들에게 무료식사를 제공하는데 목적을 둔 사업으로, 경로식당은 60세 이상 결식노인에 급식하며, 거동불편 저소득 재가노인 식사배달사업은 65세 이상을 기준으로 정하고 있다. 국민기초생활 수급 노인과 독거노인을 포함한 차상위계층 노인에게는 무료 급식을 하며, 그 이상의 일정한 능력을 갖춘 노인들에게는 실비 수준의 급식비를 받고 있다.

그리고 지역내 자활후견기관의 가사·간병도우미 파견사업, 노인일자리 사업 중 노노케어(老-老 care) 사업단에서 노인 간병에 대한 일정교육을 받은 간병인이나 노인들이 질병을 앓고 있는 노인가구를 방문하여 간병이나 수발을 지원하는 프로그램이 실시되고 있다.

5. 여가 및 사회참여 지원을 위한 자원 및 서비스 동원

현재 노인들의 여가 및 사회참여를 지원하기 위한 노인여가복지시설로는 경로당, 노인복지회관, 노인교실 및 노인휴양소가 있으며, 노인자원봉사활동을 촉진하기 위하여 노인자원봉사활동지원사업을 실시하고 있다. 지역사회내에 설치된 경로당에서는 지역노인들이 자율적으로 친목도모, 취미활동, 공동작업장 운영 및 각종 정보교환과 기타 여가활동에 참여하고 있다. 노인복지회관은 노인복지관, 노인종합복지관 등의 다양한 명칭으로 불리어지고 있으며, 무료 또는 저렴한 요금으로 노인에 대하여 각종 상담에 응하고, 건강의 증진·교양·오락 기타 노인의 복지증진에 필요한 편의 등 사업을 효율적으로 운영하여 지역사회의 종합적 노인복지사업을 전개하고 있다. 노인복지관에서 실시하고 있는 사업으로는 사회교육사업, 노인일자리사업, 보건·재활 등 노인기능회복사업, 상담지도사업, 노인자원봉사사업 등이 포함되며, 기관에 따라서는 재가복지사업, 경로식당 및 식사배달사업, 방문보건사업, 목욕서비스 사업 등을 운영하기도 한다.

노인교실은 노인학교, 노인대학, 경로대학 등의 다양한 명칭으로 불리어지고 있으며, 대한노인회 지회나 종교단체, 노인복지관, 사회복지관 등에서 설치운영하고 있다. 노인교실에서 실시하고 있는 노인교육의 내용은 크게 교양강의와 여가활동으로 나누어지는데, 대부분의 경우 교양강의보다는 취미, 오락 위주의 프로그램에 치중하고 있는 실정이다. 노인자원봉사활동지원사업은 2005년 지방정부로 사업이 이양된 이후 시·군·구별로 다양한 형태의 노인자원봉사단을 구성하거나 봉사지원프로그램을 지원하고 있다. 이상과 같은 노인여가 및 사회참여 지원에 관한 정보는 지역내에 설치된 경로당, 노인복지관, 사회복지관으로부터 직접 수집할 수 있으며, 시군구나 읍면동의 사회복지전담공무원을 통해서도 얻을 수 있다. 그리고 한국노인종합복지관협회(www.kaswcs.or.kr)나 한국사회복지관협회(www.kaswc.or.kr), 대한노인회(www.koreapeople.co.kr)를 통해서 각 지역에 설치된 이들 기관에 대한 정보를 얻을 수 있다.

6. 재가노인 지원을 위한 사회적 서비스 동원

재가노인을 위한 사회적 서비스는 일상생활에서 문제를 겪고 있는 노인들과 그 가족의 사회적 기능을 향상시키기 위하여 신체, 심리, 사회적인 여러 측면의 서비스를 포함하고 있다. 현재 노인복지제도하에서 재가노인을 위한 사회적 서비스는 재가노인복지사업이라는 명칭으로 실시되고 있다. 재가노인복지사업을 실시하고 있는 기관은 '○○노인복지센터'라는 명칭으로 설립·운영되고 있으며, 이들 기관에서 제공하는 서비스는 방문수발서비스, 주·야간보호서비스, 단기보호서비스, 방문목욕서비스, 방문간호서비스 등이다. 현재 재가노인복지사업의 주된 대상은 국민기초생활 수급권자와 차상위계층 노인에 국한되어 있으나, 일반 노인의 경우에는 지역 노인복지센터에 신청하여 실비 또는 유료로 서비스를 이용할 수 있다.

방문수발서비스는 현재 가정봉사원 파견 사업으로 불리는 재가노인복지사업이다. 이 사업은 정신적, 신체적인 이유로 혼자서 일상생활을 영위하기 어려운 노인이 있는 가정에 노인의 일상생활에 필요한 각종 서비스 제공하여, 지역사회 안에서 건전하고 안정된 노후생활을 도모하는데 기본적 목적을 두고 있다. 주·야간보호서비스는 부득이한 사유로 가족의 보호를 받을 수 없는 심신이 허약한 노인과 장애 노인을 낮 시간 또는 야간에 시설에 입소시켜 필요한 각종 서비스를 제공하는 시설로서, 노인의 생활안정과 심신기능의 유지·향상 도모, 부양가족의 신체적, 정신적 부담 경감에 목적을 두고 있다.

단기보호시설은 부득이한 사유로 가족의 보호를 받을 수 없어 일시적으로 보호가 필요한 심신이 허약한 노인과 장애노인을 시설에 단기간 입소시켜 보호하고 필요한 각종 서비스 제공하여, 노인 및 가족의 복지증진에 기여할 목적으로 운영되는 재가노인복지시설이다. 단기보호시설에서는 ① 생활지도 및 일상동작훈련 등 심신의 기능회복을 위한 서비스, ② 급식 및 목욕서비스, ③ 취미, 오락, 운동 등 여가생활 서비스, ④ 노인결연에 관한 사항, ⑤ 노인과 가족에 대한 상담 및 교육 등에 관한 상담을 실시한다. 지역사회내에 설치되어 있는 재가노인복지사업기관에 대한 정보는 한국재가노인복지협회(www.kacold.or.kr)에서 얻을 수 있다.

방문목욕서비스는 목욕설비를 갖춘 장비를 이용하여 가정 등을 방문하여 목욕서비스 제공하는 서비스로, 이동목욕차량을 갖춘 사회복지시설과 법인, 단체 등에서 사업을 시행하고 있다. 방문간호서비스는 의료기관 또는 보건(지)소 등의 간호사가 가정을 방문하여 기본 간호 및 수발관리지도 등 간호수발 서비스를 제공하는 사업이다. 방문목욕서비스 제공기관에 대해서는 지역내 사회복지기관이나 시·군·구에 문의하면 정보를 얻을 수 있으며, 방문간호서비스에 대해서는 지역내 의료기관이나 보건소에 문의하면 된다.

노인돌봄종합서비스(바우처) 사업은 혼자 힘으로 일상생활을 영위하기 어려운 노인에게 가사지원 및 활동지원 서비스를 제공하여 안정된 노후생활 보장 및 가족의 사회·경제적 활동기반을 조성하는데 목적을 둔 사업으로, 2007년도에 새롭게 도입된 재가노인복지사업이다. 이 사업을 이용할 수 있는 대상은 만 65세 이상의 노인 중 가구 소득, 건강상태에 등을 고려하여 돌봄서비스가 필요한 대상자를 선정한다. 제공서비스로는 식사·세면도움, 옷갈아입히기, 체위변경, 신체기능의 유지·증진, 화장실 이용 도움, 외출동행, 생필품 구매, 청소·세탁 등의 서비스를 제공한다. 그리고 대상자 선정의 우선순위를 보면, 독거노인·노인부부, 중증장애인 노인 또는 이에 준하는 경우이며, 2순위는 가구원이 근로 또는 구직활동, 다른 부양의무 이행, 질병·장애 등의 이유로 돌봄이 어려운 경우이며, 3순위는 기타 시장·군수·구청장이 보호가 필요하다고 인정한 경우순으로 선정하도록 하고 있다. 노인돌봄종합서비스는 복권기금에 의한 가사·간병도우미, 자활 근로 등에 의한 무료서비스와는 달리 일정액의 본인부담금을 지급하여야 한다. 따라서 우선적으로 무료서비스를 이용하도록 권장하고, 본인이 원할 경우 노인돌봄종합서비스를 이용하기를 희망할 경우 노인과 서비스 제공기관은 지역별 시장가격을 바탕으로 서비스 이용계약을 체결해야 한다. 이와 같은 계약에 의하여 서비스를 이용하기로 한 대상자에 대한 바우처 지원액 및 본인부담금은 소득수준 및 월 서비스시간량에 따라 차등지원된다. 그리고 노인들에게 지원되는 금액은 전자식 바우처로 지급되며, 바우처 지불과 결제는 금융권 카드시스템과 연계하여 이루어지게 된다.

이상에서 제시한 노인복지서비스나 프로그램에 대한 보다 상세한 정보를 얻고자 하는 경우에는 보건복지가족부(www.mw.go.kr) 홈페이지에서 매년도의 「노인보건복지사업안내」 자료를 다운로드 받아 참조하면 될 것이다. 그리고 광역 및 기초자치단체에서 자체 개발하여 실시하고 있는 노인복지사업에 대해서는 해당 시·군·구의 노인복지담당부서에 문의하면 자세한 정보를 얻을 수 있다.

노인돌봄 서비스관리자나 노인돌보미들은 지역내에 존재하는 공식적 노인복지자원이나 서비스에 대한 정확한 정보들을 수집하고, 그 세부내용을 숙지한 후, 독거노인이 이용할 수 있도록 서비스나 자원을 연계하기 위하여 적극적인 노력을 기울여야 할 것이다.

MEMO

MEMO

MEMO

제 17 장 노인돌봄기본서비스 행정실무

학 습 목 표
□ 노인돌보미와 서비스관리자의 업무내용을 숙지한다. □ 독거노인 안전확인 및 지원서비스 업무 수행절차를 숙지한다. □ 독거노인 안전확인 및 지원서비스 관련 행정실무 능력을 배양한다.

Ⅰ. 사업 준비과정의 업무절차와 행정실무

노인돌봄기본서비스는 2007년 6월 독거노인 생활지도사 파견사업이 본격적으로 시작되었으며, 2008년에는 독거노인 생활관리사 파견사업으로 명칭이 변경되고, 2009년부터는 '독거노인 생활관리사 파견사업' 과 '노인돌보미바우처사업'을 노인돌봄서비스로 통합운영하게 되었다. 다음에서는 자치단체의 담당공무원과 사업수행기관에서 수행해야 할 업무에 대해서 살펴보고자 한다.

보건복지가족부의 사업지침과 배정된 보조금을 기반으로 하여 시·도에서는 시·군·구별로 노인돌보미 인원을 배정하여야 한다. 시·군·구에서는 독거노인에 대한 효율적 보건복지서비스 제공을 위하여 독거노인 수 및 서비스제공 기관 현황 파악, 노인돌보미 활용계획 등의 사전계획을 수립하여야 한다. 노인돌봄기본서비스를 위한 사전계획을 수립함에 있어서는 가장 먼저 기존에 실시하고 있는 가정봉사원 파견사업, 주간보호사업, 결식우려 노인 무료 급식사업, 노-노케어, 주거개선사업, 가사·간병도우미, 방문목욕서비스, 후원금품 결연사업 등 독거노인이 주로 이용하고 있는 서비스 뿐만 아니라 노인복지제도하의 소득보장, 고용보장, 주거보장, 건강보장, 여가 및 사회참여 지원서비스 등의 공적 자원과 서비스를 우선적으로 고려해야 한다. 뿐만 아니라 지역내 의료기관, 종교단체, 시민단체, 자원봉사단체 등의 민간기관에서 독거노인에게 제공하고 있는 다양한 서비스 또한 고려해야 하며, 2006년 7월에 수립된 지역사회복지계획과의 연계성을 동시에 고려하여야 한다.

노인돌봄기본서비스를 실시하는 기관은 사업의 원활한 추진을 위해 특별한 하자가 없는 경우에는 기존 사업수행기관을 선정한다. 그러나 업무수행 실적이 저조하거나 예산집행 등 사업운영에 있어 문제가 있는 경우 사업수행기관을 재선정이 가능하다. 독거노인 복지서비스 one-stop 지원센터 등 시군구 단위에서 노인 대상 보건복지서비스를 제공하고 있는 기관 중 동사업을 효율적으로 수행할 수 있는 민간기관을 선정할 수 있으며, 사업수행이 가능한 적절한 민간기관이나 단체가 없는 경우 시·군·구가 직접 사업 수행 가능하나 노인돌봄서비스 종합서비스기관(구. 노인돌보미 바우처 제공기관)을 지정·운영하여 사업효율성을 제공할 것을 적극 권장한다.
　시·군·구에 의해 선정된 사업수행기관에서는 본서의 제 12장에 명시한 자격조건과 기관 자체 선발기준을 근거로 하여 노인돌보미 및 서비스관리자를 선발하고 이들을 위한 기본 교육프로그램을 마련하여 교육을 실시하여야 한다. 노인돌보미와 서비스관리자 양성교육과정은 제 12장에 기술된 바와 같으며, 교육교재는 본서를 활용하는 것이 바람직할 것이다.

II. 독거노인 현황조사 업무절차와 행정실무

1. 독거노인 현황조사의 업무절차

　독거노인의 신상정보와 생활 관련정보를 수집하기 위한 현황조사의 업무수행 절차는 다음과 같다.
① 읍·면·동(시·군·구) 공무원은 주민등록정보나 통장·반장, 부녀회장 등에게 협조를 요청하여 확보한 기타 자료를 토대로 하여, 현황조사가 필요한 독거노인 가구를 추출하여 사업수행기관의 서비스관리자에게 제공한다. 이때 주민등록상에는 동거자가 있으나 실제 혼자 생활하는 노인을 적극적으로 발굴하기 위한 노력을 기울여야 한다.
② 서비스관리자는 노인돌보미에게 조사대상 독거노인 가구를 배정한다.
③ 노인돌보미는 직접 노인가구를 방문하여 부록의 <서식 1-1>에 제시된 독거노인 지원카드를 작성한다.
④ 서비스관리자는 독거노인 지원카드에 기재된 내용에 따라 독거노인 데이터베이스(database)를 구축하여야 한다.
⑤ 서비스관리자는 반기(1, 7월)별로 읍·면·동에 독거노인 가구에 대한 정보를 확인하고, 신규 독거노인에 대한 방문조사를 실시하여야 한다.
⑥ 서비스관리자는 기존 서비스 대상 독거노인에 대한 데이터베이스는 반기(1, 7월)별로 업데이트(update)해야 한다.
　이러한 절차로 진행되는 독거노인 현장조사는 ① 사업대상 선정과 서비스 판정에 필요한 자료 수집을 목적으로 한 현장조사와 ② 독거노인의 욕구와 문제를 종합적으로 사정하는데 필요한 자료 수집을 목적으로 한 현장조사로 구분된다. 이러한 현장조사는 사업 시작 당시 조사대상인 독거노인뿐만 아니라 사업 시행 이후 발견된 신규 독거노인에 대해서도 동일하게 이루어져야 한다. 이러한 현장 조사절차와 방법을 좀 더 상세하게 살펴보면 다음과 같다.

1) 사업대상 선정과 서비스 판정을 위한 현장조사

시·군·구로부터 독거노인 가구를 통보받으면 서비스관리자는 노인돌보미들에게 조사대상 가구를 배정하고, 사업대상 선정과 서비스 판정을 위한 기초 자료수집을 의뢰하여야 한다. 현장조사를 의뢰받은 노인돌보미는 <서식 1-1>의 독거노인 지원카드를 바탕으로 하여 노인에 대한 신상정보와 핵심적인 생활정보를 파악해야 한다. 독거노인에 대한 현장조사는 1회로 마무리되는 것이 아니며 사정과 서비스계획 수립, 서비스 제공과정에서 지속적으로 보완될 것이므로, <서식 1>의 독거노인 지원카드 상에 조사결과를 기입함에 있어서는 앞으로 정보의 수정이 가능하도록 '연필'로 기입하는 것이 바람직할 것이다.

(1) 조사해야 할 항목

독거노인 가정을 방문하여 사업대상 선정 및 서비스 판정을 의하여 노인돌보미가 조사해야 할 독거노인 지원카드의 조사항목은 다음과 같으며, 그 작성방법에 대해서는 다음의 '독거노인 지원카드 작성법'을 참고하면 될 것이다.

① 독거노인 지원카드의 신상정보란에 포함된 성명, 나이, 성별, 주소, 가족관계(생존해 있는 자녀, 손자녀, 형제자매의 수), 노인연락처와 긴급연락처라는 모든 항목을 조사한다.
② 독거노인 지원카드의 생활정보와 관련된 조사항목 중에서는 다음 항목만을 조사한다.
  ○ 주거상황: 주택위치, 주거환경, 수리를 필요로 하는 주택설비
  ○ 경제상태: 월소득액, 소득충분도, 부담이 되는 생활비 항목, 경제활동 여부
  ○ 건강상태: 건강관련 항목의 끼니(결식회수), 건강관리·질병치료·일상생활을 위해 필요한 도움의 내용
  ○ 여가 및 사회참여: 여가와 사회참여의 특이 사항(여가활동과 단체참여에 관한 모든 조사항목을 일일이 질문하지 말고, 여가나 사회단체에 참여하는지의 여부단을 질문하여 확인하고 그 결과를 기입)
  ○ 사회관계: 가족, 친구, 이웃 각각의 연락과 접촉빈도와 지원내용(각 항목을 모두 질문하지 말고, 자주 연락하고 만나는지, 도움을 받는지만 개략적으로 질문하여 확인하고 그 결과를 기입)
  ○ 서비스 이용: 어떤 서비스를 받고 있는지만을 확인하여, 해당하는 서비스 항목에 √ 표시를 함

(2) 서비스 대상의 판정

노인돌보미가 독거노인 가정을 방문하여 조사한 결과를 바탕으로 하여, 서비스관리자는

'서비스 대상 판정'을 실시하여야 한다. 사업대상자는 안전확인, 생활교육, 서비스연계 등으로 구분하지 않고 지역내 전체 독거노인을 판정기준에 따라 점수화한 후 점수순으로 정렬하여 사업규모 만큼 선별하여야 한다. 그러나 반드시 안전확인 서비스를 제공하여야 하는 대상자 누락 및 타 서비스와의 중복 제공 방지를 위해 1,2차 판정과정을 거쳐 선정한다. 또한 전체 사업대상자의 20% 수만큼을 예비대상자로 선정해야한다. 사업대상자 선정 후에는 서비스제공신청서<서식 1-2>를 제출받은 후 서비스를 제공한다. 사업대상자 선정 예시 및 판정절차는 다음과 같다.

① 사업대상자 선정 예시

> ○ □□시 ○○구 노인돌보미 25명, 서비스관리자 1명 => 사업대상자 572명 (=26×22) 이상 선정
> ① 읍면동(시군구)으로부터 받은 현황조사가 필요한 노인가구와 현재 사업대상자에 대해서 독거노인 지원카드 조사 및 업데이트 실시
> ② 독거노인 지원카드 항목을 판정기준에 따라 점수화한 후, 1차, 2차 판정 모두에서 '우선대상자' 대상으로 판정된 경우(A)를 사업대상자로 선정
>   ⅰ) (A)가 572명 초과인 경우 : (A)중에서 합산점수가 낮은 순으로 '사업대상자'로 선정 → ④
>   ⅱ) (A)가 572명 이하인 경우 : (A) 전체를 '사업대상자'로 선정 → ③
> ③ 1, 2차 판정 모두에서 '우선대상자'로 선정되지 않은 '일반대상자'를 대상으로 2차 판정을 거쳐 합산점수가 낮은 순으로 '사업대상자'를 추가 선정하되, 그 수는 572명에서 (A)를 제외한 수 이상으로 함
> ④ ②, ③에서 사업대상자가 선정된 다음, 그 다음 점수가 낮은 순으로 전체 사업대상자 수(572명 이상)의 20%인 114명이상을 '예비대상자'로 선정

② 1차 판정

> Ⅰ. 1차 판정 : 반드시 안전확인이 필요한 '우선대상자' 선별
>
> □ 1차 판정에서 고려해야 할 항목
> ○ 주택위치, 지난주 결식횟수, 도움필요 일상 동작수, 사회관계(가족, 친구, 이웃)
> ○ 주택위치는 안전확인의 필요성을 파악하기 위한 항목으로, 물리적 거리와 심리사회적 거리를 동시에 고려하여 판정
>   - 물리적으로 떨어져 있고, 이웃과 교류도 없음: 동떨어진 곳(0)
>   - 물리적으로 떨어져 있으나, 이웃과 교류가 있음: 동떨어진 곳(0)
>   - 물리적으로 인접해 있고, 이웃과 교류가 없음: 동떨어진 곳(0)
>   - 물리적으로 인접해 있고, 이웃과 교류가 있음: 인접한 곳(1)
>
> □ 판정기준
> ○ 주택위치가 동 떨어진 곳 즉, '0'이면서, 다음 두 가지 중 하나에 해당되는 경우는 반드시 '우선대상자'로 1차 판정함
>   ① 나머지 5가지 항목 중 3가지 이상이 '0'인 경우이거나,
>   ② 사회관계 3개 항목 중 2개 이상이 '0'인 경우
> ○ 주택위치가 동 떨어진 곳 즉, '0'이면서, 사회관계 3개 항목 중에서 1개가 '0'이거나 '0'이 하나도 없는 경우는, 1차 판정에서 '일반대상자'로 판정한 후, 2차 판정의 결과에 따라 '사업대상자'로 판정함
> ○ 주택위치가 인접한 곳 즉, '1'인 경우에는 다음과 같이 판정함
>   ① 주택위치가 '1'이면서, 이웃관계가 '0'인 경우
>   - 두 항목 중 한 항목이 잘못 조사된 경우로 다시 확인해야 함
>   - 재조사 및 확인과정에서 주택위치가 '0'으로 조사된 경우에는 위의 주택위치가 '0'인 경우의 판정기준에 따라 '우선대상자' 여부 판정
>   ② 주택위치가 '1'이면서, 이웃관계가 '0'이 아닌 경우
>   - 1차 판정에서는 일단 '일반대상자'로 판정한 후, 2차 판정의 결과에 따라 '사업대상자'로 판정함
> ○ 위의 기준에 따른 판정이 완료되면, 조사가 불가능한 노인을 제외하고, 시군구내 모든 독거노인은 '우선대상자' 아니면 '일반대상자'둘 중 하나로 1차 판정이 됨

③ 2차 판정

> Ⅱ. 2차 판정 : 정기적 서비스 이용여부를 근거로 한 판정
>
> □ 2차 2차 판정에서 고려해야 할 서비스 항목
>   ○ 노인돌봄종합서비스, 장기요양보험, 가사간병도우미, 가정봉사원, 노노케어, 방문보건사업(방문간호 포함)
>
> □ 판정기준
>   ○ 1차 판정에서 '우선대상자'로 판정된 경우
>   ① 위 서비스를 하나도 이용하지 않는 즉, 서비스 이용 조사항목이 모두 '0'인 경우 2차 판정에서도 '우선대상자'로 판정
>   ② 서비스 이용에 '1'이 하나 이상인 경우는 2차 판정에서 '일반대상자'로 판정한 후 합산점수에 따라 '사업대상자' 여부 결정
>   ※ 서비스가 정기적으로 제공되지 않아 별도의 안전확인이 필요하다고 인정되는 경우에는 '우선대상자'로 판정
>   ※ 노인돌봄종합서비스, 장기요양보험, 가사·간병도우미 서비스 대상자일 경우 사업대상에서 제외시킴
>   ○ 1차 판정에서 '일반대상자' 대상으로 판정된 경우
>   ① 위 서비스를 하나도 이용하지 않는 즉, 서비스 이용 조사항목이 모두 '0'인 경우 2차 판정에서 '일반대상자'로 판정한 후 합산점수에 따라 '사업대상자' 여부 결정
>   ② 서비스 이용에 '1'이 하나 이상인 경우는 2차 판정에서 사업대상에서 제외시킴
>   ※ 건강상태가 위중한 경우 등 추가적인 서비스 제공이 필요한 것으로 판단되는 경우에는 '일반대상자'로 판정하여 합산점수에 따라 '사업대상자' 여부 결정
>   ※ 경기침체로 인하여 생활이 어려워짐에 따라 노인 관련 보건복지서비스 지원이 긴급하게 필요한 경우 사업대상자로 우선 선정 (예 : 쪽방촌 거주자)

2) 욕구사정 및 서비스 계획 수립을 위한 현장조사

서비스 대상 및 범주를 판정하였다고 하더라도 이는 임의적인 판정일 뿐이며, 독거노인의 욕구나 문제를 파악하기 위한 보다 자세한 현장조사는 몇 차례의 방문을 통하여 지속적으로 이루어져야 한다. 독거노인의 욕구나 문제를 사정하고 서비스 계획을 수립하기 위한 보다 자세한 현장조사는 독거노인 지원카드(서식 1-1) 중에서 1차 현장조사에서 조사한 항목들을 포함한 모든 항목을 조사하여야 한다. 이때 가장 먼저 1차 현장조사에서 파악된 내용들이 어느 정도 정확한지를 확인하여야 한다. 만약 1차 조사의 내용이 정확하지 않다면 재조사하여 서비스 대상 및 범주를 다시 판정하여야 한다.

1차 현장조사에서 조사한 항목들에 대한 확인 작업이 완료된 후에는 독거노인 지원카드에 포함된 항목 하나하나에 대한 자세한 조사와 자료수집이 이루어져야 하는데, 독거노인 지원카드에 포함된 조사항목의 조사방법에 대해서는 다음에서 가세히 설명하고자 한다. 욕구사정과 서비스 계획 수립을 위한 현장조사에서 노인돌보미가 유념해야 할 사항은 다음과 같다.

① 조사하는 것보다 더 중요한 것은 독거노인의 삶에 필요한 도움을 제공하는 것이라는 점을 기억하여야 한다. 노인돌보미는 독거노인의 생활을 돕는 전문가이므로, 조사에 급급하기 보다는 독거노인이 필요로 하는 것을 먼저 돕고 그 과정에서 조사해야 할 항목들을 자연스럽게 조사하는 것이 바람직하다.

② 마치 피의자를 심문하듯이 조사하여서는 안 된다. 그 이유는 독거노인은 도움을 주어야 할 대상이지 사생활을 파헤쳐야 하는 대상은 아니기 때문이며, 또한 아직 원조관계가 형성되지 않은 상황에서 너무 상세한 내용을 질문하게 되면 독거노인이 노인돌보미 도움을 제공해줄 사람이라고 보지 않게 되므로 향후의 서비스 제공에 많은 어려움이 발생하기 때문이다.

③ 노인의 응답에만 의존하기 보다는 노인돌보미 자신의 관찰내용을 동시에 고려해야 한다. 그 이유는 노년기가 되면 체면이 손상될까봐 또는 도움을 받는 것 자체가 부담스럽고 미안해하기 때문에 자신의 욕구나 문제를 겉으로 드러내기 싫어할 뿐만 아니라 드러내고 싶어도 언어적으로 표현하는데 한계가 있기 때문이다.

④ 독거노인 지원카드는 한 두 번의 조사를 통해 모두 확인될 수 있는 사항이 아니라는 점을 기억해야 한다. 독거노인 지원카드에는 노인들의 삶 전반에 대한 실태와 욕구, 문제를 파악하기 위한 내용들이 포함되어 있으므로, 한두 번의 조사를 통해 조사를 완료할 수 있는 내용이 아니다. 그러므로 노인과 원만한 관계를 먼저 형성하고 도움을 제공하는 과정에서 시간을 두고 점진적으로 독거노인 지원카드에 포함된 내용을

제 3 부 노인돌봄기본서비스의 행정 실무

조사하여, 지원카드의 작성을 완료하는 것이 바람직하다.

2. 독거노인 지원카드 작성법

독거노인 지원카드는 크게 ① 독거노인 신상정보와 ② 노인 생활정보 그리고 ③ 서비스 이용 및 지원대상 판정이라는 세부분으로 구성되어 있는데, 각각을 작성하는 방법은 다음과 같다. 독거노인 지원카드를 작성함에 있어서 유의해야 할 사항은 지원카드 작성 자체보다는 노인과의 관계형성이 우선이라는 점을 염두에 두어야 한다. 따라서 독거노인과 관계가 거의 형성되어 있지 않은 첫 번째 방문조사에서는 서비스 대상 선정과 서비스 범주 판정을 위해 필요한 조사항목에 대해서만 조사를 하고, 이후 몇 차례의 방문을 통하여 자세한 생활정보나 서비스 이용에 관한 정보를 수집하는 것이 바람직하다.

1) 신상정보 작성법

독거노인 지원카드의 신상정보 중에서 성명과 나이, 성별, 주소는 읍·면·동(시·군·구) 공무원이 서비스관리자에게 제공한 기초자료에 이미 포함되어 있으므로 그 내용을 옮겨 적으면 된다. 다음으로 가족관계와 관련된 사항은 독거노인에게 직접 질문하여 그 응답내용을 기입하면 된다. 이때 가족구성원의 수는 생존해 있는 구성원의 수를 말하므로, "현재 생존해 있는 ○○은 몇 명입니까?"라고 질문하되 자녀, 손자녀, 형제자매의 성별에 따라 각각 몇 명씩인지를 질문하고, 그 응답내용을 숫자로 기입한다. 다만 자녀, 손자녀, 형제자매가 없는 경우에는 빈칸으로 남겨두지 말고, 숫자 '0'을 반드시 기입해야 한다.

독거노인의 연락처를 기입함에 있어서는 집 전화번호를 기입하고 핸드폰이 있는 경우에는 그 번호까지를 기입한다. 만약 독거노인이 핸드폰은 물론 집 전화조차도 설치되어 있지 않으면 '없음'이라고 기입한다. 가족과 이웃·친구 등의 긴급연락처는 여럿일 수 있으므로, 우선순위의 설정이 필요하다. 긴급연락처의 우선순위를 설정함에 있어서는 독거노인의 응답내용을 최대한 존중하여야 한다. 그러나 독거노인이 긴급연락처의 우선순위를 쉽게 결정하지 못할 경우에는 가족 긴급연락처는 ① 독거노인의 부양을 주로 담당하는 자녀, ② 위급상황이 발생할 경우 노인 가정에 가장 빨리 도착할 수 있는 가족성원, ③ 노인과의 연락이나 접촉을 자주하는 가족성원의 순으로 우선순위를 정한다. 친구나 이웃의 경우에는 가장 가까이 살면서 독거노인과 가장 접촉이 많은 사람을 긴급연락처로 선정한다. 긴급연락처의 우선순위에서 1순위로 정해진 긴급연락처의 전화번호, 성명, 독거노인과의 관계를 물어 그 내용을 기입한다.

2) 독거노인 생활정보 작성법

독거노인 생활정보는 ① 주거상황, ② 경제상태, ③ 건강상태, ④ 여가 및 사회참여, ⑤ 사회적 관계라는 다섯 가지 생활영역으로 구성되어 있다.

(1) 주거상황 조사항목 작성법

주거상황과 관련된 조사항목 중에서 건물형태는 노인돌보미가 관찰한 결과를 바탕으로 해당하는 건물형태에 'V' 표시를 하면 된다. 주택소유상태는 노인에게 질문하여 해당하는 곳에 'V' 표시를 하되, 노인 본인 명의의 소유이든 가족 명의의 소유이든 자가로 표시하고, 기타의 경우에는 그 내용을 괄호 속에 기입한다.

주거상황과 관련된 조사항목 중 주택위치와 주거환경은 차후 안전확인 서비스의 필요도를 결정하는 중요한 항목이므로 신중을 기하여 조사하여야 한다. 먼저 주택위치는 독거노인이 거주하는 주택과 이웃집과의 지리적 거리의 개념도 중요하지만, 그보다 더 중요한 것은 '독거노인에게 위급한 상황이 발생했을 때 이웃 주민들이 얼마나 빨리 발견하여 도와줄 수 있는가?'라는 점이다. 따라서 노인돌보미가 주택위치와 관련된 판단을 함에 있어서 비록 독거노인의 주택과 이웃의 주택이 지리적으로 가까운 곳에 있다고 하더라도 위급상황을 쉽게 발견하기 어렵다면 '이웃과 동떨어진 곳'에 표기를 하여야 한다. 주택환경은 독거노인의 주택이 위치한 주변지역의 위생, 치안, 교통, 생활편의시설, 물리적 환경 등을 종합적으로 고려하여 노인돌보미가 판단하여 표기하되, 독거노인의 안전을 위협할 수 있는 환경적 요인이 있는 경우에는 그 내용을 상세히 기입하여야 한다.

주택설비 상태는 독거노인의 주택개조서비스의 필요성을 판단하기 위한 조사항목이다. 그러므로 각각의 주거설비가 독거노인이 판단하기에 어느 정도 편리한지를 고려해야 하겠지만, 노인돌보미의 객관적 판단 또한 매우 중요하다. 냉난방설비는 독거노인에게 고장 여부와 빈도, 동절기와 하절기의 온도조절 가능성 등을 질문하여 판단하여야 하지만, 노인돌보미는 냉난방설비를 직접 점검하여야 한다. 만약 재래식 또는 연탄아궁이인 경우에는 불량으로 표기하고, 기름 또는 가스보일러가 설치되어 있다고 하더라도 고장이 자주 나고 상태가 불량한 경우에는 불량이라고 표기한다. 전기설비 역시 고장 여부를 노인에게 확인하고 난 후, 노인돌보미가 집안의 배선상태를 확인하여 전선의 피복이 벗겨져 있거나 누전의 가능성이 높은 경우에는 불량이라고 표기한다. 도배장판의 경우에는 노인돌보미가 그 상태를 판단하여 표기하고, 수도는 상수도이든 지하수나 물이든 관계없이 요리나 세탁, 청소 등에 불편함이 있는 정도를 근거로 그 상태를 판단하여 표기한다. 화장실이나 욕실의 경우 공동화장실이나 욕실, 재래식 화장실은 불량이라고 표기하며, 그 외의 경우에는 사용하기에 편리한 정도를 노인에게 물어서 상태를 표기한다. 부엌의 경우에는 재래식 좌식 부엌의 경우에는 불량이라고 표기하고, 입식부엌이라도 노인이 사용하기에 불편한 경우에는 불량이라고 표기한다. 가구의 경우에는 노인이 사용하기 편리한 정도를 기준으로 하여 평가하되, 노인돌보미가 보기에 가구상태가 불량한 경우에는 불량이라고 표기한다. 습도, 채광, 통풍 정도는 노인돌보미가 관찰한 결과를 근거로 하여 상태를 평가하여 기입한다. 각각의 주택설비에 대한 상태평가가 완료되면, 수리나 개조가 필요한 주택설비의 명칭과 수리내용을 기입하며, 수리를 필요로 하는 설비가 많은 경우에는 우선순위에 따라 그 내용을 기입한다.

(2) 경제상태 조사항목 작성법

독거노인 가구의 수입원은 하나 이상일 수 있으므로, 수입원 조사항목에 포함된 각각의 수입원에 대해 조사하여 해당 수입원이 있는 경우에는 'V' 표시를 하고, 없는 경우에는 별도의 표기를 하지 않는다. 이때 근로·사업소득은 독거노인이 부업을 하든 취업을 했든, 자영업이나 농사를 짓든 관계없이 일을 통한 수입이 있는 경우에는 'V' 표시를 한다. 경로연금, 기초생활 급여, 교통수당은 정부에서 통장으로 지급하는 수당이나 급여를 말하며, 연금·저축은 국민연금이나 특수직역연금, 개인연금, 개인저축 모두가 포함된다. 만약 소득원이 하나도 없는 경우에는 모든 항목에 표기를 하지 않아야 한다.

월소득과 용돈액수는 매달 액수가 달라질 수 있으므로 한 달 평균 얼마인지를 질문하여 응답결과를 기입하면 된다. 이때 노인들은 자신의 소득액이 노출되는 것을 매우 꺼려하기 때문에 지나치게 캐묻는 것은 바람직하지 않다. 소득충분도는 노인의 주관적 판단에 근거하여 평가하고, 부담이 되는 생활비 항목 역시 지출액수와 관계없이 노인이 생각하기에 가장 부담이 되는 항목을 기입하면 된다.

경제활동과 관련된 조사항목 중 경제활동 여부는 취업, 부업, 자영업에 관계없이 '돈벌이가 되는 일'을 하고 있는 경우에는 '한다'에 V표시를 한다. 취업직종은 정확히 판단하기 어려운 경우에는 노인의 응답내용을 자세히 기입한다. 종사상 지위 중 자영업주에는 규모에 관계없이 사업장을 운영하는 경우에 해당하며 농사를 짓는 경우에도 여기에 해당한다. 무급가족종사자는 가족이 운영하는 사업장에서 정해진 액수의 급여를 받지 않고 일을 하는 경우를 말한다. 특정 사업체에 취업을 한 경우에는 정규직, 임시직, 일용직으로 구분하여 해당하는 곳에 V표시를 한다.

(3) 건강상태 조사항목 작성법

신체기능과 관련된 조사항목은 노인의 주관적 판단에 근거한 응답을 기준으로 해당하는 곳에 V표시를 한다. 그리고 보조기 착용여부는 보조기 종류별로 노인에게 착용 여부를 직접 질문하여 착용하는 보조기 항목에 V표시를 한다. 만약 아무런 보조기도 사용하지 않는다면, 각 보조기 항목에 아무런 표기도 하지 않는다.

건강관리방법과 관련된 항목을 조사함에 있어서는 운동, 흡연, 음주 여부를 질문하고, 흡연을 하는 경우에는 하루 흡연하는 담배개비 수를 기입하고, 음주를 하는 경우에는 1주일에 평균 몇 번 정도 술을 마시는 지를 물어서 그 회수를 기입한다. 끼니와 관련하여서는 조사시점을 기준으로 지난 한주동안 식사를 하지 못한 끼니 수를 물어 그 회수를 기입하며 끼니를 거르지 않은 경우에는 숫자 '0'으로 기입한다. 건강보조식품 복용 여부를 질문하여 비타민제, 보약 등의 건강보조식품을 복용하는 경우에는 V표시를 하고, 기타 건강관리를 위해 특별히 활용하는 방법이 있는지를 질문하여 기타의 괄호 속에 그 내용을 기입한다.

도움을 필요로 하는 일상생활 동작능력 조사항목의 평가는 본서의 제 4장의 일상생활 동작능력 측정방법에 제시된 측정도구를 근거로 하여 독거노인의 일상생활 동작능력을 평가하고 그 중에서 혼자서 수행하지 못하는 일상생활 동작능력이 발견되면 해당 항목에 V표시를 하면 된다. 만약 조사시점까지 독거노인의 일상생활 동작능력에 대한 측정을 하지 않았다면, 먼저 측정을 하고 그 결과를 지원카드에 표기하면 된다.

질병 유무를 조사할 때에는 노인에게 앓고 있는 질병에 대해 질문을 한 뒤 해당하는 질병 항목에만 V표기를 하면 된다. 이때 의사에 의한 진단 여부에 관계없이 노인이 질병이 있다고 응답한 내용은 모두 표기한다. 만약 노인이 응답이 애매하여 정확한 병명을 판단할 수 없는 경우에는 본서의 제 3장에 제시한 주요 질병에 대한 설명을 참조하거나 의사 등에게 문의하여 기입하도록 한다.

이상의 건강상태와 관련된 조사를 완료한 뒤에는 독거노인이 건강관리와 질병 치료, 간호, 일상생활 등에 있어서 필요로 하는 서비스가 무엇인지를 확인하여 그 내용을 자세히 기입하여 독거노인 서비스관리자가 사정과정이나 서비스 계획과정에서 참고할 수 있도록 한다.

(4) 여가 및 사회참여 조사항목 작성법

독거노인이 참여하는 여가활동을 조사하기 위해서는 노인에게 즐겨 참여하는 여가활동이 무엇인지를 질문하여, 그 응답결과를 바탕으로 노인이 참여하는 여가활동 항목에 V표시를 한다. 사회단체 참여와 관련하여서도 노인에게 현재 참여하고 있는 단체를 질문하여 해당 항목에 V표시를 하되, 경로당을 이용하는 경우에는 향후 독거노인 생활교육의 장소를 결정함에 있어서 기초자료로 활용하기 위하여 참여하는 경로당의 명칭과 위치를 묻고 그 명칭을 괄호 속에 기입한다.

(5) 사회관계

사회관계를 조사하는 것은 독거노인이 가족, 친구, 이웃과 친밀한 관계를 유지하는지 아니면 소외되어 있는지를 판단하여 안전확인 서비스의 필요성을 평가하기 위함이다. 가족과의 연락빈도나 접촉빈도는 생존해 있는 자녀, 손자녀, 형제자매 모두와의 연락이나 접촉빈도를 근거로 하여 노인에게 판단하게 하며, 친구나 이웃도 특정인에 한정하지 않고 노인이 관계를 맺고 있는 모든 사람을 포함하여 연락과 접촉빈도를 판단하게 한다. 그리고 가족, 친구, 이웃으로부터 받는 지원내용은 각 조사항목의 지원을 받는지의 여부를 질문하여 받고 있는 경우에는 √표시를 한다.

3) 서비스 이용 및 서비스 대상 판정 작성법

서비스 이용과 관련된 항목은 지원카드에 포함된 서비스 항목 하나하나를 노인에게 자세히 설명한 후에 노인이 이용하고 있는지의 여부를 질문하여 이용할 경우에는 해당 서비스에 √표시를 한다. 만약 지원카드에 포함되지 않은 서비스를 추가로 이용하고 있는 경우에는 기타 란의 괄호 속에 서비스의 내용을 구체적으로 기입하고 √표시를 한다.

서비스 대상 판정과 관련된 지원카드 작성법은 본장의 II. 1. 독거노인 현황조사의 업무절차를 참고하면 될 것이다.

서비스종결과 관련된 항목은 노인돌보미가 독거노인 가정 방문하여 현장조사시 사망, 거주지 이전, 동거, 서비스 거부 등의 사유로 서비스종결이 필요한 경우 <서식1-1> 서비스 종결에 일시를 기입하고, 사유에 해당하는 항목에 √를 한다. 만약 사업대상자로 판정되어 보호가 필요함에도 불구하고 독거노인이 서비스를 거부하는 경우에는 3회 이상 설득을 실시하고, 반복적인 설득에도 불구하고 지속적으로 거부하는 경우에는 독거노인의 상태, 보호 필요성, 조치내용 등에 대해 반드시 시군구에 통보한 후 사업대상자에서 제외하고 이에 관한 근거자료를 비치 보관하여야 한다. 해당 사항을 통보받은 시군구는 이를 시도에 보고하고 당해 독거노인에 대하여 별도의 보호방안을 강구하여 조치하여야 한다.

3. 독거노인 현황조사시 유의사항

노인돌보미가 가정방문조사를 함에 있어서는 독거노인과 전화 등을 통하여 연락을 취한 후 가정방문 일시 및 장소를 협의하여 조정한다. 가정방문을 하기 전에 노인돌보미는 자신의 신분을 확인할 수 있는 증명서와 독거노인 지원카드 양식을 준비하고, 방문할 주소지에 대한 주변 환경(교통여건, 시설이나 서비스제공기관 등)에 대해 사전에 숙지하여야 한다.

실제 가정방문 조사를 함에 있어서는 조사 당일의 주변상황이나 독거노인 또는 보호자의 의견을 종합적으로 감안하여 판단해야 하며, 독거노인이 쉽게 대답할 수 있도록 조사항목의 내용을 알기 쉽게 구체적으로 질문한다. 그리고 조사항목에 대해서는 순서에 관계없이 독거노인이 답변하기 쉬운 순서로 질문을 하는 것이 바람직하다.

노인돌보미가 가정방문을 할 때 지켜야 할 자세나 태도는 다음과 같다.
① 자신과 기관에 대한 소개를 하여 신뢰감을 가지도록 한다.
② 반드시 조사목적과 취지 등을 알기 쉽게 설명한다.
③ 크고 정확한 목소리와 상냥한 말투로 대화한다.
④ 독거노인이 편하게 말할 수 있도록 충분한 시간을 준다.
⑤ 전문용어나 약어, 외래어나 유행어는 사용하지 않는다.
⑥ 대화뿐만 아니라 필요에 따라 수화나 몸짓, 서면상의 글 등의 방법도 이용하되, 이때 독거노인이나 보호자에게 불쾌감을 주지 않도록 한다.
⑦ 자신의 신변 안전을 지키기 위한 조치도 강구해 두어야 한다.

Ⅲ. 독거노인 욕구사정 및 서비스계획 수립 업무절차와 행정실무

독거노인의 욕구와 문제, 강점을 사정하고 서비스계획을 수립하는 업무는 서비스관리자가 수행해야 하는 업무이다. 그러나 서비스관리자가 보다 정확한 사정과 서비스 계획을 수립하기 위해서는 노인돌보미의 협조와 의견제시가 필수적이다. 따라서 사정과 서비스 계획 수립은 서비스관리자와 노인돌보미가 협력하여 수행해야 할 업무이다.

1. 사정 업무의 절차와 수행방법

노인돌보미는 서비스관리자가 독거노인에 대한 보다 정확한 사정과 체계적인 서비스계획수립을 위하여 독거노인 지원카드 이외에 일상생활 동작능력 평가도구, 사회적 관계 및 지지망 사정 도구, 공식적 서비스 사정도구를 작성하여 노인이 받고 있는 도움이나 서비스에 관한 정보를 제공하여야 한다. 일상생활 동작능력 평가도구에 의한 사정결과는 부록의 <서식 1-6>에서 보는 바와 같다. 사회적 관계 및 지지망 사정도구는 부록의 <서식 1-7>에서 보는 바와 같다. 이 도구를 작성함에 있어서는 먼저 독거노인에게 가족, 친구, 이웃, 그리고 기타 도움을 주고 있는 민간단체의 봉사자 등의 순으로 이름을 물어 기입한다. 그 다음에는 각각의 성원의 나이, 알고 지낸 기간, 위치와 접근성, 연락 및 접촉빈도, 관계의 친밀성, 도움을 받는 내용, 앞으로 도움을 줄

가능성 등에 질문하여, 각각의 항목에 그 번호를 기입하면 된다. 공식적 서비스 사정도구는 부록의 <서식 1-8>에서 보는 바와 같다. 이 도구를 작성하기 위해서 노인돌보미는 먼저 사정도구에 기재된 13개 서비스 항목 각각에 대해 서비스를 받고 있는지를 질문하고 이에 더하여 노인들이 받고 있는 서비스가 있으면 기타란의 괄호 속에 서비스 명칭을 기입한다. 각각의 서비스 명칭을 노인에게 설명함에 있어서는 노인이 이해하기 쉬운 표현으로 설명을 해야 하는데, 각각의 서비스에 대한 설명은 본서의 제 16장을 참조하면 된다. 독거노인이 받고 있는 서비스가 확인되면, 각각의 서비스를 제공하는 기관, 구체적인 서비스 내용, 제공주기를 질문하여 기입한다. 그런 후 노인이 받고 있는 서비스 각각이 노인이 필요로 하고 원하는 것인지, 서비스의 양이 충분한지, 서비스가 욕구충족과 문제해결에 어느 정도의 도움이 되는지 그리고 기관으로부터 서비스를 받기가 얼마나 쉬운지를 질문하여 해당란에 그 번호를 기입하면 된다.

서비스관리자는 독거노인 개개인의 지원카드, 사회적 관계 및 지지망 사정도구, 공식적 서비스 사정도구에 의한 평가결과를 바탕으로 하여 종합적인 사정을 하여야 한다. 이때 활용할 수 있는 양식은 부록의 <서식 1-9>이다. 이 양식에서 독거노인과 관련된 사정은 주로 독거노인 지원카드를 바탕으로 하여 작성하는데, 주거안전은 독거노인 지원카드의 주택위치와 주거환경 항목을 중심으로 욕구와 문제를 기입하며, 설비개조는 지원카드의 '수리를 필요로 하는 주택설비'의 기재사항을 중심으로 하여 사정한다. 경제상태와 관련하여서는 소득은 수입원, 월소득액, 용돈액수, 소득충분도를 종합적으로 고려하되, '부담이 되는 생활비 항목'을 중점적으로 고려한다. 경제활동은 지원카드에 포함된 경제활동 관련 조사 항목 모두의 응답결과를 중심으로 하여 사정한다.

건강상태와 관련된 사정에서 보조기에 대한 욕구는 신체기능이 불량함에도 보조기를 착용하지 않는 경우를 기준으로 하여 욕구를 사정하며, 건강관리방법은 운동여부, 흡연량, 음주빈도, 결식회수를 중심으로 하여 욕구와 문제를 사정한다. ADL 즉, 일상생활 동작능력은 지원카드의 조사항목에 의존하기 보다는 노인돌보미와의 회의를 통하여 일상생활 동작능력 평가에서 나타난 문제나 욕구를 중심으로 하여 사정한다. 질병치료와 관련된 욕구와 문제를 사정하기 위해서는 앓고 있는 질병의 종류를 고려하되, '건강관리, 일상생활상의 질병치료를 위해 필요한 도움'에 기재된 내용에 중점을 두고 사정한다. 여가 및 사회참여에 관한 사항은 독거노인 지원카드의 여가활동 및 사회참여 각 항목의 조사결과를 참고로 하되 '여가와 사회참여의 특이사항'에 기재된 내용에 중점을 두고 사정한다.

이상의 독거노인에 대한 사정에서 반드시 유의해야 할 사항은 욕구와 문제를 사정함과 동시에 노인이 갖고 있는 강점이나 자원 또한 동시에 사정해야 한다는 것이다. 이러한 강점이나 자원에 관한 내용은 독거노인 지원카드에서 확인할 수 없으므로, 노인돌보미와의 회의를 통하여 독거노인 개개인별로 강점과 자원을 확인하여 기입한다. 만약 독거노인의 생활영역별로 욕구와 문제, 강점과 자원을 정확하게 파악할 수 없는 경우에는 서비스관리자가 독거노인 가정을 방문하여 직접 조사하고 관찰하여 사정내용을 보완하여야 한다.

비공식 지원체계와의 관계는 독거노인 지원카드의 사회관계 항목과 사회적 관계 및 지지망 사정도구에 기재된 내용에 근거하여 지원욕구와 활용 가능한 비공식 지원체계의 자원을 기입한다. 그리고 공식 지원체계에 대한 사정은 공식적 서비스 사정도구에 기재된 내용을 중심으로 하여 사정하되, 현재 받고 있는 서비스내용은 서비스 연계란에 기입한다.

2. 서비스 계획 수립·조정 업무의 절차와 수행방법

서비스관리자는 독거노인 개개인이 대한 사정결과를 근거로 하여 개별화된 서비스계획을 수립하여야 한다. 이때 활용할 수 있는 양식은 부록의 <서식 1-10>에서 보는 바와 같다. 서비스관리자는 먼저 종합사정결과표를 근거로 하여 서비스 영역별로 사정결과를 간략히 기입한 후 각 독거노인의 욕구와 문제를 해결하기 위한 서비스 목표를 구체적으로 기입하고, 이러한 목표를 종합적으로 고려하여 서비스 목적을 기입한다. 그리고 각 서비스 영역별로 독거노인에게 제공해야 할 서비스 내용을 구체적으로 기입하고, 각 서비스를 누가 제공할 것이며 서비스를 제공하기 위해서 서비스 담당자가 수행해야 할 역할과 업무내용을 기입한다. 그리고 각각의 서비스를 제공할 기간, 일시를 기입하고, 독거노인이 부담해야 할 비용이 있으면 그 액수를 기입한다. 그리고 각 서비스 영역별로 독거노인의 욕구나 문제의 심각도, 독거노인이 서비스를 필요로 하는 정도, 서비스 제공에 필요한 자원의 확보 정도 등을 종합적으로 고려하여 우선순위를 기입한다. 이러한 서비스 계획 수립에 관한 기존 사례는 본서의 제 14장 <표 14-6>에 제시되어 있으므로, 참고로 할 수 있다.

이렇게 하여 수립된 최초의 서비스 계획은 확정적인 것이 아니며 독거노인의 욕구나 문제, 생활상황이 변화됨에 따라서 수시로 조정되어야 한다. 서비스계획의 조정과 관련하여 활용할 수 있는 양식은 부록의 <서식 1-11>에서 보는 바와 같다. 서비스 계획의 조정방안을 수립함에 있어서는 독거노인이 욕구나 문제, 생활상황의 변화로 인하여 추가적으로 필요로 하는 서비스를 확인하고, 그 서비스를 제공하고 있거나 제공할 수 있는 지역사회 보건복지기관의 명칭을 기입한다. 그리고 독거노인이 현재 받고 있거나 추가로 제공해야 하는 세부적인 서비스 내용을 기입하고, 그러한 서비스가 계획에 비해 어느 정도 실행되었는지를 기입한다. 그리고 난 후 서비스 제공기관의 담당자와 연락하여 서비스를 충분히 제공하지 못한 사유 즉, 서비스 장애요인을 확인하고, 그러한 장애요인을 제거하고 서비스를 연계 또는 조정할 수 있는 방안을 기입한다.

Ⅳ. 독거노인 안전확인 업무절차와 행정실무

1. 안전확인 업무절차

독거노인의 안전확인 업무를 수행하는 과정에서 서비스관리자와 노인돌보미가 따라야 할 절차는 다음과 같다.
① 서비스관리자는 독거노인 지원카드의 연령, 건강상태, 생활실태 등을 종합적으로 고려하여 안전확인이 필요한 독거노인 가구를 선정한다.
② 서비스관리자가 노인돌보미에게 안전확인을 실시해야 할 가구를 배정하되, 노인의 건강상태 및 주거상황에 따라 직접 방문 및 전화 등에 의한 간접적 안전확인 횟수를 결정한다.
③ 노인돌보미는 배정된 독거노인에 대하여 안전확인을 실시하고 방문일지를 작성하여 그 결과를 보고한다.

2. 안전확인 업무 수행방법

노인돌보미가 독거노인의 안전확인을 하는 방법은 크게 직접 방문에 의한 안전확인과 전화 등을 통한 간접 안전확인이 있다. 직접방문에 의한 안전확인은 지역과 사업수행기관의 실정에 따라 조정이 가능하나 독거노인 1인당 주 1회, 회당 2시간 정도씩 실시하는 것이 바람직하며, 방문하기 전에 전화로 사전에 방문 사실을 알리는 것이 바람직하다. 독거노인 가구의 경우 주말에는 별거하고 있는 자녀들이 방문하는 경우가 많아 가족에 의한 안전확인이 가능하므로, 노인돌보미는 주중에 방문하는 것이 바람직하다. 직접 방문에 의한 안전확인을 하는 과정에서는 단순하게 안전만 확인하는 것이 아니며, 독거노인의 생활상황, 욕구 및 문제의 변화상황, 무선페이징, 안심폰 등의 안전확인 기구에 대한 점검을 하여야 한다. 그리고 필요한 경우에는 서비스를 직접 제공하거나 연계하여야 한다.

노인돌보미가 전화 등을 통한 간접적 안전확인은 지역과 사업수행기관의 실정에 따라 조정이 가능하나 독거노인 1인당 주 2회에 걸쳐 실시하는 것이 바람직하며, 주중과 평일에 관계없이 하루 정도의 간격을 두고 실시하는 것이 바람직하다. 독거노인에게 전화를 거는 시간은 너무 이른 시간이나 늦은 시간은 피하는 것이 좋다. 그리고 전화를 걸어 안전 여부만을 확인하기 보다는 노인의 안부와 일상생활에 대한 대화를 통하여 말벗이 되어 주어야 하며, 직접 방문할 때 특별히 준비해야 할 사항들에 대해서도 확인하는 것이 좋다. 만약 독거노인이 전화를 받지 않는다면, 긴급연락처의 이웃이나 친구에게 먼저 전화를 걸어 확인하는 것이 바람직하다. 그 이유는 이웃이나 친구가 노인의 안전확인을 하기가 더욱 쉽고 빠르며, 가족에게 먼저 연락을 하게 될 경우 가족에게 불안감을 조성할 수 있기 때문이다. 만약 친구나 이웃을 통하여도 안전확인이 불가능하다면, 노인돌보미는 직접 방문하여 안전확인을 하는 것이 바람직하다. 방문에 의한 안전확인조차도 불가능한 경우에는 가족에게 연락하여 안전확인을 하고, 그 경우에도 독거노인의 안전이 확인되지 않으면 독거노인의 가족, 서비스관리자 등과 상의하여 대처방안을 마련하여야 한다.

V. 독거노인 생활교육 업무절차와 행정실무

1. 생활교육 업무절차

독거노인에 대한 생활교육은 5~20명 정도의 독거노인을 대상으로 하여 월 2회이상, 1회당 1시간 교육이 이루어져야 한다. 서비스관리자와 노인돌보미가 독거노인에게 필요한 생활교육을 실시하는 과정에서 따라야 하는 업무절차는 다음과 같다.

① 서비스관리자는 독거노인 데이터베이스 정보를 토대로 하여 생활교육이 필요한 대상자를 선정한다.
② 서비스관리자가 생활교육대상 독거노인 수, 지역 특성을 고려하여 독거노인 생활교육 계획 수립을 수립한다. 생활교육의 내용은 독거노인의 욕구나 문제를 우선적으로 고려하되, 노인돌보미가 수행 가능한 교육내용으로 편성하는 것이 바람직하다. 또한 전문적 생활교육이 가능한 지역사회내의 민간자원을 동원하여 다양한 생활교육 프로그램을 개발하는 것이 바람직하다.
③ 서비스관리자는 노인돌보미에게 교육장소와 일시를 알려주고, 교육내용과 실행방법에 대해 충분하고도 자세하게 설명하여야 한다.
④ 노인돌보미는 독거노인에게 생활교육에 대한 안내를 하고, 직접 교육프로그램을 실행하고 그 결과를 보고하여야 한다.

2. 생활교육 업무 수행방법

1) 생활교육 내용의 결정

서비스관리자가 독거노인 생활교육 계획을 수립하는 과정에서 교육내용을 선택하기 위해서는 본서의 제 15장에서 설명한 생활교육 내용 선택의 지침을 참조하여 다음의 질문에 대한 답을 찾고 교육내용을 결정하여야 한다.

① 생활교육의 목표는 무엇인가? 즉, 왜 생활교육을 해야 하는가?
② 노인의 흥미, 욕구는 무엇이며 노인의 학습능력은 어느 정도인가?
③ 노인의 실생활에 도움이 되는 것은 무엇인가?
④ 노인에게 익숙한 내용인가? 노인이 경험하지 못한 새로운 내용인가?
⑤ 지난번 교육내용과 어떤 연관성이 있는가?
⑥ 교육을 통해 거둘 수 있는 효과는 무엇인가?

2) 생활교육 지도안 작성

교육내용이 결정되면 서비스관리자는 교육지도안을 작성하여야 한다. 교육지도안 양식은 부록의 <서식 1-12>에서 보는 바와 같으며, 교육지도안 작성법은 본서의 제 15장에 제시된 '독거노인 생활교육의 계획 작성' 부분을 참조하면 될 것이다. 교육지도안이 작성되면 노인돌보미에게 교육 진행방법과 교육방법에 대해 상세하고도 충분하게 설명해주어야 한다.

3) 생활교육 실행

독거노인을 대상으로 한 생활교육이 성공적으로 이루어지기 위해서는 교육환경에 대한 사전점검이 필수적이다. 생활교육은 주로 경로당을 교육장소로 활용하지만 경로당의 사용이 불가능하다면 독거노인 가정이나 제 3의 장소에서 실시하는 것도 고려해야 한다. 교육장소의 확보, 교육기자재 및 비용의 확보 등과 관련하여 서비스관리자와 노인돌보미가 고려해야 할 사항에 대해서는 본서의 제 15장에 제시된 '독거노인 생활교육의 환경'에 대한 설명을 참조하면 될 것이다.

독거노인을 대상으로 한 생활교육을 실시함에 있어서는 교육목표와 내용에 따라 참여인원을 결정해야 한다. 일반적으로는 5명 정도의 소집단이 적합하지만, 20명 정도의 집단을 대상으로도 교육을 실시할 수도 있으며, 교육여건이 허락한다면 독거노인뿐만 아니라 경로당 이용노인들 또한 참여시킬 수 있다. 독거노인 생활교육은 도입, 전개, 정리라는 세 부분으로 진행되는데, 생활교육 실행방법에 대해서는 본서의 제 15장에 제시된 '독거노인

생활교육 계획의 실행' 부분을 참조하면 될 것이다.

독거노인 생활교육이 끝난 후에 노인돌보미는 부록의 <서식 1-13>에 제시된 생활교육 평가도구를 근거로 하여 교육평가를 실시하고, <서식 1-14>에 제시된 '독거노인 생활교육 결과보고서'를 작성하여 서비스관리자에게 제출하여야 한다. 만약 서면으로 보고를 하지 못한 부분이 있다면, 서비스관리자와의 회의를 통하여 교육프로그램의 진행과 결과에 대한 상세한 보고를 할 필요가 있다.

Ⅵ. 지역복지 자원 동원과 서비스 연계 업무절차와 행정실무

1. 자원동원 및 서비스 연계 업무절차

독거노인이 필요로 하는 지역복지 자원을 동원하고 서비스를 연계하기 위한 업무를 수행함에 있어서 서비스관리자와 노인돌보미가 따라야 할 절차는 다음과 같다.
① 서비스관리자는 시·군·구의 협조를 얻어 지역사회내에 존재하는 복지자원과 서비스에 대한 현황을 파악하여, 지역자원 파일(file)을 구축하여야 한다.
② 서비스관리자는 독거노인 데이터베이스 정보를 토대로 노인관련 보건복지서비스의 연계가 필요한 독거노인 대상자를 선정한다.
③ 서비스관리자는 지역사회내의 노인보건복지서비스 제공기관과 협의하여 서비스 제공여부를 결정하고 노인돌보미에게 통보한다. 이때 서비스 제공기관과 서비스연계를 위한 협의가 어려운 경우에 서비스관리자는 시·군·구에 협조를 요청하여야 한다.
④ 노인돌보미는 해당 서비스 제공기관과 서비스 지원 대상가구를 연계하고 사후점검을 실시한다.

2. 자원동원 및 서비스 연계 업무 수행방법

1) 지역자원 현황조사
지역사회내에 존재하는 노인 관련 보건복지서비스 및 자원에 대한 현황조사는 독거노인 현황조사와 마찬가지로 사업 시작과 동시에 실시되어야 한다. 서비스관리자가 시·군·구의 협조를 얻어 지역사회에서 노인 관련 보건복지서비스를 제공하는 모든 공공 및 민간기관에 관한 기본 정보를 입수하여야 한다. 서비스관리자는 가능한 한 지역내 서비스 제공기관을 직접 방문하여 기관에서 제공하는 서비스의 내용을 일일이 확인하고 독거노인에게 도움이 되는 서비스가 있다면 모든 서비스나 자원에 대한 세부적인 정보를 수집하여야 한다. 특히 차후의 서비스 연계업무를 효율적으로 수행하기 위해서는 기관에서 제공하는 해당 서비스의 담당자 이름과 연락처를 확인하여야 하며, 서비스의 내용, 서비스 제공주기, 수급자 선정주기 등을 포함한 서비스에 대한 세부적인 정보를 수집하여야 한다. 이와 같이 수집된 정보는 부록의 <서식 1-15>에 기록하고, 수시로 그 변경내용을 업데이트해 두어야 한다.

2) 서비스 대상 선정 및 연계

독거노인에 대한 종합적 서비스 제공과 지역내 서비스 제공기관과의 원활한 연계업무가 수행될 수 있도록 시·군·구는 노인돌봄기본서비스 수행기관의 장을 지역사회복지협의체에 위원으로 위촉하여야 하며, 서비스관리자를 지역사회복지협의체의 실무협의체의 당연직 위원으로 포함시켜야 한다.

서비스관리자는 지역사회복지협의체의 실무협의체 활동에 적극적으로 참여할 뿐만 아니라 평상시 업무수행과정에서 지역내 서비스 제공기관의 담당자들과 자주 연락하고 접촉하여 원만한 업무협조관계를 구축하여야 한다. 서비스관리자는 노인돌보미의 서비스 결과보고와 수시 회의를 통하여 독거노인이 필요로 하는 서비스를 확인하고, 사업수행기관에서 서비스를 제공할 수 있는지의 여부를 먼저 확인하여야 한다. 사업수행기관에서 독거노인이 필요로 하는 서비스를 제공할 수 없다면, 지역내 다른 서비스 제공기관에 서비스 제공을 구두로 우선 요청한 다음 문서로 공식적 의뢰절차를 밟아야 한다. 만약 의뢰한 기관에서 서비스를 제공할 수 없는 상황이라면 다른 서비스 제공기관을 신속히 발굴하여 다시 의뢰하여야 하며, 그 조차도 불가능하다면 서비스관리자는 시·군·구와 협의하여 새로운 서비스 자원을 개발하여야 한다.

서비스 제공기관에 의뢰한 이후에는 서비스가 독거노인에게 제대로 제공되고 있는지, 제공되는 서비스가 독거노인이 필요로 하는 서비스인지, 독거노인의 욕구충족이나 문제해결에 어느 정도 도움이 되는지 등에 대해 전화 또는 노인돌보미를 통하여 수시로 점검하여야 한다. 점검결과 서비스에 부족한 부분이 있다면 서비스의 내용 등을 <서식 1-11>에 의거하여 재조정하여야 한다.

Ⅶ. 기타 업무절차와 행정실무

1. 노인돌보미 업무지원 및 복무 관리

노인돌봄 서비스관리자는 노인돌보미의 지도감독자(supervisor)로서의 역할을 충실하게 수행해야 한다. 지도감독자로서의 역할을 함에 있어서 일방적 업무지시는 지양하여야 하며, 노인돌보미가 안전확인, 생활교육, 서비스 연계 및 조정 업무를 성공적으로 수행할 수 있도록 적극적으로 지원함과 아울러 업무수행상의 애로사항을 함께 풀어가려는 자세를 견지하여야 한다. 그리고 노인돌보미의 업무량이나 업무일정을 지역사회의 특성이나 독거노인의 생활변화, 노인돌보미의 업무부담을 고려하여 적절히 조정하여야 할 것이다.

서비스관리자는 노인돌보미의 복무상황을 점검하고 관리하여야 하는데, 노인돌보미의 주간 복무기준을 예시하면 다음과 같다. 물론 노인돌보미의 복무기준은 사업수행기관이 제반 상황을 고려하여 조정이 가능하다. 서비스관리자는 사업수행기관의 장과 협의하여 노인돌보미 복무기준을 제정하고 출근부<서식 1-16> 등에 의거하여 복무상황을 철저히 점검하여야 한다. 그 이유는 노인돌보미의 업무태만으로 인하여 독거노인이 받아야 할 서비스를 받지 못하는 상황을 방지하는데 1차적인 목적이 있지만, 노인돌보미의 급여나 사업의 원활한 추진을 위해서도 반드시 필요하기 때문이다.

〈 표 17-1 〉 노인돌보미 1주간 활동(예시)

활 동	내 용	횟 수	소요시간	총소요시간
직접 방문	○ 정기적인 안전확인 ○ 서비스 욕구 파악 ○ 서비스 연계 점검 및 조정	10회	1회당 2시간	20시간
기관 방문	○ 서비스 연계 및 조정 ○ 생활교육 준비	2회	1회당 1시간	2시간
생활 교육	○ 생활교육 준비 및 실시	2회	1회당 1시간	2시간
간접 확인 (전화 등)	○ 서비스 연계 및 조정 사항 사후점검 ○ 정기적인 안전 확인	10회	1회당 5~6분	1시간

제 3 부 노인돌봄기본서비스의 행정 실무

서비스관리자는 노인돌보미가 독거노인을 대상으로 제공한 서비스의 내용과 그 결과를 <서식 1-3, 1-4>의 주간 업무일지 및 방문일지를 바탕으로 보고받아야 한다. 주간 업무일지 작성법은 다음과 같다.
① 노인돌보미 이름과 서비스를 제공한 일시를 주(週) 단위로 기입한다.
② 노인돌보미가 서비스를 제공한 일자를 기입한 후 활동 내용에는 서비스제공한 독거노인의 이름 및 안전확인, 서비스연계 및 조정, 생활교육 및 기타 서비스를 제공한 내용을 기입한다.

독거노인 방문일지 작성법은 다음과 같다.
① 서비스 대상자의 이름과 방문일자를 기입한다.
② 기본점검사항에 서비스 대상자의 건강상태, 주거상태, 서비스제공내용, 차후 서비스 제공계획, 기타 특이사항 등의 내용을 상세히 기입한다.

독거노인 생활교육을 실시한 결과보고서(서식 1-14)를 주간 업무일지 및 방문일지와 함께 서비스관리자에게 제출한다.

2. 독거노인 데이터베이스 구축 및 유지관리

노인돌봄 서비스관리자는 사업시작 전에 시·군·구에서 받은 독거노인에 관한 현황자료와 노인돌보미들이 작성한 <서식 1-1>를 사업 대상자에 한하여 지원카드 내용을 독거노인 데이터베이스에 입력하고 이를 지속적으로 유지, 관리해야 한다. 전체 데이터베이스는 최소 반기별(1월, 7월)로 독거노인 현황조사 및 사업대상자 데이터베이스 업데이트를 실시해야 한다. 독거노인 데이터베이스를 관리함에 있어서 반드시 지켜야 할 사항은 독거노인의 개인 신상정보와 생활상황에 대한 비밀을 철저히 보장해야 한다는 것이다. 이를 위하여 서비스관리자가 사용하는 컴퓨터는 반드시 비밀번호를 설정하여야 하며, 업무수행 중 데이터베이스를 컴퓨터 화면에 띄워 놓은 채 자리를 비워서는 안 된다. 그리고 문서로 출력된 독거노인 관련 정보들도 책상 등에 꽂아두어서는 안되며, 열람한 이후에는 반드시 자물쇠가 설치된 서류함에 보관하여야 한다. 그리고 노인돌보미들 또한 독거노인 관련 정보에 대한 비밀보장의 윤리원칙을 준수하도록 지도·감독하여야 한다.

3. 재정관리 및 사업실적보고

노인돌봄기본서비스에 투입되는 인건비와 운영비 등은 사회복지법인 및 시설의 재무·회계

규칙과 사업수행기관의 재무·회계규정에 근거하여 합리적이고 투명하게 집행되어야 한다. 노인돌봄기본서비스 예산은 서비스관리자 인건비 월 120만원과 운영비 연(年) 139만원, 노인돌보미 인건비 월 60만원과 운영비 연(年) 71만원으로, 노인돌보미 배정인원에 따라 달라진다. 노인돌봄기본서비스의 운영비는 교육비, 사업주부담 사회보험료, 생활교육 재료비용, 유니폼 제작비, 퇴직적립금(별도계좌적립), 기타 필요한 부대비용(교통비, 전화비, 기능보강비)에 사용하여야 하며, 사업목적 이외의 다른 용도로 사용하여서는 안 된다.

사업수행기관에서는 분기별(4, 7, 10, 12월 15일 이내)로 독거노인 DB 온라인 보고를 하여야 한다. 시·군·구는 사업수행기관 선정 및 인력선발 현황<서식 1-18>을 1월 25일 이내 시·도에 보고하여야 한다. 시·도는 국고보조금 사업수행 실적을 익년 2월 28일 이내 보건복지가족부에 보고하여야 한다.

4. 서비스 만족도 조사 및 평가업무

서비스관리자는 독거노인 가정을 직접 방문하거나 전화로 노인돌보미가 제공하는 서비스에 대한 만족도를 주기적으로 조사하여야 한다. 서비스 만족도 조사를 위하여 사업기관에서는 자체 만족도 측정도구를 개발하여야 하며, 조사결과를 분석하고 각종 서비스를 계획하는 과정에 그 결과를 반영하여야 한다.

노인돌봄기본서비스 및 독거노인에 대한 보건복지서비스 지원 현황 평가는 2008년 11월에 행정안전부 지자체 합동평가지침에 의해 평가지표 마련하고, 2008년 11월 ~ 12월에 정부합동평가단을 구성하여 2009년 3월에 행정안전부 지자체 합동평가를 실시할 계획이다. 시·도는 시군구 기초지자체에 대한 점검을 강화해야하며 점검결과 보고를 통해 우수 사업수행기관 선정 및 포상할 계획이다. 시·군·구의 담당공무원과 사업수행기관의 서비스관리자는 사업평가에 필요한 각종 평가서류를 준비하고, 평가단의 현장평가에 적극 협조하여야 한다.

참 고 문 헌

건설교통부(2005). 노인주택 개조기준.
건축자료연구회(역)(1998). 노인의 주거환경. 서울: 도서출판 보원.
국가인권위원회(2002. 12.). 지역사회에서의 노인학대 실태조사.
국가인권위원회(2006. 1.). 국가인권정책기본계획(2007-2011)권고안.
권중돈(2000). 심리적 노화와 노인상담방법. 목원대학교(편). 노인교육전문가과정 교육교재, 63-78.
권중돈(2002). 노인학대의 이해와 대응방안. 대전노인학대상담센터. 노인학대 세미나 자료집, 1-16.
권중돈(2004). 치매환자를 위한 프로그램의 실제. 서울: 현학사.
권중돈(2004b). 노인 학대에 영향을 미치는 요인. 한국노년학, 24(1), 1-20.
권중돈(2006b). 노인복지실천에서의 인권관점 도입방안 고찰. 광진노인종합복지관. 고령사회 노인인권 증진을 위한 실천적 접근, 44-65.
권중돈(2006c). 최신노화이론과 성공적 노화. 대한간호협회 보건진료원회 대구·경북지회. 보건진료원 혁신교육 및 건강증진발표대회 자료집, 23-33.
권중돈(2007). 노인복지론(제 2판). 서울: 학지사.
권중돈 외(2002). 치매와 가족. 서울: 학지사.
권중돈·김동배(2004). 인간행동과 사회환경. 서울: 학지사.
권중돈·윤경아·배숙경(2002). 노인복지론. 한국사회복지사협회 사이버연수원.
기획예산처(1982-2006). 예산개요 참고자료.
김미혜(1999). 노인과 인권. 복지동향, 8호.
김미혜(2001). 노인학대의 이해와 해결을 위한 첫걸음. 까리따스방배종합사회복지관. 노인학대세미나 자료집: 노인학대 실태 및 방향성 모색, 3-12.
김영애(2006). 인간관계 및 부부관계 개선을 위한 사티어 의사소통 훈련프로그램. 김영애가족치료연구소.
김종서(1982). 노인교육의 교육과정 개발. 대한노인회.
김종옥·권중돈(1993). 집단사회사업방법론. 서울: 홍익재.
김진호·한태륜(1997). 재활의학. 서울: 군자출판사.
김태일(2000). 노인 주택 모형. 한국노년학회(편). 노년학의 이해, 서울: 도서출판 대영문화사.
김태현(2000). 노년학. 서울: 교문사.

김한곤(1998). 노인학대의 인지도와 노인학대의 실태에 관한 연구. 한국노년학, 18(1), 184-197.

김형수(2003). 노인자살의 현황과 과제. 밝은 노후, 4, 40-46.

까리따스방배종합사회복지관(2001). 노인학대세미나 자료집: 노인학대 실태 및 방향성 모색.

농촌자원개발연구소(2006). 은빛친구 도우미 교육프로그램.

대전광역시(1997). 노인복지를 위한 레크리에이션 프로그램 개발.

대한간호사협회 보건간호사회(1994). 1994년도 보수교육교재: 노인건강관리.

대한민국 정부(2006). 제1차 저출산 고령사회 기본대책: 새로마지플랜.

류종훈·박지현·이영주(2004). 노인건강생활과 호스피스 케어. 서울: 학문사.

박성식(1999). 노화의 특성(Ⅰ): 구조적 변화. 의학교육연수원(편). 노인의학. 서울대학교 출판부, 7-13

박신영(2003). 고령화 시대 노인주거정책. 밝은 노후 모임. 고령화 시대 노인주거정책, 1-23.

박준기(2003). 노인 100인에게 묻는다: 노인 자살에 대해. 밝은 노후, 4, 52-55.

박차상·김옥희·엄기욱·이경남·정상양·배창진(2005). 한국노인복지론(개정판). 서울: 학지사.

박현애(2004). 발마사지. 서울: 김영사.

밝은 노후를 만들어가는 사람들의 모임(2004. 9.). 경제적·사회적·문화적 권리 NAP 수립을 위한 노인권 기초현황 조사.

보건복지부 노인요양제도팀(2006. 3.). 노인수발보험제도 제2차 시범사업 시행지침.

보건복지부(2000). 고령화 관련 국제행동계획과 노인을 위한 유엔원칙.

보건복지부(2002. 8.). 마드리드 고령화국제행동계획.

보건복지부(2005). 무료 및 실비 노인(전문)요양시설 입소대상자 선정지침.

보건복지부(2006. 5.). 노인복지시설 인권보호 및 안전관리지침.

보건복지부(2006. 5.). 노인학대 관련 당정협의자료(3차): 노인학대 현황과 대책.

보건복지부(2006.9.). 06년도 상반기 노인학대 사례 분석결과.

보건복지부(2007). 2007년 노인보건복지사업안내.

보건복지부(2007. 2.). 2007년도 노인보호전문기관 업무수행지침.

보건복지가족부(2009). 2009년 노인보건복지사업안내.

보건복지부·국민건강보험공단(2006. 7.). 노인수발보험제도 제2차 시범사업 수발인정·서비스지원 세부매뉴얼.

산업자원부 기술표준원(2006). 고령자 배려 주거시설 치수 표준화를 위한 설계지침.

참고문헌

상형종(역)(1992). 노인과 주거. 서울: 산업도서출판공사.
서병진(2003). 노인복지현장경험론. 서울: 도서출판 솔바람.
서울대 의학교육연수원(편)(1999). 노인의학. 서울대학교 출판부.
송미순, 하양숙(1995). 노인간호학. 서울대학교출판부
양창삼(2002). 인간관계 필드북. 서울: 경문사.
오홍근(2000). 향기요법. 서울: 양문.
유동수(2005). 감수성 훈련: 진정한 나를 찾아서. 서울: 학지사.
윤진(1985). 성인·노인심리학. 서울: 중앙적성출판사.
윤혜상(편)(1999). 노인간호학. 서울: 청구문화사.
이경락(2003). 고령사회에서의 노인주거문제 및 대응방안. 밝은 노후, 5, 8-23.
이관용(2003). 노인 건축. 서울: 세진사.
이근홍(1998). 케이스 매니지먼트. 서울: 대학출판사.
이금룡(2005). 난 헛 살지 않았다. 서울: (주)한국학술정보.
이명선 외(2005). 발반사건강요법. 서울: 광문각.
이성희·한은주(1998). 부양자의 노인학대 경험과 관련요인. 한국노년학, 18(3), 123-141.
이연숙(2000). 노인과 주거생활. 한국노년학회(편). 노년학의 이해. 서울: 도서출판 대영문화사, 183-196.
이해영·안향림(2000). 케어복지개론:care work의 기초. 서울:학문사
장인협(1996). 사회사업실천방법론(상). 서울대학교 출판부.
장인협·우국희(2001). 케어·케이스매니지먼트. 서울대학교출판부.
장인협·최성재(2006). 노인복지학(제 2개정판). 서울대학교 출판부.
장창호(2001). 케어메니지먼트 실천론. 서울: 아시아 미디어리서치.
전광현(2006). 지역사회 자원동원 및 활용방안에 관한 소고. 한국지역사회복지학, 18, 111-131.
전시자(1989). 회상에 관한 개념 분석. 대한간호학회지, 19(1), 92-98.
정인과·곽동일·조숙행·이현수(1998). 한국형 노인우울검사(KGDS) 표준화에 대한 예비연구. 신경정신의학, 37(2), 340-351.
조은순(2001). 노인교육 프로그램의 시행과 평가. 목원대학교(편). 노인교육전문가 양성과정 교육교재, 127-132.
조학래(2002). 노인상담의 방법과 기술. 목원대학교(편), 노인교육전문가 양성과정 교육교재, 135-148.
최성애(2004). 노인의 운동 프로그램, 보건복지부·질병관리본부(편). 노인건강관리과정 선택 전문교육교재, 71-76.

최옥채((2005). 사회복지사를 위한 조직화 기술. 서울: 학현사.
통계청(1960~2005). 인구주택 총조사 보고서.
통계청(2005.12.). 2003년 생명표.
통계청(2006. 10.) 2006 고령자 통계.
통계청(2006.11.). 장래인구추계 결과.
한국노인의 전화(2006). 노인복지상담원 전문교육 교재.
한국보건사회연구원(1999). 노부모 학대 실태에 관한 사례연구.
한국보건사회연구원(2005). 2004년도 전국 노인생활실태 및 복지욕구 조사.
한국보건사회연구원(2005b). 노인의 삶의 질 향상을 위한 정책방안 연구: 여성, 농어촌, 독거 노인의 생활실태를 중심으로.
한국보건사회연구원·국가인권위원회(2002). 무료 및 실비 노인요양시설에서의 인권실태 및 사례조사.
한국산업안전공단(2002). 가정생활의 안전실천은 이렇게.
한국소비자보호원(2002). 가정내 노인 안전실태 조사 결과.
한국재가노인복지협회(1999). 가정봉사원의 활동과 실제
한국재가노인복지협회(2002a). 노인의 올바른 수발을 위한 가정봉사원 핸드북.
한국재가노인복지협회(2002b). 가족 수발자의 핸드북.
한국청소년개발원(1996). 인간관계 수련활동.
한국케어복지협회(편)(2000). 케어기술론. 서울: 나눔의 집.
한국형사정책연구원(1995). 노인의 범죄 및 범죄피해에 관한 연구.
한동희(1996). 노인학대에 관한 연구. 대구효성가톨릭대 대학원 박사학위논문.
한은주(2000). 노인학대의 원인에 대한 생태학적 연구. 성신여대 대학원 박사학위논문.
한은주·김태현(2000). 노인학대의 원인에 대한 생태학적 연구. 한국노년학, 20(2), 71-89.
한정란(2001). 교육노년학: 노인을 위한, 노인에 관한, 노인에 의한 교육. 서울: 학지사.
한정란(2005). 노인교육의 이해. 서울: 학지사.
한정란·조해정·이이정(2004). 노인 자서전 쓰기. 서울: 학지사.
허정무(2002). 노인교육 이론과 실천방법론. 서울: 학지사.
현외성 외(2001). 노인케어론. 서울 : 양서원.

Atchely, R. C.(2000). *Social Forces and Aging: An Introduction to Social Gerontology*(9th ed.). California: Wordsworth.

Biegel, D. E., Shore, B. K. and Gordin, E.(1984). *Building Support Networks for the Elderly*. California: Sage Pub. Inc.

참 고 문 헌

Blazer, D. G. and Koenig, H. G.(1996). Suicide. in Birren, J. E. et al.(eds.)(1996). *Encyclopedia of Gerontology*(vol 2). New York: Academic Press, 529-538.
Burlingame, V. S.(1995). *Gerocounseling elders and their families*. New York: Springer.
Friedlander, W. and Apte, R.Z.(1980), Introduction to Social Welfare(5th ed.). New Jersey: Prentice-Hall, Inc.
Gilbert, N. and Specht, H.(1974). *Dimensions of Social Welfare Policy*. New Jersey: Prentice-Hall Inc.
Harrigan, M. P. and Farmer, R. L.(2000). The Myths and Facts of Aging. in R. L. Schneider at al.(eds.) *Greontological Social Work*(2nd ed.), California: Brooks/Cole, 26-64.
Lazarus, A. A.(1971). *Behavior Therapy and Beyond*. New York: McGraw-Hill.
Mahoney, M. J.(1974). *Cognition and Behavior Modification*. Massachusetts: Bollinger.
Maslow, A. H.(1970). *Motivation and Personality*(2nd ed.). New York: Harper and Low.
Matthias, R. E. et al.(1997). Sexual Activity and Satisfaction among Very Old Adults. *The Gerontologist*, 37(1), 6-14.
Meichenbaum, D.(1977). *Cognitive Behavior Modification*. New York: Plenum.
Moxley, D. P.(1989). *The Practice of Case Management*. California: Sage.
O'Connor, G.(1988). Case Management: System and Practice. *Social Casework*, 33(1), 97-106.
OECD(2001). *Social Expenditure Database 1980~1998*.
Rothman, T.(1991). A Model of Case Management: Toward Empirically Based Practice. *Social Work*, 36(6), 520-528.
Rubin, H. J. and Rubin, I. S.(2001). Community Organizing and Development. Boston: Allyn and Bacon.
Satir, V.(1972). *People Making*. California: Science and Behavior Books.
Simonton, D. K.(1990). Does Creativity Decline in Later Years? in M. Permutter(ed.). *Late Life Potential*. Washington D. C.: Gerontological Society of America, 83-112.
Strehler, B. L.(1977). *Time, Cells, and Aging*(2nd ed.). New York: Academic Press.
Thorman, G.(1995). *Counseling Older Persons: A Professional Handbook*. Illinois: Charles C. Thomas Publisher.
Valins, M.(1988). *Housing for the Elderly People*. New York: Van Nostran Reinhood Company.

[인터넷 홈페이지]

건강길라잡이(www.hp.go.kr)
생명의 전화(www.lifeline.or.kr)
한국건강관리협회(www.kah.or.kr)
공무원연금관리공단(www.gepco.or.kr)
국가인권위원회 (www.humanrights.go.kr)
국민연금관리공단(www.npc.or.kr)
국제연합(UN)(www.un.org)
노동부(www.molab.go.kr)
법제처(www.moleg.go.kr)
사립학교교직원연금관리공단(www.ktpf.or.kr)
삼성노블카운티(www.samsungnc.com)
스포츠코리아(www.sportskorea.net)
정보통신부(www.mic.go.kr)
통계청(www.nso.go.kr)
한국노년학회(www.tkgs.or.kr)
한국노인복지시설협회(www.elder.or.kr)
한국보건사회연구원(www.kihasa.re.kr)
한국치매가족협회(www.alzza.or.kr)

건강정보광장(www.healthpark.or.kr)
서울노인학대예방센터(www.seoul1389.or.kr)
건설교통부(www.moct.go.kr)
교육인적자원부(www.moe.go.kr)
국민건강보험공단(www.nhic.or.kr)
국방부(www.nmd.go.kr)
기획예산처(www.mpb.go.kr)
노인수발보험제도(www.longtermcare.or.kr)
보건복지가족부(www.mohw.go.kr)
사회복지공동모금회(www.chest.or.kr)
세계보건기구(www.who.int)
실버카페(www.silvercafe.co.kr)
청와대(www.president.go.kr)
한국개발연구원(www.kdi.re.kr)
한국노동연구원(www.kli.re.kr)
한국노인종합복지관협회(www.kaswcs.or.kr)
한국재가노인복지협회(www.kacold.or.kr)

부록 : 서식

< 서식 1-1 >　독거노인 지원카드
< 서식 1-2 >　노인돌봄서비스(기본)신청서
< 서식 1-3 >　노인돌보미 주간 업무일지
< 서식 1-4 >　독거노인 방문일지
< 서식 1-5 >　노인돌봄서비스(기본) 사업 실적 보고
< 서식 1-6 >　일상생활 동작능력 평가 및 서비스 계획 수립
< 서식 1-7 >　사회적 관계 및 지지망 사정도구
< 서식 1-8 >　공식적 서비스 사정도구
< 서식 1-9 >　종합사정결과표
< 서식 1-10 >　서비스 계획 수립 양식
< 서식 1-11 >　서비스 계획 및 연계의 조정
< 서식 1-12 >　독거노인 생활교육 교육지도안
< 서식 1-13 >　독거노인 생활교육 평가도구 양식
< 서식 1-14 >　독거노인 생활교육 결과보고 양식
< 서식 1-15 >　지역사회 노인보건복지 현황
< 서식 1-16 >　노인돌보미 복무관리대장
< 서식 1-17 >　독거노인보호사업 동향 보고
< 서식 1-18 >　사업수행기관 선정 및 인력선별 현황 보고

[서식 1-1호] 카드번호 ○○구 - 123A

독거노인지원카드

구분	항목	내용
신상정보		
성명		나이: 세 / 성별: □ 남 □ 여
주소		
가족관계		□ 자녀(아들: 명, 딸: 명) □ 손자녀(손자: 명, 손녀: 명) □ 형제자매(형제: 명, 자매: 명)
연락처	노인 연락처	☎
	긴급 연락처	가족 ☎ / 성명 / 관계
		이웃·친구 ☎ / 성명 / 관계
생활정보		
주거상황	주택소유	□ 자가 □ 전세 □ 월세 □기타( )
	건물형태	□단독주택 □아파트 □연립·다세대주택 □기타( )
	주택위치	□ 이웃과 동떨어진 곳 □ 이웃과 인접한 곳
	주거환경	□불량(안전위험요인:) □보통 □양호
	주택설비	냉·난방 □ 양호 □ 불량 / 전기 □ 양호 □ 불량 / 도배장판 □ 양호 □ 불량 / 수도 □ 양호 □ 불량 / 화장실·욕실 □ 양호 □ 불량
		부엌 □ 양호 □ 불량 / 가구 □ 양호 □ 불량 / 습도 □ 양호 □ 불량 / 채광 □ 양호 □ 불량 / 통풍 □ 양호 □ 불량
	수리를 필요로 하는 주택설비	
경제 상태	수입원	□ 근로·사업소득 □ 가족보조 □ 기초노령연금 □ 기초생활 급여 □ 교통수당 □ 단체·개인 후원금 □ 연금·저축
	월소득	만원 / 용돈 만원 / 소득충분도 □ 부족 □ 적당 □ 충분 / 부담되는 생활비 항목
	경제활동	□한다 □안한다 / 취업직종 / 종사상 지위 □자영업주 □무급가족종사자 □정규직□임시직 □일용직
건강상태	신체기능	시력 □ 양호 □ 불량 / 청력 □ 양호 □ 불량 / 치아 □ 양호 □ 불량 / 보조기 □ 안경 □ 보청기 □ 틀니 □ 휠체어·지팡이
	건강관리	□운동 □금연(1일 흡연량:) □금주(주당 음주회수:) □끼니(지난 주 결식회수:) □건강보조식품 □ 기타( )
	일상동작	□ 옷입기 □ 세수 □ 목욕 □ 식사 □ 앉고 눕기 □ 실내보행 □ 대변조절 □ 소변조절 □ 화장실 □ 빨래
	수단적 일상동작	□ 조리 □ 청소 □ 대중교통 이용 □ 외출 □ 시장보기 □ 전화 □ 관공서 이용 □ 은행 이용
	질병	□ 관절염 □ 요통, 좌골통 □ 디스크 □ 신경통 □ 골다공증 □ 고혈압 □ 저혈압 □ 고지혈증 □ 빈혈 □ 간질환 □ 백내장 □ 녹내장 □ 기타 안질환 □ 당뇨병 □ 갑상선질환 □ 중풍, 뇌혈관질환 □ 심장질환 □ 기관지염, 천식 □ 귀질환 □ 피부질환 □ 골절 □ 치매 □ 우울증 □ 기타 정신질환 □ 기타( )
	건강관리, 질병치료, 일상생활상의 필요한 도움	
여가 및 사회참여	여가활동	□ TV시청, 라디오청취 □ 사교활동(친구, 가족방문 등) □ 등산, 산책 □ 낚시 □ 미술활동 □ 음악활동 □ 원예활동 □ 여행 □ 십안꾸미기 □ 화투, 장기, 바둑 □ 컴퓨터 □ 학습, 독서 □ 봉사 □ 기타( ) □ 기타( )
	단체참여	□ 경로당(명칭:) □ 노인복지관 □ 노인대학 □ 종교단체(명칭;) □ 운동단체 □ 사교단체(계, 친구모임 등) □ 정치단체 □ 문화단체 □ 지역단체 □ 봉사단체
	여가와 사회참여의 특이사항	
사회관계	가족	연락빈도 □ 안함 □ 가끔 □ 자주 / 접촉빈도 □ 안함 □ 가끔 □ 자주 / 지원 내용 □ 경제 □ 건강 □ 정서 □ 기타
	친구	연락빈도 □ 안함 □ 가끔 □ 자주 / 접촉빈도 □ 안함 □ 가끔 □ 자주 / 지원 내용 □ 경제 □ 건강 □ 정서 □ 기타
	이웃	연락빈도 □ 안함 □ 가끔 □ 자주 / 접촉빈도 □ 안함 □ 가끔 □ 자주 / 지원 내용 □ 경제 □ 건강 □ 정서 □ 기타
	사회관계와 지지상의 특이사항	
서비스 이용		□ 노인돌보미 바우처 □ 장기노인요양보험 □ 가사간병도우미 □ 가정봉사원 □ 노노케어 □ 방문보건·간호 □ 간병인 □ 경로식당 □ 밑반찬배달 □ 건강음료배달 □ 주거개선 □ 안부전화·안전확인 □ 이동목욕서비스 □ 종교·민간단체 봉사 □ 기타( ) □ 기타( )
서비스 제공		□ 안전확인서비스 □ 서비스 연계 □ 생활교육 / 조사자 성명
서비스 종결	일시	사유: 사망 □ 거주지 이전 □ 동거 □ 서비스 거부 □ 기타 ( ) / 처리자 성명

* 서비스 제공은 중복 v 가능 * 조사자 : 독거노인 현황조사 실시자 * 처리자 : 서비스 종결처리 실시자

부록: 서식

[서식 1-2호] 서비스제공신청서

노인돌봄서비스(기본) 신청서

신청자성명		전화	자택	( ) -
대상자와의 관계			휴대폰	- -
서비스대상자 성명		주민등록번호		-
현주소 (실제거주지)		전화번호		
제공서비스	☐ 안전확인	직접방문 주( )회 및 전화방문 주( )회		
	☐ 생활교육	생활에 필요한 다양한 프로그램 교육		
	☐ 서비스연계	보건복지욕구에 따라 필요한 지역서비스 연계		

① 상기와 같이 노인돌봄서비스(기본)를 신청합니다.

② 서비스이용과 관련하여 서비스대상자의 인적사항, 필요서비스 등 서비스제공에 필요한 정보를 관련기관(민간기관포함)에 제공하는데 동의합니다.

2009.   .   .

신청자명 :   (인)

[서식 1-3호]

노인돌보미 주간 업무일지(양식)

이 름	일 자
홍길동	년 월 일 월요일 ~ 년 월 일 금요일

일 자	활동 내용	비 고
월 일 (월)		
월 일 (화)		
월 일 (수)		
월 일 (목)		
월 일 (금)		
다음주 업무활동 계획		

부록: 서식

431

부록: 서식

[서식 1-4호]

독거노인 방문일지

인 적 사 항	
이 름	방문일자 년 월 일

기 본 점 검 사 항			
건강상태			
주거상태			
방문보건서비스			
서비스 제공내용	…	…	…
	…		
차후 서비스 제공계획			
기타 특이사항 기재			

작성자 :
확인자 :

[서식 1-5호]

노인돌봄서비스(기본) 사업 실적 보고 (월)

(단위 : 천원, 명)

시군구명	연번	사업수행 기관명	예산 집행액			서비스관리자								노인돌보미				
			계	국비	지방비	배정 인원	선발 인원	성명	나이 (만세)	성별		사회복지사 자격증		배정 인원	선발 인원	성별		
										계	남	여	1급	2급			계	남	여
계																			
ㅁㅁㅁ	1																		
ㅇㅇㅇ	2																		

【작성시 유의사항】
○ 엑셀로 작성 제출
○ 예산집행액은 누계로 작성

[서식 1-6호]

일상생활 동작능력 평가 및 서비스 계획 수립

구 분		기능 수준과 필요한 도움	서비스 계획
신체적 동작 능력	옷 벗고 입기	☐ 완전도움 ☐ 부분도움 ☐ 완전자립	
	세수하기	☐ 완전도움 ☐ 부분도움 ☐ 완전자립	
	양치질하기	☐ 완전도움 ☐ 부분도움 ☐ 완전자립	
	목욕하기	☐ 완전도움 ☐ 부분도움 ☐ 완전자립	
	식사하기	☐ 완전도움 ☐ 부분도움 ☐ 완전자립	
	체위변경하기	☐ 완전도움 ☐ 부분도움 ☐ 완전자립	
	일어나 앉기	☐ 완전도움 ☐ 부분도움 ☐ 완전자립	
	옮겨 앉기	☐ 완전도움 ☐ 부분도움 ☐ 완전자립	
	방밖으로 나오기	☐ 완전도움 ☐ 부분도움 ☐ 완전자립	
	화장실 사용하기	☐ 완전도움 ☐ 부분도움 ☐ 완전자립	
	대변조절하기	☐ 완전도움 ☐ 부분도움 ☐ 완전자립	
	소변조절하기	☐ 완전도움 ☐ 부분도움 ☐ 완전자립	
도구적 동작 능력	몸단장		
	집안일		
	식사준비		
	빨래하기		
	근거리 외출		
	교통수단 이용		
	물건 사기		
	전화사용하기		
	약챙겨 먹기		

[서식 1-7호]

사회적 관계 및 지지망 사정도구

관계	이름	연령	교류기간 (몇년 몇월 기간)	위치와 접근성 1. 바로 옆 2. 걸어갈 수 있는 곳 3. 차타면 가까운 곳 4. 가기가 쉽지 않는 곳 (시간과 공간을 동시에 고려하여 판단)	연락빈도 1. 매일 2. 주에 여러번 3. 주 1회 4. 월에 여러번 5. 월 1회 6. 드물게	접촉빈도 1. 매일 2. 주에 여러번 3. 주 1회 4. 월에 여러번 5. 월 1회 6. 드물게	관계특성 1. 매우 친함 2. 친한편 3. 보통 4. 소원한편 5. 갈등있음	도움 받는 내용 1. 경제적 도움 2. 간병이나 수발 3. 청소 등 일상생활지원 4. 정서적 도움 5. 기타	도움 가능성 1. 늘 도와줄 것 2. 필요할 때 도와줄 것 3. 마음은 있어도 돕지 못할 것 4. 도와줄 마음이 없음 5. 판단하기 어려움
가족									
친구									
이웃									
단체 성원									

[서식 1-8호]

공식적 서비스 사정도구

서비스명	기관명	서비스 내용	제공주기	서비스 평가			
				원하는 것인가? 1. 일치함 2. 반반정도 3. 일치 않음	충분한가? 1. 충분함 2. 반반정도 3. 충분함	도움이 되는가? 1. 도움이 됨 2. 그저 그러함 3. 도움 안됨	쉽게 받을 수 있는가? 1. 받기 쉬움 2. 그저 그러함 3. 받기 어려움
무료급식(경로식당)							
재가노인식사배달							
가정봉사원파견							
방문간호							
방문보건사업							
건강음료배달							
주거개선사업							
안부전화·안전확인							
이동목욕서비스							
단체 후원금							
단체 봉사활동							
기타( )							
기타( )							
기타( )							

[서식 1-9호]

종합사정결과표

독거노인명			생활관리사명		사정일자	
구 분		영역		욕구와 문제의 내용		강점
독거 노인	욕구의 영역	안전				
	주거	설비개조				
	경제	소득				
		경제활동				
	건강	보조기				
		건강관리				
		ADL				
		IADL				
		질병치료				
	여가 및 사회참여	여가활동				
		사회활동				
비공식 지원체계	구 분	가족		지원 욕구		자원
		친구				
		이웃				
		단체				
공식 지원체계	구 분			서비스 욕구		서비스 연계
종합사정의견						

부록 : 서식

[서식 1-10호]

서비스 계획 수립 양식

독거노인		노인돌보미		서비스관리자		작성일자			
목 적									
서비스 영역	사정결과 (욕구와 문제 등)	목표	세부 서비스 내용	서비스 담당자 및 역할	서비스 계획				우선순위
					제공 기간	제공 일시	비용		
안전확인									
주택설비개조									
소득지원									
경제활동 지원									
보조기									
건강관리지도									
일상생활 동작능력									
수단적 일상생활 동작능력									
질병치료									
여가활동									
사회활동 참여									
사회관계유지									
서비스이용									

438

[서식 1-11호]

서비스 계획 및 연계의 조정

서비스명	기관명	세부 서비스 내용	제공된 서비스		서비스 장애요인	서비스 조정방안
			계획	실행		
무료급식(경로식당)						
재가노인식사배달						
가정봉사원파견						
방문간호						
방문보건사업						
건강음료배달						
주거개선사업						
안부전화·안전확인						
이동목욕서비스						
단체 후원금						
단체 봉사활동						
기타( )						
기타( )						
기타( )						

[서식 1-12호]

독거노인 생활교육 교육지도안

독거노인 생활교육 지도안 (   )회

교육프로그램명						
교육목표						
일시	200 년 월 일(요일)(-)시		장소		노인돌보미 / 서비스관리자	
시간(분)	교육내용	학 습 활 동 내 용			교육인원	교육자료·기타
		노인돌보미		독거노인		
단계						
도입						
전개						
정리						

440

부록: 서식

[서식 1-13호]
독거노인 생활교육 평가도구

교육프로그램명			교육일시	. . .
평가항목	매우 불만족	대체로 불만족	대체로 만족	매우 만족
교육 내용				
교육 방법				
관리사의 교육태도				
교육장소				
교육시간				
교육인원				
교육 분위기				
좋았던 점				
개선해야 할 부분				

[서식 1-14호]
독거노인 생활교육 결과보고

독거노인 생활교육 결과 보고서 ( )회				노인돌보미	서비스관리자
교육프로그램명					
교 육 목 표					
일 시	200 년 월 일(요일)(-)시		장소	교육인원	
교육내용					
교육진행 결 과					
과 제					
평가결과	긍정적 평가				
	부정적 평가				
차기 교육	교육명		일시	장소	

441

부록: 서식

[서식 1-15호]

지역사회 노인보건복지 자원 현황

서비스 유형	기관 및 복지자원			내용	서비스		
	기관명	담당 성명	연락처		제공주기	인원(명)	수급자 선정주기
무료급식(경로식당)							
재가노인 식사배달							
가정봉사원파견							
방문간호							
방문보건사업							
건강음료배달							
주거개선사업							
안전확인·안부전화							
이동목욕서비스							
단체 후원금							
단체 봉사활동							
…							
기타( )							

442

부록 : 서식

[서식 1-16호]

노인돌보미 복무관리대장

200   년   월 출근부

연번	성명	출근부																															복무결과(일)	
		1	2	3	4	5	6	7	8	9	10	11	12	13	14	15	16	17	18	19	20	21	22	23	24	25	26	27	28	29	30	31	출근 지각	기타
서비스관리자	확인																																	
	기타																																	
노인돌보미	확인																																	
	기타																																	
노인돌보미	확인																																	
	기타																																	
노인돌보미	확인																																	
	기타																																	

* 작성요령 : 출근시 본인 서명, 결근은 / 표시, 출근은 결근은 / 표시, 확인란은 서비스관리자는 기관 내부 결제관자 확인, 노인돌보미는 서비스관리자확인, 기타 란에는 결근시 경조사, 휴가 등 기입 (인원수 및 횡간조성가능)
단, 서비스관리자 출근부는 분리해서 관리 가능

443

부록: 서식

[서식 1-17호] 독거노인보호 동향 보고

<table>
<tr><td colspan="6" align="center">독거노인보호사업 동향 보고</td></tr>
<tr><td>일 시</td><td></td><td>시 도</td><td></td><td>시군구</td><td></td></tr>
<tr><td>보고기관</td><td>00노인종합복지관</td><td>책임자</td><td>000 관장</td><td>담당자</td><td>000</td></tr>
<tr><td>연락처</td><td>02-1236-4567</td><td>주소</td><td colspan="3">00시 00구 00동 123-1</td></tr>
<tr><td>제 목</td><td colspan="5">독거노인가구 화재 발생</td></tr>
<tr><td>내 용</td><td colspan="5">O 사고 경위, 조치사항, 노인돌봄서비스 사업대상 및 서비스 제공 실태, 조치계획 등 상세하게 기술 보고</td></tr>
<tr><td rowspan="2">수신처</td><td rowspan="2">보건복지가족부
노인지원과</td><td>e-mail</td><td colspan="3">mhha81@mw.go.kr</td></tr>
<tr><td>fax</td><td colspan="3">02-2023-8175</td></tr>
</table>

444

[서식 1-18호]

사업수행기관 선정 및 인력선발 현황 보고

시도	시군구	사업수행기관		서비스 관리자					노인돌보미			
							사회복지사 자격증		고용	배정인원	선발인원	
		기관명	연락처	성명	나이 (만 세)	성별	1급	2급	계속	신규		계	계속 근로	신규 채용
	○○	AA노인종합복지관	02-123-4567	홍길동	30세	남	○		○		40	40	39	1
					합 계									

노인돌봄서비스의 실제
-기본 서비스-

초판 인쇄 2014년 12월 18일
초판 발행 2014년 12월 22일
저자 보건복지부
발행인 김갑용
발행처 진한엠앤비
주소 서울시 서대문구 독립문로 14길 66 210호
　　　(냉천동 260, 동부센트레빌아파트상가동)
전화 02) 364 - 8491(대) / 팩스 02) 319 - 3537
홈페이지주소 http://www.jinhanbook.co.kr
등록번호 제313-2010-21호 (등록일자 : 1993년 05월 25일)
ⓒ2014 jinhan M&B INC, Printed in Korea

ISBN 978-89-8432-882-2 (03500)　　[정 가 : 46,000원]

☞ 이 책에 담긴 내용의 무단 전재 및 복제 행위를 금합니다.
☞ 잘못 만들어진 책자는 구입처에서 교환해드립니다.
☞ 본 도서는 「공공데이터 제공 및 이용 활성화에 관한 법률」을 근거로 출판되었습니다.